U0593524

Operation Management

作业管理

创造竞争优势

现代工商管理经典教材

李友铮 ‖ 著

经济管理出版社

ECONOMY & MANAGEMENT PUBLISHING HOUSE

全球企业版图重整后的作业管理

本书前一版付梓于 2007 年 6 月,在过去这段短短的时间里,全球企业版图大幅重整。Apple、Google、Facebook、Samsung、HTC 崛起,Microsoft、Motorola、SonyEricsson 则大不如前。以 Apple 为例,这段时间里,它推出了 iPhone、iPod touch、MacBook Air 与 iPad,一跃而成为全球最大的科技巨人,这些数码产品,在很短的时间里,改变了现代人的生活、工作、娱乐与沟通模式。中国台湾的企业在这段时间的营运也受到国际情势的影响,许多老牌企业渐渐不支,欲振乏力,但也有一些成立不到 20 年,甚至不到 10 年的后起之秀乘风而起,开创出惊人的局面。在这样的背景下,本书第四版当然要对这些年轻、强悍、积极并且成功的企业多所着墨。因此,本次改版的重心,除了继续加强本书的结构性、可读性与文字精准度外,最重要的就是个案的重新搜集与撰写。

本书架构

本书共计十五章,大致依企业建立操作系统的顺序编排,各章标题与关联如下:

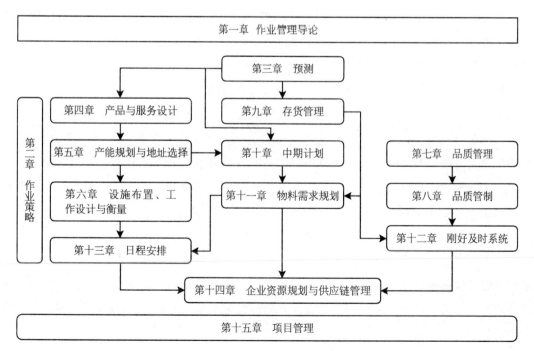

一、各章摘要

本书第一章为作业管理导论：首先，借由对管理学的复习，以说明作业管理在组织中扮演的角色；其次，介绍何谓操作系统、操作系统的各种分类方法、生产力及其在应用时应注意的事项；最后，介绍作业管理的历史及未来趋势。

第二章为作业策略：首先，定义策略与其发展过程；其次，介绍五力分析、关键成功因素分析、价值链分析以及核心过程与系统分析等；再次，分析成本领导、差异化与集中化策略的优缺点；复次，叙述 SWOT 分析、策略展开、目标管理与方针管理；最后，试论策略的管制与平衡计分卡。

第三章为预测：首先，介绍一些预测的基本概念；其次，解说各种定性与定量预测的方法、应用时机与优缺点；最后，叙述如何评估预测的精确性，以及如何控制预测等。

第四章为产品与服务设计：首先，从顾客需求的角度切入，谈论二维品质模式与品质机能展开；其次，介绍产品或服务设计时，以及常用到的一些重要概念与工具手法；再次，阐述服务系统设计以及缺口分析；最后，以顾客关系管理作为结束。

第五章为产能规划与地址选择：我们解释最佳作业水准、经济规模与学习曲线的意义，介绍三种不同的产能策略、损益两平分析、发展产能候选方案时应遵循的原则、评估产能方案的方法；至于地址选择，则将重点放在决策时应该考量的因素上。

第六章为设施布置、工作设计与衡量：本章内容包含优良设施布置的特色，各种不同设施布置的方法与其优缺点；工作设计的范围与方法，工作特性模式，工作方法的设计、动作研究及标准工时等。

第七章为品质管理：我们从品质的意义及演进阶段开始，介绍各品质大师的管理理念，分析品质管制、品质保证与品质管理，小 q 与大 Q 的不同；简介全面品质管理、各品质奖项、ISO9000、品质管理七大工具、六标准差活动与标杆学习等。

第八章为品质管制：本章内容包含产品的检验与测试、制程的量测与监控、统计制程管制中的变异/制图/制程能力分析以及允收抽样等。

第九章为存货管理：本章内容包含存货的意义与功能、存货服务水准与存货周转率、存货的种类与降低存货的战略、材料编码、ABC 存货分类、盘点制度与存货模型等。

第十章为中期计划：首先，介绍作业管理长、中、短期规划的内容；其次，谈总合规划需求面和产出面的决策方法与三种策略，如何以尝试错误法进行总合规划，以及主排程、主生产排程、粗略产能规划与可供承诺的存货量的意义与计算方法。

第十一章为物料需求规划：我们分析物料需求规划对相依需求存货管理的必要性，介绍物料需求规划如何运作，以及低阶编码技术、追溯、安全存量、资料更新、批量以及共享料的处理方法；最后介绍何谓产能需求规划、封闭回路式 MRP、制造资源规划与配销资源规划。

第十二章为刚好及时系统：我们从七大浪费开始谈起；针对有关产品设计、制程设计、人事组织设计与制造规划与管制四个层面介绍刚好及时系统；说明服务业在应用刚好及时系统时的管理重点；有关对刚好及时系统的相关批评，放在本章结尾。

第十三章为日程安排：本章以限制理论为主，作业研究排程理论为辅，分别介绍存货式生产、接单式生产以及零工式生产的各种排程方法。

第十四章为企业资源规划与供应链管理：本章先介绍企业流程再造；阐述四种零售补货方案：快速响应、持续补货、有效消费者响应以及协同规划、预测与补货；解释企业资源规划的含义；简介先进规划与排程；最后介绍供应链管理。

第十五章为项目管理：本章内容包含项目的意义、项目生命周期、工作分解结构、PERT 与 CPM、单时估计法与三时估计法，对于近年来流行的关键链也在阐述之列。

二、本版更新的内容

本版更新的内容大致如下：

（1）各章文字与计算：本书第三版在用字精准度以及计算正确性上，都仍有一定的改善空间，本书第四版对此作了相当的修正。

（2）"管理透视镜"：本书"管理透视镜"的设计，是为了冲淡长篇文字叙述的枯燥，并借由这些实际案例，让读者能及时了解所学知识在实务上的应用。本书第四版重新修正更新该专栏，以使此一目的更易达成。

（3）"个案研讨"：本书第三版个案研讨较为精简，且部分个案已较为落伍。本版则尽量采用更新的个案，并增加个案深度。

（4）第一章作业管理导论：重新整理国内外相关网站资讯，精简有关生产力的叙述。

（5）第二章作业策略：重写外部环境分析一节，精简有关平衡计分卡的介绍。

（6）第三章预测与第四章产品与服务设计：仅作文字修正。

（7）第五章产能规划与地址选择：删除等候线管理。

（8）第六章设施布置、工作设计与衡量：仅作文字修正。

（9）第七章品质管理：删除品质与品级、品质企业文化，精简对品质大师介绍的内容，重写对各国国家品质奖的介绍。

（10）第八章品质管制：精简对管制图、制程能力分析与允收抽样的叙述。

（11）第九章存货管理：重写安全存货部分，精简定量模型与定期模型。

（12）第十章中期计划：删除中期计划的方法中有关运输问题的部分。

（13）第十一章物料需求规划：重写配销资源规划。

（14）第十二章刚好及时系统与第十三章日程安排：仅作文字修正。

（15）第十四章企业资源规划与供应链管理：删除 ERP 解决方案一节，重写供应链管理。

(16) 第十五章项目管理：仅作文字修正。

三、适用对象

本书适合大学企业管理学、信息管理学、工业管理学与科技管理学等学系，生产管理、作业管理以及生产计划与管理的课程使用。由于本书内容较为广泛，因此，建议教授们根据各系特色挑选必要的章节讲授。

本书也可作为企业界管理者自学之用，使用者可从各实务案例开始接触，然后再阅读本文的解释，两相对照，当能有所启发。

四、致谢

期望本书能对您有所帮助。若您对本书有任何的批评指教，可通过出版商或发信件至笔者任教的学校，或直接通过 E-mail 发至 ycl@chu.edu.tw，笔者必会虚心就教。

本书的完成，要感谢所有给我协助与鼓励的师长与朋友们。由于要感谢的人实在太多，所以只好委屈你们作无名英雄了。

本人才疏学浅，不及之处在所难免，期望各界前辈不吝指教，则当感激不尽。

李友锦 谨志

2011 年 6 月

目　录

第一章　作业管理导论

学习重点 在学习本章后，你将能够

1. 了解管理功能的含义。

2. 了解企业功能的含义。

3. 说明制造、生产与作业的不同。

4. 说明何谓作业系统。

5. 了解作业系统的各种分类方法与不同的意义。

6. 了解何谓生产力及其会受到哪些因素的影响。

7. 了解生产力在应用时的困难。

8. 说明作业管理的历史发展。

9. 了解作业管理的趋势。

生产与作业管理的最佳学习环境
——中国台湾

中国台湾经济发展的重心，从过去劳动力密集的轻工业到近些年来资本密集与知识密集的科技产业与服务业，产业结构快速变迁，使得在中国台湾的工作者必须比国外的工作者投入更多的心力在吸取新知上。

中国台湾近些年来在全球经济活动中所具备的优势，在于它拥有优质的人力以及成功地发展出整合全球制造资源的运作模式。日本策略大师大前研一倡导日本、中国台湾与中国大陆的三方经济合作，即认为若能结合日本的研发创新、中国大陆的生产制造以及中国台湾的管理模式，未来必能创造出另一个与美国及欧洲分庭抗礼的经济体。

生产与作业管理的学术研究虽仍然是以欧美先进国家为主流，但中国台湾企业多年来所累积起来的成就，尤其是半导体、光电、信息与通信产业在全球供应链中的关键地位与作业模式，却提供了从事实证研究的台湾学者与学生更多与更好的素材，对于修习生产与作业管理学科的学生帮助极大。

作业指的是组织中创造附加价值的各种活动，作业管理指的是对组织中创造附加价值的系统的管理。作业管理由来已久，18世纪末，亚当·斯密的《国富论》是作业管理的滥觞；20世纪初，科学管理之父泰勒开启了作业管理的新天地；时至今日，作业管理随着时代的演进，已有了与过去完全不同的风貌。

第一节　管理功能与企业功能

作业管理是管理的一部分，因此明了管理（Management）所涵盖的范围与内容，有助于我们认识作业管理在组织中的定位。

若要了解管理的范围与内容，最简易的方法是从管理功能（Management Functions）与企业功能（Business Functions）两个不同的角度来说明。

一、管理功能

管理可视为是一种程序，经由这种程序，组织得以充分运用资源，以有效地达成其既定的目标，如图1-1所示。管理程序包含规划、组织、用人、领导与管制五项。

图1-1　五大管理功能

1. 规划

规划（Planning）意指管理者依组织的各种主客观因素，决定组织的目标，并拟定达成目标的策略与实施计划的过程。

2. 组织

组织（Organizing）意指管理者依组织内不同的活动，将组织划分为若干部门，并对各部门的职责职掌并加以规范的过程。

3. 用人

用人（Staffing）意指管理者确认组织发展所需的人力资源，甄选具有这些专长的员工，并对这些员工实施教育训练的过程。

4. 领导

领导（Leading）意指管理者借由影响力的发挥与运用，激发组织成员努力的意愿，以提升组织成员对组织的贡献的过程。

5. 管制

管制（Controlling）意指管理者对组织中的各种活动建立标准，比较活动的执行成果与标准之间的差异，并将该差异进行分析与改善的过程。管制与管理不同，管制是管理的一部分。因此生产管制、品质管制或其他任何以管制为名的程序，事实上都只是生产管理、品质管理或其他任何以管理为名的程序的一部分。

以上所述的五大管理功能，一般被认为具有可普遍应用于各行各业的特性。也就是说，无论制造业或服务业、营利事业或非营利事业、政府机构或民间机构，五大管理功能的原理原则都能适用。

二、企业功能

管理也是一种专业。不同的管理工作需要不同专业的人员来担任，这些专业知识间往往存在着高度的交集。若从企业功能来看，我们可将管理专业区分为作业、行销与财务三大类，如图 1-2 所示。

1. 作业

作业（Operations）是指生产产品或提供服务以创造组织附加价值的活动，其内容包括设计开发、产能规划、制程选择、地址选择、设施布置、工作设计、生产制造、存货管理、品质管制与日程安排等。

2. 行销

行销（Marketing）是指将产品或服务递送至顾客的相关活动，其内容包括产品企划、市场区隔、产品定位、定价、促销及配送等。

3. 财务

财务（Finance）是指组织从事各项业务工作时，任何与资金有关的活动，其内容包含资金的计划、募集、调度、分配、运用与控制等。

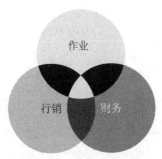

图 1-2　三项企业功能

也有一些书籍将企业功能区分为五类，即生产与作业（Production and Operations）、行销、人力资源（Human Resource）、研发（Research and Development，R&D）以及财务，

一般简称为五管，或统称为产、销、人、发、财。

若将前述管理功能与企业功能合并检视，就能形成一"3×5"的矩阵，如图1-3所示，而所谓的作业管理（Operations Management，OM），就可以解释为"研究有关生产产品与提供服务过程中各类相关活动的规划、组织、用人、领导与管制的一门学问"。

企业功能		管理功能				
		规划	组织	用人	领导	管制
	作业	作业管理				
	行销	行销管理				
	财务	财务管理				

图1-3　管理功能与企业功能矩阵

第二节　作业系统

制造、生产与作业这三个名词，常被混淆或交替使用。制造（Manufacturing）指的是改变物品的物理性质、化学性质，或是组合数种零件而成为一种产品；生产（Production）包含的范围比制造大，它是以制造为核心，但又包含了其他支持制造所需的各种活动，例如采购、存货管理、品管与日程安排等；作业的范围比生产更大，它除了包含有形产品的生产外，也包含无形服务的提供，因此作业一词不仅适用于制造业，也同样适用于服务业。制造、生产与作业三者之间的关系如图1-4表示。

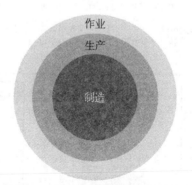

图1-4　制造、生产与作业间的关系

因为作业包含生产，而生产又包含制造，因此作业管理所涵括的范围较生产管理（Production Management，PM）为广，而生产管理所涵括的范围则又较制造管理为广。作业管理一词目前在国外已广被采用，甚至有取代生产管理一词的趋势，但台湾地区目前则大多仍习惯使用生产管理一词，故相关书籍为兼顾时代趋势与台湾地区习惯就常以生产与作业管理（Production and Operations Management，POM）来为其书籍命名。

有关作业管理的专业书刊与网站相当多，书刊部分读者可参考本书所列的参考文献，网站部分如表 1-1 所示。

表 1-1　部分作业管理相关网站

中国台湾"经济部工业局"	http：//www.moeaidb.gov.tw/
中国台湾"经济部中小企业处"	http：//www.moeasmea.gov.tw/
中国台湾"经济部标准检验局"	http：//www.bsmi.gov.tw/
中国台湾"工程师学会"	http：//www.cie.org.tw/
中国台湾"工业工程学会"	http：//www.ciie.org.tw/
中国台湾"管理科学学会"	http：//www.management.org.tw/
中国台湾"品质学会"	http：//www.csq.org.tw/
中国台湾"生产力中心"	http：//www.cpc.org.tw/
中国台湾"企业资源规划学会"	http：//www.cerps.org.tw/
中国台湾"中卫发展中心"	http：//w1.csd.org.tw/
International Organization for Standardization	http：//www.iso.ch/
American Production and Inventory Control Society	http：//www.apics.org/
American Society for Quality	http：//www.asq.org/
Institute of Supply Management	http：//www.ism.ws/
Association for System Management	http：//www.infoanalytic.com/asm/
Institute for Operations Research and the Management Science	http：//www.informs.org/
The Production and Operations Management Society	http：//www.poms.org/
The Project Management Institute	http：//www.pmi.org/

操作系统（Operations System）是指作业要素的投入，经由转换，最后产出作业成果的整个过程。一个操作系统包括了投入（Input）、转换（Transformation）、产出（Output）、管制及回馈（Feedback）五大部分。在操作系统中，产出价值与投入价值之间的差，就是常听到的附加价值（Value Added）。一个完整的操作系统如图 1-5 所示。

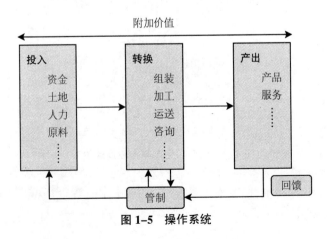

图 1-5　操作系统

以制造业为例，个人计算机组装厂的投入包含人力、厂房、设备、主机板、电源供应器、机壳与包装材料等；其转换过程为组装；在组装过程中会有生产日报表与产品检验记录等回馈信息；并依此管制品质、成本与交期等，以赚取附加价值。以服务业为例，企管顾问公司的投入是人力与各种办公设备；过程是客户的辅导；产出是经辅导后绩效改善的企业；在辅导过程中会有历次辅导记录、客户问卷调查以及绩效报告等回馈讯息；利用以上回馈讯息，顾问师得以不断修正辅导手法及控制进度。

第三节　作业系统的分类

不同的操作系统其管理重点亦不相同，例如金融业的地址选择、制鞋业的工作设计、半导体业的制程技术研发或是营建业的项目管理等，都是该行业与其他行业有所不同的管理重点。因此，将操作系统适当的分类，将有助于本书后续对于各作业管理主题的解说。操作系统最常见的分类方式有以下四种：依标准化程度区分、依制造业或服务业区分、依生产方式区分与依主要存货内容区分。

一、依标准化程度区分

若依标准化程度区分，操作系统可区分为完全标准化、高度标准化、高度客制化与完全客制化四类。

1. 完全标准化

完全标准化（Standardization）的操作系统，产出完全一致性的产品或服务，它不会因顾客的要求而改变其产品或服务，例如发电厂、自来水公司或造币厂等。

2. 高度标准化

高度标准化的操作系统，产出高度一致性的产品或服务，它会配合顾客的要求而对其产品或服务作小幅度的修改，例如计算机制造、手工洗车服务或现场演讲等。

3. 高度客制化

高度客制化（Customization）的操作系统，产出低度一致性的产品或服务，它会依顾客的需求而变更其产品或服务的大部分内容，例如配置眼镜或专为企业用户设计的软件等。

4. 完全客制化

完全客制化的操作系统，产出完全不一致的产品或服务，它会配合顾客的不同需求进行产品生产或是服务提供，例如心理辅导、室内设计或外科手术等。

标准化程度愈高的系统，愈容易自动化，也愈容易大量生产与复制；而客制化程度愈高的系统，则愈能提供符合顾客不同需求的产品与服务。

二、依制造业或服务业区分

制造业的附加价值主要来自于有形的产品，例如电视机、网球拍或机车等的生产；服务业的附加价值则主要来自于无形的服务，例如美容美发、医生出诊或水电修理等服务的提供。

从作业管理此领域的角度来看，制造业与服务业两者间最大的差异在于下列几点：

1. 与顾客接触的程度不同

制造业与顾客的互动较少；但服务业则常需直接面对顾客，顾客甚至常会成为操作系统中的一部分，故服务业与顾客的互动较多。

2. 投入的一致性不同

一般而言，制造业的投入较一致；而服务业的投入则比制造业更为多元。

3. 产出的一致性不同

一般而言，制造业的产出较一致；而服务业的产出则比制造业更为多元。

4. 工作所需劳动力的规模不同

服务业大多需使用大量的劳工，但制造业则未必如此。

5. 衡量生产力的难度不同

制造业的投入与产出一致性较高，故生产力的衡量较为简单；服务业的投入与产出一致性较低，故生产力的衡量较为复杂。

6. 生产与交货的步骤不同

制造业的产品，其生产与交货是可区分的；但大部分的服务业，在其生产过程中就同时进行交货。

7. 品质保证的难易不同

制造业的产品因属有形，故品质保证较为容易；服务业的产品因属无形，故品质保证的难度较高。

8. 存货数量的大小不同

制造业的生产过程较长，故存货会较多；服务业的服务流程一般较短，且产品并非流程附加价值的主要贡献者，故存货较少。

虽然我们可以将某组织归为制造业或服务业，但事实上很多组织却同时具备制造业与服务业的特质。例如，麦当劳等快餐业，从顾客立场看来是服务业，然而若观察其高度标准化的作业程序，好像也可视其为是一小型的食品加工厂。又例如，从事晶圆代工的台积电公司，其成功因素之一就是能提供半导体设计公司各种设计与制造的经验，以提高顾客产品优质率，它带给顾客服务的附加价值有时甚或超过其制造的附加价值，此时它似乎又比较像是服务业。现代成功的制造业，多具备可媲美服务业的服务精神；而成功的服务业，则亦大多能引进符合其所需的制造业特质。未来，我们将会愈来愈难区分谁是制造业，谁又是服务业。

三、依生产方式区分

若依生产方式区分，操作系统可分为连续性生产、重复性生产、批量式生产、零工式生产与项目式生产。

1. 连续性生产

连续性生产（Continuous Production）是指同样的产品连续不断的生产没有间断。这种生产方式事先须有严密的规划与设计，其生产设备固定、程序不变、品质稳定且使用机器的时间较长，例如炼油厂及化工厂等。

2. 重复性生产

重复性生产（Repetitive Production）是指同样的产品在一批生产完毕后，日后会再重复生产多次。组装线（Assembly Line）或输送带（Conveyor）是重复性生产现场最常见到的设备，例如小汽车、电视机及个人计算机的生产等。

3. 批量式生产

批量式生产（Batch Production）是指一次生产一定批量的产品，但日后同样的产品是否会再生产则不一定，例如铁道车辆的制造，一次生产数十辆，但同一规格的车辆可能多年后才有可能再生产；又例如接受顾客图样后依规格制造的成衣加工厂等。

4. 零工式生产

零工式生产（Job Shop Production）是指每次只生产相当少量的产品，大部分只有一件，且同样的产品一般都只生产一次。零工式生产需要高弹性的设备与高技术的员工，例如模具厂与兽医等。

5. 项目式生产

项目式生产（Project Production）是指在有限的资源下，一般大多为时间，针对某特定的需求或目标，需要完成一系列相互关联的活动的生产方式，例如顾问公司承接辅导案、软件公司为组织建置 ERP 系统、营建业的土地开发案等。

以上五种生产方式最主要的差异为产出批量与产品差异性的不同，其中连续性生产的产出批量最大、产品差异性最小；重复性生产的产出批量稍小、产品差异性稍大；批量式生产的产出批量更小、产品差异性更大；零工式生产的产出批量最小、产品差异性则为最大；至于项目式生产的产出批量则或大或小、产品差异性亦很大。此五种生产方式在产出批量与产品差异性上的不同如图 1-6 所示。这五种生产方式在其他层面上的差异如表 1-2 所示，以资比较。

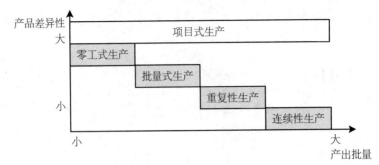

图 1-6　各种生产方式的比较

表 1-2　五种生产方式的比较

	连续性生产	重复性生产	批量式生产	零工式生产	项目式生产
产出数量	极高	高	中	低	低—高
产出变化	无	低	中	高	高
设备弹性	极低	低	中	高	低—高
成本估算	极容易	容易	普通	较难	复杂
单位成本	低	低	中	高	非常高
固定成本	低	中	高	非常高	低—高
人工技术	低	低	中	高	低—高
排程技术	例行	简单	较难	复杂	复杂
在制品存货	低	中	高	高	低—高

四、依主要存货内容区分

若依主要存货内容区分，操作系统可分为存货式生产、接单式生产与接单后组装生产。

1. 存货式生产

存货式生产（Make to Stock or Production to Stock，MTS or PTS）是依据销售预测规划生产，以保持某一水准的成品存量，并在接受订单后直接由成品库存出货，故具有快速出货的优点。存货式生产方式较适合生产高度标准化的产品，例如原物料的制造等。由于存货式生产是依销售预测拟定计划后生产，故又称为计划性生产。

2. 接单式生产

接单式生产（Make to Order or Production to Order，MTO or PTO）是依据顾客的订单从事生产活动，若无订单，则不生产，若订单过多，则要加班赶工，故具有存货较低与弹性较大的优点。接单式生产较适合生产低度标准化的产品，例如轮船或生产设备的制造等。由于接单式生产是依顾客订单内容规划生产，故又称为订货式生产或订单式生产。

近年来流行的量身定做式生产（Build to Order or Configuration to Order，BTO or CTO），基本上为接单式生产的一种。但量身定做式生产不仅是在接单后才开始生产，它更进一步的是在接单后才通知各原物料供货商生产供货，然后进行进料检验、制造组装与包装出货。为求存货能降到更低的境界，许多企业在接单后才依顾客的需求开始设计产品，我们称此种作业形态为接单后设计生产（Engineering to Order，ETO）。

无论是 BTO、CTO 或 ETO，都必须事先建置好优良的供应链管理机能，才不会因交期过长，引起顾客抱怨与订单流失。近年来，台湾科技产业创造出举世瞩目的佳绩，并成为全球知名大企业的委托制造（Original Equipment Manufacturing，OEM）与委托设计制造（Original Design and Manufacturing，ODM）的重镇，这与台湾科技业积极导入 BTO、CTO 或 ETO 有着极大的关系。

3. 接单后组装生产

接单后组装生产（Assemble to Order，ATO）是先以销售预测规划半成品的生产，当顾客订单或规格确认后，才进行后段的装配。此种生产方式的前段为存货式生产，后段为接单式生产，故能兼顾存货式生产在速度上的优点与接单式生产在存货与弹性上的优点。鸿海当年跨入准系统生产就是采取接单后组装生产的策略，它将个人计算机先在劳工成本较低的地区组装至一定程度，但价值较高的零组件，例如 CPU、HDD 与 RAM 则不安装，待运送至最接近市场处，才依顾客的需求加装这些零组件成为完整的产品后出货。

存货式生产的主要存货为成品，接单式生产的主要存货为原物料，接单后组装生产的主要存货为半成品，而量身定做式生产与接单后设计生产则更进一步地将原物料存货降到几近于零的水准。上述几种出货方式比较如图 1-7 所示。

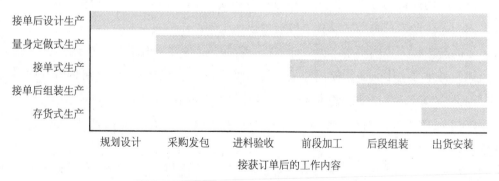

图 1-7　MTS、MTO、ATO 与 BTO 的比较

第四节 生产力

生产力是评估操作系统绩效的最佳指标，也是作业管理人员最关心的课题之一。

一、生产力的定义

生产力（Productivity）是指系统产出与投入的比值，如公式（1-1）所示。

$$生产力 = \frac{产出}{投入} \tag{1-1}$$

此公式可针对某一个人、某一个部门、某一个产品线、某一个公司或某一个国家进行衡量。

有时我们除了关心生产力之外，更关心的是生产力成长率（Productivity Growth），如公式（1-2）所示。

$$生产力成长率 = \frac{本期生产力-前期生产力}{前期生产力} \tag{1-2}$$

较高的生产力代表着资源的运用较有效率，可以以较低的投入获得较高的产出，故各企业与政府皆以追求高生产力为目标。较高的生产力成长率则代表资源运用的改善速度较快，生产力可在较短的时间内赶上领先者，或是拉大与落后者之间的差距，故其意义往往更受重视。

二、单因子生产力、多因子生产力与总生产力

若以生产力公式的分母（投入）作为分类依据，生产力可区分为单因子生产力、多因子生产力与总生产力三种。只计算一种资源投入下的产出称为单因子生产力，计算多种资源投入下的产出称为多因子生产力，计算所有资源投入下的产出称为总生产力。

上述三种生产力中，最常使用的是单因子生产力。单因子生产力又可依资源项目投入的不同而区分为劳动生产力、资本生产力、材料生产力或能源生产力等。

生产力公式的分子（产出），可以选择的对象也很多，例如营业额、附加价值或产出数量等。

只要确定衡量生产力的目的，并建立能符合公式（1-1）要求的算式，使用者就能建立适合自己需求的生产力指标，并进行对操作系统绩效的衡量。

在表1-3中，我们列了一些生产力衡量的例子供读者参考。

表 1-3 生产力的衡量方法例子

单因子生产力	
劳动生产力	$\dfrac{营业额}{投入工时}$
资本生产力	$\dfrac{附加价值}{投入资金}$
材料生产力	$\dfrac{生产数量}{投入材料}$
能源生产力	$\dfrac{电力产出}{投入能源}$
多因子生产力	
$\dfrac{税前盈余}{人工成本+材料成本}$	
总生产力	
$\dfrac{销售金额}{总成本}$	

范例 1-1

试计算下列两个案例的生产力：

1. 一部机器在 3 小时内生产 90 件产品。

2. 4 位工人 5 小时裁好 100 片木材。

解答：

1. 设备生产力 = 生产件数/生产时间 = 90 件/3 小时 = 30 件/小时

2. 劳动生产力 = 裁好木材/劳工工作时间 = 100 件/(4 人 × 5 小时) = 5 片/人工小时

范例 1-2

试使用下列的数据，计算总生产力：产出 23500 单位，劳工成本 10000 元，原料成本 5500 元，制造费用 8000 元。

解答：总生产力 = 产出/(劳工成本 + 原料成本 + 制造费用)

= 23500 单位/(10000 元 + 5500 元 + 8000 元)

= 1 单位/元

范例 1-3

千兴公司过去 10 年的生产力相关资料如表 1-4 所示，试计算该公司各年度的生产力成长率及其平均值。

表 1-4 千兴公司各年度生产力资料

年度	产出量（件）	原料成本（元）	劳务成本（元）	制造费用（元）
1	1000	100	200	150
2	1200	110	220	150
3	1250	150	210	160
4	1500	140	250	150
5	2000	160	250	180
6	1800	180	280	200
7	2200	200	300	220
8	2600	220	350	230
9	2500	250	360	250
10	3000	300	420	310

解答：

依公式（1-2）计算千兴公司的生产力成长率如表 1-5 所示。

表 1-5 千兴公司各年度生产力成长率

年度	产出量（件）	原料成本（元）	劳务成本（元）	制造费用（元）	总成本（元）	生产力	生产力成长率（%）
1	1000	100	200	150	450	2.222	—
2	1200	110	220	150	480	2.500	12.50
3	1250	150	210	160	520	2.404	−3.85
4	1500	140	250	150	540	2.778	15.56
5	2000	160	250	180	590	3.390	22.03
6	1800	180	280	200	660	2.727	−19.55
7	2200	200	300	220	720	3.056	12.04
8	2600	220	350	230	800	3.250	6.36
9	2500	250	360	250	860	2.907	−10.55
10	3000	300	420	310	1030	2.913	0.19
平均值							3.86

三、影响生产力的因素

影响生产力的因素相当多，但其中最重要的是方法、资本、品质、技术与管理。

1. 方法

像是使用文字处理软件以取代传统铅字打字，使用 E-mail 以取代传统公文传递等，都是因方法不同而改善生产力的例子。

2. 资本

一般而言，资本投入愈大，人力需求愈少，因而劳动生产力将较高。另外，资本投入大，一般比较接近经济规模，生产力也可能较高。

3. 品质

品质较好，重工、修理、报废与维修会较少，生产力会较高。反之，品质不佳的组织，其生产力较不可能会有良好的表现。

4. 技术

技术是影响生产力最重要的因素。例如对半导体产业而言，90 纳米制程技术，其生产力当然高于 0.25 微米制程技术。

5. 管理

管理的良莠影响产出甚巨，在同样的投入水准下，管理水准优良的组织，其产出一般会较高；反之，管理水准不佳的组织，其产出一般会较低。

四、生产力衡量的困难

尽管生产力可以衡量操作系统，甚至于整个企业组织的绩效，但在实际应用上，生产力依然会遭遇难以量化、易重复计算、副产品价值认定困难与调整因子不易确定等困难。

1. 难以量化的问题

由于生产力的计算，各项投入与产出皆须先予以量化，故对于非量化或难以量化的投入与产出，要计算其生产力就会比较困难。例如，员工教育训练需要投入经费，但具体成效很难在短时间内以量化方式估算出来；新产品研发完成前，无法确认其是否成功，也难以量化其对企业的贡献等。对于生产力难以量化的问题，一般常见的解决方式是先将作业时程加以分割，然后依不同的作业阶段分别设定其预估的投入与产出目标，最后以该阶段的投入与产出的执行率作为公式（1-1）的分母与分子，以获得生产力的概估值。

2. 重复计算的问题

例如，原料成本为 5 元，经过同一部门中的 A、B、C 三个工作站加工，每个工作站都只有 1 人，加工后的价值分别为 7 元、8 元、9 元；则分别估计 3 个员工的生产力应为 7 元/人、8 元/人、9 元/人，3 个人的平均生产力为 8 元/人，此即犯了重复计算的错误。因为就整个产品而言，加工后的产出只有 9 元，故 3 个人的平均生产力应为 9 元除以 3 人等于 3 元/人。为避免此错误，比较好的做法是改用附加价值作为产出，此时就不会出现这样的矛盾了。在实务上，大量外包的企业，其生产力往往远高于完全自制的企业，就肇因于企业与外包商的产出重复计算。

3. 副产品价值认定困难

有些副产品具有市场价值，可以在市场上直接销售，故产出非常明确，可以一并纳入生产力计算。但有些副产品无法销售，只能自用，价值认定就比较困难；还有一些副产品是因为作业错误造成，本就是企业应极力避免的，纳入生产力的计算更不合理。副产品价值的认定常会产生争议，故相关标准的建立与厘清相当重要。

4.调整因子不易确定

当企业进行生产力的跨期比较时，例如计算生产力成长率，需注意不同期间的生产力是否是在同一基础下获得。例如，A公司在1990年的营业额为100万元，2000年的营业额为125万元。从数字上看，2000年的生产力高于1990年；但若同期间产品价格上涨25%，则会发现2000年的实质产出其实只等于1990年的水准，生产力其实并未改变。生产力究竟应以物价上涨率、经济成长率、所得成长率或其他因子作为调整因子，是一个值得思考的问题。

第五节 作业管理的历史回顾

作业管理自古以来就已经存在，历史上许多伟大的工程，例如长城、运河、皇宫等，都是在严谨的作业管理下方得完成。但那时候作业管理的应用大都仅限于公共工程的领域，至于为了营利而建构的作业系统，则是自工业革命后才开始。

1764年，瓦特（Watt）发明蒸汽机揭开了工业革命（Industrial Revolution）的序曲，人类开始以机械力取代人力与兽力，大量生产的工厂如雨后春笋般地出现。尽管制造方法大幅突破，但是此时系统化的管理方法却仍十分欠缺。

1776年，亚当·斯密（Adam Smith）的大作——《国富论》出版，该书强调效率来自于分工，唯有经由分工原则设计出的组织，才能让人员成为其领域中的专家，并创造出效率。此概念影响了后世人类200多年来对组织与工作设计的想法。

1790年，怀特尼（Whitney）为美军设计毛瑟枪，有鉴于当时任何一支步枪故障，均需由工匠为其特别打造补充零件，使得后勤补给异常困难，因而他创造了可互换零件（Interchangeable Parts）的概念，此为工业产品标准化概念的开始。

20世纪初，工程师暨发明家泰勒（Taylor）开启了科学管理（Scientific Management）的领域，他运用客观的观察、测量与分析方法来改进工作，并配合绩效奖励诱因，以促使产出最大化。泰勒的做法在当时虽获得企业家普遍的认同与采用，然而由于部分企业家在分配超额利润时并未获得员工认同，故各种对泰勒的误解与诬陷就不断地出现。泰勒最后被传讯出席国会听证，许多不实的传闻（例如当时出名的员工过劳死个案）都获得了澄清，一切真相大白，泰勒科学管理的方法自此更为风行。泰勒虽被后世尊称为"科学管理之父"，然而许多管理学者却认为他的荣耀应不仅于此。例如，管理学大师彼得·德鲁克（Peter Drucker）就认为在泰勒的那个时代，社会的贫富差距非常大，大量的并购使得无产阶级的人数持续快速地扩大，因此当时许多的知识分子认为无产阶级迟早会发动革命，但泰勒的科学管理引发了生产力革命，管理者积极地推动工作方法改善以及薪资诱因制度，使得工人的报酬与其努力成正比，促成了中产阶级的兴起，共产主义最后终于走入历史。

与泰勒同一时期，被后世尊称为"动作研究之父"的吉尔伯斯（Gilbreth），发展出了动作经济原则，在以该原则分析、评估与改善每一动作后，就能让工作更为省时省力，进而提升作业绩效。甘特（Gantt）发展出了至今仍被广泛应用在排程上的工具——甘特图。

20 世纪初的另一件大事，是亨利·福特（Henry Ford）创办了福特汽车公司。亨利·福特采用亚当·斯密的分工原则与泰勒的科学管理方法，再加上他的发明——移动式装配线（Moving Assembly Line），大量生产单一标准化的车种——福特 T 形车，使得福特汽车的生产成本只有其竞争对手的 1/3，因而造成当时其他车厂的大量倒闭，并迫使凯迪拉克、别克、庞蒂克、奥斯莫比与雪佛兰五家车厂不得不走向合并成通用汽车公司，以求生存。20 世纪初，美国汽车业 300 多家车厂间激烈竞争的时代，终于由亨利·福特予以终结。

20 世纪 30 年代，在一个原本是研究工作照明对生产效率有何影响的实验中，梅奥（Mayo）却意外地发现了员工士气的高低对生产力的影响亦不容忽视。这个被称为霍桑（Hawthorne）实验的个案开启了行为科学的领域。紧接其后，20 世纪 40 年代的马斯洛（Maslow）发展出了关于人类五大需求的激励理论；20 世纪 50 年代的郝茨伯格（Herzberg）发展出了双因子理论；20 世纪 60 年代的麦克格雷（McGregor）提出了 X 与 Y 理论；20 世纪 70 年代的欧契（Ouchi）提出了 Z 理论。这一连串相关的发展，世人称其为人际关系运动（Human Relations Movement）。

20 世纪 30 年代随着工厂规模愈来愈大，过去以全数检验作为品质管制的做法因成本过高而不能符合企业所需。贝尔实验室（Bell Lab.）的道奇（Dodge）与洛敏（Romig）发展出允收抽样，提出了抽样检验的统计基础。修华特（Shewhart）发展出管制图，以统计方法管制制程，以提早发觉制程异常，进行事前改善。

20 世纪 40 年代，第二次世界大战爆发，各国面临国家生存的危机，莫不思考如何以有限的资源创造最大的效益，作业研究（Operations Research，OR）学问在众多学者的努力下大放异彩，其中又以单提（Dantzig）以简捷法（Simplex Method）处理线性规划（Linear Programming，LP）的问题最为出色。

20 世纪五六十年代，承续着第二次世界大战时的学术成果，作业研究的各种主题，例如仿真、等候理论、数学规划、计划评核术与要径法等，纷纷出笼。我们称自 40 年代以后的这一连串以计量模型处理管理问题的学问为管理科学（Management Science）。

20 世纪 70 年代，企业界开始大量运用计算机，其中尤以排程、物料管理、预测与项目管理的应用为最。IBM 公司的奥利奇（Orlicky）、普拉索（Plossal）与怀特（Wight）提出了物料需求规划，并在美国生产与存货管制学会的大力推动下，掀起了一股热潮，日后更成为企业资源规划的基础。

20 世纪 80 年代，日本制造业的竞争力举世无双，全球学者专家掀起了向日本学习的热潮，其中以丰田汽车的刚好及时系统最受重视。丰田汽车的大野耐一以消除浪费为思考起点，经长期研究后所建立的管理模式将日本汽车业推上全球汽车业的宝座，并使得欧美车厂备受威胁。日本制造业成功的另一原因是强调品质，美国学者戴明（Deming）和朱兰（Juran）赴日讲学多年，对此功不可没。

1987 年，国际标准组织颁布了 ISO9000 品质管理与品质保证系列标准，ISO9000 初期虽是以欧洲的制造业为推动主力，但是很快地就蔓延到全世界及服务业。ISO9000 品质管理系统严谨且系统化的规范，获得全球各国政府及大型企业的认同，至今仍常被定为承包商的必备条件之一。

欧美各国为求赶上日本的品质水准，20 世纪 80 年代掀起的另一个风潮就是全面品质管理，全面品质管理继承了日本品质管理的优良内涵与各品质大师的理念，在各国政府大力推动下成效卓著。

在品质风潮盛极一时的 20 世纪 80 年代，工厂自动化的发展却也快速成长，许多相关主题陆续被推出，例如计算机辅助设计、计算机辅助制造、弹性制造系统与计算机整合制造等。

有关工厂排程的理论在 20 世纪 80 年代也有了重大的突破，高瑞特（Goldratt）发展出限制理论，并以之架构出限制驱导式现场排程与管理技术，以此方法设计出的最佳化生产技术排程软件风靡一时，对于多样少量式生产的工厂，能快速提升其有效产出。

20 世纪 90 年代初期，JIT 受到更多学者专家的瞩目，其应用领域扩及非汽车制造业与服务业，并获致极大成效，这种改良式的 JIT 被称为精简生产。

ISO9000 的成功也激起了许多非品质人士效法其运作机制的动机，各类国际管理系统纷纷出笼，其中最为世人所熟知是 ISO14000 国际环境管理系统。

由于企业组织愈来愈庞大，管理愈来愈复杂，哈默（Hammer）提出了企业流程再造，打破了自亚当·斯密以来分工至上的组织设计原则，强调流程导向，许多企业在彻底再造后重现生机。

此一时期，知识膨胀的速度一日千里，知识经济时代隐然成形，国际大型会计师事务所与顾问公司联手倡导知识管理，彼得·圣吉（Peter Senge）倡导学习型组织，学习革命在全球展开。

20 世纪 90 年代中期，网际网络的应用已臻成熟，德国思爱普（SAP）公司、美国甲骨文（ORACLE）公司以及众多软件公司竞相投入研发企业资源规划以及供应链管理的概念与软件，强调整合企业内、外部资源的重要性。

20 世纪 90 年代末期，众多的大型网络公司，掀起了电子商务的热潮。此一热潮虽在

21 世纪初泡沫化，但迅即复苏，并创造出庞大的商机。

将以上所述的作业管理的历史演进加以整理后如表 1-6 所示。

表 1-6 作业管理的历史演进

年份	倡导者	主题
1776	亚当·斯密	分工原则
1790	怀特尼	可互换零件
1910	泰勒	科学管理
	吉尔伯斯	动作研究
	甘特	甘特图
	亨利·福特	移动式装配线
1930	梅奥	霍桑实验
	道奇与洛敏	允收抽样
	修华特	管制图
1940	单提	简捷法线性规划
1950	作业研究学者群	管理科学
1970	奥利奇、普拉索与怀特	物料需求规划
1980	大野耐一	刚好及时系统
	戴明、朱兰等	全面品质管理
	国际标准组织	ISO9000 自动
	化学者群	工厂自动化
	高瑞特	限制理论
1990	生管学者	精益生产
	国际标准组织	ISO14000 等国际标准
	哈默	企业流程再造
	大型会计师事务所及顾问公司	知识管理
	彼得·圣古	学习型组织
	思爱普与甲骨文等软件公司	企业资源规划与供应链管理
	大型网络公司	电子商务

OM 透视镜

全球最大家居用品零售商 IKEA 的制胜秘诀

走进窗明几净的 IKEA，你会发现"多样选择"、"美观实用"、"廉宜售价"——一般家具店大都只能让您拥有其一；但是在这里，您却可以三者兼得。

创立于 1943 年的瑞典商 IKEA，以"为大众提供种类多样、价格低廉且设计独特的居家用品"为经营理念，目前在全球 33 个国家共有 230 家连锁商店，聘雇员工 9 万多人，营业收入超过 110 亿欧元，且享有 10% 的净利，是全球最大与最成功的家居用品零售商。

IKEA 拥有 53 个国家的 1960 多个供货商；以采购金额而言，中国占有其中的 19%，其次是波兰的 12%、瑞典的 8%、意大利的 7% 以及德国的 6%。IKEA 以其一向为人所称道的供应链管理系统，在全球29个国家设立了36个采购办事处，将散布于全球的庞大供货商群紧密地结合起来。近年来，IKEA更不断地增加对中国等低工资国家的采购量以维持低成本优势，但却仍将营运总部与设计中心设在欧洲，以掌握家居用品的时代趋势。IKEA并不会为了降低成本而牺牲品质，事实上，每年全球的供货商会为了争取IKEA的订单而展开激烈竞争；品质优良、价格低廉、交期准确且配合度高的供货商，才有可能得到大额的订单。一旦成为IKEA的供货商，还需接受IKEA的定期查核与辅导，才能确保订单持续。

IKEA有适合各种客层的产品。其每年发行的产品目录被译为25种语言，一年发行近2亿本，顾客一到达门市现场即可快速选购所需的商品，从而减少顾客采购时间，加快结账速度。IKEA也创造了全新的劳动力分工方式：顾客自己将商品搬回家装配，顾客的客厅就是IKEA工厂的延伸。

绝大多数零售商都以掌握通路为主，例如Wal-Mart与家乐福即是，但IKEA除了通路外，它更希望同时掌握品牌与专利，以避免受到上游制造商的牵制。因此，IKEA一直坚持由自己的100多名设计师亲自设计所有产品并对每项商品申请专利。

IKEA的研发也非常独特，它利用模块化设计，将设计、生产与运送的效率提高，成本降低。IKEA深信"简单即美"，在这种信念下，设计师甚至可以花上好几天的时间去思考是否能再少用一个螺丝钉，而这往往也会产生杰出的创意。

物流是家居类产品成本的大项，IKEA在产品研发阶段就将运送问题纳入考量，所有产品都尽量装在扁平的包装盒内，并附有组装说明及必备零件，这对IKEA以及顾客的运输效率与运输成本都有帮助。IKEA也在全球交通便利处，规划设立了约20家的配送中心与中央仓库，以方便配送商品到各销售门市。销售门市每日会提供实际销售记录给配送中心或中央仓库、制造商、物流公司以及总部，整个配送链的运转都有资讯技术的充分支持。

资料来源：IKEA网站，http://www.ikea.com.tw/.

第六节 作业管理的趋势

作业管理此一领域未来的趋势大略如下：

1. 全球化管理

由于众多的企业已竞相朝向全球化与国际化迈进，故如何将企业散布于世界各地的采购、研发、财务、生产、配送与销售据点的资源加以整合并进行有效的管理就成了作业管理的趋势，企业资源规划与国际企业管理等课题乃备受重视。

2. 供应链管理

为因应全球性竞争时代的来临，任何企业都无法再仅仅依赖自身的竞争优势而存活，如何结合上游供货商与下游顾客，以形成一强大的竞争团队，共荣共存，此为作业管理的另一趋势。

3. 企业 e 化

信息、通信与网际网络的技术突飞猛进与价格下降，造成企业 e 化所需的基础设施得以快速建构。电子化企业（Electronic Business）改善了过去因空间与距离限制所形成的管理死角，并对作业管理的模式造成极大的冲击与改变。

4. 科技与创新管理

现代企业为求生存，必须持续地创新以不断地开拓或维持生机，而科技是创新的基础，因此像是知识管理、研发管理、智能财产权与项目管理等与科技与创新管理相关的课题，就受到当今企业极大的重视。

5. 快速反应

未来的企业将重视三种速度：一是新产品研发的速度，二是接单后交货的速度，三是因应外界变化而采取反应行动的速度。

6. 品质管理

由于产业竞争加剧、消费形态改变、消费者意识抬头、政府立法要求以及产品的复杂度与日俱增，目前品质管理的重心已从过去的产品品质转为顾客满意度，品质议题在未来将会更受重视。

7. 降低存货

产品生命周期越来越短，企业必须将其存货降至最低，方能避开因产品跌价或过时造成的损失与风险。过去视存货为资产的观念，近来已受到学者专家的强烈质疑。精简生产与刚好及时系统受到企业界的热烈欢迎，正反映了这个趋势。

8. 服务管理

无论从就业人口比例或是从对国民生产毛额贡献的比例来看，先进国家的服务业比重都已远超过制造业；另外，制造业也愈来愈重视其售前、售中与售后服务。如何提供更快更好的服务，这是一个令所有管理者都感兴趣的话题。

9. 环保和道德等议题

高度工业化与商业化的结果，目前人类居住的环境已大受影响，因此环保议题将更受重视，各国政府未来将会提出更严格的环保法令与要求。另外，与道德有关的议题，例如企业治理、工业安全、劳资关系、产品责任、企业社会责任与消费者保护等，也将是未来作业管理的趋势之一。

第七节 结论

作业管理包含的范围极为广泛。要建立对作业管理的正确认识，必须先了解何谓作业以及何谓操作系统。操作系统可依标准化的程度、制造业或服务业、生产方式以及主要存货内容加以区分，每一种属性的系统其管理重点都不相同。生产力是衡量操作系统绩效最常见也最重要的指标之一，在运用生产力指标时，应特别注意其衡量上的若干困难并避免误用，以确保决策的正确性。

个案研讨

鸿海企业集团以 CMM 创造代工之王奇迹

创立于 1974 年，鸿海在董事长郭台铭先生的领导下，目前是全球 3C（计算机、通信、消费性电子）代工领域规模最大、成长最快、评价最高的国际集团。旗下公司不仅于中国台湾、中国香港、伦敦等证券交易所挂牌交易，更囊括当前中国台湾最大的企业、捷克前三大出口商、中国台湾地区最大出口商、富比士及财富全球五百大企业、全球 3C 代工服务领域龙头等头衔。

鸿海集团多年来致力于研发创新，不仅具完善的研发管理制度，更在智权管理上努力耕耘。截至 2005 年底，鸿海已在全世界共获超过 15300 件专利，不仅连续三年蝉联中国台湾年度专利申请数及获准数双料冠军，在美国麻省理工学院的全球年度专利排行榜（MIT Technology Review）中，鸿海集团亦是全球前 20 名中唯一上榜的华人企业。也因如此，鸿海被美国财富杂志评鉴入选为全球最佳声望标杆电子企业 15 强，并成为全球唯一能连续五年名列美国商业周刊（Business Week）科技百强（IT100）前十名的公司！

鸿海多年来致力于提供全球最具竞争力的"全方位成本优势"给全球 3C 产业的领导品牌厂商。也因如此，郭台铭董事长被美国商业周刊选为亚洲创业家之星，并誉为"代工之王"。

在不断以人才为本及执着培育下，鸿海被上班族列入最向往集团或最幸福企业行列，也是构建平台、并肩作战，一同建立创业平台的最佳伙伴；在郭台铭董事长坚持管理层必须有独裁为公的勇气下，鸿海也因而能多年来不断被各地专业投资人及分析师视为最佳公司治理及最佳投资对象。

鸿海独创的 CMM（Components Module Move）快速制造模式及"一地设计、三地制造与全球交货"的策略，以"自制零件、零件模块化、快速物流"的组装，加上 e 化的信息流连接全球客户，做到了"交期准、品质好、成本低"的境界，这是鸿海快速掌握市场的主因。

CMM 让鸿海掌握住上游关键零组件的技术，再往下游垂直整合，比"从下往上"，更具有大量生产的能力。鸿海的 CMM 模式让全球数百亿美元的信息产品制造服务市场产生了颠覆性的变化。CMM 模式涵盖了鸿海所有的 3C 产品，并且把服务的范围从零组件延伸到机械模块、电子模块、系统组装和测试等。在 CMM 模式下，客户可以向鸿海采购任一零组件或模块，也可以要求鸿海进行成品组装，故能提供客户最大的弹性与选择。

鸿海能得到许多国际级的大客户青睐，第一个优势在于鸿海能全力配合在重要策略客户附近设立研发设计、工程测试、快速样品制作的机制，以便与客户同步开发新产品，以便争取时效、就近服务，这就是所谓的"一地设计"（Time to Market）。靠近客户的研发总部而设立的鸿海研发设计与制作快速样品的能力，便于新产品设计的变更，以争取客户对鸿海新开发产品认证的第一时间，缩短新产品的开发时程。例如，由于连接器必须与微处理器密切配合，而目前全球微处理器的发展又几乎是由英特尔一手主导，因此鸿海派遣技术人员长驻英特尔，以掌握全球微处理器的最新动态与需求。每当英特尔有新的微处理器问世时，鸿海几乎可以同步推出新款连接器。由于英特尔本身也是主机板大厂，对连接器的需求量极大，借由与英特尔伙伴关系的建立，鸿海目前也是英特尔唯一的连接器供货商。又例如鸿海为了给惠普满意的服务，特地在美国惠普总部旁边设置一个兼具研发设计功能的办公室，只要惠普新的计算机机种设计出来，鸿海在一周之内便能将相关模具开出，送到惠普手中。

为了新产品能够实时上市，鸿海也建立了全球 24 小时远程互动设计的能力。例如，通过全球信息网络，位于美国西岸工程单位下班后，可以将模具设计构想重点告知远在亚洲的设计工程师，继续以接力赛的方式完成设计，并找出最好的材质和方式，甚至做出样品实体，让鸿海的研发团队能夜以继日地为客户服务。

鸿海为了巩固原有在模具上的技术优势，目前仍极力投注在模具相关核心技术的研发。鸿海在台湾厂 2000 名员工中，有 400 人从事模具工作，比例约为 20%；大陆厂 6500 名员工中，有 2000 人从事模具相关工作，比例更高达 30% 以上。可见，鸿海在核心技术上布局之深与广，此不仅建立了它的强大竞争优势，也更提高了潜在进入者的进入障碍。

鸿海除了在本身主力产品的研发与生产外，对于其上游的相关技术与产业也积极参与。例如早期就曾与南亚、长春石化做出台湾第一套工程用塑料粒；而为了进军计算机机壳，也和烨辉合作发展镀锌钢板。近几年来，鸿海更积极进行垂直整合，运用策略联盟及转投资跨足主机板市场，甚至更进一步挥军手机组装、无线通信、半导体设备、TFT-LCD与系统整合等市场。

鸿海目前每年以营业额的3%投入研发工作，其中2%投入与现阶段制造产品相关的研发，另外1%则投入未来性的产品研发，同时要求事业单位，所投入的研发经费要在一年内能从营收中回收回来。

"三地制造"是鸿海赢得客户青睐的另一大技能。在新产品开发完成并获得认可之后，鸿海能在最短的时间内在亚洲、北美与欧洲三个主要制造基地，布置生产所需的采购、制造、工程与品管等各项能力，并依据客户的市场需求，快速地扩充产能，这是鸿海的全球化能力。

鸿海在厂址选择的策略上，向来有其独特之处，例如在欧洲的捷克设厂就令人津津乐道。由于鸿海向来只和国际大厂做生意，尤其是美国大厂，但据鸿海分析，欧洲市场约占美国大厂四成的营业额，鸿海要与国际大厂合作称霸全球，就一定要进军欧洲。鸿海欧洲总部选中捷克的主要着眼点有三项：①捷克位在中欧，具有地理优势；②捷克工业基础雄厚，尤其是无线通信人才；③捷克的人力成本与运输成本相对比欧洲其他国家低廉。在捷克设厂之初，为了让生产能力更佳，鸿海从美国、中国大陆与中国台湾调集了38位中高阶主管，日夜开会讨论要如何建立该厂的信息流与物流系统，以塑造一个最适合欧洲的营运模式。

另外，全球交货零库存（Time to Money）是鸿海为加速全球物流通关速度所创造的一种运作方式，也就是要求"适品、适时、适质、适量"地把产品交到客户指定的地点。为此，鸿海投资3000万美元设置完成的企业资源规划系统（ERP）与供应链管理系统（SCM），提升了它全球快速供应的能力，缩短了产品送达市场的时间。其中，全球物流追踪系统是鸿海ERP系统中最受重视的项目，不论是物料、零件、半成品，还是成品，只要停留超过15分钟以上，鸿海就会加以管制，也就是能从计算机上查得到这批货物的实时库存信息。

郭台铭认为，长期投资和发展人才，才是台湾企业布局全球的关键；对于未来产业的竞争力上，他认为现今的"资源"竞争，比的是人才、技术和时间，从资源的"取得"、"运用"到"分配"，其模式都和过去有所不同。

资料来源：鸿海网站，http://www.foxconn.com.tw/.

问题讨论 请上网查询更多有关鸿海的资讯，然后请讨论鸿海全球布局的成果。

习题

基础评量

1. 何谓管理功能与企业功能？

2. 试描述操作系统。

3. 何谓作业管理？

4. 请说明制造、生产与作业的意义。

5. 依标准化程度区分，操作系统可分为哪些？

6. 试述制造业与服务业有何差异。

7. 依生产方式区分，操作系统可分为哪些？

8. 依主要存货内容区分，操作系统可分为哪些？

9. 何谓存货式生产（Make to Stock，MTS）？

10. 何谓接单式生产（Make to Order，MTO）？

11. 何谓量身定做式生产（Build to Order，BTO）？

12. 何谓接单后设计生产（Engineering to Order，ETO）？

13. 何谓接单后组装生产（Assemble to Order，ATO）？

14. 试述生产力的定义。

15. 营业额为 400 单位，10 位工人在 4 小时完成，请问其劳动生产力？

16. 1 机器设备在 1 小时内生产了 10000 件产品，请问其设备生产力？

17. 1 部机器在 5 小时内生产 100 个零件，请问其设备生产力？

18. 10 个工人在 12 个小时组装好 360 个衣柜，请计算其劳动生产力。

19. 试计算总生产力：产出 55000 个单位，劳工成本 15000 元，原料成本 27500 元，制造费用 12500 元。

20. 某工厂生产了 20000 单位的产品，原料成本 6000 元，劳工成本 10000 元，制造费用 7000 元，试计算此工厂的总生产力。

21. 试使用下列的数据，计算总生产力：产出 62000 单位，劳工成本 20000 元，原料成本 5000 元，制造费用 6000 元。

22. 大家公司过去 10 年的生产力相关资料如表 1-7 所示，试计算其各年度的生产力成长率及其平均值。

表 1-7　大家公司各年度生产力资料

年度	产出量（件）	原料成本（元）	劳务成本（元）	制造费用（元）
1	1200	100	210	140
2	1250	90	210	140

年度	产出量（件）	原料成本（元）	劳务成本（元）	制造费用（元）
3	1300	110	200	150
4	1600	120	190	160
5	2000	140	200	150
6	2300	150	210	170
7	2200	180	220	160
8	2900	180	220	160
9	3300	200	210	150
10	3500	220	250	170

23. 人人公司过去 10 年的生产力相关资料如表 1-8 所示，试计算其各年度的生产力成长率及其平均值。

表 1-8　人人公司各年度生产力资料

年度	产出量（件）	原料成本（元）	劳务成本（元）	制造费用（元）
1	3100	500	320	210
2	3300	500	310	230
3	3500	550	320	240
4	4000	560	330	240
5	4300	600	330	250
6	4500	600	320	260
7	5000	610	350	250
8	5500	620	340	240
9	6000	630	360	260
10	5800	600	360	240

24. 影响生产力的因素有哪些？

25. 试述生产力衡量的困难处。

26. 试述作业管理的趋势。

深度思考

1. 生产同样的产品，不同的厂商是否会分别采取存货式生产、接单式生产或接单后组装生产？请举例说明。

2. 请上网查阅何谓科技管理？科技管理等于科技业的管理吗？

第二章　作业策略

学习重点 **在学习本章后，你将能够**

1. 了解策略的意义。

2. 说明策略规划程序。

3. 说明何谓企业愿景、使命与目标。

4. 了解企业内外部环境分析的方法。

5. 叙述何谓 SWOT 分析。

6. 了解何谓五力分析。

7. 了解成本领导、差异化与集中化策略的优缺点。

8. 叙述 SBU 策略与功能策略的意义。

9. 了解何谓作业策略与作业策略的构面，以及作业策略的范畴。

10. 说明何谓平衡计分卡。

19 岁的大学生建立全球最大的计算机公司

戴尔计算机成立于 1984 年，当时还在就读大学的麦克·戴尔，拥有灵敏的生意头脑，选择休学自行创业。他以每月付一次租金的方式，租了只有一个房间的办公室，雇用了他的第一个职员—— 一个 28 岁的经理替他管理财务。

麦克专门从事直接向用户销售 IBM 公司的个人计算机业务，并按顾客要求附加特定的功能。当订单一来，他就到处采购合用的零件，装配每一台有特殊要求的计算机。第一个月销售额就达 18 万美元，第二个月则上升至 26.5 万美元。麦克向顾客提供"不满意就退货"的品质保证以及"第二天现场维修"制度，并为顾客设立了 24 小时免费电话专线。4 年后，戴尔公司计算机的年销售额已达 7000 万美元；如今，更是全球第一大个人计算机公司。

戴尔的成功主要来自于一个简单创新的想法与策略，那就是省去中间通路商的成本，提高商品附加价值，再以直销的方式来销售计算机。

近年来，戴尔认为个人计算机技术已成为数字娱乐的关键核心，进军消费性电子领域是时势所趋，后续更推出戴尔品牌的液晶电视、MP3 随身听与家庭投影机。看来，消费性商品市场的"战国时期"即将到来。

中国古时候有一句名言：将帅无能，累死三军。这句话最足以表现策略的重要性。综观现代成功的企业，无一不具备优良的领导与策略。然而，策略的制定有其逻辑性与系统性，以猜测或盲目的方式制定策略，不仅对企业竞争力的提升毫无助益，甚至可能将企业导入失败的道路。

第一节 策略规划概论

策略（Strategy）一词来自 400 年前希腊人的用语，它原意为指挥军事的艺术与科学。如今策略的定义是"管理者为达成组织目标所采行的特定形态的决策与行动"。对大部分的企业来说，策略存在的目的是为了追求卓越的绩效，例如更高的营业额、更多的利润、更大的市场占有率或更好的信誉等。简单地讲，策略是组织实现其目标的快捷方式。

策略的制定需要系统化，才不会流于粗糙或不可执行，这个系统化的过程常被简称为"MOST"，即使命（Mission）、目标（Objective）、策略与战术（Tactic）四个英文字的缩写，它代表策略管理上从使命、下至实际作业间所存在的整体阶层关系。以"MOST"为主要架构，再加入一些辅助性作为，如愿景（Vision）、内外部环境分析、策略事业单位策略、功能策略与策略执行后，一个完整的策略规划程序（Strategic Planning Process）就此成形，如图 2-1 所示。

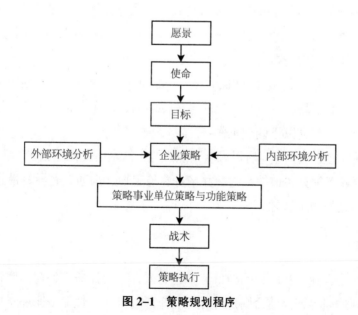

图 2-1 策略规划程序

第二节 企业愿景、使命与目标

在制定企业的愿景、使命与目标之前，应先明了企业的利害关系人（Stakeholder）是谁。所谓的利害关系人指的是对企业有利益、要求和利害影响关系的个人或团体，它可区分为内部利害关系人（Internal Stakeholder）与外部利害关系人（External Stakeholder）。内部利害关系人是指股东、董事、管理者与员工等，外部利害关系人则是指顾客、供货商、政府、社区与社会大众等。所有的利害关系人都会与企业产生互动或相互影响，他们提供企业生存所需要的资源，而企业则以满足它们对企业的期望作为回报。企业在制定策略时需考虑利害关系人的需求，尤其是顾客、员工与股东这三种利害关系人，否则利害关系人若抽回他们的支持，企业将面临危机。各种利害关系人对企业的期望常会相互冲突，所以企业要想满足所有利害关系人的要求不太容易，辨别企业的成功需仰赖哪一种利害关系人的帮助，是企业制定策略时不可不知的。

一、愿景

愿景代表广泛、全面且具前瞻性的意图。它描述企业对未来的抱负，但并不指出如何实现这种目的的手段，好的愿景能鼓舞人心，激励人们"追求第一"。愿景要充分发挥其影响效果，就必须加以沟通。愿景可以采取直接的文字说明或借着个人"推销"来沟通。例如，宏碁公司的愿景为"世界公民——广受各地赞誉的企业"，不但在其网站上，且在其企业内各明显处皆广为公布。

现代管理重视的是愿景领导（Visionary Leadership），所谓的愿景领导是指高阶领导者应亲自参与发展一套愿景、使命与目标的系统性架构，以作为企业价值观与企业文化的基础。愿景领导至少应包含以下两项工作：

（1）高阶领导者必须创立一种以顾客为焦点的、清晰可见的价值。

（2）高阶领导者须具备道德行为，并亲身参与规划、沟通、教导、带领未来的领导者以及检讨组织绩效与员工认知。

二、使命

使命代表的是企业存在的目的与价值，也有人称其为任务。使命与愿景相比较，愿景代表的是乌托邦的境界，而使命则是追寻此乌托邦的方向。使命应比愿景更具重点且更为清晰明白，它除了能引领组织的方向，还是企业永续经营的动力。使命一般都会以简洁的文字加以叙述，此称为使命宣言（Mission Statement）或使命陈述。例如，宏碁公司的使命宣言为"人人享用新鲜科技——用新鲜科技造福全人类，这是宏碁责无旁贷的使命，也是永无止境的追求"。使命陈述可为组织带来下列三种功效：

（1）提供组织策略的方向。

（2）提供组织绩效评核的方向。

（3）提示组织成员行为的标准。

愿景与使命这两个名词在许多公司常被视为是一个概念，此时他们只会以使命陈述来综合这两个概念。例如，波音飞机公司的使命陈述为"成为世界第一的航空公司，并且重视品质、获利与成长"，Intel 公司的使命陈述为"成为全球信息产业的零组件卓越供应商"，都是将愿景与使命整合在一起的优良范例。

由于使命的功效之一是提供组织成员行为的标准，许多企业为更明确地叙述这行为标准，常会以企业的价值观、企业文化或经营理念来补充说明，告诉所有利害关系人企业要以什么样的行为准则来完成使命。

三、目标

设定阶段性的量化指标以落实使命即是目标。目标应清晰、简明地陈述组织拟达成的事项。组织在设定目标时，一般会遵循 SMART 的原则，即明确、可衡量、可达成、成果导向与期限，其意义如下：

1. 明确

明确（Specific）是指目标内容必须清楚易懂。

2. 可衡量

可衡量（Measurable）是指目标可能衡量或计算其达成度。

3. 可达成

可达成（Achievable）是指目标经努力后可达成。目标若设定过高，会让员工丧失追求的意愿；目标设定过低，则会让员工的潜力难以发挥。

4. 成果导向

成果导向（Result-Oriented）是指目标应依据所欲达成的成果加以设定，以避免方向错误。

5. 期限

期限（Timely）是指目标的完成应设定期限。

举例来说，鸿海的三大目标为"业绩每年增长 30%、利润每年增长 30%、速度每年加快 30%"，就符合 SMART 的五项原则。

第三节　内外部环境分析

由于达成目标的方法受到内外部环境因素的影响很大，故策略的制定除考虑目标外，尚应考量组织的内外部环境。

一、外部环境分析

外部环境对整个产业乃至于个别事业的命运，都扮演着举足轻重的角色。一种或多种外界经营环境的改变，都可能影响到企业是否能持续发展或生存。因此，外部环境分析应能反映事业所处环境的机会（Opportunity）与威胁（Threat），以提供管理者作为拟定或调整策略的参考。

外部环境分析（External Analysis）有时又被称为环境扫描（Environment Scanning），以彰显其应包含所有外界对企业可能影响因素的分析。

外部环境分析可区分为总体环境（General Environment）评估与竞争环境（Competitive Environment）评估。

（一）总体环境评估

全球化与信息科技的日益普及，以及国家间密切的互动，使企业经营者所关心的总体环境已不仅限于国内，而是广及全球。世界经济的波动、国际政治的演变、各国法规的发展、社会文化价值观念的改变、人类对地球资源有限性的警觉以及科技进步等都会对人类带来冲击，都与企业经营关系密切，也都会对企业形成新的机会与威胁。故企业可从政治（Politics）、经济（Economics）、社会（Society）与科技（Technology），合称为"PEST"。这些构面经常是相互重叠的，且其中某一构面的发展将影响到其他的构面。

1. 政治

政府政策的改变或法律条文的修改，也都可能形成企业的机会或威胁。近年来最显著的政治作用力就是解除管制，由于许多法令"松绑"，降低了许多产业的进入障碍，因而导致剧烈的竞争。

2. 经济

经济构面包含利率、汇率、政府财政预算赤字/盈余、进出口贸易赤字/盈余、全球与国家的通货膨胀率及储蓄率等。

3. 社会文化

社会文化构面的改变包含女性加入劳动行列比例愈来愈高、健康意识觉醒、教育水平提高、环境保护及药物滥用等。

4. 科技

科技的发展方向与前景，例如生物科技、超导体、信息技术、无线通信、制程创新、高分辨率电视及激光科技等因素，也是拟定企业策略前应予评估的项目。

（二）竞争环境评估

竞争环境有时也被称为产业环境，它是指组织在特定的竞争场合所正面对或将面对的状况。

时下谈及竞争环境分析，策略大师麦克·波特（Michael Porter）的五力分析模式（Five-Forces Model）是最易被了解与接受的分析工具，如图 2-2 所示。在此模式中，竞争环境分为两种构面，其一是以合作为主的构面，另一是以竞争为主的构面。以合作为主的构面，涉及的角色主要是供货商与购买者的议价能力；以竞争为主的构面，涉及的角色主要是潜在竞争者与替代品。另外，现存的竞争对手则扮演既合作又竞争的角色。上述的供货商议价能力、购买者议价能力、潜在竞争者的进入风险、替代品的威胁与现存企业间的敌对竞争程度，合称为五力。

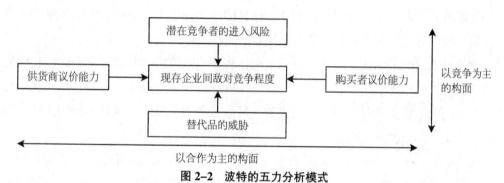

图 2-2　波特的五力分析模式

1. 潜在竞争者的进入风险

对企业组织而言，市场的潜在竞争者代表着一种威胁。企业组织的经理人为了降低潜在竞争者所带来的威胁，必须建立进入障碍（Barriers to Entry），以阻挠潜在竞争者参与竞争。进入障碍包括经济规模、成本优势、产品差异化、所需资金、客户转换采购对象的成本与配销系统等。

2. 供货商议价能力

供货商的议价能力愈强，对企业愈不利。当少数供货商主宰市场且缺乏替代品、供货商的集中程度高于买方的集中程度、买方对供货商缺乏相对重要性、供货商的产品差异大以及供货商向前整合（即形成直接竞争对手）度高时，供货商的议价能力将较佳，并形成对企业的威胁。

3. 购买者议价能力

购买者议价的方式包括杀价、降低采购量或在价格不变的情况下要求提高品质。当我方提供无差异或标准化的产品、购买者向后整合（即形成直接竞争对手）度高、购买者精确掌握我方成本结构的信息、购买者的价格敏感度高、购买者的集中程度高于组织的集中程度以及购买者相对大量的采购时，购买者的议价能力将较佳。

4. 替代品的威胁

当某种产品的价格超过替代品的价格时，顾客将倾向采用该种替代品。因此，经理人必须密切注意替代品的发展，了解其是否有功能改进或价格下降的情形发生而形成对企业的威胁。

5. 现存企业间敌对竞争程度

在自由市场经济中，许多产业的竞争极为激烈。这些激烈的竞争，通常来自于竞争厂商彼此间势均力敌、产业成长缓慢、固定成本高、缺乏差异化或转换成本低、制造产能大幅提升、具有高度策略性的利害关系或退出障碍高。

二、内部环境分析

外部环境固然会影响企业绩效，但处于同样的外部环境下，不同企业的绩效表现也会有极大的差异，这是因为企业的竞争力不同。

所谓竞争力（Competitiveness），是指某个体与其他同性质者整体力量的比较。此处所称的个体，可以是个人、部门、企业、行业、地区、国家或产品等。竞争力应是组织与其竞争对手之间的比较，而非组织与其过去的比较。竞争力也是一种整体力量的比较，而非某一功能或某一部门的单独比较。

竞争力强的企业，我们常称它具有竞争优势（Competitive Advantage），它具有较强的生存能力；而竞争力不足的企业，在缺乏竞争优势下，通常会面临顾客流失、市场占有率下降、员工跳槽、被并购甚或倒闭的命运。因此，如何建立企业竞争力或创造企业竞争优势，就成了领导者们最关心的课题之一。

内部环境分析就是企业竞争力分析，也就是分析企业具有什么样的竞争优势（Strength）与劣势（Weakness）。

企业从内部环境分析归纳出结果并拟定的策略，一般会比从外部环境分析获得的策略更具成效，因此企业内部环境分析常比外部环境分析更受重视。

一般用于分析企业组织优势与劣势的方法有关键成功因素分析、价值链分析以及核心过程与系统分析等。

（一）关键成功因素分析

许多产业都有一些少数但却十分重要的成功因素，它们是获得及维持竞争优势的根本要素，我们称其为关键成功因素（Key Success Factor，KSF）。组织在关键成功因素上的表现若较佳，则可以确保组织的竞争优势；若表现不佳，则会导致绩效衰退。

（二）价值链分析

价值链（Value Chain）是针对企业内的每一项活动，分析其个别为顾客所创造的价值及其对财务绩效的贡献。

以价值链分析了解企业的优劣势具有以下三项优点：

（1）能明确地指出顾客价值的重要性。

（2）能提供组织体质分析的一般性检核表。

（3）能提升公司创造价值的整体能力。

（三）核心过程与系统分析

不论从个别观点还是整体方向来看，构成价值链的各种活动都非常重要。但为顾客所创造的总体价值并非来自个别活动，而是来自一组活动共同形成的"核心过程与系统"（Core Process and System）。近年来，管理学者已意识到必须将所有创造价值的活动加以整合，才能将企业提供顾客的总体价值极大化。

由外部环境分析找出企业的机会与威胁，由内部环境分析找出企业的优势与劣势，此结果在经重新整理后即为史坦纳（Steiner）博士在 1965 年所提出的 SWOT 分析（Strength，Weakness，Opportunity and Threat，SWOT）。企业制定策略时，应考虑如何结合优势与机会，并回避劣势与威胁。由于 SWOT 分析承接内外部环境分析的结果，且是制定策略的依据，因此许多人将 SWOT 分析视为策略分析的核心，甚至将二者视为同义词，认为"策略分析就是 SWOT 分析"。

第四节 企业策略

当组织对内外部环境加以分析后，就可以开始制定达成其目标的策略。

一个组织的企业策略（Corporate Strategy）必须能够回答"我们应该经营哪些事业或如何经营事业以使企业的长期利益达到最大"，如果与愿景及使命作比较，愿景应回答"我们期望经营什么样的事业"，而使命则是回答"我们在经营什么样的事业"。

一个优良的企业策略应具备下列几种特质：

（1）策略所涉及的各项活动，涵盖的时间水平应较长，通常为 5~10 年。

（2）策略制定以后，对有关活动的影响应是甚为显著的。

（3）依据策略，企业应集中资源与努力在某些特定的领域。

（4）策略需要一系列可相互支持的决策。

（5）策略涵盖的范围应包括从资源的分配至每日的日常作业。

从策略的作用来看，首先，策略可以帮助企业在千头万绪的经营课题中，选择当前最应关注的重点；其次，好的策略可以为组织开拓生存空间；最后，明确的策略可以指导组织内各种功能政策的走向。

一、企业未来发展策略

对企业的未来发展而言，其最常采取的四种主要策略，即成长策略、稳定策略、紧缩策略与结合策略。

（一）成长策略

若管理者认为组织越大越好，那么他可能采取成长策略。成长可以包含多种情形，例如较高的营收、较多的员工或较大的市场占有率等。成长策略可通过直接扩张、多角化、购并或合并等方式来达成。

（二）稳定策略

若管理者认为组织规模不应该做改变，那么他可能采取稳定策略。稳定代表持续相同的服务或维持现有的市场占有率等。当组织没有好的优势与重大优势或劣势，机会与威胁亦不显著时，它大多会采用稳定策略。

（三）紧缩策略

若管理者认为组织规模应适当缩小时，那么他可能采取紧缩策略。紧缩包含转型、裁员、关厂、退出某一市场或被购并等。当组织竞争力下降或市场衰退时，很多管理者会采取此一策略。

（四）结合策略

结合策略是同时采取上述两种或两种以上的策略，也就是组织的一部分可能紧缩，而另一部分则可能追求增长等。

除了以上四种主要策略外，专注本业、垂直整合、策略联盟、内部创业、合资或重整等也是企业最常思考的未来发展策略方向。

二、竞争策略

没有一个公司在试着要对所有人做所有事时，可以成功地达到平均值以上的绩效，因此管理者必须要作取舍（Trade Off），这种取舍应反映在其所选定的竞争策略上，也就是管理者应在成本领导、差异化与集中化三者中选择其一，以建立独特的竞争优势。

（一）成本领导

成本领导（Cost Leadership）的竞争策略，就是要取得比竞争对手更低成本的地位。采取低成本策略的企业，一般而言并不强调产品的特殊性，也不严格进行市场区隔，在研究发展或广告行销方面的支出，一般也少于采取差异化策略的竞争对手，但它会致力于降低成本。成本领导策略典型的方法包括运用学习效果、追求经济规模、提高生产力、技术创新、运用低成本劳力或争取对原料取得的优惠等。采取成本领导策略的企业一般可获得以下优势：

（1）由于成本较低，因此在与竞争对手相同价格下，利润将较高。

（2）低成本厂商较不会受到来自顾客降价压力的困扰，因为他们的价格空间较竞争对手大。

（3）保持低成本地位，可以说服对手不要引发价格战。

（4）新进入的企业将因学习效果尚未展现，而较难与现存的成本领导者进行价格竞赛。

（5）低成本企业所处的地位，可以"定价"为工具，以与替代品进行竞争。

尽管成本领导是因应竞争压力的可行手段，但当企业追求这种竞争优势的同时，也会面临以下风险：

（1）当竞争对手同样采取低成本策略时，成本领导可能会是一种"全赢或全输"的策略。

（2）若因追求降低成本而丧失了吸引顾客的产品属性，可能得不偿失。

（3）全心投入降低成本，往往限制了企业以其他的方式维持其竞争力。

（4）许多节省成本的方法极易为竞争对手所模仿。

（二）差异化

在追求差异化（Differentiation）的竞争优势时，厂商企图创造顾客高度评价且独特的产品或服务，以享受高于同业的报酬。采取差异化策略的企业，一般而言会强调产品的特殊性，同时进行市场区隔。此时，它在研究发展或广告行销方面的支出，会高于采取成本领导策略的竞争对手。差异化策略典型的方法包括强调品质、特殊的服务、创新设计、技术能力与品牌形象等。采取差异化策略的企业一般可获得以下优势：

（1）当企业成功地将本身区别出来时，可以降低竞争的激烈程度。

（2）差异化能建立具有品牌忠诚度的顾客，他们对价格的敏感度较低，企业因而能对产品定出较高的价格。

（3）替代品必须克服产品忠诚度所形成的进入障碍。

企业采行差异化策略时，应注意下列事项：

（1）如果许多竞争者都采取差异化策略，他们之间也就显现不出差异了。

（2）专精于利基市场（集中化策略）者，可能比差异化更为成功。某些提供差异化产品的厂商无法像专精于利基市场的竞争对手，能快速调整其产品与服务，以符合特定顾客的需要。

（3）差异化可能导致顾客未能完全认同。例如增加产品的功能，可能因未受到顾客的认同，以至于厂商无法索取更高的价格来抵消因增加产品功能所引发的额外成本。

提供比竞争对手更佳品质的产品常是企业采取差异化策略的方向，一般称此为以品质为基础的策略（Quality-Based Strategy）。另一种常见的差异化策略则是强调速度，一般称其为以时间为基础的策略（Time-Based Strategy）。

（三）集中化

集中化（Focus）策略是将产品或服务锁定在某一特殊的利基市场，这个利基市场可能是以地理、顾客形态或产品线的区隔为定义。一旦选定了市场区隔，企业可视竞争对手的策略再决定焦点应放在差异化或是成本领导上。集中化策略一般仅针对一小范围或区域的区隔市场，此为它与成本领导与差异化策略最大的不同。采取集中化策略的企业一般可获得以下优势：

（1）集中化能提供对手所欠缺的产品或服务，远离竞争。

（2）潜在进入者与替代品较难克服集中化所建立的顾客忠诚度。

（3）集中化能向顾客收取更高的价格。

企业采用集中化策略时，应注意下列事项：

（1）集中化一般均为小量生产，生产成本会较高。

（2）因为技术变革或消费者品味的改变，利基市场可能会突然消失。

（3）采行成本领导与差异化的竞争对手，若能满足集中化的区隔市场，利基亦会消失。有关成本领导、差异化与集中化三者间的比较如图2-3所示。

		策略优势	
		独特性	低成本
目标市场	全面性市场	差异化	成本领导
	特定性区隔市场	集中化	

图2-3　成本领导、差异化与集中化三者的比较

OM 透视镜

波特重释"差异化"策略

错误的理解导致错误的决策，一般经理人对策略的常见误解有下列五种：

（1）认为策略是一种抱负：策略不需要远大的抱负，而是如何落实竞争优势。

（2）认为策略只是一些行动：策略不是一些零星行动的组合，而是决定该采取什么行动的决策过程。

（3）认为重要的东西都是策略：策略不是把重要的工作加以整合，而是整合那些该做的事。

（4）认为策略就是愿景：愿景是一种理想，策略则是发挥你的竞争优势以持续发展。

（5）认为策略就是试验：策略需要一开始就界定清楚，看清楚机会所在，它绝非

实验。

有效的策略应具备下列五大特点：

（1）要有独特的价值诉求：价值诉求主要有三个层面：你准备服务什么类型的客户？满足这些客户的什么需求？会寻求什么样的相应价格？价值诉求的选择要和对手不同，如果你想和竞争对手做同样的事，就不太可能成功。

（2）要有一个不同的、为客户精心设计的价值链：行销、制造与物流都必须和对手不同，这样才能有特色，否则只能在营运效率上竞争。

（3）要做清晰的取舍，并且确定哪些事不要去做：企业常犯的一个错误就是他们想做的事太多，他们不愿意舍弃。如果你做出取舍，而对手跟进，这就会迫使对手放弃他已有的核心优势，你仍是赢家。

（4）价值链上的各项活动，必须相互匹配并彼此促进：西南航空的低成本模式或戴尔的直销模式为何那么难模仿？因为他们的优势不是某一项活动，而是整个价值链一起作用。

（5）策略要有连续性：任何策略都必须要实施3~4年，否则就不算策略，如果每年都对策略进行改变，就等于没有策略，而是跟随时髦，但这并不意味着你就一成不变，你仍然要不断地寻找更好的方法来实施策略。

资料来源：远见杂志编辑部整理. 波特中国行重释"差异化"策略 [J]. 远见杂志，2004 (8).

第五节 作业策略

今日，许多公司，特别是集团式的公司，旗下包含许多独立运作的事业，这些事业常被称为策略事业单位（Strategic Business Unit，SBU）。SBU 是企业内具有独立运作策略能力的组织，其规模与组成因企业而异，它可能是公司内的一个或数个事业部门，一条或数条产品线，或是某一个品牌。在企业策略确定后，每个 SBU 也须根据个别的任务目标与市场竞争性质，设定策略事业单位策略（SBU Strategy）以支援公司策略，协助公司整体目标的达成。

企业内的各功能，包括作业、行销与财务等，为期能对企业策略与目标有所贡献，也须制定出属于自我功能的策略，我们称此为功能策略（Functional Strategy）。

一、企业策略的展开

企业在制定策略之前需先明定其目标。同理，各策略事业单位与部门在制定策略前也常会但并非一定需要制定策略事业单位与部门的目标。

目标管理（Management by Objective，MBO）与方针管理（Policy Management）是建立一个有效的执行与追踪考核系统最常用的方法。目标管理于 20 世纪 50 年代由管理大师彼得·德鲁克提出，它被视为是管理者最常使用的管理工具之一。方针管理则是日本企业在 20 世纪 60 年代为提升品质所发展出来的方法，日本人称其为 Hoshin Kanri。目标管理与方针管理除了起源不同外，最大的差别在于目标指的是对最终结果的期望，故目标管理是结果导向；方针为行动的指导，故方针管理为过程导向。近年来，目标管理与方针管理其实已无太大差异，管理者大多已将此两者合并运用。

无论是目标与策略的展开、目标管理或方针管理，其展开的过程皆大同小异，如图 2-4 所示。

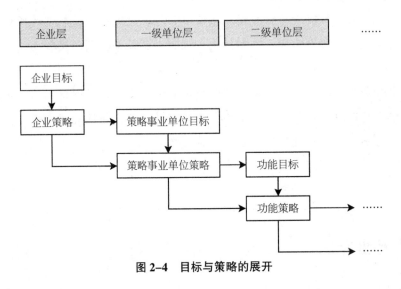

图 2-4　目标与策略的展开

功能策略中有关行销与财务的课题并非本书的范围，故在此仅就作业策略加以说明。

二、作业策略的构面

1969 年，被视为是作业策略鼻祖的哈佛商学院史金纳（Skinner）教授指出，当时美国制造业的弱点在于过度忽略作业策略，于是他力倡公司必须发展作业策略，以辅助行销及财务策略的不足。史金纳将作业策略归纳为四个构面：品质、成本、速度与弹性（Quality，Cost，Delivery and Flexibility，QCDF）。史金纳认为，决策者必须在品质、成本、时间与弹性之间作取舍，因为这四者无法兼顾，例如为提高品质就需增加成本、为缩短速度时间就会丧失弹性等，而这样的论点在当时也极为普遍。

然而，20 世纪 80 年代日本企业的表现粉碎了这样的论调，其中最具代表性的就是日本的汽车业。日本汽车在当时与美国汽车相比，有着较低的成本、较高的品质、更短的交货期与更弹性的作业。许多人因此开始研究，QCDF 既然可以全面达成，那么应同时进行 QCDF 的改善？还是这四者之间应有改善的优先顺位？

针对以上问题，1986 年中根（Nakane）教授归纳了第二次世界大战后日本企业的发展历程，并以图 2-5 的累积模型（Cumulative Model）作为结论。该模型显示如果企业品质达到一定水准，速度问题就会获得部分改善；若企业在品质方面已有非常优良的表现，该企业就可以专心于速度上的改善，否则他应在改善速度前更进一步地改善其品质；如果在品质基础不够稳固的情形下加快速度，那么不仅速度无法缩短，不扎实的品质更会崩溃。品质/速度间的关系也可推展至成本与弹性；品质、速度、成本与弹性应作为改善的优先顺位，任何一构面的改善如果没有以前一构面的改善为基础，则该改善都将不能长久。

图 2-5 累积模型

针对同一问题，1990 年佛多斯（Ferdows）与梅尔（Meyer）提出了不同的看法，他们以图 2-6 的沙丘模型（Sand Cone Model）解释其论点。沙丘模型虽然也同样赞成品质是其他一切改善的基础，但认为改善的优先顺位应是品质、速度、弹性与成本。当品质基础建立后，管理者才能专注于改善其速度，但此时品质改善并不能停顿；同理，当改善进行到专注于成本时，品质、速度与弹性的改善仍必须持续进行。从另一个角度来看，当品质、速度与弹性达到当时改善的极限时，成本的改善将引发弹性、速度与品质一个比一个更大的突破。举例而言，当此时成本的改善效益为 5%，将可能引发弹性 10%、速度 15% 与品质 20% 的改善效益。

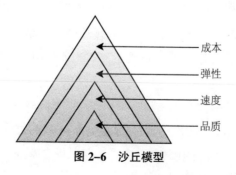

图 2-6 沙丘模型

20世纪90年代中期以后，创新（Innovation）成了另一个极为重要的作业构面。许多企业借由快速推出符合顾客需求的创新产品而崛起，例如手机业者与数字相机业者等即是。至今，作业策略的构面应可归纳为成本、品质、速度、弹性与创新。

三、作业策略的范畴

所谓作业策略（Operations Strategy），意指管理者为达成企业目标并配合企业策略，在操作系统上所采行的各种决策与行动。此决策与行动的范畴又可分成10个主题：①产品与服务设计；②品质；③过程与产能设计；④地址选择；⑤设施布置；⑥人力资源与工作设计；⑦供应链管理；⑧存货；⑨日程安排；⑩预防保养。在本章之后的各章中将会陆续加以介绍作业策略的这10个主题。

四、赢得订单的要素与符合订单的要件

作业策略的拟定，除应配合企业策略外，也应考量到与行销或财务策略间的搭配。有关联结作业策略与财务策略的问题，大多属工程经济的领域。至于联结作业策略与行销策略的问题，则应考量到该项作业策略是否属于赢得订单的要件（Order Winner Criteria）或符合订单的要件（Order Qualifier Criteria）。

所谓赢得订单的要件，意指该项策略会有助于企业获取订单，是企业在品质、产能、地址、设施布置、人力资源与工作设计、存货、日程安排或预防保养等项目上的表现可能比其他竞争对手更具优势。企业若在某一项策略的表现上具备领先其竞争对手的绩效，我们称该企业具备核心能力（Core Competence），或该策略表现为该企业的核心竞争力（Core Competitiveness）来源。良好的作业策略不应仅协助企业成为订单的赢家，更重要的是能成为企业的核心竞争力来源，成为该企业的核心能力。

所谓符合订单的要件，意指该项策略是顾客下订单给我方的基本条件，若无该项要件，则我方连争取报价的机会都没有，它可能是顾客要求我方至少在产品设计、品质、产能以及地址等方面符合其基本"门槛"的要求。

某项作业策略属于赢得订单的要件或符合订单的要件时，常会随着时空环境的改变而不同，故管理者应经常审视此一变化，借以作为拟定作业策略时的参考。

综合以上有关企业策略与作业策略的叙述，如图2-7所示。

五、战术

策略的执行需依赖战术，是指组织为完成策略所采取的行动计划，该行动计划也常以书面形式表现，其内容一般包含组织愿景、目标与策略的概述，行动计划的流程、方法、预算、进度以及行动计划的绩效衡量方法等。

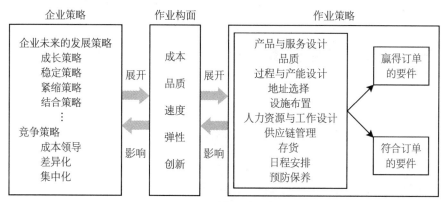

图 2-7 企业策略与作业策略

许多较困难达成的目标，对于单一部门而言常会难以做到，此时跨部门或跨机能团队（Cross Function Team）就有成立的必要。

表 2-1 是以某公司为例，说明目标、策略至战术展开的结果。

表 2-1 某公司的策略展开

企业目标	税后盈余 20%
	顾客满意度提升至 90%
企业策略	未来发展策略：成长策略
	竞争策略：差异化——以品质为基础的策略
作业策略	积极拓展北美市场
	建立与供货商及顾客间的伙伴关系
	与技术来源对象建立策略联盟，加快新产品开发速度
	实施全面品质管理
品保课目标	降低品管圈缺席率 20%
	增加品管圈圈长训练 100 人次
	增加品管圈辅导员训练 20 人次
	提拨品管圈奖金预算至 20 万元并增设参加奖
	明年 3 月以前完成顾问公司评选，12 月完成 ISO9001 验证
	规划 ISO9001 品质技术课程八大类，合计 108 小时，4 月底前完成教育训练
品保课绩效指标	年度绩效 = 0.1×品管圈缺席率绩效 + 0.15×品管圈圈长训练绩效 + 0.15×品管圈辅导员训练绩效+ 0.1×品管圈奖金预算绩效 + 0.25×ISO9001 验证绩效+ 0.25×ISO9001 品质技术课程绩效
	品管圈缺席率绩效指标：100×缺席率下降比率/20%
	品管圈圈长训练绩效指标：100×圈长训练人次数/100 人次
	品管圈辅导员训练绩效指标：100×品管圈辅导员训练人次数/20 人次
	品管圈奖金预算绩效指标：100×参加圈数/400
	ISO9001 验证绩效指标：100×提早完成月数/6
	ISO9001 品质技术课程绩效指标：100×提早完成天数/30
	@ 备注：以上各分数以 100 为上限
品保课战术	品管圈活动计划
	ISO9001 验证推动计划

第六节 策略管制与绩效衡量

策略的有效执行，除了将目标与策略向下展开，使得企业上下分层负责地共同迈向同一方向外，策略执行的管制与绩效衡量更是其中不可缺少的工作。

绩效衡量前，管理者需与部属针对每一项目标准建立客观量化的绩效指标衡量公式，以避免日后因绩效衡量方式过于主观而产生争议。另外，绩效应定期回报，并加以管制，以在必要时进行赶工或修改目标、策略与绩效标准。绩效指标的定期回报大多以月为单位，且一般而言最长不宜超过半年。

平衡计分卡（Balanced Score Card，BSC）是近年来最具代表性的绩效衡量方法，它缘起于 1990 年由 KPMG（国内为安侯建业会计师事务所）的研究机构"诺朗诺顿研究所"（Nolan Norton Institute）进行名为"未来的组织绩效衡量方法"的研究计划，此计划是由哈佛大学教授柯普朗（Kaplan）与诺朗诺顿研究所最高执行长诺顿（Norton）所共同主持。柯普朗与诺顿提出以财务、顾客、企业内部流程以及学习与成长四个构面衡量组织绩效，并将其定名为平衡计分卡。

平衡计分卡是以平衡为诉求，它寻求组织短期和长期的目标之间、财务和非财务的量度之间、落后和领先的指标之间、外部和内部的绩效构面之间的平衡。

平衡计分卡之所以计分为名，主要是因为该法在使用时，每一个构面下都须分别建立数个绩效衡量指标，以管制策略的有效执行。

平衡计分卡之所以获得企业界的青睐，除了因为它具有平衡各种绩效指标以及强调量化这些绩效指标的优点外，另一个优点就是它归纳出了这四个构面之间的前后因果关系。平衡计分卡认为企业最终追求的是财务绩效，而影响未来财务绩效的最直接因素是企业目前与顾客间的关系，至于企业目前与顾客间的关系则受到过去企业在内部作业流程上所作努力的影响。同时，企业内部流程的优良与否是企业学习与成长环境所造成的结果。

平衡计分卡用驱动未来绩效的量度来弥补仅仅衡量过去绩效的财务量度的不足。它通过财务、顾客、企业内部流程、学习与成长四个构面来分析一个组织的绩效。在此四个构面中事实上已涵括了三大企业功能——财务、行销与作业，故平衡计分卡在许多场合不只作为绩效评估的工具，也常被用来作为企业策略规划的工具。

第七节　结论

　　竞争力的强弱攸关企业是否存活，而策略又是强化企业竞争力的关键，故现代管理者无不重视策略管理此议题。作业策略是企业策略中的一环，管理者在拟定企业策略时，绝不可忽视它对未来企业发展所造成的影响。

个案研讨

咖啡专卖土洋大战——85度C暴富传奇

　　2010年11月22日，"KY美食"（85度C母公司）以承销价168元挂牌上市，震撼了台湾商场。这家成立6年4个月，创立资本额1500万元，创办人吴政学年仅44岁，中国台湾中学补校毕业，上市后的市值已高达215亿元。创办人吴政学手上握有公司六成股份，身价突破百亿元，面包师傅出身的85度C行政主厨郑吉隆等20多名合计配发三成股份的资深干部，也全部跳升为亿元大户，一日之间缔造出台湾连锁加盟产业前所未见的暴富传奇。

　　85度C第一家店，是在永和乐华夜市三角窗的咖啡蛋糕店，这是吴政学暴富之旅的起点。85度C成立仅四年，在2008年一举成为台湾地区咖啡业的老大，分店数量和营业收入都超越星巴克。在中国台湾、中国内地、美国与澳洲四地的营业收入共35亿元，利润近5亿元。它的主要成功秘诀就是"平价奢华"。85度C以优质原料制作咖啡和糕点，价格却比星巴克便宜三成。

　　提到咖啡，人们总会想到星巴克的独特体验，而85度C则选择平民路线。创业之初，85度C就以星巴克为突破口，在中国台湾打响"土洋大战"。

　　针对快节奏的生活方式，85度C制定出主打外卖的战略，其70%的盈利来自顾客外带消费，有九成是外卖（星巴克仅占一成）。因此，85度C每家店面都较小，座位也不多，只需20平方米左右，店租成本约占营业收入的25%左右，远低于星巴克动辄二三层楼的店租。

　　85度C的选址，不仅基本上都在主要城市的一级商圈，而且绝大部分店面开在星巴克对面，低价优质的咖啡，难免不会不对星巴克的客流造成影响。

　　此外，85度C还在连锁店中注入了"烘焙产业"的概念，颠覆了国际咖啡产业"潜规则"。目前，其营业总额中烘焙产品比重已占到一半，而台湾星巴克还不到20%。店面租金昂贵、产品奢华又平价，怎样保持盈利？

首先，85度C有一套专门的中央厨房"计划性生产"制度，公司直接将耗损率纳入奖金计算系统，鼓励主厨降低物料浪费。如此一来，第一线厨师俨然变身管理师，他们依据前一天的销售数字做蛋糕，仅损耗一项，四年来在台湾地区就节约近200万元成本。

其次，85度C还导入高科技的精密生产步骤，做到连一抹奶油都不浪费的境界，《商业周刊》称其用做半导体的SOP（标准作业程序）做蛋糕！而且85度C还实行24小时服务，由于租金固定，通宵营业也就多了电费和人力，增加的成本并不多。

按照公司创始人吴政学的计算，85度C和星巴克一样，人力成本约占营业收入的15%左右，但星巴克员工做1杯咖啡，85度C的员工能够做3杯；从客人停留时间来看，星巴克是1小时，而85度C仅有6秒钟。

创立85度C之前，近20年时间，吴政学开过美发店、鞋材加工厂、大理石厂、加盟珍珠奶茶店，也经营过炸鸡和50元披萨的加盟生意，但"每个生意都赚到钱，差别只是做长做短"。创业需要资金、技术，吴政学无一技之长，更没有富爸爸。因此，不管做什么生意，他始终靠合伙、分利模式，让事业有如送进烤箱的面团，短时间就能膨胀成一个个的面包。直到他累积了一笔足够的资金，才开创了真正属于他的事业。85度C成功的营运模式大致可归纳如下：

一、他，靠分利模式创业，先端出业绩分红，再配股票留人

别人是用高薪挖技术人才，但吴政学从不这样做，根本也没有这样的本钱，他用创业致富的美梦打动对方。月薪12万元的西点主厨加入85度C，领的是没有底薪的新产品业绩分红；配股票论功行赏，则是他留人的最重要筹码，"这样一来，85度C便能大幅压低人事成本，是它在中国能快速扩张的关键"，在中国拥有300家连锁面包店的厦门向阳坊食品董事长黄俊凯认为。

清楚交代财务数字，是面对股东的必要动作，吴政学让员工入股，等于得建立财务公开的会计习惯，"做餐饮的台商，多少人敢把财务报表摊开来？85度C敢，这是吴政学做生意的意识，和学历无关"，在熟悉创投运作的富兰德林咨询公司总经理刘芳荣眼中，这一点是85度C独获汇丰控股创投以及味千拉面等外部资金相继青睐的根本关键。

二、他，坦言很会抄袭，学肯德基组织架构、标准化流程

敢拼、敢赚，吴政学做生意求速效的作风，也让他成为连锁加盟业界的争议人物。创立85度C之前，吴政学经营肯德基（KFC）的山寨版达客利（DFC）本土炸鸡，吸收了上百家加盟店，但一年之后就陆续关店；开50元外带披萨连锁店，从每店排队到门可罗雀，9个月就"退烧"，吴政学随即停损退场。大起大落，让部分跟进的加盟主无法谅解。

一杯平价咖啡约新台币 35 元，却有一家咖啡店卖平价咖啡能卖到市值 100 亿元。9 月底，到中国经营才两年多的 85 度 C 证实，香港汇丰私募基金投资约新台币 7 亿元，取得 7% 股权。以此推估，市值有达 100 亿元的实力，汇丰的报告中甚至大胆预估，2011 年 85 度 C 的市值将达 250 亿元。

三、他，成本控管有一套，净利率两成，比同业高 5 个百分点

摊开 85 度 C 的财务数字，2010 年合计中国台湾、中国大陆、美国与澳洲的年营收约达 35 亿元，获利将近 5 亿元，其中，这两年发展最快的大陆 85 度 C，仅 2010 年上半年营收已将近 10 亿元，获利逾 2 亿元，然而大陆 85 度 C 的店数仅有台湾的 1/5，无怪乎 85 度 C 副总经理王建尧会说："在台湾做了这么久，不如在大陆做一年。"

还不只如此，若拿它与迪欧咖啡相较，大陆 85 度 C 仅 65 家店，上半年营收近 10 亿元，反观拥有 333 家店面（含直营店、托管店与加盟店）的迪欧，2010 年营收却不过 17.5 亿元；再比较获利能力，大陆 85 度 C 2010 年净利率超过两成，也较同业平均水准 15% 多出 5 个百分点。一位私募基金经理人认为，汇丰私募基金投资 85 度 C，就是看准它在中国的成长爆发力与成本控管能力。

四、他，攻城略地够凶悍，为抢黄金店铺，多付 1.5 倍店租

2007 年，85 度 C 决定进军上海，吴政学要用人民币 7 元的蛋糕在中国内陆再度掀起"平价奢华"风暴。85 度 C 在上海开店攻城略地手法相当凶悍，多家店都直接开在星巴克对面，不惜与星巴克正面交锋；而在各一级商圈争取店铺时更不惜出高价抢下，以店租最贵的百乐门对面旗舰店为例，月租金高达人民币 25 万元，是同商圈平均租金的 1.5 倍，被同业直呼破坏店租行情。

五、他，"平价奢华"做行销，顶级巧克力做热可可，卖人民币 8 元

在"奢华"地段卖咖啡，但他不放弃任何机会传递"平价"诉求，比如，店面设计透明蛋糕柜，价格整齐地标示在蛋糕前，大大招牌写着 7 元蛋糕。吴政学说，过去到咖啡厅要打开大门，才看到价钱，他拿掉大门，改为半个人高的柜台，价格是 85 度 C 最显眼的装潢。"蛋糕又不是 LV 皮包，你吃就吃掉了，又不能拿出去炫耀，没钱人有得吃就好了"，他分析。

"行销包装只能够吃 6 个月"，吴政学自问，过去行销都不错，为何事业不能永续？他认为，关键就在于产品不够强。因此，他将台湾 85 度 C 的营运模式全搬到中国大陆。吴政学同样打出"五星级饭主厨"作为号召，每个月至少研发出 12 种新蛋糕，他还将跑到南美洲危地马拉，过滤 100 多家农家后，才找到的五星级饭店用咖啡豆移转过来；甚至，五星级饭店才会采用的法国顶级法芙纳（Valrhona）巧克力，吴政学也拿来做一杯人民币 8 元的热可可。

六、他，因地制宜抢市场，同一种面包，依当地口味做变化

行销手法与降低成本的方式，大陆85度C与台湾几乎如出一辙。然而，进了中国内陆，总得要能符合当地人的口味，尤其85度C已在上海、杭州、南京、深圳与北京都有门市，各地的口味又不见得一致，况且还得面对自零摄氏度以下到超过30摄氏度的气候，吴政学要如何克服？

操盘85度C面包产品的主厨郑吉隆指出，以丹麦菠萝为例，每到一个城市设点，公司会请人推荐当地丹麦菠萝卖得最好的几家店，然后，郑吉隆会分析各家店丹麦菠萝的畅销特色，试图"整合"成一个"面面俱到"的面包。

七、他，生产流程创新化，兼具降成本、满足"限时出炉"需求

为降低成本，大陆85度C同样设中央工厂，但其每家中央工厂只服务约30家店面，这和传统上海业者动辄建超大工厂，期望一次到位满足百家面包店不同；郑吉隆指出，大陆85度C的中央工厂较小，是因为各店仍存在"前店后厂"形式，采取现场烘焙加热的做法以吸引顾客。

比起传统上海业者全采中央厨房生产，货车运送塑料袋包装冷掉的面包到各面包店，大陆85度C将生产过程折成两段，既能通过工厂形成经济规模，仍能满足"限时出炉"，消费者的感受自然不同。

降低成本的范围还不只原料。85度C有九成外带，和星巴克九成内用恰好相反，也因此，店面只需要20平方米，店租成本占营收25%，远低于星巴克动辄两三层楼的店租，"若真想坐下来，骑楼都会摆上几张桌子。"

才进军中国大陆3年，大陆85度C的人已不讳言"数钱数到手软"。吴政学在2010年底的中国展店已将近200家，未来将前进内陆，入驻成都。

资料来源：85度C网站，http: //85cafe.com/.

问题讨论 请实际到星巴克兴85度C消费，实际感受一下其差异性。

习题

基础评量

1. 试述策略的意义。

2. 何谓MOST？

3. 何谓策略规划程序？

4. 何谓利害关系人？

5. 试述愿景与使命宣言的不同。

6. 使命陈述可为组织带来哪些功效？

7. 试述设定目标时应遵循的原则。

8. 企业的外部环境分析可分为哪两类？

9. 企业总体环境评估包含哪些项目？

10. 试述波特的五力分析模式。

11. 试述阻挠潜在竞争者参与竞争的进入障碍为何。

12. 在何种情形下供货商的议价能力较佳？

13. 在何种情形下购买者的议价能力较佳？

14. 企业间的激烈竞争通常来自哪些因素？

15. 一般用于分析企业组织优势与劣势的方法有哪些？

16. 何谓关键成功因素？

17. 价值链分析具有哪些优点？

18. 有关企业未来发展的策略有哪些？

19. 试说明成本领导、差异化与集中化策略。

20. 采用成本领导策略的企业，可享有哪些优势？

21. 企业在追求成本领导策略的过程中，应注意的事项有哪些？

22. 采用差异化策略的企业，可享有哪些优势？

23. 企业在追求差异化策略的过程中，应注意的事项有哪些？

24. 采用集中化策略的企业，可享有哪些优势？

25. 企业在追求集中化策略的过程中，应注意的事项有哪些？

26. 何谓功能策略？

27. 何谓 SBU 策略？

28. 试解释累积模型与沙丘模型。

29. 作业策略的构面为何？

30. 作业策略的范畴为何？

31. 何谓赢得订单的要件与符合订单的要件？

32. 目标管理与方针管理有何不同？

33. 何谓战术？

34. 试述平衡计分卡的四个构面。

深度思考

1. 有人将平衡计分卡用于企业策略的发展过程，但也有人认为平衡计分卡仅适用于绩效衡量上。你的看法如何呢？

2. 目标管理与方针管理都是常被采用的系统，但甚少人对此两者加以比较。请查阅更多有关目标管理与方针管理的资料，并试着加以比较。

第三章　预测

学习重点　**在学习本章后，你将能够**

1. 了解预测的意义与其在企业中扮演的角色。

2. 了解预测的分类与特征。

3. 说明优良预测应具备的条件。

4. 了解预测进行的步骤。

5. 学会使用各种不同的定性预测法。

6. 学会使用各种不同的时间序列预测法。

7. 学会使用各种不同的因果关系预测法。

8. 了解如何评估预测的准确性。

9. 了解如何针对预测进行管制。

一次成功的产销购协调会议

业务范经理怒气冲冲地走进了负责生产管理李经理的办公室，"听说礼拜五宏达电的货出不了，我们的生管到底出了什么问题？这样下去业务怎么敢接单"，没有等待回答，范经理转头就走，留下错愕的李经理。

李经理憋着一肚子的火气在走廊上遇到了采购王经理，"1024的电阻一直缺货，宏达电的订单做不了，我快被砍头了，帮帮忙吧，王兄，无论如何想想办法，宏达电得罪不起啊！"

刚上任的王经理是公司的少壮派，拥有管理硕士学位，在公司里一向扮演着改革者的角色，并且被视为是公司的明日之星。王经理邀请范经理与李经理共同参与了一个产销购紧急协调会议，在将整个业务、生管与采购的流程加以说明后，王经理做了简短的结语，"业务如果能提供更为精准的销售预测，生管依此销售预测做出生产计划与采购计划，采购就能保证提供适质适量的原物料。业务、生管与采购先各自确保权责内的事务顺利达成，未来再推动协同作业就会比较容易"。

三位经理神情愉悦地步出会议室，会议结论的执行成效虽仍有待时间证明，但至少今天大家已有了共同的目标。

孙子兵法有云：多算胜，少算不胜，况无算乎？这里所说的"算"，代表的是对未来情势进行预测后并加以规划的程序。企业的经营管理亦如同作战般，需要"算"。近年来，由于企业经营环境的快速变迁，使得企业应变能力愈加重要，事先精准的预测以洞烛先机，并做出正确的决策，已成为企业决胜商场的关键要素之一。

第一节　预测的基本概念

预测在日常生活中几乎无所不在，例如每天出门前预测交通与天气的状况，考试前预测老师的出题，进入一个陌生的餐厅预测该餐厅的消费水准，买股票前预测股价未来的涨跌等。人的一生需要做出数不清的预测，但是绝大部分都是在信息不足与时间急迫下所做出的，因此预测的品质就会大受影响。如何做出精准的预测，这是每一个人，尤其是其决策关系到企业存亡的管理者所关心的议题。

一、预测的意义与其角色

预测（Forecast）是对未来某事件可能发展方向的推测，这些推测的结果常作为进一步规划的依据。有关个人事项预测的影响仅限于个人；但对企业而言，某些预测的误差过大却会造成企业的大灾难。预测几乎存在于所有企业活动中，在许多不同的领域中预测也扮演着不同的角色。企业中预测常扮演的角色归纳如表 3-1 所示。

表 3-1　在企业中预测常扮演的角色

预测项目	预测目的
未来趋势预测	策略规划
经济成长预测	投资决策/财务规划
消费者需求特性预测	市场区隔/产品定位/营运模式/新产品研发
销售预测	产能规划/地址选择/日程安排/采购发包
科技发展预测	新产品研发/制程选择
生产力预测	产能规划/工作设计
人力需求预测	人力资源规划
教育训练需求预测	教育训练计划
原物料价格预测	成本预估/采购发包
人工成本预测	成本预估/自动化/地址选择
存货预测	成本预估/日程安排
产品成本预测	产品定价/预算编制
利率走势预测	资金调度/风险控管

二、预测的分类

预测方法大致可分为两类，如图3-1所示：定性（或主观）法与定量（或客观）法。定性法主要是以主观判断与意见为基础的方法，又可区分为主管共识凝聚法、销售员意见调查法、消费者意见调查法、市场调查法以及德菲法等。定量法是以历史数据的延伸或因果关系作为模型，又可分为时间序列法与因果关系法。时间序列法主要包括天真法、移动平均法、指数平滑法、双指数平滑法以及趋势分析技巧；因果关系法主要包括简单线性回归分析、多元回归分析与非线性回归分析。以上各种预测方法各有其优缺点及适用的时机与范围，使用者在预测前应先评估哪一种预测方法最为适当，以提高预测的品质。

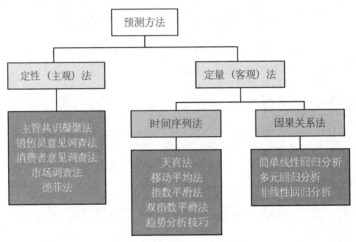

图3-1 预测方法的分类

三、预测方法的共同特征

虽然预测方法非常多，但它们都具有一些共同的特征：

1. 过去存在的因果关系，未来将继续存在

预测通常是以过去的经验为基础。在确认了过去的因果关系后，假设未来某项变因出现，则依过去的经验，某种结果亦会随之产生。假设过去存在的因果关系在未来仍然继续存在，此虽为预测的基本假设，但是由于环境变迁的速度愈来愈快，故完全相信此假设也常易导致误判与决策错误。例如，过去可依房子预售状况预测建筑个案的整体销售情形，但在不动产价格持续下跌时，购房者会改变购房习性而去购买成品房，上述因果关系将不再存在。因此，预测前针对此一假设谨慎求证极为重要。

2. 预测很少完美无缺

无论使用哪一种预测技术，我们都很难列出所有会影响预测结果的变量，并了解其对

预测结果的真实影响程度与方式，而且现实状况往往受到许多不可测知的随机因素影响，因此预测误差的存在是必然的。一般而言，我们仅能设法尽量减少预测误差，以增加预测的准确性，而无法完全消除该误差。由于预测误差必定存在，而不同的预测方法又会有不同的预测误差，因此在选择预测方法前，考量哪一种预测方法具有最小的预测误差就非常重要。

3. 群体预测比单项预测容易

虽然预测误差的存在是必然的，但群体预测由于是个别预测的统合，其误差通常会因个别误差之间的相互冲销而减小，故群体预测比单项预测较为容易。例如，对于国家经济成长率的预测而言，若预测误差达 1%，则该项预测可视为极不精准；但若是对某一企业的营业额成长率来做预测，则 1%的预测误差反而可视为非常准确。

4. 预测的准确性会随着时间的延长而降低

一般而言，预测人员对未来短期的影响变量较能掌握，故预测的不确定性较低，其预测准确性也会较佳；相反的，未来长期的影响变量常较难掌握，故预测的不确定性会较高，预测准确性就会较差。因此，短期预测一般被视为比长期预测容易得多。例如，若要预测明天天气的气温当然会比预测 10 年后的某天天气气温简单。

四、优良预测的条件

一个优良的预测通常应满足下列七项条件：

1. 时间性

优良的预测所预测的未来时点，应与目前保持良好的时间间隔。该幅度不能太短，以免预测作业准备不及；该幅度也不能太长，否则预测准确性会不足。

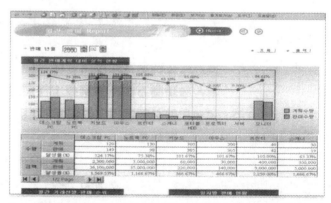

注：好的产品预测应针对不同的产品进行个别分析。照片为韩国现代集团对旗下产品所做的个别销售预测。

图 3-2　销售预测

2. 正确性

优良的预测，其预测误差应在可接受的范围之内。

3. 可靠性

可靠的预测是指该预测方法在重复多次使用后，仍能保持预测误差在一定范围内。可靠的预测不会因环境的变化而在短期内丧失预测功效，而使得使用者需不断地寻找新的预测方法。

4. 有意义的计量单位

优良的预测结果须具备有意义的计量单位（例如金额、出货量或人口数等），以直接反映当初预测的目的。

5. 书面化

优良的预测应予以书面化，以证实该预测有所根据，并能在日后加以检讨改善。

6. 容易了解与使用

容易了解与使用的预测方法，才能使进一步的应用较为简单容易。

7. 符合成本效益

好的预测方法，其成本应能与预测的效益相匹配。

五、预测的步骤

一个完整的预测过程大致可分为下列六个步骤：

1. 决定预测的目的

了解预测的目的，才能决定所需预测的时间点、选择适合该目的的预测方法，并明了应搜集资料的范围与属性。

2. 决定所需预测的时间点

事先决定所需预测的时间点，才能规划预测进度，并明了预测结果的适用范围。

3. 选择适当的预测方法

预测方法种类繁多，性质亦不相同，希望获得误差较小的预测，就必须选择出较适当的预测方法。

4. 搜集资料

搜集各项预测所需使用到的相关资料，以作为预测的依据，是进行预测前必备的工作。

5. 进行预测

将所搜集到的资料，利用已决定的预测方法，针对预定的时间点完成预测行为。

6. 确认预测结果

评估预测结果与实际的差异，若差异过大且不甚合理，则应重新检视该预测方法、基本假设及所搜集资料的正确性，以找出问题所在并依需要加以修正，进行更准确的预测。

OM 透视镜

金融业利用预测强化竞争力

近来，信用卡业务蓬勃发展，在扩充发卡量的压力下，发卡银行只得以赠品、红利积点或现金红利等方式吸引新卡户，反而提高了获取新客户的成本，直接影响到发卡机构的获利。因此，如何借由与客户往来所衍生的相关资料进行预测分析，进而了解客户消费行为模式，通过发卡机构的行销通路，提供现有持卡人需要的特定产品及服务，提升签账金额及手续费收入，并维持客户忠诚度，已成为重要的课题。

过去几年，金融业界为了提升企业竞争力，大力推展商业智能，通过在资料仓储与 OLAP 等系统的导入建置，汇整了相当完备与正确的数据资料。由于资料探勘 具备分析大量资料的能力，又能从资料中找出新商机，在数据库前置作业陆续齐备完整之下，资料探勘已逐渐成为金融业新一波强化竞争力与创造利润的一大利器。

资料来源：探宇科技公司网站，http：//www.uniminer.com/.

第二节　定性预测法

预测方法不宜过于复杂，一切应以简单易懂为原则，预测结果也应尽量以简单的图形与表格做说明或解释。定性预测法因不需仰赖各种数学模式或收集繁冗的数据，因此在实务上，比定量预测法的使用更为普遍。

一、主管共识凝聚法

主管共识凝聚法较为简易原始，此种方法是由组织的高阶管理者（如行销、产品、工程、制造或财务经理等）聚集在一起，借由广泛地征询及交换彼此的相关意见，进而进行预测。

使用主管共识凝聚法的优点如下：

1. 能借机凝聚共识

由于主管们共同参与讨论过程，并获得了一致性的决议，故对于凝聚共识与增强向心力具有极大的帮助。

2. 集思广益

由于各主管分属不同部门，因此可获得不同角度的资料及意见，在综合分析、研究与判断后，常能做出正确的预测。

3. 预测成本低

由于聚集讨论的主管皆为公司的员工，故不需另行支付额外的费用。

4. 简单易行

此法仅需将相关部门的主管汇集于一室进行脑力激荡，故不需耗费过多精力于搜集资料与等候问卷回复等繁杂的工作上。

使用主管共识凝聚法的缺点则有下列两点：

1. 影响主管的工作效能

主管们为参与预测需多方研究与预测有关的情报资料，往往会占用其本职工作的时间，影响工作效能。

2. 主管的主观意识常过于强烈

主管们在作预测时，常会不知不觉地维护其所负责的部门的权益，在主观意识的引导下，此预测结果的稳定性往往较差。

二、销售员意见调查法

由于销售人员和消费者接触最为密切，对于消费者的心理与习性较为清楚，故若以征询销售员的意见来进行销售预测，其结果往往会有很大的参考价值。

销售员意见调查法的优点有下列两项：

1. 准确性高

销售员对市场较为熟悉且具备一定的专业知识，故预测的准确性颇高，此尤以销售预测为最。

2. 能增强销售人员的销售决心

销售员会因其参与决策而常能增加其达成任务的决心，有助于公司业绩的提升。

然而此种预测方法亦有其缺点如下：

1. 易判断错误

新进的销售员常不易区别顾客心中想要的以及实际上会去购买的两者之间的不同。例如，对于名贵珠宝的强烈好奇，往往并不代表消费者真正有意愿购买，此时较资浅的销售员即常会判断错误。

2. 易过度乐观或悲观

有时即使是资深的销售员，也常会受到个人最近经验与心情的影响，而做出过于乐观或悲观的预测。

三、了解消费者意见调查法

直接访问消费者的意见并加以统计，有时也有极佳的预测效果。但此法大多仅适用于针对现有的产品或服务，是在顾客不多的情况下所进行的预测。

消费者意见调查法的优点在于信息是直接获自消费者，故参考价值极高。消费者意见调查法的缺点则在于倘若调查表的设计不当，则无法获得正确的预测结果。

四、市场调查法

市场调查法是采用邮寄问卷、电话访问或人员专访等方式的预测。此种方法多使用于新产品上市前的预测，调查对象多为潜在顾客。

市场调查法的优点为它能直接获得潜在顾客的第一手消费情报，故对于如何区隔市场与定位产品具有极大的帮助。

市场调查法的缺点：

1. 成本较高

由于此法所需耗费的人力较多，因而造成人工成本相对较高；若采用邮寄问卷方式调查，虽然可以降低人工成本，但因问卷回收率常偏低，故邮寄费用往往也较大。

2. 专业性较高

市场调查所涉及的抽样方法、问卷设计与统计分析等，都须由受过严格训练的专业人员规划执行，方能做出正确的预测。

五、德菲法

德菲法（Delphi Method）是一种针对特定领域的专家，反复进行邮寄问卷的调查方法。此法在 1948 年由美国 RAND 公司所创造，当时是用于预测美国若遭受到原子弹的攻击，会产生何种的后果与影响，之后则被广泛应用于预测与决策领域。

德菲法的进行步骤如下：

1. 成立德菲委员会

由管理者召集相关权责人员组成德菲委员会（Delphi Committee），确定预测的目的、时间点并设计问卷。

2. 选择专家

由德菲委员会挑选在相关领域具备专长或威望的专家群。

3. 寄发与回收问卷

将德菲委员会设计的问卷寄发给挑选出来的专家，并请专家们在预定的期间内匿名填妥问卷后回寄。采用匿名方式征询看法，主要是为了避免少数意见领袖有意或无意地主导全局的情形发生。

4. 汇总意见

将回收的问卷加以统计，若意见一致，则该次调查即告结束。若意见不一，则进行以下第 5 步骤。

5. 回馈意见并重新调查

重新设计问卷，并连同前次问卷统计的结果，再次寄发给专家填写与参考。回到第 3 步骤，直到各专家意见趋于一致为止。一般而言，问卷在寄发 4 次以上时可获一致结论。

德菲法的优点：

1. 可信度高

由于专家们皆具备一定程度的专业素养，且在各专家重复进行意见表达的同时，意见将会逐渐一致，故预测的结果会具有相当高的可信度。

2. 非常适用于对未知领域的探讨

由于德菲法以专家意见为主，故在无过去相关经验的未知领域上，德菲法是一种不错的预测方法。

3. 易得到真实的答案

由于德菲法采用匿名的方式进行，因此较易得到真实的答复，能避免盲从效应。

4. 意见详尽

由于德菲法能保有各专家的隐秘，故可使各专家提供更详尽的宝贵意见。

德菲法的缺点：

1. 易产生误解

若问卷设计不当，可能使专家在填写时产生误解，因而影响到预测的正确性。

2. 专家可能不一定是专家

德菲委员会所挑选的"专家"可能并非真正的专家。

3. 易造成责任与义务的规避

由于整个过程采取匿名方式进行，因此专家可能会规避填写问卷时所应负担的责任与义务。

4. 专家变动时影响调查的进行

参与调查的专家，易因调查时间过长而变更，形成调查时的困扰。

第三节 定量预测法——时间序列分析

定量预测法有时会与定性预测法合并使用，此时会先执行定量预测，然后将其结果提供给定性预测者参考，最后综合两者的结果作为结论。

时间序列（Time Series）是指以固定时间间隔（例如每年、每季、每月、每周、每日或每小时）搜集某现象的数据资料，并按照时间的先后顺序将所得资料绘制成图，从中观察随时间演进而产生的变化，继而利用统计技巧进行预测的方法。

一、时间序列的变异来源

分析一时间序列，可发现观测值的变异是因为以下变异的综合效果：

1. 趋势变异

趋势变异（Trend Variation）意指观测值渐进且长期的变异。例如，人口数的逐年增加后趋于稳定、国民所得以等比级数的逐年递增、自然死亡年龄逐年升高至某一上限等。

常见的趋势变异形态有四种：线性趋势（Linear Trend）、S曲线趋势（S-Curve Trend）、逼近趋势（Asymptotic Trend）与指数趋势（Exponential Trend），如图3-3所示。

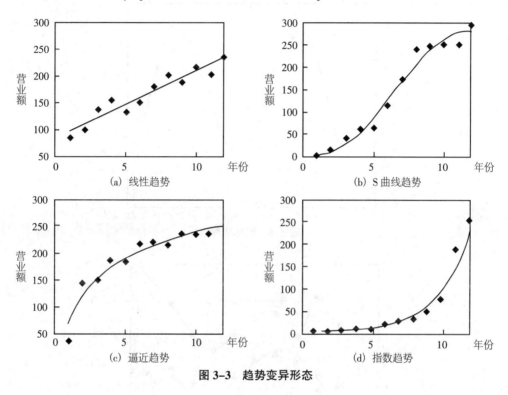

图3-3 趋势变异形态

2. 季节变异

季节变异（Seasonality Variation）意指一年以内观测值周期性的变动，即一般所称的淡季与旺季，如图3-4所示。例如，冰品冷饮的销售额在夏季较高；电影院与游乐场在寒暑假有较多的顾客等。

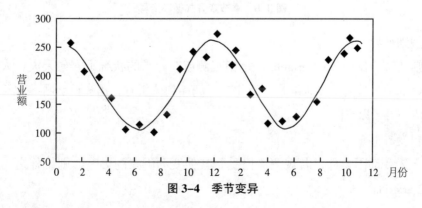

图3-4 季节变异

3. 循环变异

循环变异（Cycle Variation）意指一年以上观测值周期性的变动，其中又以景气循环最具代表，如图 3-5 所示。例如，每逢龙年，新生儿即大幅增加等。季节变异与循环变异若有累加效果，则观测值会有如图 3-6 般的变化。

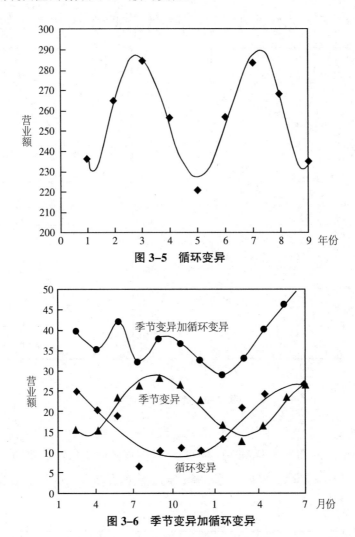

图 3-5 循环变异

图 3-6 季节变异加循环变异

4. 不规则变异

不规则变异（Irregular Variation）是指观测值在异常的状况下（如天灾、人祸）所产生的变动。由于此类数据并非常态，因此在时间序列分析时，需先确认哪些属于不规则变异的观测值，并予以剔除。

5. 随机变异

除了上述变动因素外，若观测值仍受到其他变动因素的影响，则统称之为随机变异（Random Variation）。

二、天真预测法

天真预测法（Naive Method）是时间序列分析中最简单的预测技巧。

天真预测法最简单的做法是以前一期的观测值作为当期的预测值。例如，3 月份的销售量为 500 单位，则预测 4 月份的销售量亦为 500 单位。

若观测值呈现季节性变动时，则可以前一年度中同一时期（月份）的观测值作为当年度同时期（月份）的预测值。例如，鲜奶的需求量呈现季节性变动，故可以去年 10 月份的鲜奶需求量来预测今年 10 月份的鲜奶需求量。

天真预测法亦可应用于趋势变动的时间序列，例如 5 月份的销售量较 4 月份的销售量多出 60 单位，依据天真预测法就可预测 6 月份的销售量为 5 月份的销售量再加上 60 单位。

天真预测法的优点为简单、迅速，且不需花费任何成本，其缺点为准确性较差。但在需求较为稳定的状况下，天真预测法仍不失为一不错的预测技巧。

三、移动平均法

移动平均法（Moving Average Method）是以最近几期观测值的平均值，作为下一期预测值的方法，其计算方法如公式（3-1）所示。

$$MA_n = \frac{\sum_{i=1}^{n} A_i}{n} \tag{3-1}$$

式中，MA_n 代表预测值；n 代表期数；A_i 代表第 i 期的观测值。

范例 3-1

已知某计算机公司各期计算机需求台数如表 3-2 所示。

表 3-2　某计算机公司各期计算机需求台数

月份	需求量（台）
6	320
7	280
8	300
9	390
10	240

1. 如以三期移动平均法来预测 11 月份需求台数，11 月份需求台数应为多少？

2. 如以五期移动平均法来预测 11 月份需求台数，11 月份需求台数应为多少？

解答：

1. 以三期移动平均法来预测 11 月份需求台数，可计算如下：

$MA_3 = (240 + 390 + 300)/3 = 310$（台）

2. 以五期移动平均法来预测 11 月份需求台数，可计算如下：

$MA_5 = (240 + 390 + 300 + 280 + 320)/5 = 306$（台）

移动平均法所选取的期数大小会影响预测值，当所采用期数为一期时，移动平均法就是天真法；当期数愈大时，由于过去历史资料大大小小会相互抵消，故预测值的感应愈不敏锐。如果我们将各期的预测值连成曲线，则可发现移动平均法的期数愈大，该曲线愈平缓。至于期数应为多少才最恰当，此问题在本章最后会做讨论。

范例 3-2

某公司过去 20 个月的销售额如表 3-3 所示，试以三期移动平均法与五期移动平均法预测各期销售额，并将其结果绘成图形。

表 3-3　某公司过去 20 个月的销售

月份	销售额
1	1200
2	1600
3	1800
4	2200
5	2100
6	1500
7	1300
8	1890
9	2300
10	2000
11	1600
12	1500
13	1400
14	1300
15	1800
16	2000
17	2200
18	1500
19	1600
20	1800

解答：

依移动平均法公式计算各期预测值如表3-4所示。

表 3-4　以三期与五期移动平均法预测营业额

月份	销售额	三期移动平均预测值	五期移动平均预测值
1	1200	—	—
2	1600	—	—
3	1800	—	—
4	2200	1533.33	—
5	2100	1866.67	—
6	1500	2033.33	1780.00
7	1300	1933.33	1840.00
8	1890	1633.33	1780.00
9	2300	1563.33	1798.00
10	2000	1830.00	1818.00
11	1600	2063.33	1798.00
12	1500	1966.67	1818.00
13	1400	1700.00	1858.00
14	1300	1500.00	1760.00
15	1800	1400.00	1560.00
16	2000	1500.00	1520.00
17	2200	1700.00	1600.00
18	1500	2000.00	1740.00
19	1600	1900.00	1760.00
20	1800	1766.67	1820.00
21	—	1633.33	1820.00

将表3-4绘成图3-7，可知五期移动平均法的预测曲线比三期移动平均法平缓。

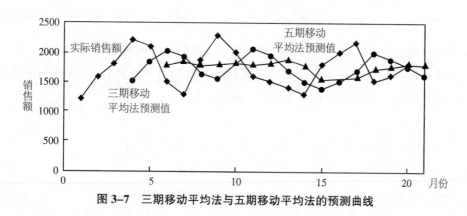

图 3-7　三期移动平均法与五期移动平均法的预测曲线

　　股市中的技术分析就是移动平均法的应用，其中的五日、十日与二十日均线，就是以五日、十日与二十日为期数，求出移动平均值，然后将这些平均值联机而成，其中五日均线的线图最为陡峭，二十日均线的线图最为平缓。

在许多情形下，离预测期愈近的观测值对预测值的影响愈大，这时给予各期观测值不同的权数是有必要的，这种做法我们称为加权移动平均法（Weighted Moving Average Method），其计算式如公式（3-2）所示。

加权移动平均法所有权数的总和一定为1，且距离预测期愈近的观测值其权数愈大。当所有权数都相等时，即 $w_1 = w_2 = \cdots = w_n$，此时加权移动平均法就是移动平均法，故移动平均法为加权移动平均法的特例。

$$WMA_n = \sum_{i=1}^{n} w_i A_i \tag{3-2}$$

式中，MA_n 为预测值；w_i 为第 i 期的权数且 $\sum w_i = 1$；A_i 为第 i 期的观测值。

加权移动平均法中的权数对预测结果影响甚大，有关权数应如何决定的问题，我们同样将其放在本章最后再作介绍。

范例 3-3

已知某家电公司过去5年的冷气需求台数如表3-5所示。

表3-5　某家电公司历年的冷气需求台数

年份	需求台数（百台）
1	350
2	290
3	308
4	276
5	210

1. 若以四期移动平均法预测明年的冷气需求台数时，冷气需求台数应为多少？

2. 若采用四期加权移动平均法预测，且最近年份的权数为0.4，其他各年份的权数依序为0.3、0.2、0.1，则明年冷气需求台数应为多少？

解答：

1. 以四期移动平均法预测明年的冷气需求台数，可计算如下：

$MA_4 = (210 + 276 + 308 + 290)/4 = 271$（即 27100 台）

2. 以四期加权移动平均法预测明年的冷气需求台数，可计算如下：

$WMA_4 = 0.4 \times 210 + 0.3 \times 276 + 0.2 \times 308 + 0.1 \times 290$

$= 257.4$（即 25740 台）

四、指数平滑法

移动平均法虽然较易理解及计算，但当期数愈大时，需要的历史资料量也愈多。指数平滑法（Exponential Smoothing Method）则改善了此缺点。严格说来，指数平滑法也是加权移动平均法的一种，但其所需资料量更少，计算也更加简易。例如，期数为360的移动平均法，每计算一个预测值需要360个前期的观测值，然而若采用指数平滑法，则无论期数再大，其所需的资料量却仍然只有两个。此法计算如公式（3-3）所示。

$$F_t = F_{t-1} + \alpha(A_{t-1} - F_{t-1}) \tag{3-3}$$

式中，F_t 为第 t 期的预测值；F_{t-1} 第 $t-1$ 期的预测值；A_{t-1} 为第 $t-1$ 期的观测值；α 称为平滑系数或平滑常数，$0 \leqslant \alpha \leqslant 1$。

范例 3-4

某制造电动玩具公司使用指数平滑法预测其每年的销售量，且其采用的平滑系数为0.3。假设去年该公司的预测值为25000台，而实际销售量为27000台，请预测该公司今年的销售量？

解答：

$F_{t-1} = 25000$（台）

$A_{t-1} = 27000$（台）

$\alpha = 0.3$

故：$F_t = F_{t-1} + \alpha(A_{t-1} - F_{t-1}) = 25000 + 0.3 \times (27000 - 25000)$

$\quad\quad = 25600$（台）

指数平滑法以指数为名，主要是因为其各期权数在展开后呈现指数情形，如公式（3-4）所示。

$$
\begin{aligned}
F &= F_{t-1} + \alpha(A_{t-1} - F_{t-1}) \\
&= \alpha A_{t-1} + (1-\alpha)F_{t-1} \\
&= \alpha A_{t-1} + (1-\alpha)[F_{t-2} + \alpha(A_{t-2} - F_{t-2})] \\
&= \alpha A_{t-1} + \alpha(1-\alpha)A_{t-2} + (1-\alpha)^2 F_{t-2} \\
&= \alpha A_{t-1} + \alpha(1-\alpha)A_{t-2} + (1-\alpha)^2[F_{t-3} + \alpha(A_{t-3} - F_{t-3})] \\
&= \alpha A_{t-1} + \alpha(1-\alpha)A_{t-2} + \alpha(1-\alpha)^2 A_{t-3} + (1-\alpha)^3 F_{t-3} \\
&= \cdots
\end{aligned}
$$

$$= \alpha(1-\alpha)^0 A_{t-1} + \alpha(1-\alpha)^1 A_{t-2} + \alpha(1-\alpha)^2 A_{t-3} + \alpha(1-\alpha)^3 A_{t-4}$$
$$+ \cdots + \alpha(1-\alpha)^{t-1} A_0 \tag{3-4}$$

指数平滑法在运用时，有以下三点需特别注意：

1. 平滑系数（Smoothing Coefficient）愈大，预测值感应愈敏锐

指数平滑法的平滑系数 α 愈大时，预测值的稳定性愈低，但相对于观测值变化的反应也愈灵敏；反之，若平滑系数 α 愈小时，预测值的稳定性愈高，但相对于观测值变化的反应也愈迟缓。例如，当 $\alpha = 1$ 时，预测值将等于前期观测值，此即为天真法，此时预测值将随着前期观测值的改变而立即反应；但当 $\alpha = 0$ 时，每一期的预测值都将等于第一期预测值，预测值不会随着观测值的变动而有任何改变。

2. 平滑系数 α 通常在 0.05~0.5，且是以尝试错误法获得

平滑系数 α 若太大，预测值受到前一期观测值的影响较大，预测结果可能会因一时的观测值变异而产生较大的变异，这往往不是我们所期望见到的。相反的，平滑系数 α 若太小，预测值受到前一期观测值的影响较小，预测结果会落后实际趋势，这也不是我们所期望见到的。总体而言，平滑系数 α 的选用以介于 0.05~0.5 较为恰当，但到底应为多少最为恰当，此在本章最后将再作解释。

3. 最初预测值可用其他方法获得

指数平滑法每一期预测值都需要事先获得前期预测值，那么第一个预测值又从何而得呢？答案是可用其他的预测方法求得，如果选取移动平均法，则可以利用 $n = 2/\alpha - 1$ 经验公式求得期数 n，然后再求最初 n 期观测值的平均值，作为 $n + 1$ 期的预测值；但若想要以最简易快速的方法获得第一个预测值，则天真预测法是最好的选择。

范例 3-5

试以平滑系数 $\alpha = 0.5$ 与 $\alpha = 0.33$，求表 3-6 各期的指数平滑法的预测值，并将预测结果绘成图形验证是否平滑系数愈大，预测值感应愈敏锐。

表 3-6 指数平滑法各期观测值

期数	1	2	3	4	5	6	7	8	9	10	11	12	13	14	15
观测值	10	11	14	16	18	17	15	13	11	9	8	9	8	13	16
期数	16	17	18	19	20	21	22	23	24	25	26	27	28	29	30
观测值	22	28	30	34	34	35	35	33	26	21	16	11	10	10	10

解答：

当 $\alpha = 0.5$，$n = 2/\alpha - 1 = (2/0.5) - 1 = 3$，第一个预测值出现在第 4 期，其值为（10 + 11 + 14）/3 = 11.7。

当 $\alpha = 0.33$，$n = 2/\alpha - 1 = (2/0.33) - 1 = 5$，第一个预测值出现在第 6 期，其值为 $(10 + 11 + 14 + 16 + 18)/5 = 13.8$。

以指数平滑法计算各期预测值如表 3-7 所示。

表 3-7 指数平滑法各期预测值

期数	1	2	3	4	5	6	7	8	9	10	11	12	13	14	15
观测值	10.0	11.0	14.0	16.0	18.0	17.0	15.0	13.0	11.0	9.0	8.0	9.0	8.0	13.0	16.0
$\alpha = 0.5$ 预测值	—	—	—	11.7	13.9	15.9	16.5	15.7	14.4	12.7	10.8	9.4	9.2	8.6	10.8
$\alpha = 0.33$ 预测值	—	—	—	—	—	13.8	14.9	14.9	14.3	13.2	11.8	10.6	10.0	9.4	10.6
期数	16	17	18	19	20	21	22	23	24	25	26	27	28	29	30
观测值	22.0	28.0	30.0	34.0	34.0	35.0	35.0	33.0	26.0	21.0	16.0	11.0	10.0	10.0	10.0
$\alpha = 0.5$ 预测值	13.4	17.7	22.9	26.4	30.2	32.1	33.6	34.3	33.6	29.8	25.4	20.7	15.9	12.9	11.5
$\alpha = 0.33$ 预测值	12.4	15.5	19.7	23.1	26.7	29.1	31.0	32.3	32.6	30.4	27.3	23.6	19.4	16.3	14.2

将表 3-7 绘成图 3-8，由图中可看出平滑系数 $\alpha = 0.5$ 的预测值曲线比平滑系数 $\alpha = 0.33$ 的预测值曲线敏锐。

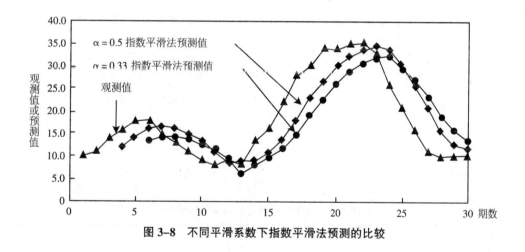

图 3-8 不同平滑系数下指数平滑法预测的比较

五、双指数平滑法

当趋势变异存在时，指数平滑法所做的预测常较实际有明显地落后，此时可借由加入趋势调整因子，以修正指数平滑公式，使得趋势变异也能纳入预测的考虑，这种做法称为双指数平滑法（Double Exponential Smoothing Method），其公式如（3-5）所示。

$$FIT_t = F_t + T_t$$

$$F_t = FIT_{t-1} + \alpha(A_{t-1} - FIT_{t-1})$$

$$T_t = T_{t-1} + \alpha\beta(A_{t-1} - FIT_{t-1}) \tag{3-5}$$

式中，FIT_t 为第 t 期包含趋势的预测值；FIT_{t-1} 为第 t – 1 期包含趋势的预测值；F_t 为第 t 期不含趋势的预测值；F_{t-1} 为第 t – 1 期不含趋势的预测值；T_t 为第 t 期趋势的预测值；T_{t-1} 为第 t – 1 期趋势的预测值；A_{t-1} 为第 t – 1 期的观测值；α 为平均值平滑系数，$0 \leqslant \alpha \leqslant 1$；$\beta$ 为长期趋势平滑系数，$0 \leqslant \beta \leqslant 1$。

与指数平滑法相同，双指数平滑法的第一个 F 与 T 值须先以其他方法获得，然后才能激活整个运算。

范例 3-6

已知第一期不含趋势的预测值为 100，第一期趋势预测值为 10，$\alpha = 0.3$，$\beta = 0.2$，试以双指数平滑法预测表 3-8 的各期销售量。

表 3-8　某公司各期销售状况

期数	1	2	3	4	5	6	7	8
销售量	108	115	135	140	148	162	168	185

解答：

$F_1 = 100$，$T_1 = 10$，$FIT_1 = 100 + 10 = 110$

$F_2 = FIT_1 + \alpha(A_1 - FIT_1) = 110 + 0.3 \times (108 - 110) = 109.4$

$T_2 = T_1 + \alpha\beta(A_1 - FIT_1) = 10 + 0.3 \times 0.2 \times (108 - 110) = 9.88$

$FIT_2 = F_2 + T_2 = 109.4 + 9.88 = 119.28$

…

依此类推，可得表 3-9。

表 3-9　双指数平滑法各期销售量预测

期数 (t)	At	$F = FIT_{t-1} + \alpha(A_{t-1} - FIT_{t-1})$	$T_t = T_{t-1} + \alpha\beta(A_{t-1} - FIT_{t-1})$	$FIT_t = F_t + T_t$	$A_t - FIT_t$
1	108.00	100.00	10.00	110.00	– 2.00
2	115.00	109.40	9.88	119.28	– 4.28
3	135.00	118.00	9.62	127.62	7.38
4	140.00	129.83	10.07	139.90	0.10
5	148.00	139.93	10.07	150.00	– 2.00
6	162.00	149.40	9.95	159.35	2.65
7	168.00	160.15	10.11	170.26	– 2.26
8	185.00	169.58	9.98	179.56	5.44

六、趋势分析技巧

趋势分析技巧（Trend Analysis Technique）主要在寻找能够合理描述过去趋势的方程式，然后以其预测未来。此趋势方程式可能为线性（Linear），亦可能为非线性（Nonlinear）。由于线性趋势较为常见，因此，本节仅讨论较为简单且易计算的线性趋势情形。

线性趋势方程式最常以回归分析求得。在回归分析（Regression Analysis）模式中，想要预测的变量称为因变量，而用以预测的变量称为自变量；若自变量只有一项，称为简单回归分析（Simple Regression Analysis），若有两项以上的自变量，则称为多元回归分析（Multiple Regression Analysis）。

以简单线性回归分析（Simple Linear Regression Analysis）所建立的趋势方程式如公式（3-6）所示。

$$y_t = a + b_t \tag{3-6}$$

式中，y_t 为第 t 期的预测值；a 为 t = 0 时的预测值（即该直线的截距）；t 为期数；b 为此直线的斜率。

简单线性回归分析通常使用最小平方法（Method of Least Squares）求出直线方程式中的 a 与 b 值，其公式如（3-7）所示。

$$b = \frac{n \sum ty - (\sum t)(\sum y)}{n \sum t^2 - (\sum t)^2}$$

$$a = \frac{\sum y - b \sum t}{n} \tag{3-7}$$

式中，n 表示期数。

范例 3-7

某电影院过去 10 年的销售额如表 3-10 所示，试以简单线性回归分析预测其第 11 年的销售额，并将观测值与该线性方程式绘制成图形。

表 3-10　某电影院过去 10 年的销售额

单位：百万元

年度	销售额
1	26
2	31
3	36
4	27

年度	销售额
5	54
6	48
7	24
8	39
9	41
10	50

解答：

将所需的资料列表处理如表3-11所示，以方便计算。

表3-11 某电影院销售额简单线性回归分析计算

单位：百万元

年度（t）	销售额（y）	t^2	ty
1	26	1	26
2	31	4	62
3	36	9	108
4	27	16	108
5	54	25	270
6	48	36	288
7	24	49	168
8	39	64	312
9	41	81	369
10	50	100	500
$\sum = 55$	376	385	2211

$$b = \frac{n\sum ty - (\sum t)(\sum y)}{n\sum t^2 - (\sum t)^2}$$

$$= \frac{10 \times 2211 - 55 \times 376}{10 \times 385 - (55)^2}$$

$$= 1.73$$

$$a = \frac{\sum y - b\sum t}{n}$$

$$= \frac{376 - 1.73 \times 55}{10}$$

$$= 28.09$$

故回归直线方程式：

$$y = 28.09 + 1.73t$$

因此，第11年的销售额的预测值为：

$y_{11} = 28.09 + 1.73 \times 11 = 47.12$（百万元）

观测值与该线性方程式如图 3-9 所示。

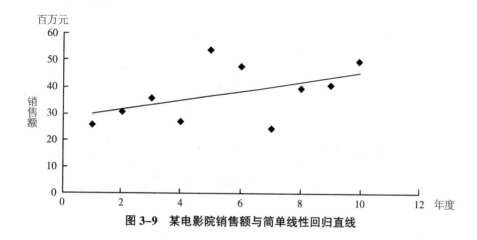

图 3-9　某电影院销售额与简单线性回归直线

若希望将趋势变异与季节变异同时纳入预测的考虑，在进行预测前就须先确定该采用加法模式（Additive Model）如公式（3-8）所示或乘法模式（Multiplicative Model）如公式（3-9）所示。

$$Y = T + S \tag{3-8}$$

$$Y = T \times S \tag{3-9}$$

式中，T 代表长期趋势；S 代表季节调整因子。

加法模式适用于观测值变化幅度不受时间影响的情形，如图 3-10 所示；乘法模式适用于观测值变化幅度随时间而增加的情形，如图 3-11 所示。

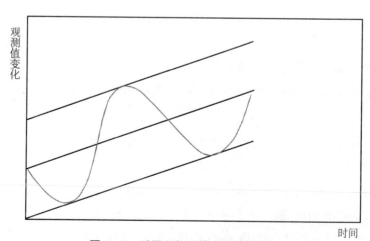

图 3-10　适用于加法模式的资料形态

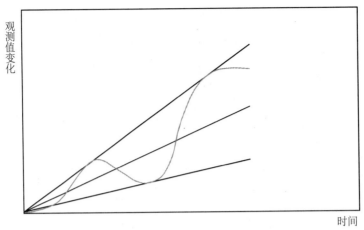

图 3-11　适用于乘法模式的资料形态

加法模式的 T 与 S 则具有相同的单位。例如，夏季牛奶月销售量较平均月销售量多出 500 个单位，此时 S = 500 单位。

乘法模式中，T 与 Y 具有相同的单位，至于 S 则为一比例值。例如，假设利用某预测方法求得的长期趋势 T 为 400 个单位，目前市场正处旺季 S = 1.2，则其修正后的预测值为 400 × 1.2 = 480 个单位。

搭配简单线性回归的季节变动分析的计算步骤如下：

1. 辨识应采用加法模式或乘法模式

若资料呈现图 3-10 形式，应采用加法模式；若资料呈现图 3-11 形式，则应采用乘法模式。

2. 计算季节因子

加法模式季节因子 = 当季平均值 - 各季平均值；乘法模式季节因子 = 当季平均值 ÷ 各季平均值。

3. 将原观测值以季节因子调整为新观测值

加法模式新观测值 = 原观测值 - 季节因子；乘法模式新观测值 = 原观测值 ÷ 季节因子。

4. 求出趋势方程式

以新观测值为因变量，时间值为自变量，求出趋势方程式。

5. 求趋势预测值

将欲预测的时间代入趋势方程式中，求得其趋势预测值。

6. 以季节因子调整预测值

加法模式预测值 = 趋势预测值 + 季节因子；乘法模式新观测值 = 趋势预测值 × 季节因子。

范例 3-8

表 3-12 为某公司过去 12 期的销售额，试以简单线性回归配合加法模式预测第 13 期的销售额。

表 3-12　某公司过去 12 期的销售额

期数	季	销售额
1	Ⅰ	410
2	Ⅱ	560
3	Ⅲ	350
4	Ⅳ	200
5	Ⅰ	480
6	Ⅱ	650
7	Ⅲ	510
8	Ⅳ	250
9	Ⅰ	510
10	Ⅱ	720
11	Ⅲ	500
12	Ⅳ	310

解答：

以表 3-13，依步骤计算如下：

1. 计算季节因子：加法模式季节因子的计算如表 3-13 的下方所示，各季节因子分别为 12.5、189.16、-0.84 与 -200.84。

2. 调整原观测值：将原观测值以季节因子调整为新观测值，如表 3-13 所示。

3. 求出趋势方程式：各项数据的计算如表 3-13 所示。

$$b = \frac{n\sum ty - (\sum t)(\sum y)}{n\sum t^2 - (\sum t)^2} = \frac{12 \times 37505 - 78 \times 5450}{12 \times 650 - (75)^2} = 14.57$$

$$a = \frac{\sum y - b\sum t}{n} = \frac{5450 - 14.57 \times 78}{12} = 359.62$$

故趋势方程式为：

$$y = 359.62 + 14.57t$$

4. 将时间值 t = 13 代入方程式中：

$$y = 359.62 + 14.57t = 359.62 + 14.57 \times 13 = 549.03$$

5. 以季节因子调整预测值：t = 13 属第一季，以第一季季节调整因子调整预测值为 549.03 + 12.5 = 561.03。

表 3-13　加法模式某公司销售额的预测计算表

(1) 期数：t	(2) 季	(3) 销售额	(4) 季节因子	(5) 调整后销售额：y	(6) $t^2 = (1)^2$	(7) $ty = (1) \times (5)$
1	I	410	12.5	397.5	1	397.5
2	II	560	189.16	370.84	4	741.68
3	III	350	−0.84	350.84	9	1052.52
4	IV	200	−200.84	400.84	16	1603.36
5	I	480	12.5	467.5	25	2337.5
6	II	650	189.16	460.84	36	2765.04
7	III	510	−0.84	510.84	49	3575.88
8	IV	250	−200.84	450.84	64	3606.72
9	I	510	12.5	497.5	81	4477.5
10	II	720	189.16	530.84	100	5308.4
11	III	500	−0.84	500.84	121	5509.24
12	IV	310	−200.84	510.84	144	6130.08
Σ＝　78		5450		5450.06	650	37505.42
平均数　6.5		454.17				

各季平均销售额计算	加法模式季节因子计算
I：(410＋480＋510)/3＝466.67	I：466.67－454.17＝12.5
II：(560＋650＋720)/3＝643.33	II：643.33－454.17＝189.16
III：(350＋510＋500)/3＝453.33	III：453.33－454.17＝−0.84
IV：(200＋250＋310)/3＝253.33	IV：253.33－454.17＝−200.84

范例 3-9

试以简单线性回归配合乘法模式预测表 3-12 第 13 期的销售额。

解答：

以表 3-14，依步骤计算如下：

1. 计算季节因子：乘法模式季节因子的计算如表 3-14 的下方所示，各季节因子分别为 1.03、1.42、1.00 与 0.56。

2. 调整原观测值：将原观测值以季节因子调整为新观测值，如表 3-14 所示。

3. 求出趋势方程式：各项数据的计算如表 3-14 所示。

$$b = \frac{n\sum ty - (\sum t)(\sum y)}{n\sum t^2 - (\sum t)^2} = \frac{12 \times 37553 - 78 \times 5435}{12 \times 650 - (78)^2} = 15.54$$

$$a = \frac{\sum y - b\sum t}{n} = \frac{5435 - 15.54 \times 78}{12} = 351.96$$

故趋势方程式为：

$$y = 351.96 + 14.54t$$

4. 将时间值 t = 13 代入方程式中：

y = 351.96 + 15.54t = 351.96 + 15.54 × 13 = 553.98

5. 以季节因子调整预测值：t = 13 属第一季，以第一季季节调整因子调整预测值为 553.98 × 1.03 = 570.60。

表 3–14 乘法模式某公司销售额的预测计算表

(1) 期数：t	(2) 季	(3) 销售额	(4) 季节因子	(5) 调整后销售额：y	(6) $t^2 = (1)^2$	(7) $ty = (1) \times (5)$
1	I	410	1.03	398.06	1	398.06
2	II	560	1.42	394.37	4	788.73
3	III	350	1.00	350.00	9	1050.00
4	IV	200	0.56	357.14	16	1428.57
5	I	480	1.03	466.02	25	2330.10
6	II	650	1.42	457.75	36	2746.48
7	III	510	1.00	510.00	49	3570.00
8	IV	250	0.56	446.43	64	3571.43
9	I	510	1.03	495.15	81	4456.31
10	II	720	1.42	507.04	100	5070.42
11	III	500	1.00	500.00	121	5500.00
12	IV	310	0.56	553.57	144	6642.86
∑ = 78		5450		5435.52	650	37552.96
平均数 6.5		454.17				
各季平均销售额计算				乘法模式季节因子计算		
I：(410 + 480 + 510)/3 = 466.67				I：466.67/454.17 = 1.03		
II：(560 + 650 + 720)/3 = 643.33				II：643.33/454.17 = 1.42		
III：(350 + 510 + 500)/3 = 453.33				III：453.33/454.17 = 1.00		
IV：(200 + 250 + 310)/3 = 253.33				IV：253.33/454.17 = 0.56		

第四节 定量预测法——因果关系分析

因果关系的预测方法也可采用回归分析为工具，其中最常使用的也是简单线性回归分析，但因果关系分析的自变量不是时间值，而是其他变量。由于时间是各种变量中的一种，因此严格说来趋势分析技巧是因果关系分析的特例，如公式（3–10）所示。

$$y = a + bx \tag{3-10}$$

式中，$b = \dfrac{n\sum xy - (\sum x)(\sum y)}{n\sum x^2 - (\sum x)^2}$；$a = \dfrac{\sum y - b\sum x}{n}$

范例 3-10

计算机公司每月的广告费用与销售金额的资料如表 3-15 所示，试求出回归直线；假设广告费用投入 27 万元时，试预测其销售额。

表 3-15 计算机公司每月的广告费用与销售金

单位：万元

广告费	销售额
20	365
30	400
40	440
25	395
40	450
20	385
50	510
35	430
25	390
40	470
30	420
50	490

解答：

将资料绘于图 3-12，由图中可见广告费与销售额具有直线关系，故可使用简单回归分析广告费用与销售额间的关系。

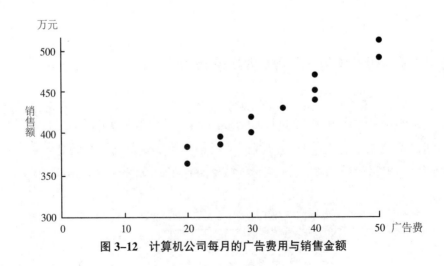

图 3-12 计算机公司每月的广告费用与销售金额

表 3-16　计算机公司每月的广告费用与销售金额

期数	广告费（x）	销售额（y）	x^2	xy
1	20	365	400	7300
2	30	400	900	12000
3	40	440	1600	17600
4	25	395	625	9875
5	40	450	1600	18000
6	20	385	400	7700
7	50	510	2500	25500
8	35	430	1225	15050
9	25	390	625	9750
10	40	470	1600	18800
11	30	420	900	12600
12	50	490	2500	24500
Σ	405	5145	14875	178675

以表 3-16 计算得：

$$b = \frac{n\sum xy - (\sum x)(\sum y)}{n\sum x^2 - (\sum x)^2} = \frac{12 - 178675 - 405 \times 5145}{12 \times 14875 - (405)^2} = 4.17$$

$$a = \frac{\sum y - b\sum x}{n} = \frac{5145 - 4.17 \times 405}{12} = 288$$

故简单线性回归方程式为：

$$y = 288 + 4.17x$$

当广告费用投入达 27 万元时，预测其销售额为：

$$y = 288 + 4.17 \times 27 = 400.59 （万元）$$

第五节　预测的准确性与控制

现代企业经营环境的变化速度极快，因此企业面临的是一个难以预测的未来，然而若能从加强快速反应着手，则对预测正确与否的依赖就能降低。

从另一个角度来看，预测方法是否恰当以及目前所采用的预测方法是否值得依赖，更是执行预测时需加以关心的课题。

一、预测的准确性

预测值与观测值间一定会有偏差，因此预测者必须了解预测的误差可能会有多大，若误差程度可以接受，则此一预测模式即可使用，否则就应对此预测模式加以修正。另外，预测的方法很多，在选择预测方法时，也需要事先了解不同预测方法的误差程度。

一般衡量预测的准确程度多以预测误差（Forecast Error）作基础。预测误差是指观测值与预测值间的差距，如公式（3-11）所示。

$$e = A - F \tag{3-11}$$

式中，A 表观测值；F 表预测值。

一次的预测准确度可以用预测误差来衡量；但多次的预测，若要衡量其准确度，就应将多个预测误差整合成一个值，此时最常用的方法有平均绝对差（Mean Absolute Deviation，MAD）、平均方误（Mean Squared Error，MSE）与平均绝对百分误（Mean Absolute Percent Error，MAPE）三种指标，其计算如公式（3-12）、公式（3-13）与公式（3-14）所示。

$$MAD = \frac{\sum |e|}{n} \tag{3-12}$$

$$MSE = \frac{\sum e^2}{n - 1} \tag{3-13}$$

$$MAPE = \frac{\sum \left| \dfrac{e}{A} \right|}{n} \times 100\% \tag{3-14}$$

MAD、MSE 或 MAPE 较小，代表该预测方法的准确性较高；MAD、MSE 或 MAPE 较大，则代表该预测方法的准确性较差。就前几节所介绍的各种预测方法的选择而言（甚至包含移动平均法期数的选择与指数平滑法平滑系数的选择等），都可先以历史数据试作预测，在计算出其准确性后，再决定该使用何种预测方法。但若 MAD、MSE 或 MAPE 所呈现的结果互异，一般建议优先选用 MSE 较小的预测方法。

范例 3-11

试计算表 3-17 的 MAD、MSE 与 MAPE。

表 3-17　MAD、MSE 与 MAPE 的数据

期数	观测值	预测值	误差	|误差|	(误差)²	|误差/观测值|
1	217	215	2	2	4	0.0092
2	213	216	−3	3	9	0.0141
3	216	215	1	1	1	0.0046
4	210	214	−4	4	16	0.0190
5	213	211	2	2	4	0.0094

080

期数	观测值	预测值	误差	|误差|	(误差)²	|误差/观测值|
6	219	214	5	5	25	0.0228
7	216	217	−1	1	1	0.0046
8	212	216	−4	4	16	0.0189
Σ				22	76	0.1027

解答：

$$MAD = \frac{\sum |e|}{n} = \frac{22}{8} = 2.75$$

$$MSE = \frac{\sum e^2}{n-1} = \frac{76}{8-1} = 10.86$$

$$MAPE = \frac{\sum \left|\frac{e}{A}\right|}{n} \times 100\% = \frac{0.1027}{8} \times 100\% = 1.28\%$$

二、预测的控制

预测方法的选用既然如前所述，那么是否在每一次预测前我们都需大费周章地重新评估所有预测方法的准确性呢？虽然理论上应如此，但我们可以较权宜的方法避免这样的麻烦，那就是一旦决定了采用某一种预测方法，只要这个预测方法在未来预测时没有异常出现，且能证明它的预测误差仍然在可接受的范围内，那么我们就不需将其抛弃，这就是预测的控制问题。预测的控制最常使用的方法为追踪信号（Tracking Signals）法。

所谓追踪信号是指累积预测误差之和除以 MAD，其计算式如公式（3-15）所示。

$$TR = \frac{\sum e}{MAD} \tag{3-15}$$

当预测误差为一常态分配时，追踪信号应是以 0 为平均值的常态分配，故若追踪信号太大或太小就代表该预测方法可能已不适用。一般而言，当追踪信号大于 4 或小于−4 时，该预测方法应重新检讨。

范例 3-12

试求表 3-17 各期的追踪信号，并加以判断该预测方法是否仍能采用。

解答：

以表 3-18 计算追踪信号。

表3–18　追踪信号的计算

(1) 期数	(2) 观测值	(3) (预测值)	(4) = (2) – (3) 误差	(5) = |(4)| |误差|	(6) = ∑(4) ∑ 误差	(7) = ∑(5) ∑ |误差|	(8) = (7)/(1) MAD	(9)=(6)/(8) TS
1	217	215	2	2	2	2	2.00	1.00
2	213	216	–3	3	–1	5	2.50	–0.40
3	216	215	1	1	0	6	2.00	0.00
4	210	214	–4	4	–4	10	2.50	–1.60
5	213	211	2	2	–2	12	2.40	–0.83
6	219	214	5	5	3	17	2.83	1.06
7	216	217	–1	1	2	18	2.57	0.78
8	212	216	–4	4	–2	22	2.75	–0.73

由表3–18可知，所有追踪信号都介于–4~4，故该预测方法仍可继续采用。

第六节　结论

预测为计划的依据。预测的方法有定性法与定量法两大类。只有具备对预测的基本认识，才不会误用预测或对预测结果有所误解。任何预测都有其优点，但也会存在一些缺点，因此使用者应明了各种预测方法的优缺点，以免错用方法。预测方法非常之多，学习如何选择与控制预测，对预测者而言非常重要。

个案研讨

看全球第一店 Wal–Mart 如何保持竞争优势

Wal–Mart 被《富比世与财星》杂志评选为全球营收最高的企业，成为第一家以零售服务业荣登全球之冠的企业，它被投资人称为"全球第一店"，是观测未来全球经济动向的重要指标之一。

40 年前，Wal–Mart 的全年营收才 10 亿美元，而现在一天的营收就有 10 亿美元，快速成长的原因除了注重行销外，另一个重要因素是重视科技技术的投资与应用，尤其于 1984 年启用卫星通信网路后，零售据点急速增加，10 年内从 500 家扩张为 2500 家，现在为 4500 家，预计 5 年后增加至 5000 家。

为了建立专属自己的信息系统，Wal–Mart 成立了一家拥有 1000 多名信息技术人员的科技公司，主要业务是将全球各地的分店、物流中心与管理中心与供货商的信息网络联结，并于 1978 年起陆续建立企业资源规划（ERP）、电子信息交换系统（EDI）、网际网络（Internet）、全球企业内部网络（Intranet）、电子条形码系统（Bar-Coding）、卫星通信网路（Satellite Communication Networks）等系统。

Wal-Mart深知其若未能进行企业内外部的整合，企业越大风险越大，稍有不慎，未来就有可能出现像是过去曾经风光一时的Montgomery Ward与K Mart一样倒闭。而整合的最主要理由是因为经常性的市场需求预测错误所造成的库存积压、缺货以及无法明了市场趋势或循环，因而导致失去竞争优势。Wal-Mart过去的成功策略在于以低价在合适的货架上陈列正确的商品。然而过去的成功经验并不代表现在或未来仍然适用，因此Wal-Mart思考如何以更准确的市场需求预测，来加强其策略落实度。

1996年，Wal-Mart决定结合其他几家零售业者，共同开发一套预测与补货系统。1999年此系统正式上线，在此系统下，总公司对于每样商品、每家分店、每一天都注意其中的变化，并且针对这些变化给营业点适当的指示，以及进行总公司策略上的调整。该系统每天有超过3500位使用者进行超过20000次的查询与分析。Wal-Mart在零售产业愈来愈具有影响力，是因为它具有相当庞大的产业数据库与顾客数据库。Wal-Mart具有全球最大的资料仓储，每个零售店甚至可以运用资料探勘来发现顾客价值，推出更准确的行销方案以提高销售量。例如，找出正确、具吸引力的商品推出低价促销，借此打败竞争对手，吸引更多顾客的光临。此外，通过资料分析，可以进一步掌握商圈的消费形态与趋势，以及了解顾客的需求。资料探勘的更进一步，可以预测每家分店的每项商品下一季的获利能力如何，这套系统甚至可以针对10万种商品，在每家分店每种商品1年的需求量是多少，供货商可以提前1年进行准备的活动。

为了缩短商品运输时间，Wal-Mart采取点对点的补货方式，例如，宝洁（P&G）的商品直接由P&G送到零售店，物流中心则存放一定的安全存量，这些库存品都是远从海外或难以就近提供的商品。也因为如此，Wal-Mart不增加物流中心，却不断地增加店数，但货品补货都能控制到2天内一定补齐。此外，当地的管理中心、物流中心、零售店通过网络联结系统，随时更新的信息。从经营面看，营运成本下降，商品流量加快、加多，资金流量也随着大增。

Wal-Mart每个星期通过卫星通信网路进行员工会议，以确保每个人能够同时获得应该知道的信息，甚至将组织成员与企业内部网络操作系统联结在一起。例如，ERP将采购、财务、管理操作系统串联，这项新科技让每位员工无论地点远近都可以工作。此外，经理人与员工除了每天早晨会议外，也可以通过公司内部网络进行沟通。Wal-Mart建立全球卫星通信网络系统后，信息的传输流量变大且快速，可以在固定的地点随时提供实时更新的信息，让分店、物流中心与管理中心可以掌握最新的状况，做好因应的准备。因此在全球每个零售店都可以通过卫星通信网络，将当天的销售状况快速地传回总公司。Wal-Mart 也运用每天的销售统计，提醒当地的销售伙伴注意补充与供应市场的需求量。

此外，全球卫星通信网路提升供应链联结的竞争优势，结合网络资源联结系统串联所有供货商，让 Wal-Mart 与供货商的联结更紧密。Wal-Mart 将自己定位为具备逻辑能力的高商业价值策略，数据库长时间记载可以详细记录每一段时期零售市场的成长率与获利情况，供货商可以随时查询。以 P&G 为例，其商品项目多，订量大，Wal-Mart 为了达到实时生产与供应，让 P&G 参与供应链执行系统，P&G 调派 50 多位采购人员常驻于 Wal-Mart 各重要据点，他们通过卫星通信网路，处理大量的订单与采购信息，做到商品能实时供应。此外，P&G 也可以因此更了解各地的市场需求，并且研究分析市场动态与竞争者、潜在顾客，以作为产品开发与市场行销策略规划，这样的模式让 Wal-Mart 可以和供货商建立长期、稳固的合作关系。

资料来源：李宜萍. 全球第一店开店有术 [J]. 管理杂志，2003（344）.

问题讨论

1. 试述预测对 Wal-Mart 的营运有何帮助。
2. 试汇整 Wal-Mart 成功的因素。

习题

基础评量

1. 试述何谓预测。
2. 试述预测方法的分类。
3. 试述预测的共同特征。
4. 试述优良预测的条件。
5. 试述预测的步骤。
6. 试述主管共识凝聚预测法的优缺点。
7. 试述销售员意见调查预测法的优缺点。
8. 试述消费者意见调查法的优缺点。
9. 试述市场调查法的优缺点。
10. 试述德菲法的实施步骤。
11. 试述德菲法的优缺点。
12. 请说明时间序列的含义。
13. 分析时间序列时，观测值会受到哪些变异的影响？
14. 某计算机公司各期计算机需求量如下表所示：

月份	需求量（台）
4	320
5	280
6	300
7	390

（1）如以二期移动平均法来预测 8 月份需求台数，应为多少？

（2）如以三期移动平均法来预测 8 月份需求台数，应为多少？

15. 某公司计算机需求台数如下表所示：

年份	需求量（台）
1	25
2	20
3	39
4	80
5	120

（1）以三期移动平均法预测第 6 年的计算机需求台数应为多少？

（2）若采用三期加权移动平均法预测，其最近年份的权数为 0.5，其次各年份依序为 0.3、0.2，则第 6 年计算机预测台数应为多少？

16. 某公司过去 20 个月的销售额如下表，试以三期移动平均法与五期移动平均法预测各期销售额，其结果如下表所示：

月份	1	2	3	4	5	6	7	8	9	10
销售额	3600	3200	3120	2820	2500	2630	2710	2930	3120	3630
月份	11	12	13	14	15	16	17	18	19	20
销售额	3500	3630	3610	3590	3680	3410	3320	3100	2620	2670

17. 某计算机公司使用指数平滑法预测每年的销售量，且其采用的平滑系数为 0.2，假设前一年的预测值为 30000 台，而实际销售量为 32000 台，则预测今年可以有多少销售量？

18. 某公司以指数平滑法来预测其每月计算机的销售量，平滑系数 $\alpha = 0.25$，下表为其各月份的销售量资料，若以天真法作为第一次预测的方法，试预测 10 月份的销售量为何？

月份	3	4	5	6	7	8	9
销售量（台）	32	45	36	28	55	27	42

19. 已知第一期不含趋势的预测值为 300，第一期趋势预测值为 10，$\alpha = 0.2$，$\beta = 0.3$，试以双指数平滑法完成下表各期的预测。

期数	1	2	3	4	5	6	7	8
观测值	313	318	332	338	354	362	368	381

20. 已知第一期不含趋势的预测值为500，第一期趋势预测值为15，$\alpha = 0.25$，$\beta = 0.2$，试以双指数平滑法完成下表各期的预测。

期数	1	2	3	4	5	6	7	8
观测值	520	545	558	583	604	615	643	661

21. 某电影院过去10年的年度销售额（单位：百万元）如下表所示，试以简单线性回归分析预测其第11年的销售额，并将观测值与该线性方程式绘制成图。

年份	1	2	3	4	5	6	7	8	9	10
销售额	13	18	15	20	22	25	28	30	31	36

22. 某电影院过去10年的年度销售额（单位：百万元）如下表所示，试以简单线性回归分析预测其第11年的销售额，并将观测值与该线性方程式绘制成图。

年份	1	2	3	4	5	6	7	8	9	10
销售额	24	19	26	24	28	31	30	33	35	40

23. 如何判别趋势分析考虑季节因子时该采用加法模式还是乘法模式？

24. 下表为某公司过去12季的销售额，试以简单线性回归配合加法模式预测第13季的销售额。

期数：t	1	2	3	4	5	6	7	8	9	10	11	12
季	Ⅰ	Ⅱ	Ⅲ	Ⅳ	Ⅰ	Ⅱ	Ⅲ	Ⅳ	Ⅰ	Ⅱ	Ⅲ	Ⅳ
销售额	230	200	150	310	250	210	170	340	300	250	240	350

25. 下表为某公司过去12季的销售额，试以简单线性回归配合加法模式预测第13季的销售额。

期数：t	1	2	3	4	5	6	7	8	9	10	11	12
季	Ⅰ	Ⅱ	Ⅲ	Ⅳ	Ⅰ	Ⅱ	Ⅲ	Ⅳ	Ⅰ	Ⅱ	Ⅲ	Ⅳ
销售额	150	180	260	200	160	200	310	280	210	240	350	300

26. 下表为某公司过去12季的销售额，试以简单线性回归配合乘法模式预测第13季的销售额。

期数：t	1	2	3	4	5	6	7	8	9	10	11	12
季	I	II	III	IV	I	II	III	IV	I	II	III	IV
销售额	340	400	450	350	380	510	520	330	340	580	560	360

27. 下表为某公司过去 12 季的销售额，试以简单线性回归配合乘法模式预测第 13 季的销售额。

期数：t	1	2	3	4	5	6	7	8	9	10	11	12
季	I	II	III	IV	I	II	III	IV	I	II	III	IV
销售额	1120	1350	1680	2100	1325	1456	1680	1950	1610	1820	2010	2200

28. 计算机公司每月的广告费用与销售金额的资料列于下表，试求出回归直线；假设广告费用投入 50 万元时，试预测其销售额。

广告费	30	45	61	70	62	32	15	25	30	45	30	40
销售额	360	470	780	810	650	360	210	280	350	510	360	460

29. 计算机公司每月的广告费用与销售金额的的资料列于下表，试求出回归直线；假设广告费用投入 10 万元时，试预测其销售额。

广告费	6	10	5	3	7	8	15	14	13	9	11	13
销售额	320	450	300	210	410	510	680	650	600	510	540	610

30. 试计算下表的 MAD、MSE 与 MAPE。

期数	1	2	3	4	5	6	7	8
观测值	140	160	180	250	192	256	340	232
预测值	145	176	154	240	216	279	368	298

31. 试求下表各期的追踪信号，并加以判断该预测方法是否仍能采用。

期数	1	2	3	4	5	6	7	8
观测值	225	350	410	460	361	490	270	343
预测值	190	330	450	510	310	510	290	314

32. 试求下表各期的追踪信号，并加以判断该预测方法是否仍能采用。

期数	1	2	3	4	5	6	7	8
观测值	120	150	240	260	146	135	215	280
预测值	110	175	261	230	160	125	230	150

深度思考

1. $\alpha = 0$ 时，双指数平滑法的预测是什么？

2. $\alpha = 0$，$\beta = 0$ 或 1 时，双指数平滑法的预测又是什么？

第四章　产品与服务设计

学习重点 **在学习本章后，你将能够**

1. 列举出产品或服务设计的构想来源。

2. 了解何谓顾客。

3. 解释何谓 Kano 二维模型与五项品质要素。

4. 应用品质机能展开。

5. 了解产品与服务设计时的若干观念与手法。

6. 说明优良的服务系统应具备什么样的特性与服务设计的步骤。

7. 了解如何以服务蓝图进行服务流程的规划设计。

8. 说明何谓缺口分析模型与服务品质调查。

9. 了解顾客关系管理的意义与内容。

产品、制程与经营管理模式的创新与研发
何者重要

对于台湾企业是否适合自创品牌以及积极投入研发的论调,学者专家一直有两极的看法。宏碁前董事长施振荣的"微笑曲线"理论强调企业获利最大的部分会是来自于品牌通路与创新研发,制造代工则属微利,所以近年来台湾股价最高的公司,像宏达电、联发科与鸿准等,都是以研发起家;但台积电专注于半导体专业代工的市场,却创造了近50%以上的毛利,似乎又粉碎了施振荣的论调。

号称"半导体代工之父"的台积电前董事长张忠谋,其所带领的台积电在经营模式与制程上的创新少人能及。台积电虽然没有自有品牌的产品,但台积电本身就是一个品牌,这个品牌早已经树立了它特有的价值。所以,台积电的成功并不代表施振荣的论点是错误的。

类似台积电的案例在台湾多不胜数,鸿海、广达、仁宝、联电、友达、力晶、南科……都是该领域的翘楚,也都经营得有声有色。过去传统的观念认为设计开发的对象就是产品,现在则认为制程与经营管理模式的创新研发与前者同样重要。

随着科技的快速发展，近年来产品的生命周期愈来愈短，及时上市（Time to Market）喊得震天价响，企业对新产品的研究开发与设计也就愈为重视。然而，并非所有新产品的研究开发与设计都能成功。据统计，台湾新产品能够成功量产上市的比率不到 1%。因此，如何建立正确的观念与手法，以提高新产品研究开发与设计的成功率，就成了管理者不得不加以重视的课题。

第一节　产品与服务设计导论

研究、开发与设计三个名词常被混合使用，实际上三者之间存在着极大的差异。

一般所指的研究（Research）是指认真地去探求真理之意。研究又可分为基础研究（Basic Research）与应用研究（Applied Research）两类。基础研究是指在无商业目标下，对某一领域知识的专研；而应用研究则是指在某商业目标下，对某一领域知识的专研。基础研究是应用研究的依据，但基础研究的成功并不代表应用研究会成功。例如，染色体基因排序或努力提高超导体的临界温度等都是基础研究，因为它不涉及商业目标。然而基因排序解密后，思考如何应用在生化科技上以改善生产力，或是超导体临界温度提高后，思考如何应用在磁浮列车上，就都是应用研究。

开发（Development）是指经过不断地研究，然后发展出新产品或新市场的过程，这里所谓的新产品也包括对旧产品的持续改良。开发与应用研究的不同点在于前者必须是以发展新产品或新市场为目标。例如，前述的基因解密，若将新品种的玉米以植入新基因的方式，使其具备抗病虫害的先天特质，就可称之为开发。

设计（Design）的范围甚广，诸如绘画、建筑或视觉传达设计等，都属于设计的领域。设计必须使产品发挥实用及艺术的价值。大部分研究、开发与设计的对象是产品或服务，但制程的研发也很重要。在过去，欧美企业对此较为疏忽，因此在生产技术上落后日本甚多，但近年来急起直追，竞争力相对已大幅提升。

产品与服务设计的源头是产品与服务设计的构想来源，这些来源可区分为来自组织内部与来自组织外部两大类。

1. 组织内部的构想来源

行销与研发部门是组织最主要的两个内部构想来源。但如果能激励员工提供建议的话，则包括制造产品或递送服务给顾客的员工、销售人员以及采购人员，他们都可能是组织内部构想的来源。因此，建立能激发员工创意并勇于提案的企业文化与制度，对于组织的新产品研发常会产生意想不到的效果。

2. 组织外部的构想来源

组织外部的构想来源包括标杆企业、顾客、竞争者及供货商。标杆企业是指在某些领域的表现相当卓越而值得企业学习的典范企业，组织通过标杆学习可以获得许多的设计构想来源。企业经由对顾客的调查或询问也可获得顾客对于产品改进的建议。经由研究竞争者的产品或服务，企业也可以搜集到许多构想，有些公司为此购买竞争者的产品，小心地"拆开"检查，以找出改进本身产品之道，此称为反向工程或逆向工程（Reverse Engineering），逆向工程严格说来也是标杆学习的一种。供货商也是另一个重要的构想来源，如新CPU的出现，就会带动主机板厂与系统组装厂推出新产品。

随着供应链管理的日益重要，企业必须强化其与顾客和供货商间的伙伴关系，许多企业的顾客或供货商目前已不仅只对企业提供构想，更会与企业共同一起研发新产品。例如，扮演专业代工角色的台积电，因为投入这种伙伴关系的建立与维持，因而协助全球绘图芯片最大公司NVIDIA在10年内成长了30倍，NVIDIA也因此成为台积电最忠诚的大客户。

为使组织或个人产生源源不断的创意构想，专家阿舒勒（Altshuller）将其毕生审查过的20万件专利加以分析，发现创造发明大部分起源于解决矛盾，而这些矛盾可分成40类，存在于39个变项之间。阿舒勒称其所发展出的分析矛盾与提升创造发明的方法为"发明问题解决理论"（Theory of Inventive Problem Solving，TRIZ），TRIZ的缩写来自于该名称的俄文发音。随着苏联解体，当初曾被视为机密的TRIZ亦流传至西方，目前已成为一门协助研发人员解决问题的有效方法。

新产品设计开发程序会随着产业别与公司别而异，但一般而言，此依程序大抵如图4-1所示，可分为产品企划阶段、设计开发阶段、制程设计阶段以及量产与售服阶段。

第二节　顾客导向

产品与服务设计的最重要概念就是顾客导向（Customer Driven）。

顾客（Customer）是指对于组织所提供的产品或服务有需要（Needs）、想要（Wants）与要求（Demands），而愿意以金钱、财货或提供劳务去交换者。这里所说顾客的需要、想要与要求，常统称为顾客需求（Customer Requirements）。顾客对其需求的表达，则称为顾客的声音（Voice of the Customer，VOC）。

就行销学发展历程的角度来看，企业如何将产品推展出去一般可以分为下列四个时期：

1. 生产导向时期

20世纪初期以前，物资匮乏，大部分的产品供不应求，企业普遍认为产品只要价格低廉，自然会有销路，故企业努力的重点大多放在如何更有效率且大量地生产产品，此时

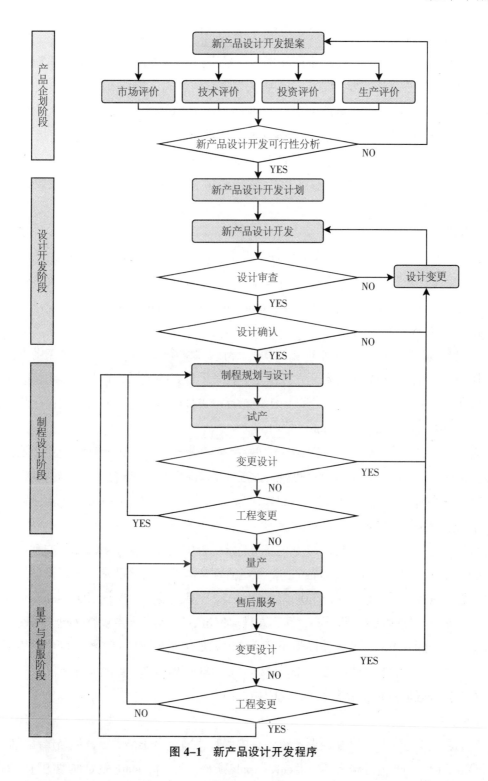

图 4-1　新产品设计开发程序

期为生产导向（Production Orientation）时期。然而市场逐渐证明，价格固然重要，但此并不足以保证销路，生产导向的观念因此改变。

2. 销售导向时期

20 世纪初至 20 世纪中期，生产技术突飞猛进但市场成长却相对落后，为使消费者购买他们目前未必急切需要的商品，企业认为富有创意的广告与高超的销售技巧能克服消费者对商品的抗拒，说服消费者购买商品，打开商品的销路，此时期为销售导向 (Sales Orientation) 时期。无论是生产导向或销售导向，其基本上都是卖方市场 (Seller's Market) 下的产物，当经济行为转变成买方市场 (Buyer's Market) 时，聪明的消费者具有自主性的判断能力，各种五花八门的广告与销售手段就只能获得短暂的成效，销售导向的市场概念因此落伍。

3. 消费者导向时期

20 世纪中期至 20 世纪末，买方市场使得企业必须找出消费者的需要或未被满足的需求，再据以设计开发新产品，以提高消费者的满意度，此时商品被视为是一种协助消费者解决问题的工具，此时期为消费者导向 (Consumer Orientation) 时期。

4. 关系导向时期

20 世纪 90 年代以后，消费者导向的观念持续"发烧"，但更进一步地演化成企业需结合其上下游厂商共同与消费者建立并维系一种长期良好的关系，企业与其顾客间的关系不再只是建立在一时的交易行为上，而应是相互增进彼此附加价值的长期伙伴，此时期为关系导向 (Relationship Orientation) 时期。

无论是消费者导向或关系导向，其核心关键都在顾客身上，因此现代企业必须在产品与服务设计之初就建立起顾客导向的观念，方可将产品顺利销售出去。

有关顾客需求特性的探讨目前以日本学者狩野纪昭 (Noriaki Kano) (以下简称狩野) 的二维模型看法最具代表。

狩野在进行顾客对电视与装饰用座灯的需求调查中发现，使用者对品质的意识并非是一维的，而是二维的 (Two-dimension)，若错估顾客需求，则难以设计出真正满足顾客的产品。狩野认为品质要素可区分为魅力 (Attractive) 品质要素、一维 (One-dimension) 品质要素、必须 (Must-Be) 品质要素、无差异 (Indifferent) 品质要素与反向 (Reverse) 品质要素五类，此五类品质要素在以品质要素是否充足与顾客满足的二维空间中有着不同的表现，一般称其为狩野二维模型 (Kano Two-Dimension Model)，如图 4-2 所示。

有关狩野五项品质要素的意义，说明如下：

1. 魅力品质要素

魅力品质要素是指当产品或服务具备该要素时，顾客会获得满足，但当产品或服务不具备该要素时，顾客也不会不满。例如，Apple 所提供的 App store 就是典型的魅力品质要素。魅力品质要素常作为创造产品差异化的工具。在某些情形下，厂商会使其所有相关产品都具备某一魅力品质要素，以塑造产品显著的特色并满足特定客群的需求。例如，前述

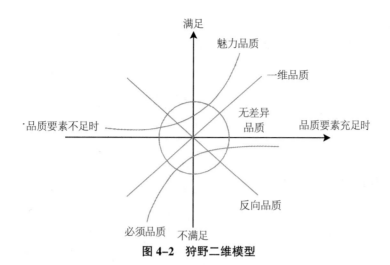

图 4-2　狩野二维模型

Apple 的任何一款产品都能享用 App store 的服务即是。在另外一些情形下，厂商会将魅力品质要素作为供消费者选购的配备，例如，卫星定位系统与电动天窗是小型房车的魅力品质要素，1200C.C.小汽车提供消费者对此配备的选购权，即为此考量。

2. 一维品质要素

一维品质要素是指当产品或服务具备该要素时，顾客会获得满足，但当产品或服务不具备该要素时，顾客会有不满。例如，手机若具备照相功能，使用者会获得满足，但若该手机无此功能，顾客会有不满，照相功能就是一维品质要素。

一维品质要素常作为产品分级的标准，以使产品的价格与顾客满足能相匹配。例如，个人计算机的配备常区分为初级、普通级与豪华级，其分级方式即是依据产品具备一维品质要素的程度作区分。

3. 必需品质要素

必需品质要素是指当产品或服务具备该要素时，顾客会视为理所当然，但当产品或服务不具备该要素时，顾客会不满意。例如消费者购买电视时，虽然没有任何规定厂商一定要附赠电视遥控器，但是消费者会视此赠品为必需的，若厂商要求消费者另行付费购买，则必会引起极大的不满。

必需品质要素是产品不可缺少的特性，具备必需品质要素虽能消除顾客的不满，但却无法提高顾客满意度。因此，必需品质要素常作为产品的基本配备，产品只需提供成本较低的该项配备即可，以过高的成本投入在必需品质要素上往往只是浪费。

4. 无差异品质要素

无差异品质要素是指无论产品或服务是否具备该品质要素，都不会影响到顾客的满意程度。例如，餐厅对远道而来的临时顾客发放贵宾卡就属无差异品质要素。

提供无差异品质要素对企业来说是一种浪费，故有时能省则省。

5. 反向品质要素

反向品质要素是指当产品或服务具备该要素时，顾客会不满意，但当产品或服务不具备该要素时，顾客反而会较满意。例如，餐厅中的服务人员反复地询问顾客是否要加点食物时，就常会获得反面的效果，这就是一种反向品质要素。

提供反向品质要素对企业来说反而是一种伤害，故应极力避免。

第三节 品质机能展开

当充分地了解了顾客的需求特性后，产品与服务设计接下来要做的工作就是将顾客的需求转化为对设计的需求。

品质机能展开（Quality Function Deployment，QFD）是日本品质专家赤尾洋二（Yoji Akao）与水野滋（Shigeru Mizuno）所创造的一种将顾客需求转换成设计需求的工具，它常被运用在设计工作展开以前。通过这样的分析方法，可以事先得知什么样的设计最能满足顾客的需求，以避免设计方向错误。

品质机能展开所使用的工具为品质屋（Houses of Quality，HOQ），如图4-3所示。品质屋的结构是以其正中央的一组关系矩阵为基础，此矩阵是描述顾客需求和设计需求之间的关联强度，在此矩阵旁通常会加入其他额外的特征（包括规格或目标值、竞争力评估或技术评估等）以扩大分析范围，由于整个分析的图表形状像房屋，所以被称为品质屋。

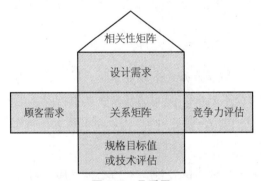

图4-3 品质屋

品质机能展开有时会被连续重复使用，以使一连串相关的行动具有协调性。例如，可以先将顾客需求转换成设计需求，再将设计需求转换成零组件规格需求，最后将零组件规格需求转换成对制程的需求等，如图4-5所示。

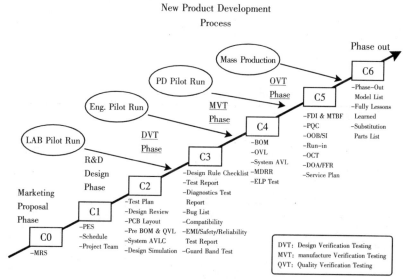

图 4-4　新产品发展过程

注：ACER 的设计开发流程一直是许多同业称赞与学习的对象。

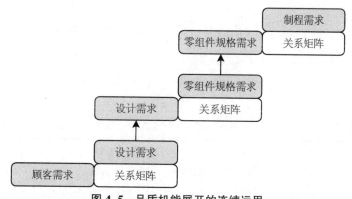

图 4-5　品质机能展开的连续运用

实施品质机能展开的步骤如下：

1. 决定顾客需求与这些需求的重要性评分

顾客的需求或期望会随着时间而改变，顾客的需求也很难用言语来确切形容，我们可以采用面谈、问卷、市场调查或焦点访谈等方法来掌握顾客的真正需求。顾客的需求通常都是以口语化的词汇来表示，而非技术用语，如好用、舒服等，设计者必须将这些笼统叙述的需求转换成更为明确的项目。例如，餐厅顾客的需求是可口，这项特性可以转换成为食材新鲜、用料高级、热度恰当与口味正宗等。在获得顾客需求之后，应请顾客再针对这些需求评定其重要性。例如听众希望听到一场精彩的演讲，其各项需求与重要性可如表 4-1 左方所列。

2. 决定技术需求项目

技术需求代表组织为满足顾客需求所应做的努力。技术需求一般是由设计者提供，它的表示也需明确，例如表 4-1 上方所列。

表 4-1　演讲品质屋分析

设计需求		讲题不能太学术	事先拟定演讲重点大纲	搜集案例	制作精美投影片	提早到现场	竞争力评估				
顾客需求 重要性							X = 本公司 ——— A = 竞争者 A - - - - B = 竞争者 B ········				
							1	2	3	4	5
内容丰富	3		◎	△	○						
幽默风趣	3		◎								
清晰易懂	3	◎	○		△						
能够应用	2	○		△							
多举实例	2			◎							
准时开始与结束	1					◎					
提供讲义	1				◎						
重要性加权		33	36	50	21	9					
目标值		最近两个月时事	3 页以上	国内外各 5 个	20 页以上	20 分钟					
技术评估	1 2 3 4 5										

3. 建立顾客需求与技术需求间的关系矩阵

关系矩阵如表 4-1 的中心部分所示，表中◎代表其左方的顾客需求与其上方的技术需求间存在着紧密的关系，此一关系强度量化为 9 分；○代表关系中等，其关系强度量化成 3 分；△代表关系小，其关系强度量化为 1 分。

4. 计算技术需求的重要性加权分数

技术性需求的重要性加权分数为关系强度乘以顾客需求重要性评分后，再针对每一项技术需求进行累计，然后写在表 4-1 的下方。例如表 4-1 讲题不能太学术的加权分数为 $9 \times 3 + 3 \times 2 = 33$ 分，依此类推。

5. 在矩阵旁加入其他额外的特征并给予评分

其他额外的特征包括规格或目标值、竞争力评估或技术评估等，其中分数越高代表表现越佳。

6. 最终评估

如表 4-1 所示，演讲者首先是在演讲中带入案例，本公司目前应努力改善。其次是演讲前应拟定重点与大纲，本公司领先竞争者。第三重要的是讲题，本公司目前太过学术化，应努力改善。接下来是投影片的准备，本公司居领先。此外，演讲者有必要提早抵达现场。

第四节 产品与服务设计的重要概念与手法

设计新产品需掌握许多重要的概念与手法，以使得该产品在生产时或上市后能够一切顺利。为此，我们在产品与服务设计时需特别注意的概念与手法，如产品责任与消费者保护、人因工程、注重环保、智能财产权、产品生命周期、标准化、大量客制化、同步工程、实验设计、产品可靠度、产品寿命曲线、故障模式与效应分析、价值分析与价值工程、计算机辅助设计与易制性设计等简介如下。

一、产品责任与消费者保护

所谓产品责任（Product Liability，PL），是指厂商必须为产品制造或设计不良所导致的伤害或损失负责。在过去，如果消费者受到了侵害，只有在消费者能证明企业经营者有过失的情形下才能获得赔偿，其举证责任是在消费者。但自从《消费者权益保护法》颁布以后，对该类事件采取无过失原则，即事故发生后，如果企业不能证明其无过失，就要负担赔偿责任；若企业可以证明其无过失的话，也并非就能完全免责。

当产品在使用时可能造成危险，就必须在产品上安装防护措施，明显处提供产品的特性、使用时应注意的事项以及产品的使用方法等必要的标示，这样才能避免未来可能引发的产品责任纠纷。

基于消费者保护运动的盛行，设计出不具危险性的产品才能确保产品的市场与企业的生存。

目前，世界各国政府对于消费者保护的相关规定相当注重，例如危险性化学物质皆要具备物质安全资料表（Material Safety Data Sheet，MSDS）或香烟包装要标示可能致癌等。

二、人因工程

人因工程（Human Factor or Ergonomics）是一门探讨人的能力、限制及特征的学问。考虑人因工程的设计是指运用人因工程的知识来设计产品、工具、机器、工作方法与工作环境等，以增进操作者与顾客的安全、舒适与效率。

人体计测是人因工程中最重要的主题之一。工业设计师在设计产品之前，常需先了解未来使用者的族群、平均身高、肩宽、臂长、头围、坐下来的高度、臀宽等，这就是所谓的人体计测。目前，中国台湾已经有本土的平面化人体计测数据库，可以在劳工安全卫生研究所取得，而立体的"本土化人体计测数据库"目前也已进入研究阶段。这些数据库在产品设计时可以参考，同时也需注意，以免设计出的产品无法符合使用者的生理条件。

现在的汽车设计标榜乘坐空间的舒适、驾驶座的可调整性以及各种仪表操控的简洁便利等，都是考量人因工程的设计。

三、注重环保

在过去 20 年间，环境保护已成为一项重要的社会和经济课题。政府、环保团体与消费者，要求企业自产品的设计开始就应注重环保，至于采购、生产、安装、使用、回收与销毁等过程对环保也同等重要。根据统计，具有环保功能的产品，其售价较一般产品高出20%时，市场仍能接受。因此，许多企业在详细评估环保议题后，认为推动环保对于符合政府法规、提升企业形象、增强产品竞争力以及善尽社会责任等都具有正面意义，乃竞相朝向"绿色设计"、"绿色生产"与"绿色企业"迈进。

注重环保的产品或企业常从 4R 着手。所谓 4R 代表拒绝使用有害环境物质（Refuse）、减量使用有害环境物质（Reduce）、重复使用有害环境物质（Reuse）与回收再利用有害环境物质（Recycle）。

省油汽机车、高效能冷气以及计算机自动睡眠装置等都是注重环保设计的常见案例。国际标准组织为推动环境管理系统的国际化所颁布的 ISO14000 系列标准，更成为继 ISO9000 后的另一个全球性管理标准。

四、智能财产权

智能财产权（Intellectual Property Rights，IPR）是指人类精神活动的成果而能产生财产上的价值者。

侵犯他人的智能财产，将可能遭受到民事与刑事的诉讼，对于企业的声誉以及财务都会造成极大的打击，严重时甚至以破产收场。故在进行新产品研发前，应先彻底了解智能财产的所有权归属、商标与专利的注册情形等，避开具有严重争议的部分。若无法避开争议，则应设法争取授权使用。相对的，企业研发的成果也应在完成后加以注册，以保护自身权益，避免竞争对手抄袭而不劳而获，甚至可借此形成进入障碍，阻挠对手的研发进度。例如，高亮度 LED 的全球专利绝大部分掌握在日亚化、欧斯朗与飞利浦手上，形成其他对手与其竞争时动辄得咎的不利局面。

OM 透视镜

飞利浦靠研发建立王国靠专利获利

1914 年成立于荷兰的飞利浦，现已成为全世界最主要的私人研究机构之一，实验室遍及荷兰、比利时、英国、法国、德国、美国、中国和印度，员工总数约有160000 人。

飞利浦以制造灯泡起家，1918 年推出医疗用的 X 光线管，1927 年开始生产收音机，1939 年第一只电胡刀问世，1963 年推出卡式录音带，1965 年投入集成电路的生产，1970 年发明省电灯泡，1972 年飞利浦成立宝丽金唱片，1983 年推出 CD 光碟，1997 年推出 DVD。进入 21 世纪，飞利浦持续蜕变与成长。很多人都已经注意到，飞利浦不再只是消费电器制造商，而更致力营造更具代表性的全新形象，以此凸显其在医疗保健、生活风尚和先进技术领域产品的独特性。

研发是飞利浦王朝的起点。飞利浦总公司就好像一个拥有许多技术的百货公司一样，可以挑选每个国家适合做的产品，让营运内容可以不断创新精进，这是飞利浦能够屹立百年的关键原因。30 亿美元，是飞利浦研发中心一年预算，从数字看，就能了解研发在飞利浦的地位。

研发创意的断层，似乎不曾在飞利浦发生。飞利浦研发都是有延续性的，利用过去和未来的发明成果，飞利浦研究事业部为人们提供突破性的科技体验方式。它旗下科学家的学历背景十分多元，从电机工程、物理、化学、数学、机械、信息科技到软件设计，因而能获得相辅相成、集思广益的好处。飞利浦研究部门与产品部密切合作，不仅创造出崭新、改良的产品与服务，也在许多领域催生出重要的专利。多年来，飞利浦一直是全球技术的领导者，全球所累积的专利数量超过 10 万件，有 76000种专利不断更新，而这些专利十分重要，因为它们不但保护了技术成就，亦使飞利浦得以接触其他同业的知识，更可通透过授权方式取得大笔权利金。除了专利外，飞利浦还有 22000 个商标、11000 种模型权以及 2000 个网域名称，为了管理这么庞大的智能财产权产品，飞利浦大约有 300 名智能财产权专家，分驻在全球 23 个国家和地区，负责管理这些专利的使用，而这些授权使用的收入占飞利浦总营收的 6% 之多。其中最重要的光储存技术，一年就帮飞利浦赚进超过 6 亿美元，占全年营收的 1.5%。

靠研发赚钱，讲起来容易，真的要做起来，更需要组织各环节的紧密配合。飞利浦各事业单位的研发重点是在产品的制程开发，至于隶属于总公司的研究中心，其研发工作则是要找到可应用的技术，两者分工明确。

飞利浦目前共有家电、半导体、消费性电子、医疗、光电五大事业单位，分别着重在显示技术、联网架构、互动系统、储存技术、医疗保健、照明以及 IC 设计与制程七大研究领域。事业单位与研究中心每年会根据这七大方向交换意见，讨论出未来可能投入的研发项目。

在资源经费的分配上，所采取的是 70/30 原则，研发中心 70% 的提案，必须带着研究计划书，找到事业单位的支持，由该事业单位提拨经费赞助；另外 30% 的提案则容许投入前景不确定的技术，由公司董事会支持，从公司总营业额中提拨 1% 赞助。由于大部分的研究经费来自于各事业单位，在营收的压力下，各事业单位自然会考量计划的合适性。一旦计划成熟，飞利浦管理阶层会进行评估，决定要独立成为转投资公司或是并入既有的事业单位，原有的研究人员就会成为新单位的经营团队，这种方式，一方面可以确保公司能接收研发成果，另一方面也提供了研发人员内部创业的选择。

虽然飞利浦本身就拥有相当规模的研究能量，但面对变化快速的时代，飞利浦也了解合作伙伴的重要性，包括新力、IBM、松下、意法半导体与摩托罗拉等知名大厂，都与飞利浦有不少的研究计划正在进行。

资料来源：卢谕纬. 探索台湾研发力/借镜飞利浦以 70/30 原则追求商品化的科技 [J]. 数字时代双周刊，2004（9）.

五、产品生命周期

当新产品加入市场之后，一般而言会经过酝酿期（Introduction Stage）、成长期（Growth Stage）、成熟期（Maturity Stage）、饱和期（Saturation Stage）与衰退期（Decline Stage）五个阶段，如图 4-6 所示，称为产品生命周期（Product Life Cycle）。产品生命周期各阶段的意义如下：

1. 酝酿期

在产品刚上市期间，由于未被广大的消费者所熟知，故销售量少，销售额不多，销售利润微薄甚或亏损，此时产品处于酝酿期阶段。

2. 成长期

经过广告宣传或使用者推荐后，产品渐渐被消费者所认识，故销售量直线上升，销售额或销售利润亦随之升高，此时产品处于成长期阶段。

3. 成熟期

一再地宣传与使用者的热烈推荐，产品已渐渐地成为热门的产品。然而，竞争同业的模仿或替代品亦随之大量出现，因此市场由独占而演变为寡占，甚或完全竞争的局面。虽然销售量亦持续上升，可是相对的销售利润却因同业竞争而减少，此时产品处于成熟期阶段。

4. 饱和期

每一样产品都有其销售上限，达到此界限后，销售量就会开始走下坡，这时市场竞争

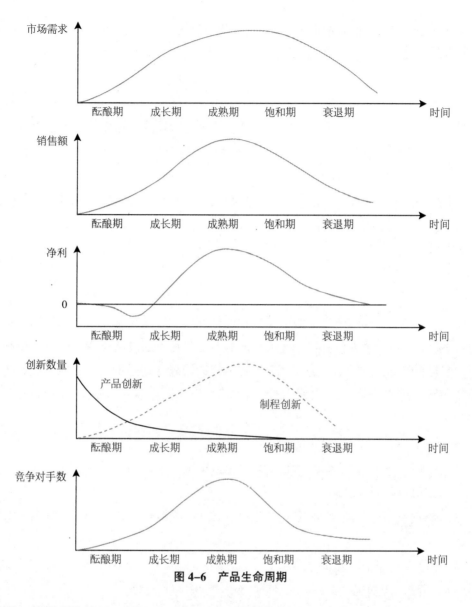

图 4-6　产品生命周期

更为激烈，销售利润快速下滑，此时产品处于饱和期阶段。

5. 衰退期

由于竞争激烈的结果，产品销售量持续下滑而利润几乎等于零，此时产品处于衰退期阶段，企业努力地借由改进产品可靠度、降低生产成本与改变产品包装等措施来延长产品或服务的寿命。

有些产品因生命周期较长而感觉不出它的存在，比如钉子、回纹针与汤匙等。但一般而言，多数产品的生命周期现象都极为显著。服务项目也同样会有生命周期，并且往往与产品的生命周期相关联。例如当录放影机逐渐退出市场时，其安装与修理的服务也会跟着退出市场。

各种产品或服务经历生命周期所花费的时间有很大的差异。有些产品在很短的时间内走完所有的阶段（例如流行服饰），有些则会花相当长的时间，这通常视市场的需求形态与科技创新的速度而定。近年来，大部分产品的生命周期较过去为短，电子信息类产品的平均生命周期更降至 3 个月以下，新产品研发的速度已成为企业目前与未来是否能获利的关键要素之一。产品生命周期的缩短，对企业营运与管理的冲击相当大，新兴行业与新兴企业快速出现，已存在的行业或企业则加速淘汰。据统计，台湾企业寿命在 10 年以上的比例，目前只约占企业家数的 1%。

由于产品具有生命周期，故虽然新产品在设计开发阶段耗资极巨、刚问世阶段无利可图，然而组织却仍必须不断地推出新产品，以维持永续生存所需的源源生命力，此可由图 4-6 中得知。

六、标准化

标准化是指一致性的产品、服务或流程。标准化的产品是指以大量制造的方式生产出来的同质产品，例个人计算机。标准化的服务是指每个通过流程的顾客或项目都能获得本质上相同的服务，例如自动洗车。至于标准化的流程，则是指递出标准化服务或生产出标准化产品的程序，例如生产线人员遵循的标准作业程序（Standard Operation Procedure，SOP）。

一般而言，标准化具有以下的优点：

（1）能大量生产与自动化以降低成本。

（2）较易确保产品品质。

（3）能缩短设计开发、采购发包、生产安装、仓储管理、检验测试与售后服务等作业的时间。

（4）能降低对技术性人员的需求。

（5）能降低管理难度。

标准化的最大缺点是产品变化较少，所以对顾客的吸引力常较小。虽然标准化的产品或服务优缺点兼具，但一般而言，其优点为顾客与企业所带来的利益仍远大于缺点，故新产品研发时，在诸如零件选用上或是制程设计上，仍应尽可能标准化。

七、大量客制化

所谓大量客制化（Mass Customization），是指提供大量产品给许多需求各不相同的顾客，有时又被称为多样多量。大量客制化下的产品大多是依顾客需求量身定做，而且订单量一般都较大，故生产者需同时具备多样少量式生产的速度与弹性以及大量生产的低成本与高品质优势。现代企业为建立大量客制化的能力，常见采取延后差异化（Delayed Differentiation）与模块化设计（Modular Design）两种做法。

（一）延后差异化

所谓延后差异化就是将产品生产过程中有关差异化的作业尽量往后延。一般做法是在产品生产的前段采取存货式生产，以降低成本并缩短接单到交货的时间，一旦接到顾客订单或知道了顾客的偏好与规格，就以接单式生产完成剩余的加工作业，以因应顾客的不同需求。例如，家具制造商可以先生产尚未着色的餐桌，让顾客选择颜色，一旦顾客决定颜色，便很快地涂上染料，以节省顾客等候的时间。

（二）模块化设计

所谓模块化设计是在产品设计时将众多类似的产品拆解成少数的模块，以简化产品的复杂度并达成客制化的目的。模块化设计为标准化的一种，故标准化的优点与缺点在模块化设计中依然存在，但模块化另外尚有优点如下：

1. 所需存货种类较少

经过模块化设计的产品，制造商仅需准备较少的模块就能组合成多样的产品，故所需存货种类会较少。例如个人计算机中的硬盘机、主机板与 RAM 就都可视为是模块，制造商若拥有 3 种硬盘机、5 种主机板与 4 种 RAM，则他仅需管理 $12(3+5+4)$ 种存货，但却可以提供 $60(3 \times 5 \times 4)$ 种商品。

2. 能满足多种顾客需求

模块化设计的产品比完全标准化的产品有更多种类的变化，故能满足更多种顾客的需求。如前一例中的个人计算机即是。

3. 生产装配更为快速

当接获顾客订单时，模块化设计的产品能将事先已准备妥当的模块快速生产或装配完成。如个人小火锅，主厨事先以模块方式将食材加工成一份一份，当顾客点餐时，服务人员只需自冰柜中取出各模块放在托盘中就能快速上菜。

4. 品质管理与售后服务更为简易

模块化设计的产品在进行品质检验时，只要发现不合格就将整个模块换掉，故品质管理与售后服务较为简易。

5. 有助于采购发包作业

模块若属市面上的规格品，则采购发包更为简易，成本也较低，不合格品的责任归属也相当清楚，同时因供货商多属专业厂商，故品质也较易确保。

模块化设计的最大缺点在于有时为替换某一个损坏的零件，可能整个模块都必须废弃掉，因而形成一些浪费。延后差异的重点在于借由对产品生产或服务提供的过程加以分割，以达到大量客制化。而模块化设计的重点则在于产品或服务设计时就考量未来大量客制化的需求。故延后差异化属制程设计的范畴，而模块化设计则为产品设计的课题。

八、同步工程

传统上，设计部门研发出新产品后，将该产品交给品保部门进行品质确认，再由工程部门发展制程，最后制造部门加以生产。这种等待前一阶段的工作完成后，下一阶段的部门才接手的研发方式，不仅会使得整个流程时间过长，同时也因讯息层层传递，容易造成过多的误解与冲突，而无法适应竞争激烈、强调速度的现代化生产需求。

所谓同步工程（Simultaneous Engineering or Concurrent Engineering, CE）是指在产品设计的初期，就让设计、品保、工程、制造、行销与采购等人员共同参与研发，如图4-7所示。这种作业模式能使研发人员在较早的时间有效掌握各部门的意见，降低反复沟通的次数，缩短研发时间。非研发人员则因参与研发过程，能提早获得新产品的相关讯息与动态，可以有更充裕的时间进行准备工作。然而同步工程的推行也可能遭遇若干困扰，例如设计与制造人员长期存在的对立不易克服，因此，如果同步工程要运作成功，就必须要有良好的沟通。

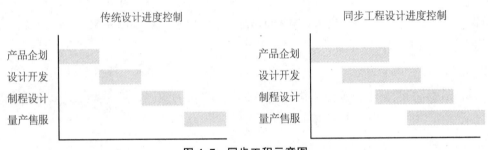

图4-7 同步工程示意图

资讯技术的快速发展有助于同步工程的推动。例如，目前许多企业建构的企业入口网站（Enterprise Information Portal, EIP），其目的虽未必是以同步工程为出发点，然而许多EIP的附属功能（如公布栏、讨论区、全文检索与文件管制等），却无形中能将新产品的研发过程同步化。

九、实验设计

为求得产品与制程的最佳参数条件（例如产品配方、制程温湿度与作用时间等），除从理论上推导外，最重要的信息取得方法就是实验。但是实验若无技巧，则搜集到的资料可能对决策毫无帮助，或浪费过多的人力、物力、财力与时间。实验设计（Design of Experiment, DOE）是探讨实验应如何进行与分析的学问，它强调利用最少的资源在最短的时间内，将产品或制程的最佳参数条件寻找出来，是开发企业"Know How"的一项重要工具。实验设计需依赖高深的统计学作基础，故此法虽发展已久且功效宏大，但对研发人员而言，能善加运用者却极少。

稳健性设计（Robust Design）为使产品或服务能在更广泛的环境范围下运作的设计。产品或服务愈具稳健性（Robustness），就愈不可能因为使用环境或条件的改变而失效，也将使得顾客满意度更高。稳健性不同于最佳化（Optimization）。最佳化的设计较不考虑未来产品使用环境对产品是否会造成干扰，它追求的是在固定使用条件下产品的最佳表现；而稳健性设计则认为要控制使用条件在某一定值下往往成本极大，故设计产品使之对环境变化最不敏感，有时反而更为重要。从另一个角度来看，科学较重视最佳化的问题；然而工程则应以稳健性为优先。例如，稳健性高的打印机较不会受到纸张的厚薄、大小与开封时间的长短，而影响走纸机构的运作。又例如，稳健性高的计算机较能忍受较高的温度与强烈的电磁波干扰而不致死机。要使产品具有稳健性，应在产品设计时就将此特性设计进入（Design in）产品中，而最常使用的技巧，就是田口方法。

田口方法（Taguchi Method）是世人对田口玄一博士所发展的一套如何缩小产品与制程变异方法的称呼，此方法有时又被称为田口式品质工程（Quality Engineering）。田口方法也是一种实验计划法，但田口方法实验的目的在于强调设计出稳健性的产品。

至于田口方法规划实验的方法，则是采取比传统实验计划法更为简易的直接查表方式。田口方法由于使用较为简易，且工程人员在经过短期的培训后，即可运用自如并快速获得成效，因此广受企业的欢迎并被视为是提高产品品质、强化产品稳健性的有力工具。

OM 透视镜

善用品质机能展开与田口式品质工程的三芳化学

成立于 1973 年，以制造人工皮革起家的三芳化学公司，是台湾第一家采用湿式制法的 PU 合成皮制造公司，其产品主要供应运动鞋、皮包、皮衣、家具与运动器材等制造商。

过去制鞋业所使用的材料为 PVC 塑料皮及一部分的干式 PU 合成皮，但由于 PVC 为不具有环保性的材质，经燃烧销毁后会产生戴奥辛而污染空气，因此三芳决定走向生产环保材料，以 PU 合成皮取代 PVC。

三芳研发过程的第一步是进行品质机能展开作业，由营业人员与产品企划人员作第一阶段的转换，将客户的声音纳入品质项目中的要求。接着由产品企划组及研发部门进行第二阶段的品质机能展开。

由于绿色制程有别于传统，因此制造方法必须重新摸索，自行找出制程条件。由于运用实验设计法来寻求最佳化的加工条件，其所耗用的时间与人力较大，因此三芳决定在进行初步实验及试作后，如果产生无法突破的问题，就以田口式品质工程进行要因分析、控制因素选定、实验数据解析及再确认实验。

环保材质的研发成功带给三芳的效益是多方面的，例如 VOC 减少 75%、能源耗用减少 66%、直接人力减少 28%、制造时程减少 80% 以及废弃物处理难度降至 20% 等。其中在有害物质的处理方面，更通过了远东公证公司的各项重金属与有机锡的检测，三芳为此成绩特别将此环保材质命名并申请商标为 "NEO-GREEN"。

目前 NIKE 所使用的人造皮革已直接授权三芳代检，只要三芳签证，就可交货至 NIKE，而不需经由第三者检验。

NIKE 以人工皮革制成的鞋子，目前 3~4 双中就有 1 双采用三芳的皮革。

资料来源：吴怡铭. 三芳化学 3R + 3E：NEO-GREEN 环保产品开发 [J]. 能力杂志，2002（10）.

十、产品可靠度

可靠度（Reliability）是指产品在一段时间内可以持续操作或执行特定功能而不发生故障的能力。可靠度高的产品，发生故障的概率较低，产品寿命较长，通常也能获得消费者较高的满意度。

早期可靠度的应用大多与军事装备有关，但随着电子产品的蓬勃发展，民间企业也已开始从事可靠度的应用与研究，许多企业甚至被顾客要求提供可靠度方面的保证。例如近年来蓬勃发展的半导体设计公司在推出新产品时，就会依业界惯例主动针对该品的可靠度进行分析，以获取顾客的信赖。

虽然产品可靠度愈高愈好，但提高可靠度常需付出较高的代价。因此可靠度到底要多高，需视投入的成本与取得的效益而定。例如，我们会为提高飞机的可靠度而作大幅度的投资，但对收音机可靠度的提升就不会花费这么大的手笔了。可靠度的最适水准是当增加的边际利益（改进可能带来的利益）等于增加的边际成本（改进所需要的成本）时。

可靠度若以数学模式表示，我们称其为可靠度函数（Reliability Function），它代表产品在一段时间内可以持续操作或执行特定功能而不发生故障的概率函数，如公式（4-1）所示。

$$R(t)$$
$$= P(T \geq t)$$
$$= 1 - F(t)$$
$$= 1 - \int_0^t f(t)dt$$
$$= \int_t^\infty f(t)dt \qquad (4-1)$$

式中，t 为使用时间，f(t) 为产品故障的概率密度函数；f(t) 最常使用的是指数分配 (Exponential Distribution)，如公式（4-2）所示。

$$f(t) = \lambda e^{-\lambda t} \tag{4-2}$$

式中，λ 为故障率 (Failure Rate)，意指单位时间内发生故障的概率。产品故障的概率密度函数若为指数分配，则其可靠度函数如公式（4-3）所示。

$$R(t)$$
$$= \int_t^\infty \lambda e^{-\lambda t} dt$$
$$= e^{-\lambda t} \tag{4-3}$$

范例 4-1

某电阻的故障率为 1.3×10^{-6}/小时，试求：

1. 该电阻 10000 小时内不发生故障的概率（即 10000 小时的可靠度）。

2. 该电阻 10000 小时内发生故障的概率（即 10000 小时的不可靠度）。

解答：

1. 已知 $\lambda = 1.3 \times 10^{-6}$/小时

故 $\lambda_t = 1.3 \times 10^{-6} \times 10000 = 0.013$

该电阻 10000 小时内不发生故障的概率为：

$$R(t) = e^{-\lambda t}$$
$$= e^{-0.013}$$
$$= 0.9871$$

2. 该电阻 10000 小时内发生故障的概率为：

$$1 - R(t) = 1 - 0.9871 = 0.0129$$

可靠度除了以概率与故障率的方式表达外，平均故障间隔时间 (Mean Time between Failure，MTBF) 与平均故障时间 (Mean Time to Failure，MTTF) 两者是最常使用的表达方式。平均故障间隔时间是指可修复产品两次故障间的平均时间长度，平均故障时间是指不可修复产品自启用到故障的平均时间长度。在可靠度的概率密度函数为指数分配情形下，MTBF 与 MTTF 是故障率的倒数，如公式（4-4）所示。

$$MTBF（或 MTTF） = 1/\lambda \tag{4-4}$$

十一、产品寿命曲线

我们假设产品或零组件的故障率为定值，这样的假设在大部分情形下都适用，但对于产品刚生产出来或是使用很久的产品，其故障率就未必是定值，而是一个变量。产品从出厂到寿命终止的故障率的函数，我们称其为产品寿命曲线（Product Life Curve），由于其形状类似浴缸，故又被称为浴缸曲线（Bathtub Curve），如图4-8所示。

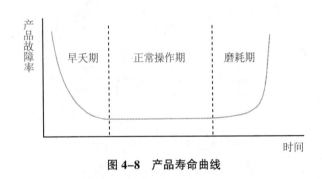

图 4-8　产品寿命曲线

产品寿命曲线一般可分为三阶段：早夭期、正常操作期与磨耗期，此三阶段的特性与改善对策如下所述：

（一）早夭期

刚生产出来的产品常会有较高的故障率，这主要是因设计与生产上的缺失，例如以螺丝组合产品时，设计者未考量到产品的易制性或作业员的粗心等。

要降低早夭期的产品故障率应从产品的设计与生产着手，另外也可使用预烧（Burn In）与筛选（Screening）的手段。

预烧最常应用在电子类产品上，它是在产品出厂前以持续的高温、高电压或其他应力施于产品上，加速产品老化以在产品出厂前快速度过早夭期。筛选则是运用诸如震动（Vibration）等方法来剔除产品组装不良的问题。早期个人计算机业者常对外号称其产品出货前均经过72小时的预烧，以显现其品质的优异，近年来由于设计能力与零组件可靠度的大幅提升，甚少厂商会再强调预烧了。

（二）正常操作期

当产品度过早夭期后，就进入了故障率较为稳定的正常操作期。正常操作期的产品不合格主要来自于不良的设计。

运用以下的方法将能降低正常操作期的产品故障率：

1. 改进零组件的设计与选用

例如电子产品选用耐电压较高的电子零组件。

2. 改善产品设计

例如以实验设计法或田口方法找到产品最适合的条件组合。

3. 改进产品的生产方法

例如生产线上加装各种防静电设备。

4. 使用备援系统

例如单枪投影机使用备援灯泡。

5. 改进预防维护程序

例如汽车出厂后的定期保养。

6. 加强使用者训练

例如以充分翔实的产品说明来降低顾客的操作错误比率。

（三）磨耗期

当产品使用日久，所有零组件都已开始逐渐老化时，产品故障率就会快速攀升。现代产品的汰换速度极快，可靠度又高，因此大部分产品在尚未进入磨耗期前就已被消费者淘汰，因此一般而言，磨耗期的可靠度问题较不严重，设计者多不太需要特别注意。

十二、故障模式与效应分析

故障模式与效应分析（Failure Mode and Effects Analysis，FMEA）是一种以系统化的手法找出产品潜在可能发生的故障模式，分析这些故障会对产品造成何种影响，以便及早采取改善与预防措施的工具。

FMEA 有下列三种类型：

1. SFMEA

SFMEA 是指系统故障模式与效应分析（System Failure Mode and Effects Analysis，SFMEA），它是在早期产品概念形成阶段，针对未来产品在设计开发与制造阶段可能潜在的故障模式进行分析。

2. DFMEA

DFMEA 是指设计故障模式与效应分析（Design Failure Mode and Effects Analysis，DFMEA），它是在产品开发阶段，包含设计变更，针对产品可能潜在的故障模式进行分析。

3. PFMEA

PFMEA 是指制程故障模式与效应分析（Process Failure Mode and Effects Analysis，PFMEA），它是在生产制造阶段，针对制程可能潜在的故障模式进行分析。

FMEA 中最重要的分析为风险顺序数（Risk Priority Number，RPN），风险顺序数是产品一旦发生故障时，故障的严重度（S）、频度（O）和难检度（D）的乘积，如公式（4-5）所示。

$$RPN = S \times O \times D \qquad (4-5)$$

RPN 的值一般介于 1~1000，如果风险顺序数很高，设计人员就须采取矫正措施，以降低该值并确保设计品质。

十三、价值分析与价值工程

所谓价值分析与价值工程（Value Analysis/Value Engineering，VA/VE），是一种通过集体智能和系统化的过程对产品或服务进行分析，使产品或服务能以最低的成本，可靠地实现其必要的功能，从而提高产品或服务的价值。这里的价值可用数学式表达，如公式（4-6）所示。

$$价值 = \frac{功能}{成本}$$

$$即 \ V = \frac{F}{C} \qquad (4-6)$$

VA/VE 起源于材料和替代品的研究，其思考逻辑在于借由价值的数学式考量应用不同材料或代用品时，产品价值是否能予以提高；或是在同样产品价值下，是否会有更为便宜的不同材料或代用品。

由于采购人员对于不同材料或替代品的信息较为了解，因此 VA/VE 的应用至少需要研发人员与采购人员的共同参与。

十四、计算机辅助设计

计算机辅助设计（Computer Aided Design，CAD）是一种协助研发人员针对新产品设计开发的设计、修改、仿真、测试及分析的计算机软件。

计算机辅助设计在台湾以机械业导入的时间最早，导入的程度也最完整。早期的计算机辅助设计软件功能较为简陋，故大多仅作为广告宣传设计的工具，目前则大多功能强大，并已发展出“3-D”参数式实体模型设计，计算机辅助设计俨然已经成为现今新产品开发设计中不可或缺的工具。

计算机辅助设计对企业或研发人员的贡献主要有下列四项：

1. 增进设计研发人员的生产力

据估计，计算机辅助设计能增进设计研发人员的生产力至少 3~10 倍，故企业对于设计研发的人力需求将能降低。

2. 简化设计过程

采用计算机辅助设计，设计研发人员不必费力准备产品或零件的手绘图，就可快速且反复地修正设计上的错误。若类似的产品或零件过去曾有设计或使用的经验，则更可以从产品数据库中直接修改或引用。

3. 提升设计研发品质

借由计算机辅助设计强大的仿真、测试及分析功能，设计研发人员能及早发现设计不合理处并进行修改，有助于设计研发品质的提升。

4. 为品质管理、采购管理与生产管理建立产品数据库

设计完成后，计算机辅助设计软件能依据产品平面图自动产生爆炸图、公差、原物料规格等品质管理、采购管理与生产管理所需的信息。

十五、易制性设计

所谓的易制性设计（Manufacturability or Design for Manufacturing，DFM），是指产品在设计阶段时就应考虑到日后加工与组装等的方便性，使生产能同时达到低成本与高品质的目标。易制性设计的设计原则如下：

1. 尽可能减少零件的种类与数目

减少零件种类可使存货、采购、生产与品质管理更为单纯。减少零件数目则除了使上述管理更为单纯外，更可降低成本。

2. 采用模块化的设计

采用模块化设计的效用已在前节加以叙述，故在此不多赘述。

3. 善用材料物理特性

金属件刚性较佳，塑料件弹性较好；但金属件较贵，且结合时较复杂，而塑料件在结合时虽可利用本身弹性设计卡榫，有利组装，但面积大时较无法承受压力，故应在适当处补强。

4. 注意制造方法

应注意产品未来组装时的方便性，例如未来组装时能由下而上，由后而前，以避免不必要的移动基座。

5. 避免尖锐突出的设计

尖锐突出的设计易造成产品及人员受伤，故应极力避免。

6. 了解制程的能力

设计前要审慎评估制程能力，分析哪些制程会成为"瓶颈"，并设计适当的工、模、夹、治具以排除生产困难，或优先采用现成的或已成熟的生产技术去达成生产目的。

对于组装而成的产品，另有一名词"易组装设计"（Design for Assemble，DFA），其意义大抵与易制性设计相同。

对 DFM 或 DFA 而言，最出名的例子应是宏碁 Acermate 桌上型电脑，此款计算机的机壳全为塑料件，不使用螺丝作结合，完全运用塑料本身具备的弹性就能将各模块依序嵌入，整台计算机只需用双手就能在 30 秒内完成组合，制造成本极低，故取谐音"可以

买"，以显示该产品在成本与价格上的优势。

第五节 服务设计

第四节所介绍的各种产品与服务设计的重要概念与手法，大部分都被应用在有形的产品设计上，虽然其中也有部分常被应用在服务设计上，但专门属于服务设计的手法，则是近年来才被大量开发并讨论的。

一、优良服务系统的特性

任何服务系统都希望其能成为同业中的佼佼者，所以了解优良服务系统的特性，企业就能进行自我检视，设计出优良的服务系统或进行服务绩效的改善。

优良服务系统的特性列示如下：

1. 服务系统中的每一个作业都应与公司的总体作业焦点配合

例如，当快递公司总体作业的焦点是速度时，则每一个程序中的每一个步骤如收件、理货、分类、搬运、运送与签收等，都应有助于提升服务速度。

2. 顾客很容易能和服务系统产生互动

例如，医院内良好的标示、不需等候过久、易于了解的表格、具逻辑性的程序步骤、亲切的服务态度以及有服务人员能回答询问等。

3. 能有效处理需求的变动

例如，提供网络联机游戏业者是否能应付瞬间大量涌入的玩家、网络市集是否能应付圣诞节前暴增的购物狂潮等。

4. 人员及系统的绩效很容易维持

例如，麦当劳工作人员拿取薯条的工具兼顾了速度及分量、7-ELEVEn 以 POS 进行结账能避免漏开发票、车辆保养厂的师父运用查检表确保一切保养作业不致遗漏等。

5. 能有效连接前场及后场

例如，贸易公司前场业务员以顾客订单通知后场仓管员安排出货事宜，后场仓管员以出货单通知前场业务员出货完成，可以收款等。

6. 服务品质显著且易为顾客所察觉

例如，日本料理师傅专业、熟练、整洁、卫生且标准化的作业程序，常刻意暴露在顾客眼前，其目的就是以行动告知顾客其品质水准。

7. 符合成本效益

在提供服务的过程中，时间与资源的浪费应降至最小，此不仅对组织绩效具有直接的帮助，且能给予顾客一种专业的形象。例如，感冒就医，医生若过于仔细询问，有时可能反而给予病患无效率或不够专业感觉，而使顾客不耐或失望。

二、服务设计的步骤

服务设计起自于目标市场的顾客需求为何，其结果是希望设计出能将服务有效的传送给顾客的系统。服务设计一般包含以下步骤：

1. 确认目标市场

有关目标市场的意义与相关讨论在本书前节中已有介绍，在此不多赘述。

2. 了解顾客需求

有关顾客需求的意义与相关讨论在本书前节中也已介绍，在此亦不多赘述。

3. 定义服务组合

所谓服务组合，是指服务提供者要提供哪些服务内容。例如早期7-ELEVEn以提供消费者日常用品为主，之后将水电停车费代缴、宅配与社区服务纳入其服务组合，近年来更积极跨入中式与日式便当及汉堡市场，就是看准了目标市场中潜在的顾客需求后，重新定义其服务组合的结果。

4. 决定作业焦点

所谓作业焦点，是指服务内容的最重要诉求为何。一般最常见的服务焦点包含服务的速度、服务的便利性、服务的价格、服务的多样化、搭配的实体产品以及是否能提供独特的服务等。例如，7-ELEVEn跨入中式与日式便当市场时，除了既有的便利性以外，它最重要的另一个诉求是价格便宜。麦当劳儿童餐则采用搭配卡通实体赠品为其作业焦点之一。

5. 设计服务传送系统

所谓的服务传送系统，包括人员、设备、流程、态度、服务时间与服务环境六项。

三、服务流程设计

服务流程是服务传送系统的核心，而服务流程可以用服务蓝图（Service Blueprint）加以设计与分析。所谓服务蓝图，即是服务的作业流程图，其与一般作业流程图最主要的差异是可见线（Line of Visibility）。在服务蓝图可见线上方的活动都是和顾客直接接触的作业，即前台作业，而线的下方则是所谓的后台作业，其活动不需顾客的参与。前台作业应着重于提供顾客良好的服务，而后台作业则应着重在内部效率的提升。

以下我们以一个简单的擦鞋程序来说明如何绘制与分析服务蓝图：

1. 确定作业程序

先画出服务作业流程图，如图4-9所示。

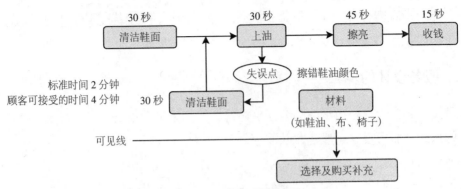

图 4-9 擦鞋服务的规划

2. 找出失误点

擦鞋者可能误用鞋油的颜色，所以设计者必须建立一个附属流程以矫正可能的错误或失误。失误点的分析，其目的在将失误的可能性降到最低。服务失误的避免可以应用防呆措施，防呆措施的例子有在自动提款机装设警鸣器，以提醒顾客取回提款卡；车辆装设倒车雷达以避免擦撞；开车时门没关好会有警示灯显示等。

3. 建立时间架构

所有服务都需要时间，它通常是服务成本的主要决定因素，设计者应对服务的每一步骤建立标准作业时间。图 4-9 显示总标准时间为 2 分钟，顾客可接受的时间为 4 分钟，当服务超过 4 分钟后，顾客将会抱怨或离去。

4. 获利能力分析

某种错误发生或是擦鞋的速度太慢，不管什么原因，都会影响到获利。表 4-2 将图 4-9 的延误成本量化，由表中可看出，在 4 分钟之后，擦鞋者将产生损失。服务设计者必须建立不同服务时间的获利分析，以确保公司权益。

表 4-2 擦鞋的获利分析

		作业时间		
		2 分钟	3 分钟	4 分钟
价格		15	15	15
成本		9.6	13.5	17.4
	每分钟 3 元	6	9	12
	蜡油	0.9	1.8	2.7
	其他作业费用	2.7	2.7	2.7
获利		5.4	1.5	−2.4

四、服务设计与顾客满意度

服务设计既然影响到顾客满意度，但为什么经过精心设计的服务系统却常事与愿违，无法满足顾客的需求，以致顾客满意度无法提升，相信这是每一个管理者所关心的话题之一。

1. 服务绩效与顾客经验

服务系统常无法满足顾客需求的第一个解释是服务绩效与顾客经验间并非线性关系。一般而言，服务绩效的提升并不代表顾客会有等比例的感受，也就是说服务绩效与顾客经验间并非呈现线性关系，而是呈阶梯状（如图4-10所示）的关系。因此小幅度的品质改善较难让顾客明确感受到，一次大量且明显的提升服务绩效，才能有效地提高顾客满意度。

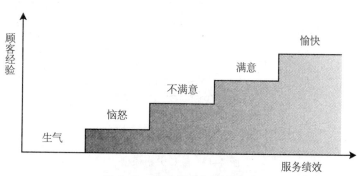

图4-10　服务绩效与顾客经验

2. 缺口分析模型

服务系统常无法满足顾客需求的第二个解释，也是运用最广的解释，就是因为缺口的产生。所谓的缺口（Gap），是指期望与认知间的差距。顾客因需求而产生对组织所提供服务的期望，然而他接受服务后的感受，即认知，却往往与其当初的期望有落差，这个落差愈大，顾客就认为服务愈差。派拉苏拉曼（Parasuraman）、瑞沙摩（Zeithamel）与巴利（Berry）以缺口分析模型（Gap Analysis Model）解释服务产生缺口的地点与原因，一般称此为PZB模型（PZB Model）。缺口分析模型认为造成顾客期望与对实际获得的认知间存在着五种缺口如图4-11所示。缺口分析模型有助于我们了解，在努力满足顾客需求的过程中，其实存在着非常多的陷阱，使得我们提供出来的服务在最后偏离了当初的期望。

五、服务品质调查

明了顾客期望与认知间的差距在哪是改善服务的重要依据。派拉苏拉曼、瑞沙摩与巴利提出以服务品质（SERVQUAL）量表作为侦测与分析缺口的工具。

服务品质量表是由两个基本表格所组成：第一个表格称为服务品质期望调查表，如表4-3所示，此表是为了了解顾客对组织所处行业所提供的服务的期望而设计；第二个表格称为服务品质认知调查表，如表4-4所示，此表是为了了解顾客对组织所提供的服务的认知而设计。这两个表格的每一道题目在两个表格中都相互呼应，以作为未来分析时的比对之用。

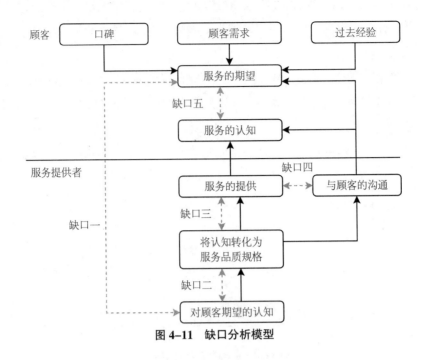

图4-11 缺口分析模型

表4-3 服务品质期望调查表

	非常不同意						非常同意
1. 一个卓越的百货公司会有外观先进的设备	1	2	3	4	5	6	7
2. 一个卓越的百货公司的实体设备会看起来美观	1	2	3	4	5	6	7
3. 一个卓越的百货公司的员工仪容应整齐体面	1	2	3	4	5	6	7
4. 一个卓越的百货公司制作的资料会看起来美观	1	2	3	4	5	6	7
......							

表4-4 服务品质认知调查表

	非常不同意						非常同意
1. 新光三越百货公司会有外观先进的设备	1	2	3	4	5	6	7
2. 新光三越百货公司的实体设备会看起来美观	1	2	3	4	5	6	7
3. 新光三越百货公司的员工仪容应整齐体面	1	2	3	4	5	6	7
4. 新光三越百货公司制作的资料会看起来美观	1	2	3	4	5	6	7
......							

六、顾客关系管理

随着信息与通信科技的快速发展，近些年来服务系统设计也导入了这些科技成果，其中最重要的概念应属顾客关系管理（Customer Relationship Management，CRM）。

（一）顾客关系管理的意义

顾客关系管理是指企业为赢取新顾客并巩固既有顾客，而通过不断地沟通、了解并影响顾客行为的一种管理方法。其目的在于提高顾客忠诚度和企业的营运效益。它运用信息科技整合组织的企划、行销与客户服务机能，最后期望能提供客户量身定做的服务。

顾客关系管理的前身为 20 世纪 80 年代初期的接触管理（Contact Management），但那时接触管理的重点是收集顾客与公司联系的所有信息，以作为提供更佳服务的依据。1990年初，随着网络、信息与通信科技的发展与应用，接触管理演变成为针对不同的顾客提供不同的服务。

顾客关系管理的基础来自于一个简单的概念：没有两个顾客的需求是完全相同的。因此掌握每一个顾客的个别需求，尤其是对组织有重大贡献的顾客的需求，在通过现代科技的协助下提供不同的服务，是组织未来可以努力的方向。

（二）顾客关系管理的内容

顾客关系管理需在软硬件上大量投资，有关顾客关系管理的软硬件需求与功能不在本书讨论之列，有兴趣的读者请自行参阅相关书籍。至于顾客关系管理的内容则简介如下：

1. 搜集顾客资料

利用新科技与多种管道搜集顾客资料、消费偏好以及交易历史资料，储存到顾客数据库中。如果过去顾客资料存在不同部门的顾客数据库中，则应整合至单一顾客数据库内。有些公司的不同部门常会要求公司老顾客重复填顾客资料表，就会引起顾客的不满，认为自己被忽视。若能将各部门的顾客数据库整合，不仅能降低顾客抱怨，且有助于将不同部门的产品销售给顾客，进行所谓的交叉销售，扩大公司利润，减少重复作业与行销成本，更可以巩固与顾客的长期关系。例如，金控公司若能将集团内的银行、保险、投信与证券公司整合，相互分享顾客资料，就能衍生出不少的商机。

2. 顾客分类与建立顾客行为模式

借由信息技术所提供的分析工具与程序，可将顾客分类，勾勒出每一类消费者的行为模式，如此可以预测在各种行销活动情况下，各类顾客的可能反应。例如，当顾客至网站购物时，该网站就会立即依顾客所购买的商品将顾客进行分类，若顾客购买的皆为促销品或二手商品，则网站会在以后将类似产品的信息主动通知该顾客，有效地找到未来的行销目标。

3. 规划与设计行销活动

依据顾客分类与顾客行为模式来为个别顾客设计最适切的服务与促销活动，以提供顾客最贴心的产品或服务。例如，许多汽车公司常定期邮寄广告信函或举办各种活动，但当顾客要换车时，这些公司却并不一定会知道。但若能分析车龄或进厂维修的周期与内容，就可侦测出顾客可能换车的时点；另外，当顾客生第三胎时，通常都会换箱型车，汽车公司若能搜集到一般民众的生育资料，在重要时点进行强力推销，售车成功概率就会大增，且平时的行销成本也可以减少。

4. 例行活动的测试、执行与整合

传统行销活动推出后，通常无法及时监控活动反应，而必须在一定时间后以销售成绩来断定成败，因此策略一旦执行就很难修改，增加了企业的许多风险。然而顾客关系管理却可以快速依据销售记录实时进行活动或策略的调整。例如，手机业者在执行一项促销活动后，通过打进来的电话频率、网站拜访人次或是各种反应的快速统计，行销部门就可以实时调配人力或各种资源，以免顾客抱怨或浪费资源。

5. 绩效的分析与衡量

在前述四项工作执行后，顾客关系管理还能提供一套标准化的绩效分析与衡量模式，找出绩效很好或不佳的原因，甚至问题是出在哪个部门及哪个人员，以作为奖惩的依据及下次行销活动的改善参考。

自从顾客关系管理的理论出现以后，顾客的终身价值开始获得重视，愈来愈多的企业体认识到企业经营的最终目的不仅是向消费者推销一样商品而已，而是在于能否随时维持和顾客的关系并了解顾客的需求，进而掌握这个顾客终身的消费行为。举例来说，一个刚进社会的新人，可能只买得起丰田汽车的 VIOS，如果丰田汽车可以做好顾客关系管理，那么随着这位年轻人年龄的增长，丰田汽车可以销售给他 ALTIS、CAMRY 甚或 LEXUS。

（三）计算机电话整合系统

对于有些不直接提供商品交易的系统，其顾客关系管理最常运用的就是计算机电话整合系统（Computer and Telephone Integration，CTI）。例如，许多金融与电信等服务业普遍设立的电话客服中心（Call Center），当客服人员在接到顾客来电的时候，就能快速辨别顾客身份、叫出顾客的姓名、知道该顾客过去曾接受过的服务是什么、曾经有过什么样的抱怨以及这些抱怨的处理状况等，大幅度地提高了顾客被尊重的感觉。

电话客服中心比起传统的语音服务系统，的确能够在比较短的时间内掌握顾客的基本资料并提高顾客满意度，但是由于其所费不赀，故往往成为许多企业的沉重负担。例如中国台湾信托商业银行的信用卡电话客服中心就有超过 1000 人的编制，若再加上在软硬件上的投资，每月支出相当惊人。未来，自助式与简易操作的接口让顾客自己以计算机或手机上网解决问题，将会是服务系统设计的新趋势。

第六节 结论

处在目前多变的产业环境中，企业的竞争优势来源虽不断地改变，但产品与服务的设计却永远是其中最重要的项目之一。从事产品与服务设计的人员应设法与各部门保持有效及良好的沟通，邀集相关部门共同参与新产品研发，终身学习各项专业知识与管理技能，致力于在适当时间以正确的产品切入适当的目标市场，方能创造组织与个人的最高绩效。

个案研讨

引领时代潮流的苹果

Apple Inc.苹果公司原命名为苹果计算机公司，创立于 1976 年，总部位于美国加州（California）的库比提诺（Cupertino），主要生产电子科技产品、计算机软件、计算机硬件和数字式通路，2007 年将公司名称中的计算机三字移除，使产品和软件应用整合在多元的科技电子产品上，以更多元的方式达到娱乐服务效果引领时代的潮流。2010 年，苹果公司市值高居全球第二名，仅次于美国的石油巨头埃克森美孚，总收入为 652 亿美元，比 2009 年足足增长了 52%，全球员工人总数为 4.94 万人，除了被冠上最可靠的公司外，Wall Street 报道更指出苹果公司已经超越微软成为全球最有价值的科技公司，仅在美国就拥有 1902 项专利。

苹果公司是由 Steve Jobs（乔布斯）、Steve Wozniak 和 Ronald Wayne 创办于自家车库，公司的第一款计算机 Apple Ⅰ计算机就是由创办人之一 Steve Wayne 手工制造。1977 年，推出个人计算机 Apple Ⅱ，这是最早可使用磁盘片以及显示彩色图表的个人计算机，造成全球震撼。1980 年推出 Apple Ⅲ，企图在计算机硬件和软件市场上与 IBM、Intel 和 Microsoft 联军竞争，但不幸落败。1984 年，推出世界上第一台使用图形接口作业的个人计算机 Macintosh，虽然获得专业玩家的青睐，但在市场销售上却仍无法回到 Apple Ⅱ时代的荣景。1998 年，推出第一代的 iMac。结果大受欢迎，将苹果计算机从谷底重新纳入正轨。2001 年，由计算机市场扩展至电子产品，推出第一代 iPod 数字音乐随身听。2002 年，推出第二代 iPod 随身听，使用了称为 "Touch wheel" 的触摸式感应操纵方式。2003 年，推出第一台的 64 位个人计算机 Apple PowerMacG5。同年，在众多音乐厂商表示不满之际，推出第一个合法线上音乐服务站 iTunes，从此消费者不需花较高的金钱购买整张唱片就可下载单首曲子。2005 年，推出 iPod nano 超薄数字音乐随身听，采用彩色显示器。2006 年，推出苹果第一部使用 Intel 处理器的桌上型计算机和笔记型计算机——iMac 与 MacBook Pro。2007 年，推出 iPhone 与 iPod touch，让触控式数字和智能型电子结合。2008 年，推出极薄笔记型计算机 MacBook Air，让数字和网络的应用无所不在。2010 年，推出平板计算机 iPad。

乔布斯对于设计的品位和外型相当注重，因此在键盘、鼠标、磁盘片、计算机周边和主机上的任何一个细节都有相当的要求，也经常亲身参与重大讨论。在设计开发阶段，苹果会尽量压缩素描时间，使样品和模型能够有更多的时间来制作，以方便设计人员能在看到实物情形下讨论并修正产品。外观设计和技术开发团队在设计阶段会

20 世纪 70 年代的苹果计算机—— Apple Ⅱ（图片来源：维基共享资源）　　20 世纪 90 年代的苹果计算机—— Macintosh（图片来源：维基共享资源）　　MacBook Air（图片来源：维基共享资源）

共同参与每周两次的会议，会议中的脑力激荡让大家没有顾虑而自由地想象，提供创意，此程序会持续到样品开发一直到所有设计阶段结束。

苹果公司能够如此成功，不仅是设计团队的创意，另一原因在于公司内部的文化包含对使用端的着重以及注重顾客满意度。苹果希望末端使用者能够在使用苹果产品时得到效益和乐趣。但苹果从不进行市场研究或调查，主要是因为苹果的设计团队认为什么是最酷的就应该去做。在设计上，苹果着重设计程序应能够确保达到主要使用者在使用产品的需求和期望，因此在每个阶段的设计程序和样品制作后，都安排使用者参与试用，尤其在设计的第一阶段。在这阶段，苹果设计团队要找到主要使用者，苹果认为这是设计产品的首要且最重要的阶段。设计团队要能倾听目标观众的声音和回馈建议，将产品融入目标观众的经验和生活，不断观察并了解主要参与者在缺少此产品时如何利用其他的工具来达到目标，所使用的工具为何，然后使用软件描绘主要产品特性，做出符合使用的样品模型。苹果公司着重在完美，可以说是相当的疯狂。

在采购方面，对供货商的要求不仅是在品质保证上，同时必须承诺，其所提供的材料符合最高社会责任标准、高品质和服务。苹果的供货商主要集中在亚洲，苹果与这些供货商建立有长期合作的契约。

由于所设计的第一代电子产品通常无法达到完美标准，因此随着苹果所推出产品的不断做改善以及增加新的功能，从设计开发到材料供应与生产制造的速度都必须要够快，才能在很快短的时间内推出第二代和第三代产品，让苹果公司的竞争者不得不追随他的脚步。

苹果公司所有产品都可通过系统相互联结，因此产品能够在官网上下载更多的系统服务，满足顾客售后服务等各项需求。

苹果自 1996 年起每年举办苹果设计奖，从个人开发的设计师中挑选出最棒、最创新的设计产品，且能够与苹果软件结合或使用在苹果的产品上。苹果设计奖能让更多使用者参与设计，且能够让苹果的产品成功地抓住使用者的心理和需求，因为

iPhone（图片来源：维基　　iPod（图片来源：维基共　　iMac（图片来源：维基共享　　iPad（图片来源：维基共
共享资源）　　　　　　　享资源）　　　　　　　资源）　　　　　　　　享资源）

设计者就是使用者。

资料来源：

1. Sunrise. Macintosh Hardware：the inside story，http：//www.sunrisepage.com/computers/machardware/applprob.htm.

2. The New York Times. Apple Passes Microsoft as No.1 in Tech，http：//www.nytimes.com/2010/05/27/technology/27apple.html.

3. 维基百科，http://zh.wikipedia.org/wiki/%E8%98%8B%E6%9E%9C%E5%85%AC%E5%8F%B8.

问题讨论　试以苹果的任一款产品为例，比较他与竞争对手产品的不同。

习题

基础评量

1.试述研究、开发与设计的不同。

2.产品或服务设计的构想来源有哪些？

3. 请说明逆向工程的含义。

4. 试说明何谓生产导向、销售导向、消费者导向与关系导向。

5. 试解释何谓顾客、顾客需求与顾客声音。

6. 何谓狩野二维模型？

7. 何谓狩野五种品质要素？

8. 试完成以下品质机能展开作业，并作评论。

		设计需求					竞争力评估				
顾客需求	重要性	S	T	U	V	W	X = 本公司 ——				
							A = 竞争者 A -----				
							B = 竞争者 B ------				
							1	2	3	4	5
L	3	◎		△	○						
M	3			◎							
N	2	◎	○		△						
O	2	○		△							
P	2		◎								
Q	2	△				◎					
R	1		○		◎						
重要性加权											
目标值		F	G	H	I	J					
技术评估	1										
	2										
	3										
	4										
	5										

9. 试述产品责任与消费者保护的意义。

10. 何谓人因工程的设计？

11. 何谓 4R？

12. 试述产品生命周期的意义。

13. 试述标准化的优缺点。

14. 试述企业建立大量客制化能力的常见方法。

15. 模块化设计的优缺点为何？

16. 试述何谓同步工程。

17. 何谓实验设计法？

18. 何谓稳健性设计？

19. 试述何谓产品可靠度。

20. 某电阻的故障率为 2.0×10^{-6}/小时，试求该电阻 15000 小时内不发生故障的概率（即 15000 小时的可靠度）与该电阻 15000 小时内发生故障的概率（即 10000 小时的不可靠度）。

21. 试述何谓产品寿命曲线。

22. 试述何谓故障模式与效应分析。

23. 何谓价值分析与价值工程？

24. 何谓计算机辅助设计？

25. 试述计算机辅助设计的优缺点。

26. 何谓易制性设计？

27. 何谓服务蓝图？

28. 试述优良服务系统的特性。

29. 请说明服务设计的步骤。

30. 服务蓝图与一般作业流程图有何差异？

31. 服务绩效与顾客经验间是否为线性关系？

32. 何谓缺口分析模型？

33. 试解释何谓顾客关系管理。

34. 顾客关系管理的内容包括哪些？

深度思考

1. 请针对狩野二维品质模型的品质属性，举出课本以外的例子。

2. 近年来，产品生命周期管理的问题备受重视，相关解决方案与软件亦推陈出新。请上网找找有关产品生命周期管理的软件所提供的功能为何。

第五章　产能规划与地址选择

学习重点　在学习本章后，你将能够

1. 了解产能的意义与其重要性。

2. 了解最佳作业水准与经济规模的意义。

3. 了解何谓产能领先策略、产能延后策略与平均产能策略。

4. 掌握如何衡量产能及其运用程度。

5. 了解产能规划程序。

6. 了解何谓学习曲线及其与产能策略间的关系。

7. 了解发展产能候选方案时应遵循的原则。

8. 掌握评估产能方案的若干方法。

9. 了解地址选择时应该考量的因素。

中国大陆改善条件吸引高科技业投资设厂

自中国大陆改革开放以来，中国台湾企业即展开了一场大规模的外移潮，最初是一些在台湾已不具竞争力的产业，且外移地区多为广东深圳、东莞一带；而后，福建、武汉、长江三角洲以及渤海湾一带陆续有大量台商涌入，产业也更多元化。近年来，在中国大陆官方的招商政策大幅改善下，以高科技产业为主的外移潮也出现了，外移地区大多集中于上海、苏州附近。

以上海市松江区为例，2000 年前后，松江首先推出了对投资 1000 万美元以上的厂商"五免三减半"的优惠税金办法及国务院批准的国家级出口加工区地位，随即在松江新区以北的市工业区内设置了国家级海关，并于 2001 年 3 月起运行，采取由海关监管的封闭性营运方式，并且在园区内设立海关、商检、工商、税务与银行等必要的措施。松江在 2000 年初争取到广达前往设厂，并于 2001 年开始量产笔记型计算机，迅即成为中国大陆出口量最大的笔记型计算机公司。而为配合广达笔记型计算机在工业园区内的设置，松江的海关特别推出了 4 小时通关办法，以符合戴尔等国际大客户对广达快速交货的需求。台积电是继广达之后的另一重量级台商决定设厂于此。该厂区台积电除拥有规划全权外，基地完整且交通极为便利，离出口港公路仅一两公里。松江给予台积电的条件优厚，它也期待因另一波台商的进驻，使其地位能提升至国家顶尖级科技园区。

对于中国大陆积极以各种条件争取科技产业投资设厂，中国台湾应引以为鉴，以避免竞争优势丢失。

本章将产能规划与地址选择放在一起主要是基于以下三个原因：①这两种主题都属于组织的重大决策，一旦决策错误不仅难以变更，组织更会因此蒙受重大损失；②这两种决策一般几乎难以区别其先后，有时我们会先决定产能需求，再考量地址，有时又会先决定组织地址，然后再思考需要多大的产能；③这两种决策所使用的分析方法大致雷同。

第一节　产能规划概论

产能（Capacity）的定义是一个工作者、设备、工作中心、工厂或组织，在一段时间内的最大可能合格产出。

一个组织的产能不足，将无法满足出货需求，从而丧失成长与获利的机会；但若产能过剩，则将因人员与设备的闲置，使得产品平均成本过高，丧失竞争优势。

所谓的产能规划（Capacity Planning），是指在于预测并决定组织什么时候应建立多少与什么样的产能，以符合组织的最大利益。

一、产能规划的重要性

产能规划是组织各种长期规划的项目之一。产能规划之所以备受重视，主要在于产能规划的结果：

1. 会影响未来策略的达成能力

企业无论采用成长策略还是紧缩策略，都需要搭配合宜的产能，方能落实。

2. 会影响未来的作业成本

产能与需求若能一致，组织的作业成本将会较低；但若产能与需求间存在差距，则组织作业成本将较高。

3. 会影响企业的资金调度

产能变更所需的费用极大，且往往需在短时间内筹足，这对企业资金的调度会有极大的影响。

4. 代表对资源运用的长期承诺

产能规划一旦决定并落实，就很难加以变更，且须不断地陆续投入各种诸如人力、物力与财力等资源。

5. 会影响组织未来的竞争力

产能规划得宜与否，将成为组织优势与劣势的来源，从而影响到组织的竞争力。

6. 会影响未来管理的难易度

产能规划恰如其分，将使得管理较为容易；反之，则将会令管理难度增加。

二、最佳作业水准与经济规模

在进行产能规划前，规划者应具备最佳作业水准（Optimal Operation Level）与经济规模（Economic Scale）的基本观念。

最佳作业水准是指在某一固定产能情形下，相对于最低平均生产成本的产量，关系如图 5-1 所示。

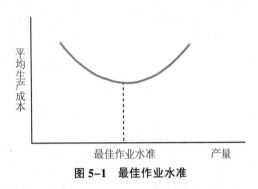

图 5-1　最佳作业水准

在固定产能下，平均生产成本之所以会随着产量的增加而下降，主要是由于固定成本摊提基数增加所致。然而平均生产成本并不会永无止境的下降，因为当产能不足时，企业需付出许多额外的成本（例如加班或外包等）来处理这些订单，因此平均生产成本在降到某一程度后反而会逐渐上升。

每一个不同的产能规模都会有不同的平均生产成本曲线与最佳作业水准。如果我们将产能规模由小而大画出其平均生产成本曲线，就会如图 5-2 所示。

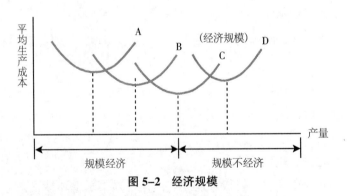

图 5-2　经济规模

在图 5-2 中，产能规模自小而大依序为 A、B、C、D。C 的最低成本小于 A 与 B 的主要原因，是因为某些资源（例如模具、间接管理人员与土地）不一定会随着产能的扩充而需重复投资。但当产能规模持续扩大时，例如 D 生产规模的最低平均生产成本反而会上升，这主要是因为前述不需重复投资的项目并非永远可以不需重复投资；另外，产能的扩大，将使得管理复杂度快速提高，冗长的流程、过多的层级以及庞大的幕僚部门都将随之产生。故平均生产成本曲线会随着产能规模的扩大先下降，然后再上升。

最低平均生产成本曲线所对应的产能规模，称为经济规模。在比经济规模小的情况下，平均生产成本曲线将随着产能的扩充而下降，此现象称为规模经济（Economies of Scale）现象；但在比经济规模大的情况下，平均生产成本曲线会随着产能的扩充而上升，此现象称为规模不经济（Diseconomies of Scale）现象。

企业追求的是最佳作业水准与经济规模，但是借由管理能力的提升（例如导入 ERP、SCM 或 JIT，此将在本书后几章中介绍），也有可能改变平均生产成本曲线，如图 5-3 所示。

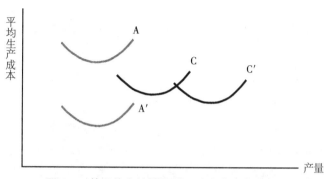

图 5-3　管理能力的提升对平均生产成本的影响

在图 5-3 中，借由管理能力的提升，将使得平均生产成本 A 降为 A′。同理，经济规模时的平均生产成本 C，也可因管理能力的提升而下降，而经济规模更可因管理能力的提升而向右移动至 C′。

第二节　产能策略与衡量

组织在进行产能规划前，应已决定企业未来发展策略究竟属成长策略、稳定策略、紧缩策略还是结合策略，然后再依此决定其产能策略。

一、产能策略

产能策略一般包含产能领先策略、产能延后策略与平均产能策略三种，如图 5-4 所示。

1. 产能领先策略

当采取产能领先策略（Capacity Lead Strategy）时，组织在实际需求发生前扩充其产能，随时保持产能过剩，以提高服务品质并积极地争取市场。

2. 产能延后策略

当采取产能延后策略（Capacity Lag Strategy）时，组织在实际需求发生后扩充其产能，

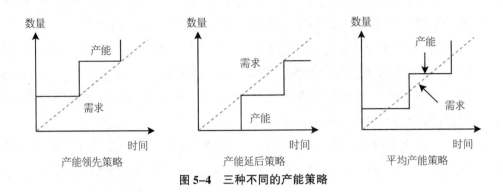

图 5-4　三种不同的产能策略

随时维持产能的充分运用，以获得最大的投资报酬率并降低其成本。

3. 平均产能策略

当采取平均产能策略（Average Capacity Strategy）时，组织在实际需求发生后扩充其产能至超越目前需求水准，以求得服务品质与投资报酬之间的平衡。

管理者究应采用以上三种产能策略的哪一种并无定论，此需视组织整体策略与是否需要建立产能缓冲（Capacity Cushion）而定。所谓产能缓冲，是指组织为避免产能需求临时增加或产能供给临时不足所建立的备用产能。产能缓冲一般是以备用产能占产能的百分比作表示，例如产能需求为 90 吨/年，产能缓冲为 10%，则应建立包含产能缓冲的产能为 $90 \div (1 - 10\%) = 100$ 吨/年。组织未来需求的不确定性愈高，一般会建立愈高的产能缓冲，组织未来需求的不确定性愈低，一般会建立愈低的产能缓冲。一般而言，产能缓冲约占整体产能的 5%~20%。

二、产能的衡量

一般而言，没有一种产能衡量的方式能适用于所有不同类型的组织。因此，本节将针对如何衡量产能的课题加以解说。

1. 以数量或时间衡量

如果产品或服务的种类较少且差异不大，此时较易找到一普遍性较高的产品作为衡量产能的基础，故适合以数量来衡量产能，例如某个人计算机代组装工厂的月产能为 100000 台，此即为以数量衡量产能。但若产品或服务的种类极多且差异甚大，此时就难以找到一个普遍性较高的产品作为衡量产能的基础，故适合以时间来衡量产能，例如某律师事务所每周拥有 73 小时的产能，此即为以时间衡量产能。

以数量或时间来衡量产能两者之间常有相互转换的必要，如公式（5-1）所示。

以时间计算的产能 = $\sum$ 以数量计算的产能 × 产品的标准工时　　　　　　　(5-1)

有关标准工时该如何获得的课题，本书下一章中将再作介绍。

2. 以投入或产出衡量

制造业以产出衡量产能较无争议，例如钢铁工厂的产能可能是钢坯吨数、半导体厂的产能可能是晶圆片片数等。但服务业由于服务时间长短较不一定，故较难衡量其应有的最大产出，此时改以投入衡量产能将会更为恰当，例如餐厅的产能可能是座位数、补习班的产能可能是教室间数等。以投入或产出来衡量产能两者之间也常会有相互转换的必要，如公式（5-2）所示。

$$资源投入数量 = \frac{产出总需求数量}{单位资源标准产能} \tag{5-2}$$

若将公式（5-2）的分子与分母都乘以标准工时，则可得公式（5-3）。

$$资源投入数量 = \frac{产出所需总工时}{单位资源所能提供工时} \tag{5-3}$$

范例 5-1

1. 某公司欲设立新厂，已知该厂的产能规划为年产 300 万吨的 A 产品，且每一发酵槽对 A 产品的标准产能为 110 万吨/年，试问该厂应投资设立多少发酵槽？

2. 某公司欲设立新厂，已知该厂的产能规划为年产 100 万吨的 A 产品、年产 200 万吨的 B 产品与年产 50 万吨的 C 产品，且每吨 A、B 与 C 产品的发酵需时为 60 天、30 天与 20 天，每个发酵槽容量 10 万吨，一年可工作 360 天，试问该厂应投资设立多少发酵槽？

3. 同上题条件，但若每次发酵完成皆需 10 天进行清洁、干燥与整备，试问该厂应投资设立多少发酵槽？

4. 同上题条件，但若公司期望建立 10% 的产能缓冲，试问该厂应投资设立多少发酵槽？

解答：

1. $资源投入数量 = \dfrac{产出总需求量}{单位资源标准产能} = \dfrac{300 \text{ 万吨/年}}{110 \text{ 万吨/年发酵槽}} \approx 3 \text{ 发酵槽}$

2. A：$需要工时 = \dfrac{100 \text{ 万吨}}{10 \text{ 万吨}} \times 60 \text{ 天} = 600 \text{ 天}$

   B：$需要工时 = \dfrac{200 \text{ 万吨}}{10 \text{ 万吨}} \times 30 \text{ 天} = 600 \text{ 天}$

   C：$需要工时 = \dfrac{50 \text{ 万吨}}{10 \text{ 万吨}} \times 20 \text{ 天} = 100 \text{ 天}$

   $资源投入数量 = \dfrac{产出所需总工时}{单位资源所能提供工时} = \dfrac{600 \text{ 天} + 600 \text{ 天} + 100 \text{ 天}}{360 \text{ 天}} \approx 4 \text{ 发酵槽}$

3. A：$需要工时 = \dfrac{100 \text{ 万吨}}{10 \text{ 万吨}} \times (60 + 10) \text{天} = 700 \text{ 天}$

B：需要工时 $= \dfrac{200\ \text{万吨}}{10\ \text{万吨}} \times (30 + 10)\text{天} = 800\ \text{天}$

C：需要工时 $= \dfrac{50\ \text{万吨}}{10\ \text{万吨}} \times (20 + 10)\text{天} = 150\ \text{天}$

资源投入数量 $= \dfrac{\text{产出所需总工时}}{\text{单位资源所能提供工时}} = \dfrac{700\ \text{天} + 800\ \text{天} + 150\ \text{天}}{360\ \text{天}} \approx 5\ \text{发酵槽}$

4. 资源投入数量 $= \dfrac{\text{产出所需总工时}}{\text{单位资源所能提供工时}} = \dfrac{700\ \text{天} + 800\ \text{天} + 150\ \text{天}}{360\ \text{天}} \div (1 - 10\%)$

$\approx 5\ \text{发酵槽}$

3. 以巅峰产能、设计产能或有效产能衡量

所谓的巅峰产能（Peak Capacity），是指系统在最理想状况下，将所有工时都用于生产，并再加入非常态的加班、轮班或外包等方式所能达到的产能。此处所谓的最理想状况，是指不考虑如维修、保养、换线、盘点、备料、会议、清洁清扫与教育训练等的作业与活动，将所有时间投入生产的情形。而所谓的非常态，意指系统规划设计时未被纳入正常作业考量的情形，例如系统设计为一班制，但因需要而增聘临时员工，并改为三班制作业，此时新增的两班即为非常态。但若系统设计时就以三班制为考量，此时三班就都属于常态。巅峰产能因属非常态，故其平均成本会较高、品质会较差，且员工在此环境下的工作压力会较大，因此一般而言无法长期维持。

设计产能（Design Capacity）是指系统在最理想状况下，将所有工时都用于生产，所能达到的产能。设计产能在系统的软硬件规划设计阶段就已决定。由于管理的需要，系统一般不太可能将所有工时都投入生产，故在常态情形下设计产能仅是一个理想值。设计产能由于不考虑非常态的加班、轮班或外包等的贡献，故它必定小于巅峰产能。

有效产能（Effective Capacity）是指扣除为维持系统运作所需耗费的维修、保养、换线、盘点、备料、会议、清洁清扫与教育训练等工时，以及因产品组合所造成的瓶颈（Bottleneck）后，正常情形下系统所能达到的产能。有效产能也必定小于设计产能。

巅峰产能、设计产能与有效产能之间的关系，如图5-5所示。

为求实际产出尽量接近设计产能，故应进行有效产能的提升。为求有效产能的提升，一方面应改善维修、保养、换线、盘点、备料、会议、清洁清扫与教育训练等的效率，另一方面应突破目前产品组合所形成的瓶颈。有关前者的相关议题，散见于本书各章中。至于有关瓶颈的议题，由于瓶颈意指产能最小的制程，且系统产能受限于瓶颈制程的产能，故提升瓶颈制程产能往往是提升系统产能如图5-6所示的关键。提升瓶颈制程的产能看似简单，实则极为复杂，此乃因产品组合的经常变化，故瓶颈并不一定会固定于某一制程上，此时浮动瓶颈（Floating Bottleneck）就会出现，本书第十三章的日程安排中会再详加

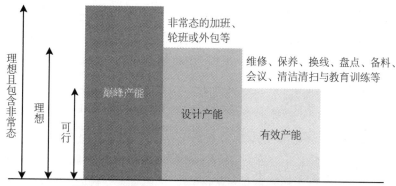

图5-5 巅峰产能、设计产能与有效产能间的关系

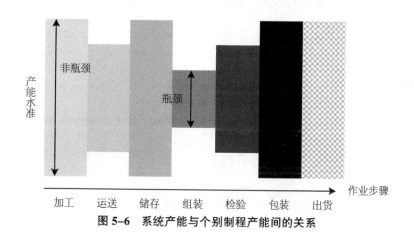

图5-6 系统产能与个别制程产能间的关系

介绍处理这种问题的手法。

三、产能运用程度的衡量

在实际生产时，由于许多不可预期的状况常会出现，例如不良品重工修理、缺料断线、生产线不平衡、工作分派不佳、设备故障、停水停电、工作效率未达标准等，因此实际产出常会低于有效产能。

虽然设计产能可作为不同企业间规模大小的比较基准，然而若要比较不同系统间产能运用程度的大小，则效率（Efficiency）和利用率（Utilization）是最常被采用的衡量标准。此两者可以公式（5-4）与公式（5-5）表示。

$$效率 = \frac{实际产出}{有效产能} \tag{5-4}$$

$$利用率 = \frac{实际产出}{设计产能} \tag{5-5}$$

由于有效产能必定小于设计产能，因此效率必定会大于利用率。效率代表的是现场管理的能力：效率高，现场管理能力较强；效率低，则现场管理必有瑕疵。利用率则代表产能发挥的能力：利用率高，代表产能得以充分发挥；利用率低，则表示实际产出距当初的理想甚远，若非市场需求不振，就应该是管理上存有缺失。

从另外一个观点来看，当利用率与效率都很低时，代表产能未能充分发挥的原因在于现场管理能力的不足。若利用率低但效率高，则代表产能未能充分发挥的原因在于生产停滞过多。当利用率高时，由于效率必定大于利用率，故效率应该也不会太差。

半导体产业常以利用率的高低来预估其获利状况，当景气低迷或淡季时，利用率下降，反映出当季获利将不佳；但当景气很好或旺季来临时，全公司同仁全力冲刺，提高生产效率，尽量排开会议、盘点与教育训练的时间，加班赶工，此时利用率往往超过100%，在当季财务报表公布前，就可预知其获利将大增。因此，在正常情形下，效率与利用率常被视为是财务状况的领先指针，而被投资者所重视，也就不足为奇了。

范例 5-2

板桥市河边的汽车维修厂的设计产能为每天50辆，有效产能为每天45辆，实际产出为每天38辆。试问，此汽车维修厂的效率与利用率为何？

解答：

$$效率 = \frac{实际产出}{有效产能} = \frac{每天\ 38\ 辆}{每天\ 45\ 辆} \times 100\% = 84.44\%$$

$$利用率 = \frac{实际产出}{设计产能} = \frac{每天\ 38\ 辆}{每天\ 50\ 辆} \times 100\% = 76\%$$

第三节　产能规划程序

一般来说，企业进行产能规划的步骤大致分为估计产能需求、计算产能需求与现有能力之间的差距、发展产能候选方案、评估与实施候选方案等。

一、估计产能需求

在进行产能规划时，首先要做的是预测市场需求、制定产能策略与决定产能衡量方式，依此结果来考量未来科技的发展与生产力的变化等因素，以估计产能需求。

（一）未来科技的发展

未来科技的发展，尤其是生产技术的进步，对产能需求的决策影响极大。例如，由8

寸进步到 12 寸的晶圆厂，每片晶圆可切割成 IC 的个数会增加为原来的两倍以上，故若产能是以晶圆片数为计算单位，就先应清楚地了解未来的科技发展趋势。

（二）生产力的变化

一般而言，除非生产技术或方法获得重大突破而导致生产力的跃升，否则生产力的改善是缓进的，并且可以学习曲线加以描述。

学习效果（Learning Effect）是指作业人员重复进行某项工作时，此项工作的绩效会随着工作次数的增加而持续获得改善（所需的时间愈短，成本也会愈低），且此改善效果会随工作次数的增加递减至某一稳定状态。若将工作重复次数与单位工作时间所形成的函数利用图形表示，即称为学习曲线（Learning Curve），如图 5-7 所示。

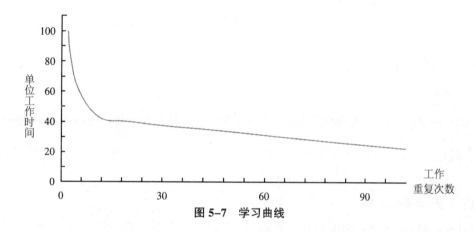

图 5-7　学习曲线

学习曲线为一指数函数，它代表当工作加倍时，其工作所需的工时为未加倍前的某一百分比，此百分比称为学习率（Learning Rate）。例如，第一次工作需 100 小时，学习率为 80%，则可估计第 2、4、8、16……次的同样工作所需的工时如公式（5-6）或表 5-1 所示。

$$y = a \cdot c^n \tag{5-6}$$

式中，a 为第一次工作所需的时间；c 为学习率；n 为工作次数表示成以 2 为底的指数。

表 5-1　学习率 80% 下所需工时预估表

重复工作件数	所需工时（小时）
1	100
2	$100 \times (80\%)^1$
4	$100 \times (80\%)^2$
8	$100 \times (80\%)^3$
⋮	⋮
$x = 2^n$	$y = a \cdot c^n$

公式（5-6）与表5-1仅能对重复次数为2的指数的情形，估计其所需工时，但如果我们想估计重复次数为第3、5、6、7……次所需的工时，则由 $x = 2^n$ 以及 $y = a \cdot c^n$，可得学习曲线，如公式（5-7）所示，其推导步骤如下：

$x = 2^n$

故 $\log x = \log 2^n = n \log 2$

$n = \dfrac{\log x}{\log 2}$

另 $y = a \cdot c^{\frac{\log x}{\log 2}}$

故 $\log y = \log a + \dfrac{\log x}{\log 2} \cdot \log c$

令 $b = \dfrac{\log x}{\log 2}$

所以 $\log y = \log a + b \cdot \log x$

故 $y = a \cdot x^b$ $\hfill$ (5-7)

式中，a 为第一次工作所需的时间；$b = \dfrac{\log c}{\log 2}$，称为学习系数（Learning Coefficient）。

不同的企业会有不同的学习率。一般而言，自动化的程度愈低，产品复杂性愈高，以及愈没有相似产品的生产经验，学习效果会愈强。

（三）产能需求计算

利用前述概念，我们就能计算产能需求。

范例 5-3

某 CNC 制造商开发新 CNC 机型，假设学习率为 0.8，制造第 1 部 CNC 的工时为 130 小时，试问：

1. 学习系数为多少？

2. 制造前 3 部 CNC 所需总工时为多少？

3. 制造第 65 部 CNC 所需工时为多少？

解答：

1. $y = a \cdot x^b$

其中，$b = \dfrac{\log 0.8}{\log 2} = -0.322$。

学习系数 b 为 -0.322。

2. 第 1 部 CNC 所需工时：130（小时）

第 2 部 CNC 所需工时：$y_2 = 130 \times x^{-0.322} = 130 \times 2^{-0.322} = 104$（小时）

第 3 部 CNC 所需工时：$y_3 = 130 \times 3^{-0.322} = 91.3$（小时）

前 3 部 CNC 所需总工时为：$y_1 + y_2 + y_3 = 130 + 104 + 91.3 = 325.3$（小时）

3. 第 65 部 CNC 所需工时为：$y_{65} = 130 \times 65^{-0.322} = 34$（小时）

范例 5-4

续上题的条件，但已知该 CNC 公司前两个月的产能需求为 20 台与 40 台，第三个月开始每月产能需求为 150 台，且每一作业员每月工作 200 小时，试问：

1. 该公司第一个月应投入的人力为多少？

2. 该公司第二个月应投入的人力为多少？

3. 该公司第三个月开始应投入的人力为多少？

解答：

1. 以表 5-2 计算第一个月的人力需求如下：

表 5-2　某 CNC 公司第一个月人力需求计算

CNC 数量	边际工时	累计工时	CNC 数量	边际工时	累计工时
1	130.0	130.0	11	60.1	881.0
2	104.0	234.0	12	58.4	939.4
3	91.3	325.3	13	56.9	996.3
4	83.2	408.5	14	55.6	1051.9
5	77.4	485.9	15	54.4	1106.2
6	73.0	558.9	16	53.2	1159.5
7	69.5	628.4	17	52.2	1211.7
8	66.6	694.9	18	51.3	1262.9
9	64.1	759.0	19	50.4	1313.3
10	61.9	820.9	20	49.5	1362.9

故第一个月的人力需求为：

$$资源投入数量 = \frac{产出所需总工时}{单位资源所能提供工时} = \frac{1362.9 \ 小时}{200 \ 小时/人} \approx 7 \ 人$$

2. 同理，以表 5-3 计算第二个月的人力需求如下：

故第二个月的人力需求为：

$$投入数量 = \frac{产出所需总工时}{单位资源所能提供工时} = \frac{2972.2-1362.9（小时）}{200（小时/人）} \approx 9 \ 人$$

表5-3　某CNC公司第二个月人力需求计算

CNC 数量	边际工时	累计工时	CNC 数量	边际工时	累计工时
21	48.8	1411.6	41	39.3	2274.1
22	48.0	1459.7	42	39.0	2313.1
23	47.4	1507.0	43	38.7	2351.8
24	46.7	1553.8	44	38.4	2390.3
25	46.1	1599.9	45	38.2	2428.4
26	45.5	1645.4	46	37.9	2466.3
27	45.0	1690.4	47	37.6	2503.9
28	44.5	1734.9	48	37.4	2541.3
29	44.0	1778.8	49	37.1	2578.4
30	43.5	1822.9	50	36.9	2615.3
31	43.0	1865.3	51	36.7	2652.0
32	42.6	1907.9	52	36.4	2688.4
33	42.2	1950.1	53	36.2	2724.6
34	41.8	1991.8	54	36.0	2760.6
35	41.4	2033.2	55	35.8	2796.4
36	41.0	2074.2	56	35.6	2831.9
37	40.6	2114.9	57	35.4	2867.3
38	40.3	2155.2	58	35.2	2902.5
39	40.0	2195.1	59	35.0	2937.4
40	39.6	2234.8	60	34.8	2972.2

3. 第三个月开始学习曲线已大致稳定，边际工时可以34.8小时/件计算，故第三个月开始的人力需求为：

$$资源投入数量 = \frac{产出所需总工时}{单位资源所能提供工时} = \frac{34.8（小时/件）\times 150（台）}{200（小时/人）} = 27人$$

类似学习效果的概念还有"制造进步函数"（Manufacturing Progress Function）和"经验曲线"（Experience Curve），但它们所描述的不是单位工作时间与工作重复次数之间的关系，而是产品成本与累积数量之间的关系。

制造进步函数或经验曲线中，产品成本的下降主要来自于三方面：①由于操作次数的增加，单位生产时间会因学习效果而下降，故单位直接人工成本会下降；②间接人员的合作默契与经验累积，会使得间接制造费用下降；③材料耗损率减低以及不良率下滑，会使得材料成本降低。因此，生产量的扩充，会使得产品成本因经验的累积而下降。

（四）产能需求的策略性考量

学习曲线对产能决策的重要性在近年来受到更多的重视，许多企业借由较竞争对手低的价格，以取得较大量订单，在产生比对手快的学习效果后，获得低成本优势，因此即使价格比对手低，但其成本可能比对手低更多，故能获得更高的利润。此一策略在产业中若仅有少数厂商采用，效果往往极为显著。但当大部分厂商皆采用此种策略时，市场的订单就无法集中于少数厂商手中，此时反而可能形成价格竞争。为解释此一状况，我们以范例 5-5 加以说明。

范例 5-5

某 DRAM 厂商 A 与其对手 B 的各种条件均类似，今两家公司均研发出 90 纳米制程，已知两家公司首件的生产成本皆为 10 元，经验曲线的学习率皆为 80%。B 对新产品的定价为 11 元，以获取 10%的利润；A 定价为 9 元，看似杀价竞争，但实则为策略的运用。由于 A 的价格较低，订单将大量流向 A 厂商。假设第一年 A 取得订单数为 16，B 取得订单数为 1，试问一年后两家厂商间的竞争结果会如何？

解答：

由于学习率 0.8，故 $b = \dfrac{\log 0.8}{\log 2} = -0.322$

A 厂商生产第 16 件订单时的成本为：

$y_{16} = 10 \times 16^{-0.322} = 4.1$（元）

B 厂商生产第 1 件订单时的成本为：

$y_1 = 10 \times 1^{-0.322} = 10$（元）

此时 A 厂商虽在前几批订单中亏损，但第一年以后，经验曲线将使得其生产成本大幅降低，并占据成本领导的有利局面。而在本书第二章中所述及的成本领导企业所可获得的优势，A 厂商将能完全掌握。

大型企业为何偏向于一次设计出大产能的规模，主要是因其认识到学习曲线与经济规模的重要性。学习曲线与经济规模都是导致大型企业产品成本往往较低的因素。

二、计算产能需求与现有能力之间的差距

以范例 5-4 中的 CNC 制造商为例，若其目前有 30 人，则在未来 3 个月内都会有产能过剩现象；若其目前只有 5 人，则未来 3 个月内都会产能不足。

三、发展产能候选方案

短暂性的产能过剩或不足，属于总合规划的问题，在本书第十章中会再作介绍。但若产能过剩或不足是长期性的问题则应考虑继续维持现状、调节委外比重、扩大规模、缩减

规模或设法突破制程"瓶颈"等决策。产能候选方案一般都不止一个，各方案的利弊得失应具体条列且尽量予以量化，以利客观评估。

（一）发展产能候选方案的原则

发展产能候选方案时应遵循以下原则：

1. 注重弹性

为避免产能规划跟不上产品变异的速度，应尽量发展产能弹性（Capacity Flexibility）。产能弹性指的是组织具备快速增加或减少生产或服务的能力，或是快速转换生产或服务项目的能力。产能弹性可借由下列三方面的作为来达成：

（1）弹性工厂：弹性工厂（Flexible Plant）意指组织借由可快速拆卸的隔间、可快速变更的公共设施与可移动式设备等作为，以达到快速变更设施布置的目的。

（2）弹性制程：弹性制程（Flexible Process）意指组织借由弹性制造系统、小型设备与快速换线等作为，以达到快速变更制程的目的。

（3）弹性员工：弹性员工（Flexible Worker）意指组织借由多能工的培训，以达到快速转换员工工作内容的目的。

2. 考量产品生命周期

产能方案应考量该产品的生命周期有多长、该产品目前是处于生命周期中的哪一阶段、各阶段能够延续的时间与需求量为多少等问题。

3. 全面性思考

产能方案应同时思考其他所有相关需求的规模，例如厂房、设备、人力、水电与公设等。

4. 只处理大量产能需求

产能需求的小量变动一般属于总合规划与日程安排的议题，其做法将在本书后几章中再作介绍。只有大量产能需求的变动出现时，才会进行产能规划。

5. 设法平滑产能需求

平滑产能需求能避免产能过剩或闲置，一般最常见的做法是发展互补性需求（Complementary Demand），也就是设法发展出淡旺季相互交错的产品，以充分利用同样的设备与人员，如图 5-8 所示。

6. 确认最佳作业水准

对于任何一种产能方案，规划者都应了解其成本资料与最佳作业水准，方能进行正确且客观地评估。

（二）自制或委外

产能候选方案中最常见的是调节委外比重。由于现代产品的复杂度愈来愈高，因此现代企业绝大部分都会将其产品或服务的一部分委外。

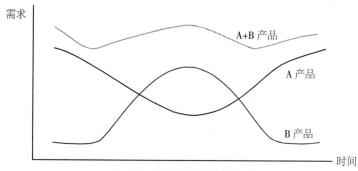

图 5-8 平滑产能需求的做法

在进行自制或委外的决策时，应同时考量下列因素：

1. 产能

如果组织本身已具备产品或服务的供应能力，则在其产能仍然足够的情况下，组织大多不会进行委外，只有在组织产能不足或另有特殊考量时，才会选择委外。

2. 技术

当组织本身拥有提供该产品或服务所需的技术时，会考虑自制；若组织无该项技术或技术不如专业供货商时，就会考虑委外。

3. 品质

当供货商无法提供优良品质的产品或服务时，组织会考虑自制；但若供货商能提供比企业自行生产更高品质的产品或服务时，组织可考虑委外。

4. 需求的特性

当市场对产品或服务的需求长期稳定时，各种投资的风险较小，组织会选择自制；但当市场的需求为短期性或波动较大时，各种投资的风险将较大，此时组织大多会选择委外。

5. 成本

当组织自行生产产品或提供服务的成本低于委外成本时会考虑自制，否则就会考虑委外。

（三）制程选择

产能候选方案中若涉及自制，则应再考虑制程选择（Process Selection）与制造程序（Manufacturing Processes）的议题。

Process 在制造业称为制程，但在服务业则称为流程。所谓的制程选择，是指组织对于生产产品或是提供服务的过程与方法所做的决策，此决策需研究组织未来将采取完全标准化、高度标准化、高度客制化或完全客制化的作业模式，连续性、重复性、批量式、零工式或项目式的生产形态，以及存货式生产、接单式生产或接单后组装生产的出货方式。相关内容请读者参阅本书第一章。

制造程序是指借由设备改变材料性质或形状以制成产品的过程。制造程序亦可称之为生产程序，在服务业可视为服务流程，在制造业则包含诸如铸造、锻造、热处理、冲压、车、铣、刨、磨等制造方法。有关服务业的服务流程规划，读者可参考本书第四章有关产品与服务设计的相关说明；至于制造业的制造程序，则请读者参考制造程序的相关书籍。

（四）自动化

自动化（Automation）此一主题又可称为资本密集度或是自动化的程度。对同一行业而言，自动化设备投入愈多，资本密集度愈高，对劳动力的需求也相对较低。自动化的范围可复杂到工厂全面的自动化，也可简单到单一加工步骤的自动化。

企业推行自动化的主要着眼点，大多是因为自动化生产比人工操作的成本可能更低、品质可能更好、效率可能更高，而且可以避免管理人员所需面对的许多困难点（例如奖惩、福利、待遇、情绪等）。

然而，自动化也可能会有一些缺点，例如自动化常需更高技术层次的工人，管理上可能更为困难；自动化无法任意变更制程，故较人工作业更缺乏弹性；自动化的导入，可能使作业人员因恐惧被取代而产生抗拒等。

OM 透视镜

丰田汽车制造弹性"大跃进"撼动汽车业

丰田汽车近年斥资数十亿美元，在全球各地的装配厂建置全球车身装配线（Global Body Lines，GBL），大幅压低生产多样车款所需的时间与费用。

GBL 是一种标准化的加工系统，它将取代过去丰田所采用的弹性车身装配线（Flexible Body Lines，FBL）。FBL 需要三个棘爪固定车身，以进行焊接等工程，而且不同的车款用的棘爪也不同，GBL 则只需要一个棘爪，并且适用于各种车款，能够节省更换棘爪的时间与厂区的空间。未来当新的市场利基出现时，丰田不需要建立新的装配线，就可以投入生产。

丰田全球 34 条车身装配线中，目前已有大约 30 条建置了 GBL，其余的也将在短期内完成。新装配线的投资金额只有旧装配线的 50%，装配一部新车的成本可降低70%，从接单到交货的时间更能大幅缩短。

资料来源：方正仪. 积极求新求变——丰田撼动汽车业 [J]. 管理杂志，2004（3）.

一些常见的制程自动化名词，经整理后如下所述：

1. 数值控制

数值控制（Numerical Control，NC）是指在设备上输入一连串的加工指令后，该设备就会自行进行后续的加工，而不需再由人工操作的作业模式。

2. 计算机化数值控制

计算机化数值控制 (Computerized Numerical Control, CNC) 是指附有计算机控制的数值控制设备。CNC 与 NC 最大的不同，在于 CNC 可直接由键盘输入加工指令，并在屏幕上修改，而 NC 则大多依靠纸带或磁盘等难以快速修改程序的输入工具。

3. 直接数值控制

直接数值控制 (Direct Numerical Control, DNC) 是指由计算机直接控制多部 NC 的自动化设备。一般而言，DNC 对人力的运用会比 CNC 还要更精简。

4. 机器人

机器人 (Robot) 可分成机器手臂、动力供应以及控制器三大主件。大多数的机器人只有机器手臂可以动，其余部位都是固定住不动的。机器人可以用来处理高精密度、重体力、高危险性及肮脏污秽的工作。

5. 弹性制造系统

弹性制造系统 (Flexible Manufacturing System, FMS) 是一种可以针对不同加工需求，快速变化加工程序的设备。FMS 常包含控制用计算机、自动物料搬运机构、机器人以及其他自动的加工设备等。

6. 计算机辅助制造

凡是运用计算机来协助制造的自动化设备都可称为计算机辅助制造 (Computer-Aided Manufacturing, CAM)，故前述的 NC、CNC、DNC、Robot、FMS 或其他类似功能的设备，均可视为是计算机辅助制造的一种。

7. 计算机辅助工程

计算机辅助工程 (Computer-Aided Engineering, CAE) 是指利用电脑辅助制造过程中的测试、估评及分析等工作。

8. 计算机辅助制程规划

计算机辅助制程规划 (Computer-Aided Process Plan, CAPP) 是指将制程规划的工作由计算机来负责。制程规划是衔接产品设计与实际制造之间的重要作业，CAPP 系统可用来仿真、测试与评估各种不同制造程序对生产系统的影响。

9. 计算机整合制造

计算机整合制造 (Computer-Integrated Manufacturing, CIM) 是指通过计算机系统，将制造现场所需的各种资源（例如工程设计、弹性制造系统、日程安排、存货管理与现场控制等）加以整合的制造模式。

10. 自动导引车

自动导引车 (Automated Guided Vehicles, AGV) 是指无人驾驶的工业用车辆。AGV 是使用电瓶电力驱动电机马达行走的轮型车辆，现在已经有所谓的智能型车辆，可以不用导引系统,而仅依赖车辆上的计算机装置,就可自行决定途程与派工。

11. 自动存取系统

自动存取系统(Automated Storage and Retrieve System,AS/RS)是指附有计算机化存货管理及自动搬运装置的仓储系统。

12. 电子资料交换

电子资料交换(Electronic Data Interchange,EDI)是指企业间往来的各种文件或资料(例如发票、订单或其他交易文件),可直接通过计算机网络,由一方计算机传送至另一方计算机,而不必经由人工进行打印、传真与重复输入等工作,以强化作业速度并减少错误的软硬件。

13. 销售情报管理系统

当于购物中心或书店购物结账时,通常于收款机处会有终端机设备,收银员只要输入货品编码或条形码,便可知货物价格、打印购物清单及开立发票,此类设备称为销售情报管理系统(Point of Sales,POS)。POS 一般会与公司的计算机联机,可正确且快速地得到并提供货物相关信息,并自动更新库存资料,以作为决策时的重要参考。条形码的应用促进了商业自动化的快速发展,连带地也提升了生产与服务的品质。然而条形码的应用发展至今也正逐渐面临"瓶颈":首先是国际编码的码长已不敷企业需求,其次是许多企业认为条形码的方便性与正确性不足。因此新一代的商品识别方式——无线频率识别系统(Radio Frequency Identification,RFID)正兴起中,例如全球最大的零售业者 Wal Mart,已决定 2018 年以前所有供货商都要执行 RFID 系统。未来只要商品离架,Wal Mart 就能立即从计算机中得知商品去处,此举不但能减少商品失窃率、降低人工结账时间、能在第一时间补货以提高服务品质,若与购物卡整合更有助于 Wal Mart 在未来推动一对一行销与主动对顾客快递补货,进行顾客关系管理。

14. 办公室自动化

办公室自动化(Office Automation,OA)是指借由计算机等外围设备提升办公室工作效率的做法,其主要项目有数据处理、文书处理、影像处理、多媒体(电传)会议与电子讯息处理等。

四、评估与实施候选方案

候选方案的评估包括定量评价和定性评价。定量评价主要是以量化工具评估各种方案未来会给企业带来的绩效(例如财务绩效或品质绩效等)多少。定性评价则是以非量化的工具比较各种方案的利弊得失(例如各方案是否与企业的整体策略相符或是否符合未来的技术变化等)。

第四节 产能方案的评估

产能候选方案的评估技巧非常多，本书将仅就其中较为常用者加以说明。

一、损益两平分析

损益两平分析（Break-Even Analysis）是一种分析在何种销售量与产出量下，组织恰恰能够达成损益平衡的方法。

损益两平分析中的两大项目为总收益（Total Revenue，TR）与总成本（Total Cost，TC）。当总收益大于总成本时，组织有利润产生；当总收益小于总成本时，组织呈现亏损；当总收益等于总成本时，组织处于损益平衡状态，此时的销售量与生产量称为损益两平点（Break-Even Point，BEP）。由于损益两平点是企业盈亏的"分水岭"，因此备受管理者的重视。总收益与总成本的相关计算式如公式（5-8）至公式（5-10）所示。

总收益（TR）＝单位收益（R）×产量（Q）　　　　　　　　　　　　　　（5-8）

总成本（TC）＝总固定成本（TFC）+总变动成本（TVC）　　　　　　　（5-9）

总变动成本（TVC）＝单位变动成本（VC）×产量（Q）　　　　　　　　（5-10）

在损益两平时，

$$TR = TC \qquad\qquad\qquad (5\text{-}11)$$

故将公式（5-8）、公式（5-9）与公式（5-10）代入公式（5-11），则可得：

$$R \times Q = TFC + VC \times Q$$

损益两平点 $Q^* = \dfrac{TFC}{R - VC}$　　　　　　　　　　　　　　　　　　（5-12）

损益两平分析如图 5-9 所示。

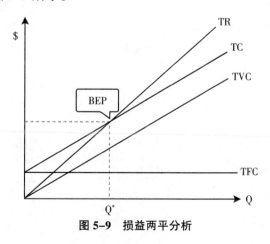

图5-9 损益两平分析

若企业预设其需获取某一特定利润，即：

TR − TC = 特定利润

此时，

$R \times Q - (TFC + VC \times Q) = $ 特定利润

故：

特定利润下的 $Q^* = \dfrac{\text{特定利润} + TFC}{R - VC}$ (5−13)

范例 5−6

小美饼干公司准备增加一条生产线，需要每月支付 84000 元租赁新设备。每盒饼干的变动成本只要 28 元，而零售价每盒为 98 元。试问：

1. 为达损益两平点，小美饼干每月应产销多少盒饼干？

2. 在每月只产售 800 盒的情况下，小美饼干的利润有多少？

3. 若小美饼干欲达到每月 7 万元的利润，每月应产销多少饼干？

4. 每月产销 1000 盒的情况下，小美饼干售价应定为多少，方能达成损益平衡？

解答：

TFC = 84000 元，VC = 28 元，R = 98 元

1. $Q^* = \dfrac{TFC}{R - VC} = \dfrac{84000}{98 - 28} = 1200$ 盒/月

2. 利润 $= R \times Q - (TFC + VC \times Q) = 98 \times 800 - (84000 + 28 \times 800) = -28000$ 元/月

3. 特定利润下的 $Q^* = \dfrac{\text{特定利润} + TFC}{R - VC} = \dfrac{70000 + 84000}{98 - 28} = 2200$ 盒/月

4. TR = TC

$R \times Q = TFC + VC \times Q$

故 $R \times 1000 = 84000 + (28 \times 1000)$

售价应定为 R = 112 元/盒，方能达成损益平衡。

在使用损益两平分析时，应考虑此模型其实蕴含着下列假设：

（1）仅涉及一项产品。

（2）销售量等于产量。换言之，所有制造出来的产品都可销售出去。

（3）每单位变动成本都相等，不受产量大小的影响。

（4）固定成本是固定值，不受产量大小的影响。

（5）每单位收益都相等，不受产量大小的影响。

上述五个假设虽然不是很合理，不过由于损益两平分析能提供一个清晰且简单的观念架构，以供产能决策者参考，故在实务上仍被大量采用。

二、成本数量分析

成本数量分析（Cost-Quantity Analysis）是一种探讨在不同产量下，不同候选方案的成本会有何变化的分析方法。成本数量分析需先求出各方案的成本函数，然后选择在特定产量下具有最低总成本的方案。成本数量分析所运用的公式及其假设，与损益两平分析相同，故在此仅举例而不详细说明。

范例 5-7

A、B、C、D 四种产能方案的固定成本与变动成本如表 5-4 所示。

表 5-4　四个产能方案的成本

方案	每年固定成本摊提	每单位变动成本
A	0	150
B	1000	80
C	2500	40
D	4000	20

1. 试将每一方案的成本曲线绘出。

2. 假设每年产能需求为 30 单位，请问哪一方案的成本最低？

3. 假设每年产能需求为 50 单位，请问哪一方案的成本最低？

解答：

1. 由公式（5-9）知总成本（TC）= 总固定成本（TFC）+ 总变动成本（TVC），故各方案的成本曲线为：

A：$TC = 0 + 150Q$

B：$TC = 1000 + 80Q$

C：$TC = 2500 + 40Q$

D：$TC = 4000 + 20Q$

将上述四条线绘图，得图 5-10。

图 5-10 中的最低成本共有三个交会点，分别发生在 A 线与 B 线、B 线与 C 线、C 线与 D 线交会处，解该三个交会点如下：

A 线与 B 线：$0 + 150Q = 1000 + 80Q = Q = 14.3$

B 线与 C 线：$1000 + 80Q = 2500 + 40Q = Q = 37.5$

C 线与 D 线：$2500 + 40Q = 4000 + 20Q = Q = 75.0$

由图 5-10 可知，当产能需求介于 0~14.3 单位/年，A 方案成本最低；当产能需求介于 14.3~37.5 单位/年，B 方案成本最低；当产能需求介于 37.5~75.0 单位/年，C 方案成本最低；当产能需求大于 75.0 单位/年，D 方案成本最低。

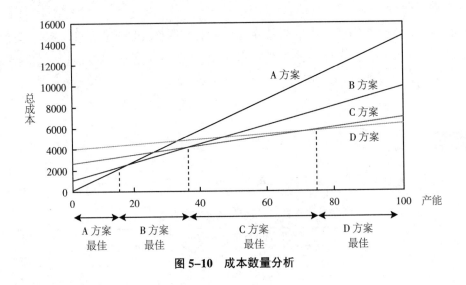

图 5-10　成本数量分析

2. 每年产能需求为 30 单位时，B 方案的成本最低。

3. 每年产能需求为 50 单位时，C 方案的成本最低。

三、因素评分法

因素评分法（Factor-Rating Analysis）是一种整合定性与定量资料的决策方法。执行该法时，应先将影响决策的因素条列出来，并给予不同的权值，然后对每一个方案依决策因素加以评分，最后以加权平均法求得每一方案的总分，并选择总分最高的方案作为结果。

范例 5-8

某主机板制造商因产能不足而欲评估自制或委外，以因素评分法针对此两种方案加以讨论后得表 5-5，请问该公司应采自制或委外？

解答：

以表 5-6 计算得：

表 5-5 自制或委外因素评分表

评分因素	权数	自制评分	委外评分
产能	0.1	20	80
技术	0.3	90	70
品质	0.2	80	60
需求的特性	0.1	90	40
成本	0.3	50	90

表 5-6 自制或委外因素评分的计算

评分因素	权数	自制评分	委外评分	加权后自制评分	加权后委外评分
产能	0.1	20	80	2	8
技术	0.3	90	70	27	21
品质	0.2	80	60	16	12
需求的特性	0.1	90	40	9	4
成本	0.3	50	90	15	27
总分				69	72

由于委外得分高于自制，故以委外较为恰当。

四、决策树分析

决策树（Decision Tree）分析是针对不确定状况下，决定最佳方案的分析技巧。决策树分析前须先了解各种投资方案的获利及其相对概率，然后求取各种投资方案获利的期望值，以之作为决策的依据。

范例 5-9

某公司欲扩充产能，现考虑应采取小幅扩充或大幅扩充产能的策略。经判断，未来景气平平的概率为 0.4，景气大好的概率为 0.6。若小幅扩充产能且景气平平，预估可获利 2 亿元/年；若小幅扩充产能且景气大好，预估可获利 3 亿元/年；若大幅扩充产能且景气平平，预估将亏损 1 亿元/年；若大幅扩充产能且景气大好，预估可获利 6 亿元/年。试以决策树分析该进行何种扩充。

解答：

绘制决策树如图 5-11 所示。

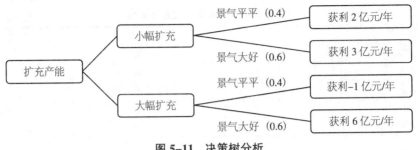

图 5-11 决策树分析

小幅扩充的获利期望值为 $0.4 \times 2 + 0.6 \times 3 = 2.6$ 亿元/年

大幅扩充的获利期望值为 $0.4 \times (-1) + 0.6 \times 6 = 3.2$ 亿元/年

由于大幅扩充方案的获利期望值大于小幅扩充方案的获利期望值，故应采用大幅扩充方案。

OM 透视镜

王品集团多品牌经营下的拓店策略

王品台塑集团发迹于台中，董事长戴胜益当时认为台北的市场莫测高深，遂先向南部发展，最后在北部设点开店，结果大放异彩，并开创了多品牌经营，目前已有 7 个品牌，集团营业额达新台币 30 亿元，并在美国与中国大陆设有分公司。

王品为了烹调出独具中国口味的牛排，首先设计出以特殊中国口味的佐料对牛排腌浸两天两夜。再历经数千小时的严格选材、精心研发与实验后，发现一头牛只有最精华的第六至第八对肋骨这 6 块牛排，能在 250℃烤箱烘烤一个半小时，还能保持 100%鲜嫩度，而且完全符合骨长 17 厘米、重 16 盎司的最佳规格。最后，将完全入味的带骨牛小排，以高温 120 度的瓷盘盛装，保持台塑牛排香嫩的风味，使全熟的牛排虽不带血丝，却异常鲜嫩，咬劲十足。

在王品集团内，想要从职员升到店长，必须修完 206 个内部训练的学分，其中包括店铺训练、课室训练与企业外训练三部分。而奖酬制度则是王品成功留才的主要因素，其中包括了员工入股（针对店长与主厨）与分红（针对所有员工）两部分，并每月公布各店的财务报表，以昭公信与凝聚向心力。因此，截至目前，王品集团内的离职率每年均在 5%以下。

王品集团的多品牌经营，在成本的考量下，以组织的扁平化与联合采购来进行。在组织扁平化方面，品牌的总经理以下，直接面对包括店家与总公司各部门人员；而人员的工作分配，除了总经理外，亦为交错负责，以降低人事成本。在联合采购方面，多品牌的经营，均以其庞大的购买力来压低进货成本，王品集团亦借此控制成本支出，以提高获利率。

在多品牌经营的竞合关系中，早在西堤与陶板屋设立之初，对于市场的消费者区隔早已进行完备的评估，避免彼此因相互竞争，造成品牌间的伤害与实质的营收损失。而在实际经营后，各品牌间非但没有相互取代的现象出现，甚至当西堤在之后以王品集团一分子出现后，营业额成长了约 1/3，这是多品牌经营的优点——品牌间的相互支持，并以累积在消费者心目中的可靠性与影响力，相互提升经营绩效，这也是多品牌经营在"合"的过程中所产生的实质效益。

陶板屋是王品餐饮关系企业旗下最新的品牌，也是王品牛排关系企业董事长戴胜益经营非牛排餐厅的试金石。

拓店是看出经营策略成功与否的第一步。戴胜益的做法是把第一家陶板屋设在竞争最激烈的战场：台北市复兴北路与民生东路交叉路口。选择一级战区是戴胜益的设点策略。他认为新餐厅必须先在办公商圈的一级战区开业，只要有特色，就能吸引客人上门，并且建立人满为患的印象。

同理，王品台塑集团进军大陆市场是以平价化的西堤餐厅先进驻上海，锁定餐饮业最多的徐家汇区衡山路东平路一带设店，而后王品牛排、陶板屋再进驻，三个品牌开在一起卡位，人力可以互相支持，也可共同创造集市效果分享客源。

未来王品餐饮集团的拓店策略是超过 50 万人次的区域可以开一家王品，40 万人次开一家西堤，35 万人次开一家陶板屋。

资料来源：王品集团网站，http://www.wangsteak.com.tw/.

第五节　地址选择

新创公司、扩大产能、增设据点与迁移旧址等，都会涉及地址选择（Location Selection）的问题。一般企业在考虑地址时，有下列四种基本方向：

1. 扩展现有的设备

如果有足够的空间扩展，而现有地点又优于其他地点时，在现有地址扩展的成本会比其他方案小，因此会被优先考量。

2. 增加新的地址，且仍保留现有的地址

这是许多零售业所采取的做法。例如购物中心在现有地址上扩建，一般而言只会更吸引现有的顾客，而不会扩大其市场；但另外增辟新址却可扩大市场，在既有的商品或服务架构下，增加客源。

3. 关闭某一个地址而移至另一个地址

市场的改变、作业成本的增加及材料的枯竭等因素，都会促使企业慎重考虑此种选择。

4. 维持现状

如果仔细分析前三种方法后，仍无法找出更有利的选择，企业可能在短时间内采取维持现状。

一、影响地址选择的因素

许多因素都会影响地址决策，但不同的行业往往仅受到几个少数因素的影响。例如，核发电需要大量的冷却水源，因此常建于海边或水源不虞匮乏处；重工业需要大量的电力，因此常建在能源供应充分或运送便利之处；汽车租赁商选择靠近机场与市中心的地址，因为那是他们生意的重要来源。

虽然不同行业在选择地址时，会有不同的考量，但总体而言，影响地址决策的主要因素有下列 14 项：

1. 企业策略

地址决策需配合企业策略，并能协助企业策略的达成。例如，企业采取以时间为基础的策略，此时地址就应选择在交通便利处。

2. 总成本

不同的地址，企业的固定投资成本与营运成本也不相同。例如，在偏远地区设厂的固定投资成本会较低，但未来的运输成本则可能较高。

3. 市场接近度

不同的地址，市场接近度不同，故对产品与服务提供的速度亦不相同。例如，便利商店大多设在人群往来处就是基于此一考量。

4. 供货商

在运输范围内，是否有足够的供货商存在，也是选择地址时的考量因素之一。例如，台湾北起基隆，南至新竹，在中山高速公路的周边 10 公里内，电子业相关供货商群集，故一般电子信息业都喜好设厂于此。

5. 物流运送

一般企业较偏好附近拥有足够的运输与仓储系统的地址。例如，新竹科学园区距离中正机场只有 40 分钟车程，而南科附近则缺乏快速大量空运的能力，故对许多企业来说，前者会被优先考虑。

6. 竞争者地址

某些行业具有群聚效应（Clusters Effect），竞争者众多的区域反而适合设厂；但对另一些行业而言，避开与竞争对手正面冲突可能较好。例如，台北松山五分埔已形成的成衣批发市场，就是群聚效应的展现。

7. 人力资源

设址区域内的人力资源（例如人力取得的难易度、年龄分布、工作态度、工会组织、生产力或教育水准等）是否能满足需求，也会影响企业的地址决策。例如，印度具备大量素质良好且成本极低的软件人才，就吸引了全球软件公司在当地设立分支机构。

8. 设施服务

地址附近的公共设施，如学校、购物中心、住宅、娱乐、交通、医疗、消防、金融与政府机构等，是否完善及便利也会影响地址决策。例如，上海近年来在此方面的努力，就"抢走"了许多原本想在广东或福建设厂的公司。

9. 政府支持

这涉及该地区是否有奖励方案、税捐抵免、低利贷款及立法支持等。例如，英属维尔京群岛与开曼群岛为免税天堂，故获得了许多国际企业的青睐。

10. 贸易障碍

当地政府是否以立法或非关税障碍，阻止国外企业进入该地区设厂，也会影响地址决策。例如，台湾过去禁止国外营造厂至地区内设立公司即属之。

11. 居民态度

社区居民是否支持企业在当地设厂，也是影响地址决策的因素之一。例如，多年前喧嚣一时的杜邦公司台中设厂案，最后就因当地居民的反对而移至美国的德州。

12. 环保法规

这代表当地对环境保护的相关法规要求，是否能为企业所承受与接受。例如，日本地狭人稠，环保法规异常严格，许多制造商就无法适应这些要求。

13. 政治与治安

政治稳定能确保政府政策的延续性，投资风险相对较低；治安良好能确保经营绩效，股东权益与员工安全也较有保障。例如，新加坡的政治与治安向来良好，国际企业就会争相进入。

14. 其他因素

地址选择除受到以上因素的影响外，其他像是宗教、种族、未来趋势或气候等，也常常是决策时的参考因素。

二、地址方案的评估

损益两平分析、成本数量分析、因素评分法与决策树分析等方法，常被运用于地址方案的评估；另外，某些作业研究的方法，例如线性规划或运输模型等，也可作为地址方案的评估方法。

重心法（Center of Gravity Method）是各种地址选择方法中最简易的一种。假设我们要设立新厂以供应数个区域的需求，已知单位运输成本相同，各区域的产品需求量亦相同，且需求区域的地址重心坐标为(x_i, y_i)，则重心法可求出最低运输成本的设厂地址如公式（5-14）所示。

$$\bar{x} = \frac{\sum x_i}{n}$$

$$\bar{y} = \frac{\sum y_i}{n} \qquad\qquad (5-14)$$

若各区域的产品需求量不同，且分别为Q_i，则重心法也可求出最低运输成本的设厂地址如公式（5-15）所示。

$$\bar{x} = \frac{\sum x_i Q_i}{\sum Q_i}$$

$$\bar{y} = \frac{\sum y_i Q_i}{\sum Q_i} \qquad\qquad (5-15)$$

范例 5-10

某公司评估市场需求量与市场的坐标如表5-7所示，试以重心法求最佳设厂地址。

表 5-7　市场需求与市场坐标

市场	需求量	坐标 x	坐标 y
A	300	30	80
B	100	20	60
C	10	45	55
D	200	80	75

解答：

$$\bar{x} = \frac{\sum x_i Q_i}{\sum Q_i} = \frac{30 \times 300 + 20 \times 100 + 45 \times 10 + 80 \times 200}{300 + 100 + 10 + 200} = 45$$

$$\bar{y} = \frac{\sum y_i Q_i}{\sum Q_i} = \frac{80 \times 300 + 60 \times 100 + 55 \times 10 + 75 \times 200}{300 + 100 + 10 + 200} = 74.6$$

以重心法决定最佳设厂地址的坐标为（45，74.6）。

三、服务业的地址选择

地址选择是许多服务业最重要的关键成功因素之一，故行销学将地址列入 4P（Price，Product，Promotion，Place）之一。服务业的地址选择方法与制造业并无太大不同，但由于服务具有不可储存性的特性，故其地址选择的正确与否扮演着比制造业更重要的角色。

公共设施或非营利事业组织，如图书馆、消防队与公园等，其地址选择所考量的因素另外涉及如政治承诺、都市计划与土地使用区分等，则又与本章所述有所不同。

第六节　结论

越发激烈的竞争环境与全球化趋势，使得企业在产能规划与地址选择时，面临着史无前例的难度。产能规划的时程必须愈来愈短，产能规划的准度必须愈来愈正确，以符合瞬息万变的市场需求。地址选择必须考虑到海外不同国家的社会、文化、经济、政治、治安与趋势等，布局全球供应链系统，以发挥经济学中所谓的比较利益。

个案研讨

7-ELEVEn 统一超商的成功之秘

从每年最高可销售 9000 万个的便当，每年超过 1.6 亿笔的代收服务，到率先设置 ATM 提款机、发行 iCash 卡，以及两年前爆红，每周卖出 200 万杯的 City Caf'e 咖啡，任何一项，都是国内创举，甚至在超商卖咖啡，还吸引日本 7-ELEVEn 来台取经。

（图片来源：维基共享资源）

从咖啡价格、制作一杯咖啡的速度、卖咖啡的场所，统一超商都尝试用破坏的方式，改变传统便利商店的极限，也改变消费者的习惯，享受一杯有细致奶泡拿铁的咖啡，不再一定要到咖啡专门店。包括便当、代收服务这些项目，都看得到统一超商为满足消费者，将有限的空间，产生无限的可能。

究竟统一超商是如何一次又一次地挖掘出消费者的需求呢？太多的假想全都放在：统一超商拥有强大的 POS 销售情报系统，每天能够分析数以百万计消费者的购买行为；统一超商员工经常走访海外，因此能借由观察发达国家发展趋势，推测台湾的未来。

对于这些说法，统一超商总经理徐重仁同意，但也不同意，他说，POS 系统或海外经验，都只是 7-ELEVEn 创新的方法，真正的原因则是："用心，就能找到能用力的地方。"徐重仁说道："要能找出真正是消费者需要的，而不只是为改变而改变。"任何改变，都不要忘了初衷。而初衷是什么？对超商而言，就是不断探索消费者生活中有什么不方便。

1972 年创立于美国得州达拉斯的 7-ELEVEn，初名为南方公司（The Southland Corporation），主要业务是零售冰品、牛奶、鸡蛋。到了 1946 年，推出了当时便利服务的"创举"，将营业时间延长为早上 7 点至晚上 11 点，自此，"7-ELEVEn"传奇性的名字诞生。1991 年，日本伊藤洋华堂公司取得南方公司过半股权，美国南方公司因此成为日本企业。2005 年，伊藤洋华堂成立新控股公司"7&I 控股"，统一管理伊藤洋华堂、7-ELEVEn INC.及在日本的 7-ELEVEn，并于 2005 年正式完成收购 7-ELEVEn INC.的全部股权，正式地将这家美国公司完全地子公司化。7-ELEVEn（商标标示为 7-ELEVEn）目前是全世界最大的连锁便利商店集团。7-ELEVEn 已经成为便利商店的国际共通语言，商店遍布美国、日本、中国香港、中国澳门、韩国、新加坡、泰国、中国台湾、马来西亚、菲律宾、瑞典、墨西哥、巴拿马、挪威、加拿大、澳大利亚、印度尼西亚、丹麦等国家和地区。目前全球店面数目逾 3 万家，为全球最大连锁店体系。1961 年，7-ELEVEn 的正式商标表记方式为 7-ELEVEn，其中除了结尾的 n 为小写外，其余英文为大写；此种设计的原因，在华人地区（尤其是中国台湾）的民间说法是因为风水的因素（大写 N 的最后一划为往外，表示会将钱财散出去，而小写 n 的结尾为往内，表示会吸引钱财进来），不过官方说法则表示此设计在美国南方公司时期就已经存在，而当初设计者只是因为美观问题才创造出此商标。

位于北京的 7-ELEVEn（图片来源：维基共享资源）

1978 年，统一企业集资成立统一超商，将整齐、开阔、明亮的 7-ELEVEn 引进中国台湾，掀起台湾零售通路的革命。走过艰辛的草创初期，统一超商坚持了 7 年终于转亏为盈，在积极展店和创新行销下一直稳居台湾零售业龙头领导地位。

2000 年 4 月 20 日，在全国媒体的见证下，7-ELEVEn 总裁 Mr. Jim Keyes 也正式和高清愿总裁签订永久的授权契约，这项在国际间不寻常的签约仪式，代表了美国 7-ELEVEn 对统一超商完全的信赖，更认同统一超商的经营实力，也对 7-ELEVEn 在中国台湾的永续经营多了一份保障。

位于丹麦哥本哈根的 7-ELEVEn（图片来源：维基共享资源）

统一企业集团本属于综合性食品公司，早期经营策略重视的是产能的充分运用，以及是否能顺利取得便宜原料，但因其董事长高清愿深知通路对其公司产品在台湾行销，及公司成长有深远的意义，所以1978年发展下游通路的垂直整合。对消费者而言，统一提供不同的价值，从早期的食品商的角色，到后期重视购买的便利性、舒适性通路的角色。也因此，不但创下另一个高峰，亦确实掌握统一企业产品在市场的流通秩序。

而1986年首度转亏为盈且门市达100家，经过7年的摸索、学习、调适，该公司有几项经营重点：卡式管理、快速展店、完善的运筹系统规划、操作系统自动化等，使得超商的经营技术与经营理念逐渐成熟，至此从1990年迄今成为中国台湾最大的百货零售业者。

目前而言，台湾地区内的超商连锁体系，以委托加盟为主的五家业者（统一超商、全家、莱尔富、OK、福客多）来看，在近年的绩效比较，在营运规模方面，统一超商不论在营业额与店数上，均遥遥领先其他四家业者，究竟是哪些因素造成此种结果？消费者究竟是考量哪些因素，来决定往哪家超商消费？

根据东方消费者行销调查（Eastern Integrated Consumer Profile, E-ICP），曾针对1344位13~64岁的中国台湾民众进行调查，一共列举了12项考量因素，请受访者勾选最重视的3项。

首先，"距离近"与"店数多"，被消费者视为最重要的两个因素。因为便利商店的基本功能，乃是提供消费者时间与地点的便利性，当所有业者都是24小时营业时，地点便利性遂为消费者最主要考量的因素。简言之，超商的第一个关键成功因素（Key Success Factor, KSF）是"布点多"。布点多使业者达到广泛接近顾客的目的，能够在产业中占据有利地位，虽然这并不必然意味着成功，却是便利商店极重要的一环。

其次，就次重要的第3~6项因素而言，"店内干净"、"商品种类齐全"、"服务态度亲切"及"服务项目多"，分别与购买环境、采购便利性、产品特色及顾客服务有关。这些因素意味着，业者必须找出成功的管理模式，在店面布置、商品选择、货架陈列及员工训练等方面有所把注。但更重要的是，连锁体系店数繁多，业者必须设法保持各店面的一致性，使消费者不论到哪一家门市，都是店内干净，都是商品种类齐全，而如何协调各店面的经营内容与步调，乃至于对各加盟店的行为有所控制，且有效地控制其管理成本，遂成为业者的一大挑战。换句话说，"一致性"是超商的第二个KSF。

另外，还有一项最基本的考量因素，即能否买到想要的商品，也就是缺不缺货。通路的基本功能，即在于使顾客能适时、适地、适量地买到想要的产品，如果缺货率太高，会漏失过多商机。以统一超商为例，其在推动现代化运筹之前，缺货率高达15%，1980年创立之初更高达22%，但目前已在0.12%以下（7-ELEVEn网站）。粗估其影响，目前平均每店每天营业额6万元，如缺货率仍高达15%，则营业额将减少约1万元，4800家店每日总营业额将减少约4800万元，全年总营业额将减少超过175亿元！由此可见，超商经营还有第三个KSF，那就是"运筹管理"。统一超商的物流中心，从接收货品入库、库存、拣货、出货等一连串的货品流程，其背后所隐含的各项运筹技术，乃是企业发展出运筹竞争力的根源。另外，由于7-ELEVEn在许多国家都有展店，因此可以通过国际共同采购或是相互介绍厂商的方式，降低商品采购成本，并创造有特色的商品，例如中国台湾的统一超商通过菲律宾7-ELEVEn的介绍引进菲律宾生产的芒果干，中国香港也相继引进，7-ELEVEn店内提供的购物袋也通过这样的方式，由许多国家共同采购降低成本。

统一超商的第四个KSF是"顾客关系"。这部分，统一超商有四种做法。其一是会为顾客设计专属活动，并充分加以发展。例如，随着环境的改变，消费者生活形态渐趋不同，使商圈形态寓意多元化。统一超商借由商圈的区别，以了解顾客特性的差异，以协助门市定位与商品管理等。该公司将其商圈大致区分为都心型商圈、乡镇型商圈、干道型商圈及旅游型商圈四种形态，对消费者而言，由于流动的频繁，尽管对便利性的需求不变，却因不同生活情境的具体便利性的商品及服务内容而有所差异，亦授权店长可借由弹性台账，调整商品结构比重、商品陈列方式及货架摆设位置等，以提高服务品质。其二是持续迎合顾客期望的改变。例如，外食人口比例逐年增加，为因应现代人快速的生活步调，在使顾客能享受美味、新鲜、便利的鲜食市场需求下，1997年该公司导入关东煮、御饭团；1998年导入三明治及凉面；2000年则导入御便当后，午餐及晚餐市场商机持续加温，除了总部致力于新产品的开发外，鲜食的新鲜、实时运筹配送，更是提供顾客丰富化、卫生保障的主因。其三是配合顾客独特或未预期的需求。例如，"e世纪"的来到，统一超商将实体通路与虚拟网络相互结合"网络购物便"，将商品化分为音乐书籍、3C产品、旅游产品、娱乐票券等方面，积极规划利用通路优势，运用既有遍布全台的门市通路，通过大智通物流中心的配送系统来架构出24小时皆能付款、取货的机制，且可依个人的购物需求，轻松点选所需商品，再通过电子地图，可自由选取并方便查询距离最近的付款、取货门市。其四是对突发性作业状况的调适。例如，由于季节因素与消费者心态，如台风时，泡面等民生用品的需求忽然大增，必须紧急订货，以减少缺货情形；考季的学区门市，亦是会贴心地提供考试文具用品；寒暑假的旅游旺季，旅游区的门市亦会针对生活用品提供充足的存货。

从西部热闹的都会到偏远的离岛，从高海拔的山区到东部滨海的乡村，遍布大街小巷的 7-ELEVEn，已经成为中国台湾随处可见、最贴近人心的温暖据点，成为与生活紧密相连、最具魅力的品牌。统一超商矢志成为最卓越的零售业者，将持续扩展实体零售通路，以提供生活上最便利的服务。2002 年成立的统一流通次集团，在统一超商领军、资源共享的精神下，至今旗下已有超过 40 个零售流通业态相关的公司，分布在中国台湾、中国大陆、菲律宾、越南等地。

面对卖场形态不断推陈出新，且不同业态的竞争模式与界限越趋模糊化，但统一超商对于未来的发展深具信心，更要以稳健踏实的脚步，结合经营优势（7-ELEVEn 网站），深耕并扩大事业版图，未来，统一超商、虚拟通路以及物流支持体系，将借由资源共享与共创商机的理念，有效延伸统一超商在台湾的成功经验，以稳健的步伐，向海外市场进军。

资料来源：
1. 胡钊维. 消费习惯破坏王——统一超商 [J]. 商业周刊，2009（5）.
2. 7-ELEVEn，维基网站，http：//zh.wikipedia.org/wiki/7-ELEVEn.

问题讨论 试分析本文中有关统一超商的报道，与本章内容有何关系？

习题

基础评量

1. 试定义产能与产能规划。

2. 试解释何谓最佳作业水准。

3. 试解释何谓经济规模。

4. 试解释产能领先策略、产能延后策略与平均产能策略。

5. 试解释何谓产能缓冲。

6. 若产能需求为 400 吨/年，产能缓冲为 20%，则应建立包含产能缓冲的产能为多少？

7. 某公司欲设立新厂，已知该厂的产能规划为年产 500 万吨的 A 产品，且每一发酵槽对 A 产品的标准产能为 150 万吨/年，试问该厂应投资设立多少发酵槽？

8. 某公司欲设立新厂，已知该厂的产能规划为年产 200 万吨的 A 产品、年产 100 万吨的 B 产品与年产 250 万吨的 A 产品，且每吨 A、B 与 C 产品的发酵需时为 40 天、20 天与 50 天，每个发酵槽容量 20 吨，一年可工作 360 天，试问该厂应投资设立多少发酵槽？

9. 同 8 题条件，但若每次发酵完成皆需 15 天进行清洁、干燥与整备，试问该厂应投资设立多少发酵槽？

10. 同 8 题条件，但若公司期望建立 15% 的产能缓冲，试问该厂应投资设立多少发酵槽？

11. 试解释巅峰产能、设计产能与有效产能间的关系。

12. 试解释何谓瓶颈与浮动瓶颈。

13. 试解释何谓效率与利用率。

14. 试解释效率与利用率在管理上的意义。

15. 某公司的设计产能为每天 4000 台 PC，有效产能为每天 3800 台 PC，实际产出为每天 4100 台 PC。试问，此公司的效率与利用率为何?

16. 试解释何谓学习效果与学习曲线。

17. 某制造商生产新产品，假设学习率为 0.9，生产第 1 部新产品的工时为 30 分钟，试问学习系数为多少?

18. 同 17 题条件，生产前 10 部新产品的总工时为多少?

19. 同 17 题条件，但已知该制造商未来每个月的产能需求为 20000 台，且每一作业员每月工作 180 小时，试问该公司应投入的人力为多少?

20. 试解释何谓制造进步函数与经验曲线。

21. 试解释何谓弹性工厂、弹性制程与弹性员工。

22. 试解释互补性需求的产能。

23. 企业在进行自制或委外的决策时，应考量哪些因素?

24. 某公司新增生产线需要每月支付 1100000 元租赁新设备，单位产品的变动成本为 10 元，而售价为 40 元。试问为达损益两平点，该公司每月应产销多少产品?

25. 同 24 题条件，在每月只产销 40000 个产品的情况下，该公司的利润有多少?

26. 同 24 题条件，若该公司欲达到每月 70 万元的利润，每月应产销多少产品?

27. 每月产销 30000 个产品的情况下，售价应定为多少，方能达成损益平衡?

28. A、B、C、D 四产能方案的固定成本与变动成本（单位：万元）如下表：

方案	每年固定成本摊提	每单位变动成本
A	2000	600
B	8000	250
C	4500	400
D	9000	200

试将每一方案的成本曲线绘出。假设每年产能需求为 25 单位，请问哪一方案的成本最低？假设每年产能需求为 30 单位，请问哪一方案的成本最低？

29. 某制造商因产能不足而欲扩厂，以因素评分法针对两种方案加以讨论后得下表，请问该公司应采哪一方案?

评分因素	权数	A 方案	B 方案
投资金额	0.1	40	80
风险性	0.3	90	70
股东意见	0.2	50	80
技术来源	0.1	90	80
成功概率	0.3	90	80

30. 某公司欲扩充产能，现考虑应采取小幅扩充或大幅扩充产能的策略。经判断未来景气平平的概率为 0.3，景气大好的概率为 0.7。若小幅扩充产能且景气平平，预估可获利 5 亿元/年，若小幅扩充产能且景气大好，预估可获利 7 亿元/年，若大幅扩充产能且景气平平，预估将亏损 2 亿元/年，若大幅扩充产能且景气大好，预估可获利 10 亿元/年。试以决策树分析该进行何种扩充。

31. 某公司欲供应其所生产的产品市场坐标如下表，已知各市场的需求量皆相等，试以重心法求最佳设厂地址。

市场	坐标 x	坐标 y
A	30	80
B	20	60
C	45	55
D	80	75

32. 某公司评估市场需求量与市场的坐标如下表，试以重心法求最佳设厂地址。

市场	需求量	坐标 x	坐标 y
A	1000	10	90
B	5000	40	60
C	6000	60	40
D	2000	70	80

深度思考

1. 为何说"学习曲线与经济规模都是导致大型企业产品成本往往较低的因素"？

2. 请讨论为何会产生群聚效应。

第六章　设施布置、工作设计与衡量

学习重点 **在学习本章后，你将能够**

1. 叙述优良设施布置的特色。

2. 叙述各种不同设施布置形态的适用场合与优缺点。

3. 了解设施布置的基本方法。

4. 了解工作设计的现代观念。

5. 了解工作设计的范围。

6. 叙述工作场所与工作环境设计的重点。

7. 叙述工作行为面设计的重点。

8. 叙述工作方法设计的重点。

9. 了解工作衡量的意义。

改变生产方式后设施布置的因应之道

"本公司为因应客户下单的方式趋于多样化,多样少量式生产已势在必行,未来生产方式亦将由存货式生产转变为接单式生产,请各位主管于下次会议中提出因应之道。"总经理在干部会议中下达指示后随即散会。

过去公司所接的订单,产品规格较单纯且数量较大。最近几年来,客户订单的复杂性则较高,单笔订单的数量也较少。王厂长早就觉得以大量生产为前提的生产规划已不能满足新的需求,而有重新进行设施规划与布置的必要了。今天总经理的指示,更让他下定决心要彻底地重新检讨。

王厂长请 IE 部门在厂务会议中提出新的方案。IE 李课长运用群组布置重新规划生产线,据李课长宣称这种布置方式将能提升生产效率 50%。王厂长半信半疑地说:"听过你的演示文稿,我相信新的设施布置对未来的生产会有帮助,但你对生产效率提升的估算是否能更客观。""没问题,对于目前公司的产品组合,我会利用 em-plant 仿真软件将新的布置方式的生产效率计算出来,在下次会议中提出报告。"李课长非常有自信地响应。

"IE 已对未来产线提出了完整的规划,我相信未来出货状况应会有所改善。厂务可以开始进行后续作业了。"总经理露出赞赏与满意的微笑。

设施布置、工作设计与工作衡量这三个相互关联性极高的课题，对操作系统的效率具有重大的影响，并且长期以来受到管理者强烈的关注，随着时代的进步以及管理趋势的改变，此三个主题也有了新的风貌。

第一节 设施布置概论

当企业面临设立新厂、增加新产品线、产品设计变更、想提高生产效率、降低存货、生产作业模式改变或增减生产设备情形时，常会将办公室或制造现场重新安排，我们称此为设施布置（Facilities Layout）。

设施布置是为了促进组织的竞争优势，借由设施设备的安排以达成下列目的：

（1）增进物料和信息的流量。

（2）提高人员与设备的利用。

（3）增加操作的便利性。

（4）降低危险。

（5）提升工作士气。

（6）促进沟通。

（7）增加销售机会。

设施布置之所以受到组织的重视，主要是基于以下的三个原因：

（1）设施布置需要投入大量的金钱与努力。

（2）设施布置代表一种长期的承诺，一旦决策错误就很难变更。

（3）设施布置的好坏对未来作业的成本与效率影响极大。

设施布置并非只是将机器设备放进厂区而已，在设施布置前，规划人员应先思考下列四个问题：

（1）设施布置应包含哪些工作中心。

（2）每个工作中心应包含哪些工作内容。

（3）每个工作中心需要多大的空间。

（4）每个工作中心应该位于何处。

优良布置的特色可从两个不同的角度来看，其一是从制造业与服务业的后台角度来看，其二是从面对面的服务业角度来看。从这两个角度来评论优良设施布置的特色经整理后归纳如表6-1所示。

表6-1 优良布置的特色

制造业与服务业后台	面对面的服务业前台
直线流程	简单易懂的服务流程
同样的作业不会重复	恰当的等待设施
生产时间可预测	与顾客沟通顺畅
无半成品库存	顾客监督容易
开放式的作业现场，每个人都了解状况	清楚的出入动线及足够的容量
瓶颈作业可以控制或调整	顾客只看到你要他们看的
各工作单位没有等待	等候区与服务区相互平衡
材料移动降至最低	将步行降至最低
能杜绝不必要的物料再处理	整齐清洁、光线充足
情况变化时容易快速调整	

就制造业与服务业后台作业而言，优良的设施布置能促进企业在品质、成本、时间与弹性上的表现；就面对面的服务业而言，优良的设施布置则能直接改善顾客的满意度。因此，设施布置对各行各业而言，都是极重要的课题。

第二节 设施布置的形态

设施布置的形态可分为下列五种：

(1) 产品布置。

(2) 制程布置。

(3) 固定位置布置。

(4) 群组技术布置。

(5) 混合布置。

这五种布置形态都各有其适用场合及优缺点，以下就针对这五种布置依序介绍如下：

一、产品布置

产品布置（Product Layout）是指依产品的制程或作业顺序来安排该系统的布置，如图6-1所示。

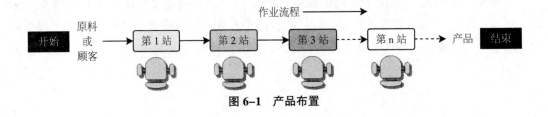

图6-1 产品布置

产品布置通常使用在连续性生产、重复性生产以及部分的批量式生产的环境。

（一）产品布置的适用情形

产品布置适用于下列情形之一：

1. 大量且标准化产品的制造

例如，重复性生产中的组装线，其产品大量且标准化，故适宜采用产品布置。

OM 透视镜

亚都饭店打造家一样的环境

亚都饭店于 1979 年正式成立。担任总裁的严长寿深知对于坐落于台北市民权东路二段的亚都饭店因地理位置不佳，先天硬件环境条件不足，若不创造出亚都饭店的独特风格，将很难在这个大环境中生存。

亚都饭店以 20 世纪 30 年代的装饰艺术为建筑设计主体，没有浮华的装潢及炫丽的柱廊，但一股散发自内在优雅蕴敛的气质及温馨闲适的住房环境，已然成为许多欧美商务旅客远在亚洲的另一个家。严长寿分析出商务客户需要两样东西：首先是一个"离开家的家"；其次是一个"离开办公室的办公室"。因此亚都在硬件规划上做了很大的突破，严长寿将冰冷的柜台拆掉，旅馆的柜台是个非常"冷"的东西，会让饭店员工觉得"你需要服务就得过来找我，我被锁在这堵矮墙后面，没法过去"。这是一项负面的服务讯息。要创造像"家"一样的环境，就要有"主动去关怀"的心情，所以大厅内侧安置了两张 20 世纪 30 年代款式的书桌及几把坐起来觉得舒适的座椅，客人来的时候，可以先迎上前去握手，再请他坐下来办报到手续，自然而然，客人会感受到自己所受到的尊重。另外，从机场接机到进入大厅，门房亲切地称呼其姓名，接待人员引领其入座，舒适地办理住房登记，房内有专用的信纸与名片，甚至前次住宿所要求的事物或细节，都已悉心准备好。

在竞争激烈的饭店市场中，一座座比规模、比奢华的饭店，结合连锁化、大型化的经营方式，要如何在这个舞台上占有一席之地，是一项艰难的挑战。企业改造成功的条件，需要个性独立、愿意冒险，并勇于创新、求变的领导人。亚都饭店处于这种环境中想要再攀巅峰，已经不能再靠单打独斗。严长寿表示必须加强策略联盟，多元化经营及增强品牌可信度，才能在市场上发挥巨大的竞争力。

资料来源：亚都丽致大饭店网站，http://www.landistpe.com.tw/.

---

2. 需求量稳定且可以连续处理者

例如，连续性生产的需求量大多较为稳定且可以连续处理，故适合采用产品布置。

3. 必须在短时间内完成或不易保存者

例如，自助餐排队点菜需在短时间内完成，就适合采取产品布置。产品布置具有下列优点：

（1）由于将产品的生产拆成多工作站负责，专业分工下生产速度一般会较快。

（2）专业分工使得人员的技术需求较低，能够减少教育训练的时间与成本。

（3）产品移转速度快，故在制品存货一般较低。

（4）由于各工作站紧密相连，故能减少不必要的搬运。

（5）作业经标准化后，各种管理活动将较为简易（例如会计、采购、日程安排、存货管理、现场监控及异常处置等）。

（6）生产成本较低。

但产品布置也有其缺点如下：

（1）任何一个工作站的异常（例如原物料供应不及时、设备故障、不合格品或发生职业灾害等），都会影响或瘫痪整个系统。

（2）当生产批量过小时，换线频率、生产效率反而低落。

（3）过度分工使得工作单调乏味，导致员工士气不振。

（4）当产品组合变更或制程变更时往往反映不及，弹性较差。

（5）生产线不平衡时，瓶颈工作站会影响整条生产线的产出，当浮动瓶颈出现时，此问题更为严重。

（二）产品布置与生产线平衡

传统对于产品布置最重视的是生产线平衡（Line Balance）的问题。所谓的生产线平衡，指的是生产线上各工作站的工作时间大致相同，此时生产线的闲置时间将较少，生产效率将较高；但若生产线上各工作站的工作时间差距甚大，此时生产线的闲置时间将较大，生产效率将较低。评估生产线平衡程度的指标称为生产线平衡效率，如公式（6-1）所示。在公式（6-1）中的周期时间（Cycle Time），指的是生产线每产出一件产品所需的时间，正常情形下，生产线的周期时间等于工作站中最长的工作时间。

生产线平衡效率 = 1 - 闲置时间百分比　　　　　　　　　　　　　　　　　　（6-1）

式中，

$$闲置时间百分比 = \frac{总闲置时间}{周期时间 \times 工作站数}$$

闲置时间 = 周期时间 - 工作时间

假设某一生产线有六工作站，其工作时间分别为 1.0、1.5、2.0、1.3、2.1 与 1.4 分钟，周期时间为第 5 工作站的工作时间（2.1 分钟），闲置时间为图 6-2 中色块部分的总和：

$(2.1 - 1.0) + (2.1 - 1.5) + (2.1 - 2.0) + (2.1 - 1.3) + (2.1 - 2.1) + (2.1 - 1.4) = 3.3$ 分钟，闲

置时间百分比为色块部分所占总面积的百分比：3.3/(2.1 × 6) = 26.2%，生产线平衡效率为非色块部分所占总面积的百分比：1 – 26.2% = 73.8%。

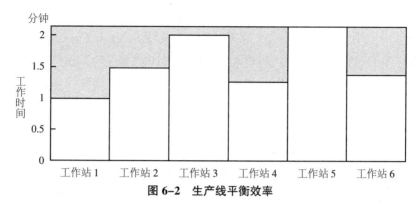

图 6-2　生产线平衡效率

范例 6-1

生产线上四工作站的工作时间如表 6-2，试求其生产线平衡效率。

表 6-2　范例 6-1 的工作时间

工作站	工作时间（分钟）
1	2.6
2	3.0
3	2.3
4	2.8

解答：

由于最长作业时间为 3 分钟，故该生产线的周期时间为 3 分钟，各工作站的闲置时间为 3 分钟减去各工作站的工作时间，其计算如表 6-3 所示。

表 6-3　生产线平衡效率的计算

工作站	工作时间（分钟）	闲置时间（分钟）
1	2.6	0.4
2	3.0	0.0
3	2.3	0.7
4	2.8	0.2
		1.3

$$\text{闲置时间百分比} = \frac{\text{总闲置时间}}{\text{周期时间} \times \text{工作站数}} = \frac{1.3}{3 \times 4} = 10.83\%$$

$$\begin{aligned} \text{生产线平衡效率} &= 1 - \text{闲置时间百分比} \\ &= 100\% - 10.83\% \\ &= 89.17\% \end{aligned}$$

（三）产品布置的工作步骤

产品布置的工作步骤如下：

1. 辨识工作要素的优先级与标准工时

许多工作可以拆解成一组具有先后关系的工作要素（Work Element），例如计算机组装，基本底座组成后才能安装主机板与电源供应器等内部零组件，而后才能组合上盖，最后才能包装。产品布置的第一个步骤就是将工作拆解成一组工作要素，并将其先后关系标示出来。例如，某产品的组装可拆解成 7 个工作要素 a、b、c、d、e、f 与 g，各工作要素的优先级与标准工时如表 6-4 所示。

表 6-4　优先级与标准工时

工作要素	前置工作	标准工时（单位：秒）
a	—	25
b	a	11
c	b	16
d	c	22
e	d	6
f	e	19
g	f	26
总和		125

2. 决定所需的产出率与周期时间上限

所需的产出率（Desired Output Rate）等于产能除以总工时，例如产能为 20000pcs/月，假设每月工作 20 天，每天工作 8 小时，则所需的产出率为 20000 ÷ 20 ÷ 8 = 125pcs/小时。所需的产出率与周期时间上限互为倒数，例如前述所需的产出率为 125pcs/小时，故周期时间上限为 1 小时/125pcs = 3600sec/125pcs = 28.8sec/pcs。

3. 计算所需最少工作站数

所需最少工作站数等于标准工时的总和除以周期时间后无条件进入的整数，如公式（6-2）所示。

$$N_{min} = \frac{\sum t}{CT} \tag{6-2}$$

式中，N_{min} 代表所需最少工作站数；$\sum t$ 代表工作站标准工时的总和；CT 代表周期时间。

以前例而言，由表 6-4 可得标准工时的总和为 125sec，故所需最少工作站数为 125sec ÷ 28.8sec = 4.3 工作站，故应具备五工作站。

4. 配置工作要素至各工作站

将步骤 1 所分析出的工作要素，在周期时间内分配给各工作站。例如，表 6-4 有七个工作要素，经重新组合为五工作站后，得表 6-5，这时候每一工作站的周期时间都小于 28.8 秒。

表 6-5　配置工作要素至各工作站

工作要素	前置工作	标准工时	配置结果	工作站标准工时	工作站
a	—	25	a	25	T
b	a	11	b + c	27	U
c	b	16	—	—	—
d	c	22	d + e	28	V
e	d	6	—	—	—
f	e	19	f	19	X
g	f	26	g	26	Y

5. 计算生产线平衡效率

依照公式（6-1），即可计算出生产线平衡效率为 $1 - [(28 - 25) + (28 - 27) + (28 - 28) + (28 - 19) + (28 - 26)]/(28 \times 5) = 89.3\%$。

（四）产品布置的新观念

传统产品布置的重心大多放在如何设计出使人力闲置时间最少的生产线，较不重视设备使用和厂房空间的运用。现代产品布置的观念则是强调弹性，使生产线能生产少量多样的产品，以因应产品生命周期过短，企业经营环境变化快速的需求。这样的演变，如表 6-6 所示。

表 6-6　产品布置的新旧观念比较

传统观念	新观念
最优先：生产线平衡	最优先：弹性
策略：稳定（不太需要重新平衡生产线）	策略：弹性（预期生产线会常需要调整）
假设人力的分配不变	弹性员工，随问题移动或移到瓶颈之处
使用库存缓冲以减少设备故障的影响	尽可能采用预防保养以防设备故障
需要精密分析来评估和找出方案	需要智慧提供弹性和解决瓶颈的方法
由幕僚人员事先设计	由领班设计工作且可随时视需要变更
固定速率生产，以离线方式解决品质问题	品质好坏会影响生产速率
直线或 L 形生产线	U 形或平行生产线
喜爱输送带	以工作站取代输送带
使用大型设备并不断地保持运转	使用小型设备，且在需要时再添购
当人员工作内容类似时，产品才会混合生产	致力于产品混合生产

（五）产品布置与弹性

生产线是产品布置中最常见到的形态，它主要可分为直线形、L 形与 U 形三种，直线形生产线如图 6-1 所示，L 形与 U 形生产线如图 6-3 与图 6-4 所示。其中 U 形布置由于作业人员的相互支援度最高，弹性最大，故最被建议使用。

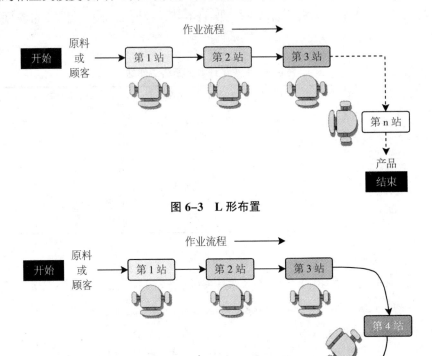

图 6-3　L 形布置

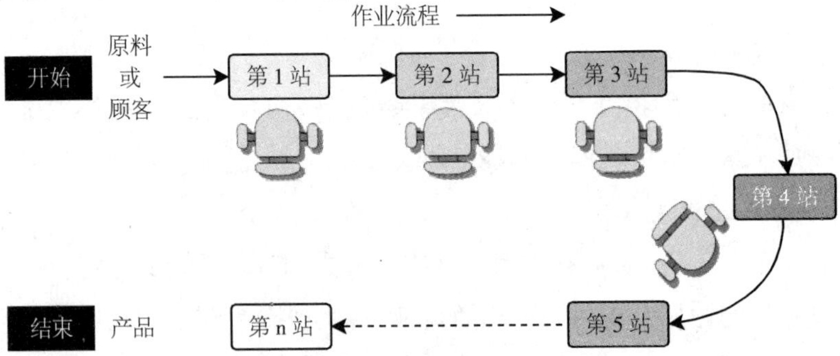

图 6-4　U 形布置

为强调弹性，某些产品布置也须适当地加以变化，如图 6-5 所示。

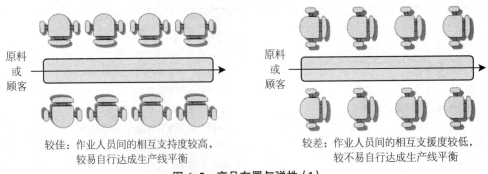

较佳：作业人员间的相互支持度较高，
较易自行达成生产线平衡

较差：作业人员间的相互支援度较低，
较不易自行达成生产线平衡

图 6-5　产品布置与弹性（1）

二、制程布置

制程布置（Process Layout）是将类似或相同功能的机台设备集中于某一区域的布置方式，如图 6-6 所示。

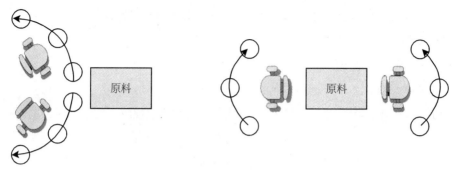

较佳：作业人员间的相互
支持度较高

较差：作业人员间的相互
支持度较低

图 6-5 产品布置与弹性（2）

车床区	铣床区	磨床区
钻床区	组装区	进出货码头

图 6-6 制程布置

制程布置通常使用在零工式生产与部分的批量式生产环境，在非制造业中也相当普遍，例如医院中的放射线科、内科、外科与检验室等的布置，或是大学院校内将相关科系集中于一处的布置等，就都是制程布置。

（一）制程布置的适用情形

制程布置适用于下列情形之一：

1. 小量或标准化程度较低产品的制造

例如，接受顾客量身定做铝门窗的工厂，每次订单的内容都不相同，就大多采用制程布置。

2. 需求量较不稳定且需间断处理者

例如，仪器校正实验室的顾客需求极不稳定，每一项校正也需逐步个别完成，其检测仪器的摆设就会采取制程布置。

3. 无法在短期完成者

例如，食品发酵需时甚长，无法于短期完成，其发酵制程就会采用制程布置。

制程布置具有下列优点：

（1）任何一个工作站的异常，不会对其他工作站造成影响。

（2）弹性较高，非常适合多样少量的生产需求。

（3）人员的工作内容较多样化，工作成就感会较高。

（4）多采用泛用型机器设备，故闲置情形较低。

（5）类似的机器设备集中于一处，维修保养与技术交流较为容易。

制程布置的主要缺点则为下列五点：

（1）需仰赖较多的搬运。

（2）生产时间较长、生产速度较慢。

（3）分工程度不如产品布置，人员专业性较高，故教育训练的成本与时间较高。

（4）产品移动速度较慢，在制品存货较高，所需空间亦较大。

（5）生产管制与日程安排较复杂，协调较困难。

（二）制程布置与搬运

由于制程布置需仰赖大量的搬运，故布置时的主要考量为如何降低运输成本、距离与时间，使具有高度相关的部门尽可能接近。

例如，图6-7的机械加工厂，其主要工作区域为车床区、铣床区、磨床区、钻床区、组装区与进、出货码头，每天各区间的搬运次数如表6-7所示。

表6-7　某机械加工厂每日搬运次数统计表

	车床区	铣床区	磨床区	钻床区	组装区	进货码头	出货码头
车床区	—	30	10	5	0	30	0
铣床区	—	—	20	5	5	0	0
磨床区	—	—	—	20	5	0	0
钻床区	—	—	—	—	20	0	0
组装区	—	—	—	—	—	0	30
进货码头	—	—	—	—	—	—	0
出货码头	—	—	—	—	—	—	—

由表6-7中可知搬运频率最高的为进货码头—车床区、组装区—出货码头、车床区—铣床区，故应优先考虑其布置；搬运频率次高的是铣床区—磨床区、磨床区—钻床区与钻床区—组装区，依此类推，最后我们可得制程布置的结果如图6-7所示。

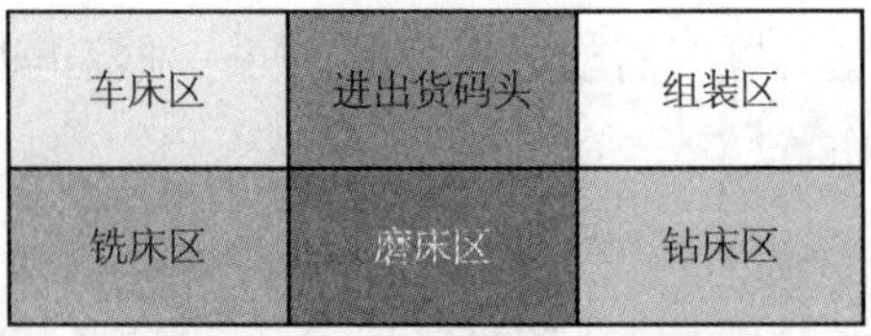

图6-7　改善后的制程布置

制程布置可以很简单，只要将同类型的机器设备集中于某一区域即可，但也可以复杂到需运用作业研究的方法来处理此一问题。

三、固定位置布置

在固定位置布置（Fixed-Position Layout）中，产品因体形或重量因素难以移动，故将机器设备、物料、工具及作业人员，依时程需求集中在产品附近陆续进场工作，如图 6-8 所示。

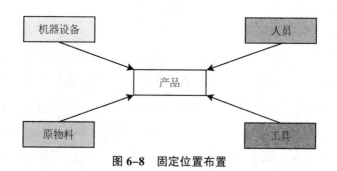

图 6-8　固定位置布置

固定位置布置通常使用在专案式生产或许多的服务业中。

固定位置布置适用于下列情形：

1. 产品不易搬运或搬运成本极高

例如，营建工程的产品就根本无法移动。

2. 产品的搬运会影响到生产过程

例如，在餐厅饮食过程中若人员不断移动就会影响到进食品质。

3. 产品的生产较为复杂

例如，产品研发涉及高度的专业知识，设计人员必须使用大量的工具等。

固定位置布置的产出量很低；产品大多具有独特性；生产流程很少或根本没有；设备机具、原物料与作业人员都必须送至需要且固定的地点；工作弹性很大，工作内容常因指派而有所不同，所以大多需要高技术的人力资源；控制及排程协调需要更严密，使物料储存及搬运能够依计划先后进场。

四、群组技术布置

群组技术布置（Group Technology Layout）是为特定工件族或产品族规划专属制造流程的布置方法，这种布置下的生产又被称为单元制造（Cellular Manufacturing），如图 6-9 所示。

所谓的工件族或产品族，是以群组技术（Group Technology，GT）将具有相同或类似加工步骤的工件或产品区分成的一个一个群组。在群组布置中，每一个工件族的制造流程称为制造单元（Manufacturing Cell）。

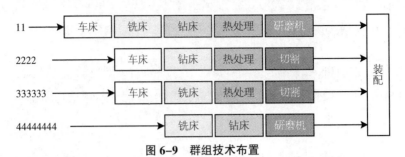

图 6-9 群组技术布置

注：其中 1、2、3、4 皆为工件族。

例如某机械加工厂有八个产品，各产品的加工步骤如表 6-8 所示。若采用产品布置，可得结果如图 6-10 所示，此时每一个产品若没有大量且持续的订单，设备闲置将极为严重。同一问题若采取制程布置，可得结果如图 6-11 所示，此时交错复杂的物流将使得现场管理倍感困难。但若采用群组技术布置，可得结果如图 6-12 所示，此时八个产品归属于五个制造单元，在共享设备下，即使订单不太稳定，但无论就现场管理还是设备利用率来看，这种布置都比前两者好。

表 6-8 某机械工厂产品加工步骤的例子

产品	加工步骤
S	M–D–G
T	M–D–G
U	D–M–G–L–A
V	L–M–D–G–A
W	M–D–G
X	D–M–G–A
Y	D–M–G–L–A
Z	D–M–G–L

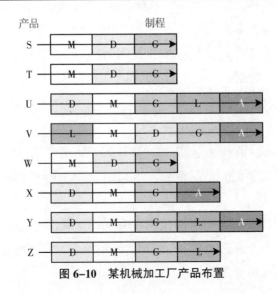

图 6-10 某机械加工厂产品布置

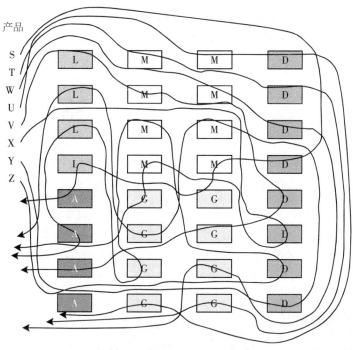

图 6-11　某机械加工厂制程布置

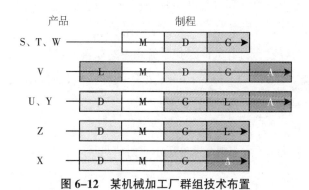

图 6-12　某机械加工厂群组技术布置

由以上案例可类推当产品的加工步骤类似且为多样少量式生产时，产品种类愈多，群组技术布置的制造单元并不会像产品布置般地等比例增加，也不会像制程布置般地出现复杂的物流，故此时群组技术布置是极佳的选择。

群组技术布置可视为是一种结合产品布置与制程布置的方法。从产品生产的运送过程来看，它具备产品布置能将产品快速移动的优点；从机器设备放置的位置来看，它又具备制程布置将相同机台集中管理的优点。

群组技术布置被日本汽车业大量运用，本书第十三章中将对此再作说明。

群组技术布置虽具备诸多优点，但它亦有一些限制如下：

（1）群组技术布置有赖大量且详尽的资料搜集与分析，其规划难度较高。

（2）大量连续性生产，仍然以产品布置为宜。

（3）产品加工步骤的差异到达一定程度时，仍然以制程布置为宜。

群组技术不只运用在设施布置上，它在计算机辅助制程规划与产品设计上，也都有极广泛的运用。

五、混合布置

所谓混合布置（Combination Layout），是指将两种或两种以上的布置形态混合在一起，以满足某些特殊情况的需要的布置。举例来说，主机板的生产采用产品布置，但计算机成品组装则采取固定位置布置，此即为混合布置。

严格说起来，混合布置并不能称为是一种设施布置的方法。一般企业在进行设施布置时，会采取对不同制程最为有利的布置方法，而不会自我设限只以一种布置方法去设计所有的制程。

六、服务系统的布置考量

服务系统的设施布置包含的层面与考量重点，因行业区别而有极大的差异，例如餐厅、办公室、店铺、饭店与银行等，都各有其布置所应注意之处。另外，即使是同一行业的不同公司，但由于要树立其独特的风格与特质，在布置上也会有所差异。由于服务系统对服务景观的考量常远大于对效率的考量，因此服务系统的布置一般与室内设计息息相关。

所谓的服务景观（Service Scape）指的是服务的外在实体环境，它会影响到顾客对服务水准的认知。服务景观包含下列三个要素：

1. 气氛

指的是服务时的背景特性，包括背景音乐、灯光照明和温度等。

2. 空间布置与功能

包含顾客走道、商品陈列、服务台、盥洗室与等候区域等。

3. 标志、符号和器具

包含各楼层功能介绍、紧急避难指引、消防设施和饮水机等。

办公室布置是服务系统布置最常遇到的课题。办公室布置严格说来最适合采用制程布置，但实务上由于文化与环境的差异，不同种族、不同国家，甚或不同的管理者，对何谓较佳的办公室布置看法会完全不同。

欧美办公室的布置最着重景观与个人隐私，故欧美企业在布置办公室时，一般都会先将靠窗的位置留给高阶主管，职位愈高空间愈大、窗户愈大、景观愈佳；最后留下大办公室没有窗户的中心地带，再以 OA 隔间墙隔间给一般职员。

日本企业的办公室布置又不一样，日本企业较着重借由办公室布置达到快速沟通的目的，故同一部门会坐在一起且采取面对面的座椅安排，主管居中而坐仿佛是会议中的主席，主管背后坐的是更高阶的主管，以此类推；大办公室的最里面坐的一定是该办公室里的最高阶管理者，至于窗户旁边则留给退休后仍到公司上班的顾问，称为窗边族。INTEL前总裁葛洛夫在 20 世纪 80 年代赴日考察，他认为日本的办公室布置是日本企业极具竞争力的原因之一，在这种布置形态下，沟通与问题解决极为快速，但同时间的欧美企业却需在会议桌上才能进行有效的沟通。所幸，网际网络的出现，将人与人间的沟通方式彻底改变，欧美企业的主管终于能再继续保有私密性高的豪华办公室。

中国香港的办公室布置着重风水，背靠窗户或是座位正上方有梁都被视为是不吉祥的象征。

中国大陆或台湾的办公室布置则强调监督防弊，所有人员都面向同一方向，职位低者坐前排，职位高者坐后排，职位高者可以随时监督属下，而职位低者则难以了解高职位者目前的动态。

近年来，信息科技的发展对办公室的布置产生了极大的影响，网际网络与计算机工作站的普遍使用，许多面对面的互动作业已逐渐由电子邮件或影像科技所取代，部门之间的有形距离，也因沟通方式的突破而变得较不重要，虚拟办公室（Virtual Office）的做法大行其道。同时，办公室的布置也逐渐走向低隔间或不隔间，在人际关系逐渐淡薄的今日，能增加人与人之间的互动并促进作业的透明化。

OM 透视镜

惠普借打造虚拟办公室提高组织向心力

2002 年 6 月，中国台湾惠普公司业务部的办公室重新装潢。启用时，多了几个舒适随性的咖啡座、让个人有独立思考空间的安静室和个人专属的档案柜。未来主管和基层员工一样，每天上班的第一件事，就是先找空位置，然后才开始一天的工作。

在网络世界里，上下从属关系日渐模糊，主管也不再高高在上，因此在台湾惠普新的办公室规划中，第一个被剔除的是占地"辽阔"、使用率低的主管办公室，这些多余的空间被释放出来，成为所有工作者的共同腹地。

惠普总公司目前正在全球推行"时世代工作场所"计划，全球惠普各分公司都可以自行规划出符合当地需求的新时代工作场所。

蜂窝式的座位组合是台湾惠普新办公室的模样。每个工作团队以秘书为中心，每三个工作者平均分配到一个位置，连部门主管也加入计算，无一例外。开放式的空间，让组织间的沟通更为频繁。台湾惠普新办公室除了拉近台湾本地工作者间的距离外，世界各国的惠普员工来到台湾惠普，也有家的感觉。几乎所有跨国公司的工作者都有当过"空中飞人"的经验。到了别人的"地盘"上，最尴尬的事就是找不到适当的位置，可以坐下来打开计算机开始上网处理手头上的工作，因为每个位置都有固定的主人，不方便在别人的位置上工作。

e世纪是知识工作者的世纪，工作的成就不再只是来自金钱的报酬，工作者更需要的是"被尊重"的感觉。台湾惠普规划新办公室时，就希望能够通过工作环境的调整来提高组织的向心力。

资料来源：魏佳卉.台湾惠普让行动办公室有家的感觉 [J]. 数字时代双周刊，2002（10）.

第三节　工作设计

工作设计（Job Design）指的是工作内容与方法的设计。工作设计的目的在于希望借由系统性的分析与规划，以建立具有效率与生产力的工作系统。

就整体而言，工作设计的现代观念强调下列七点：

（1）将品质管制纳入人员工作的范围内。

（2）强化多能工的培训。

（3）鼓励员工参与团队合作。

（4）以电子邮件与网络科技加强日常性事务工作的处理效能。

（5）增加临时性员工的使用比例。

（6）对劳动力密集型的工作予以自动化。

（7）提供员工有意义与足够报酬的工作。

至于工作设计的主要范围则包含工作场所与工作环境设计、工作行为面设计以及工作方法设计三个部分。

一、工作场所与工作环境设计

工作场所与工作环境的设计应注意设施布置、人因工程与工作条件。设施布置在本章前两节中已作介绍，人因工程在本书第四章中已作介绍，至于工作条件又可分为工作场所的温度、通风、照明、颜色、噪音与震动以及安全和休息。

1. 温度

工作环境的温度偏高或偏低，都会让工作人员产生不适感，如表6-9所示，并降低工作绩效。适当的工作环境温度约在20℃~25℃，其中重体力工作适合的温度又比轻体力工作来得低。

表 6-9 温度影响表

温度（℃）	感觉或影响
100	接触 15 秒会产生二级灼伤
82	接触 30 秒会产生二级灼伤
71	接触 60 秒会产生二级灼伤
60	痛；组织伤害
49	痛；灼热感
33	温和
12	凉
3	冰凉
0	痛

2. 通风

通风除了可以控制温度以维持作业场所的舒适性外，通风还可以排除（稀释）空气中的污染或有害物，或避免空气含氧量的不足。

3. 照明

阳光虽然提供了免费的照明，然而室内的照明却常常无法满足人们的需求，因此人工照明对于室内的活动几乎是不可或缺的。当照明不足时，提高照明水准可以提高人员的绩效，对于以视觉为主的工作与视力较差的工作人员有显著的影响。一般而言，极精确地辨识物体所需的照明为 1000 米烛光以上，一般办公场所为 300 米烛光以上。

4. 颜色

不同的颜色会给人们带来不同的心理感受，这种相关的感受虽会因人而异，但却仍有相当的一致性，如表 6-10 所示。

表 6-10 人员对颜色的感受

颜色	距离感受	温度感受	情绪感受
蓝	遥远	冷	平静
棕	很近	中性	兴奋
紫	很近	冷	挑衅
红	近	温暖	热烈
橙	很近	很温暖	兴奋
黄	近	很温暖	兴奋

5. 噪音与震动

美国职业安全卫生管理局（Occupational Safety and Health Administration，OSHA）规定人员所处的工作环境，瞬间噪音的上限为 140dB；连续工作 8 小时，噪音的上限是 90dB；至于其他工作时间与噪音上限的值，读者可参考表 6-11。震动也会引起工作人员不舒服的感觉，影响作业绩效、安全与健康。

表 6–11　噪音容许暴露时间

噪声上限（dB）	90	92	95	97	100	105	110	115
容许暴露时间（小时）	8	6	4	3	2	1	1/2	1/4

6. 安全

作业人员会因职业伤害，使其在精神上、生理上、经济上、社会关系上与家庭地位上，受到无法弥补的影响；企业也会因发生职业灾害，而对其商誉、效率、品质以及营收造成伤害。故建立安全的工作环境极为重要。

7. 休息

长期持续的工作，将导致工作效率与品质的下降，故持续工作一段时间后应有适当的休息。每天的工作效率与工作时间的关系如图 6–13 所示。

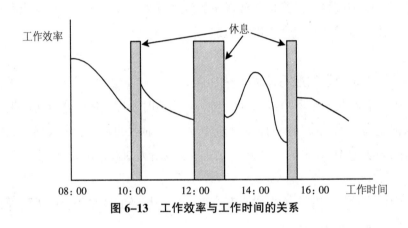

图 6–13　工作效率与工作时间的关系

二、工作行为面设计

以工作行为面设计来强化员工的工作满足感，也是提升工作效率的重要方法之一。

工作行为面设计一般无法试行，因为一旦尝试错误，福利易放难收，公司就必须在发放福利但却不见成效或收回福利导致员工抱怨的两难中作选择。所以，事先评估这些设计是否具备某些足以增强工作满足感的共通特性，就极为重要，而工作特性模式提供了这样的解答。

工作特性模式（Job Characteristics Model，JCM）是借由五项特性了解工作内容对员工的生产力、士气和满足感的影响。此五项特性如下：

1. 技能多样性

技能多样性（Skill Variety）是指工作时所需利用到不同种类技术与能力的程度。如能有效地将不同的工作项目合并在一起由一个人做，就可提高该工作的多样性。例如，银行的柜台服务人员，除了提供存汇款等各项业务服务外，若能同时提供顾客投资理财的建议等，就能提高其技能多样性。

2. 工作整体性

工作整体性（Task Identity）是指工作范围明确完整的程度。借由清楚的交代与充分授权工作，可提高工作整体性与员工的责任感。例如，提出一项新产品概念的员工，若也能让他参与新产品设计研发以及产品定位的工作，则其工作整体性将较高。

3. 工作重要性

工作重要性（Task Significance）是指工作内容能获得他人尊重的程度。工作人员如能有机会与外界人员互动，了解其工作对于他人的影响，就可提高其对该工作意义的认知。例如，许多社工团体愿意在无报酬情形下牺牲奉献，就是因为这样的工作极具意义。

4. 工作自主性

工作自主性（Autonomy）是指工作人员能独自决策的程度。由员工自行安排工作进度、分配工作、控制进度与考核绩效，都是提高工作自主性的做法。例如，主管提供部属一笔旅游预算，由部属自行决定在该预算范围内，什么时候去哪里旅游等，就属一种工作自主性的提升。

5. 工作回馈性

工作回馈性（Feedback）是指将工作绩效正确且迅速地回馈给员工的程度。建立完善的工作成果回馈管道，在最短时间内让员工知道自己努力所获得的成果，工作回馈性就会较高。例如，在生产线旁边每小时公布一次当日计划产出与实际产出，就能建立良好的工作回馈。

至于有关工作行为面设计的做法，最常运用到的有工作轮调、工作丰富化、工作扩大化、工作群体、薪资诱因、弹性上班时间与其他福利等。

1. 工作轮调

工作轮调（Job Rotation）是指对员工作同一层级横向职务的调动，借由改变工作内容增加工作挑战性，减少工作的单调与沉闷，进而使得员工获得工作的满足感。

管理者也可借由工作轮调培养具有发展潜力的员工，使其具备更上一层楼的能力。

2. 工作丰富化

工作丰富化（Job Enrichment）是指对员工工作内容进行垂直方向扩增的设计，让员工多负责一些过去管理者所需要做的工作（例如规划、执行与评估等），使其工作内容更有深度，以强化员工工作成就感与发展员工更高的创造力。

3. 工作扩大化

工作扩大化（Job Enlargement）是指对员工工作内容进行水平方向扩增的设计，让员工多负责一些过去其他同事们所需要做的工作，使其工作内容更有广度，以强化员工工作成就感与发展员工更高的创造力。例如，让操作机器的员工自己领料或保养机具等。

4. 工作群体

工作群体（Work Group）是指将员工组成一个个的工作小组，共同负责多种不同的工作。例如原有四位员工分别负责一个工作，而现在改为四位员工共同负责四个工作。工作群体的设计可使得工作有较高的互补性且较具弹性、能增强团队精神且较能激发创意。

5. 薪资诱因

薪资是激励员工的最重要动力之一。薪资的计算主要可分为两种：一为计时薪，二为计件薪。

对管理者而言，计时薪的员工流动率较低，计薪较简单，产出也较稳定。而计件薪的生产单位成本较低，生产效率较高，成本与预算的控制亦较为单纯。

对员工而言，计时薪的收入较稳定，工作压力较小。计件薪的收入与努力程度成正比，工作压力较大。

不同的工作需要不同人格特质的员工来完成，这些不同人格特质的员工对薪资获得的方式与期望也有所不同。一般而言，业务属性较强的员工较爱冒险，并能从个人成就中获得工作满足，故较喜好计件薪；非业务属性的员工则较偏爱稳定，对于不确定的事物容易产生不安全感，故较喜好计时薪。

6. 弹性上班时间

弹性上班时间是指为配合工作的忙碌情况，而有弹性地分配 1 天或 1 个月的工作时间。适当地调整工作时间，能提高员工的工作效率、降低错误、提高工作满足感、降低员工的离职率。

作业间相互依赖程度较高的工作（例如工厂的装配线作业）较不适合使用弹性上班时间；相反，个人所负责的业务较具独立性以及不很需要上司命令及监督的工作（例如设计研发），会较适用弹性上班时间。

7. 其他福利

其他福利例如设置福利委员会统一规划员工福利事项、定期举办康乐或旅游活动、设置休闲中心、团体保险、学习补助、创业补助与急难救助等。

OM 透视镜

"中华汽车"以"多能工"训练建构弹性能力

"中华汽车"2001 年在不景气的产业环境下，获利却创下该公司有史以来的新高。

"中华汽车"从上游的研发、采购、制造、组装，到下游的配送、行销，建构了一条有弹性而灵活的价值链，而价值链背后的人才，是其成功的关键。

从工厂第一线的现场人员都是"多能工"，就能看出中华汽车员工弹性灵活的特色。该公司的员工除了本身的工作外，前后站的工作都要会，此做法除了提升员工的装配能力外，另一个效益是员工因为接触的更多元与更广泛，整合能力变强后进一步能发展技术改善制程。多样少量的混线生产能力与可快速应对市场需求的多样化产品开发能力，是中华汽车强化人力资源的成果。

经过过去几年大规模的人力精减，中华汽车员工人数已从原本的3300人，降到现在的2500人，但效率反而提升，因为该公司采取的是启发、激励式的管理，其中新竹厂更导入了全员生产管理，把效率和员工向心力带进了另一个新的阶段。

资料来源：杨永妙. 不受景气影响——中华汽车以人为本再创佳绩 [J]. 远见杂志，2002 (3).

三、工作方法设计

工作方法设计（Work Method Design），可分为工作方法分析与动作研究两部分。

（一）工作方法分析

工作方法分析（Work Method Analysis）的过程如下：

1. 发掘问题

发掘问题通常须先了解组织目前在成本、品质、交期与弹性等各方面的表现，再与目标加以比较后找出需要改进的地方。

2. 描述与分析问题

在整个工作方法分析过程中，为易于了解整个流程的运作，通常需使用简单的符号、图形、表格与口头说明，以将问题描述清楚。此步骤最常使用的工具有流程过程图与人机配合图。

（1）流程过程图：流程过程图（Flow Process Chart）与一般常见的流程图极为相似，都是解析作业流程的工具，所不同的是流程过程图将作业流程拆解后，是以操作（○）、检验（□）、延迟（Ｄ）、搬运（ ⇨ ）与储存（▽）五种符号记录或叙述该流程，如图 6-14 所示。

（2）人机配合图：人机配合图（Man-Machine Combination Chart）用于分析在同一时间周期内，机器使用与人员操作之间的相互关系，如图 6-15 所示。人机配合图可分析操作人员与机器设备的空余时间，以消除时间浪费。若操作人员工作周期时间较机器设备运作时间周期短，则可考虑一人多机操作，或利用此空余时间填写各类报表。

3. 发展新的工作方法

对于每一工作的细节，以质疑的态度从下列四个角度来分析该动作是否有改善的空间：

（1）剔除（Elimination）：剔除不必要的动作。

（2）合并（Combination）：合并两种或多种动作为一种，以节省不必要的动作。

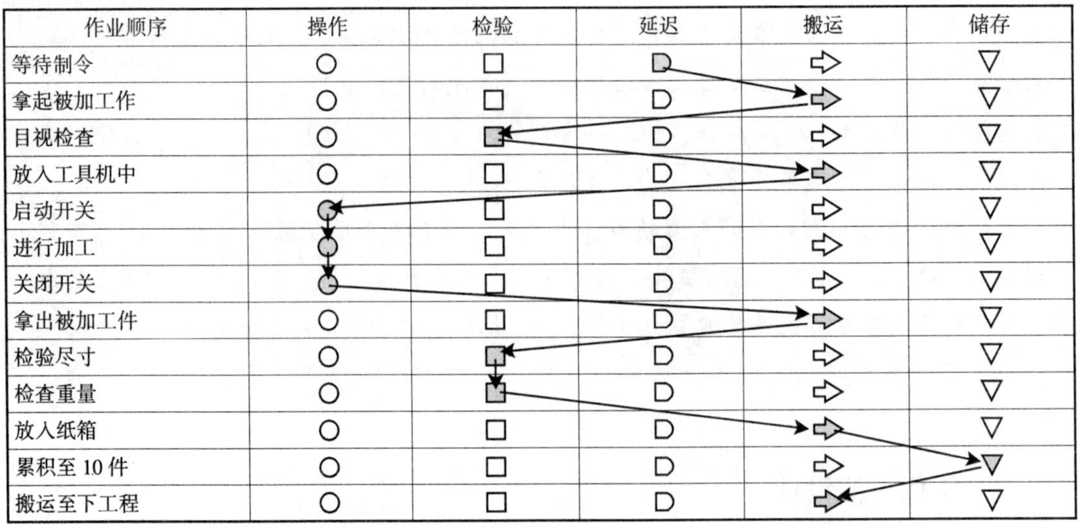

作业顺序	操作	检验	延迟	搬运	储存
等待制令	○	□	D	⇨	▽
拿起被加工作	○	□	D	⇨	▽
目视检查	○	□	D	⇨	▽
放入工具机中	○	□	D	⇨	▽
启动开关	○	□	D	⇨	▽
进行加工	○	□	D	⇨	▽
关闭开关	○	□	D	⇨	▽
拿出被加工件	○	□	D	⇨	▽
检验尽寸	○	□	D	⇨	▽
检查重量	○	□	D	⇨	▽
放入纸箱	○	□	D	⇨	▽
累积至 10 件	○	□	D	⇨	▽
搬运至下工程	○	□	D	⇨	▽

图 6-14 流程过程图

作业员		经过时间（秒）	机器	
作业	时间（秒）		时间（秒）	作业
放置模具	20	20	20	放置模具
开机	20	40	20	启动
等待	80	60 80 100 120	80	机器加工
开机	20	140	20	停止
取下模具	20	160	20	取下机具
取出成品	20	180		
放置材料	70	200 220 240	90	等待

图 6-15 人机配合图

（3）简化（Simplification）：用最简单的方法与最单纯的设备简化动作，以节省人力与时间。

（4）重组（Rearrangement）：重新排列动作以得到最佳的动作顺序。

4. 评估与选择新的工作方法

新的工作方法最重要的评估标准是成本效益。以过去的历史资料为基础，综合相关人员的意见，并对新的工作方法加以研究、分析与修正后，即可付诸实施。

（二）动作研究

一项工作是由一连串的动作所组成，工作方法的分析其重心在"工作"，至于动作研究（Motion Study）的重心则是在"动作"。

动作经济原则（Motion Economic Principles）是动作研究的根本。此原则可分为22条，归纳为3大类：关于人体的运用、关于工作场所的布置以及关于工具与设备的设计：

1. 关于人体的运用

（1）双手应同时开始并同时完成动作。

（2）除规定时间外，双手不应同时空闲。

（3）双臂的动作应对称、反向且同时。

（4）应尽量应用最低层级与最省力的动作。

（5）物体的运动惯性动量应尽可能利用。

（6）连续曲线运动较方向突变的直线运动为佳。

（7）弹道式的运动，较受限制的运动。

（8）动作应尽可能使用轻松自然的节奏。

2. 关于工作场所的布置

（1）工具物料等物品应放置于固定场所。

（2）工具物料应布置于靠近使用点。

（3）物料应尽量利用其重力运送。

（4）重力坠送方法应尽可能使用。

（5）工具物料应依照最佳的工作顺序排列。

（6）应有适当良好的照明设备。

（7）工作台及椅子的高度应使工作者坐立适宜。

（8）工作椅的式样应让工作者保持良好的姿势。

3. 关于工具与设备的设计

（1）尽量解除手部的工作，而以夹具或脚踏工具等替代。

（2）尽可能将两种或两种以上的工具合并为一。

（3）工具物料应尽可能预放在工作位置附近。

（4）手指分别工作时，其负荷应按照本能予以分配。

（5）手柄的设计，应尽可能使手柄与手的接触面增大。

（6）操纵杆、十字杆及转轮的位置，应能使工作者极少变动其姿势。

第四节 工作衡量

工作衡量（Work Measurement）的目的在于建立操作系统中非管理人员工作绩效的评估标准。操作系统中的非管理人员又可分为直接人员与间接人员两大类。

直接人员的绩效衡量，主要是以事先建立的标准工作时间（或简称标准工时）作为衡量的基础，若实际工作所耗工时低于标准工时，则工作绩效较佳，若实际工作所耗工时高于标准工时，则工作绩效较差。从另一个角度来看，若将投入总工时除以标准工时称之为标准产出，如公式（6-3）所示，那么我们就也可以说：若实际产出高于标准产出，则工作绩效较佳，若实际产出低于标准产出，则工作绩效较差，如公式（6-4）所示。

$$标准产出 = \frac{投入总工时}{标准工时} \tag{6-3}$$

$$工作绩效 = \frac{标准工时}{实际工时} = \frac{实际产出}{标准产出} \tag{6-4}$$

公式（6-4）与第五章中效率的计算式极为类似，有时两者甚至混为一谈。若需加以区别，第五章中的效率是对产能运用程度的衡量，它是从宏观的角度来看绩效；公式（6-4）则是对作业人员工作努力程度的衡量，它是从微观的角度来看绩效。

所谓标准工时或标准时间（Standard Time），是指受过训练的员工，在一定的工具、设备、方法及工作环境中，依正常步骤或步调来完成工作所需要的平均时间。标准工时除应用于工作绩效的衡量外，其他的应用还包含人力资源与产能需求的预估、标准人工成本的决定、薪资制度的建立以及作为生产排程的依据等。

工作衡量最常采用的方法有下列两种：

1. 码表时间研究法

码表时间研究法（Stopwatch Time Study），是由科学管理之父泰勒所创，它是劳动力密集时期最被广泛使用的时间研究技术。码表时间研究法是以马表在工作现场测量某一特定工作在正常情形下所耗用的时间。

2. 预定时间研究法

预定时间研究法（Predetermined Time Study）是使用国际上已经建立好的动作单元的时间值，来决定标准时间的技术。预定时间研究法需先将工作细分为各动作单元，再经由预定的动作时间表查出每个动作单元所需的时间，加总后即为该工作的正常时间。预定时间研究法的使用较为复杂，故分析者一般都需要接受过如方法时间衡量（Method Time Measurements，MTM）或工作因素法（Work Factor，WF）的训练。

以上述方法获得的时间称为正常时间（Normal Time）。由于员工实际工作时，会受到工作环境的不佳或疲劳等因素的影响而降低工作速度，故正常时间需再加宽放时间（Allowance），才会等于标准工时，如公式（6-5）所示。

$$标准工时 = 正常时间 \times (1 + 宽放) \qquad\qquad (6-5)$$

范例 6-2

某工厂欲对其轮轴车削人员实施绩效奖金制度。工业工程师运用预定时间研究法求出轮轴的加工正常时间为 95 秒/件，并查表得到合理的宽放为 20%，试问轮轴加工的标准工时应为多少？假设该公司公布绩效奖金办法如表 6-12 所示，且张三、李四与王五每日工作 8 小时的日薪为 1500 元、1400 元与 1300 元，某日该三人的合格品产出为 300 件、250 件与 350 件，试问该日应领薪资各为多少？

表 6-12 某公司绩效奖金发放基准

工作绩效（%）	奖金（元）
<100	—
100~105	100
105~110	200
110~115	300
115~120	400
120~125	500
125~130	600
>130	800

解答：

标准工时 = 正常时间 × (1 + 宽放) = 95 × (1 + 0.2) = 114 秒/件

$$标准产出 = \frac{投入总工时}{标准工时} = \frac{8 \times 60 \times 60 \ （秒）}{114 \ （秒/件）} = 252 \ 件$$

张三工作绩效 $= \dfrac{实际产出}{标准产出} = \dfrac{300 \ 件}{252 \ 件} \approx 119\%$，该日应领薪资为 1500+400=1900 元

李四工作绩效 $= \dfrac{实际产出}{标准产出} = \dfrac{250 \ 件}{252 \ 件} \approx 99\%$，该日应领薪资为 1400+0=1400 元

王五工作绩效 $= \dfrac{实际产出}{标准产出} = \dfrac{350 \ 件}{252 \ 件} \approx 139\%$，该日应领薪资为 1300+800=2100 元

间接人员的绩效衡量最常采用的是工作抽查法。工作抽查法（Work Sampling）是以随机观察的方式来了解人员或机器的工作负荷。由于工作抽查法并不是要测量某工作的标准

工时，而是希望获得人员或设备的负荷资料，故较适合用于分析工作周期长且重复性低的作业，例如修理、维护与仓库管理等活动。工作抽查法观察次数的多少会影响到估计的准确性，观察次数愈多愈能趋近于实际的情况，但其成本则会相对提高。

第五节 结论

设施布置、工作设计与工作衡量虽是三个看似枯燥乏味的课题，但却是作业管理中由来已久且在实务上不可或缺的课题。许多修习作业管理的同学，喜好追逐现代流行的主题与名词，却忽略了本章所述内容的重要性，在步入社会后，会让主管觉得眼高手低，而本身更会觉得英雄无用武之地，故修习者应深自警惕，必要时多阅读与本章有关的其他专业书籍。

个案研讨

如何令对手难以超越的 7-ELEVEn

1978 年，统一企业成立"统一超级商店"，1980 年，统一引进 7-ELEVEn，直到 1987 年，7-ELEVEn 才开始赚钱。如今，7-ELEVEn 年营业额约 1000 亿元新台币，在全台湾拥有超过 4000 家店面，并已建构出竞争者难以超越的优势。

1. 坚强的物流体系

前网络时代里，7-ELEVEn 就已经架构起连接门市、物流及供货商三方的电子订货系统 (Electronic Ordering System, EOS)，过去统一超商门市店长需要打电话订货，再由物流中心专责人员 Key-in 各分店订货资料，然后将相关数据传给供货商出货，流程非常长与耗时；但电子订货系统的建构让统一超商门市、物流中心与供应商能同步接收到订货资料，除可节省时间与人力成本外，也提升了整个物流体系的效率。

2. 供货商伙伴的合作模式

7-ELEVEn 针对合作的供货商，发展出了一套供货商协同管理系统。凡是和 7-ELEVEn 合作的厂商，都可以上网查询各相关仓库的存货及进出资料，方便调度与应变。另外，过去厂商推出新产品时，都要到 7-ELEVEn 送样与报价，现在 7-ELEVEn 提供网络报价系统，厂商可以直接上网提出产品规格，节省双方的时间与成本并增加沟通效率，同时也可以扩张寻求新商品信息的来源。目前 7-ELEVEn 也在考虑未来开放销售情报给供货商，以便生产厂商更能了解消费者的需求，借以调整产品策略。

3. 强大的市场情报分析能力

借由 POS 系统，7-ELEVEn 能迅速统计分析所有商品的销售情形，调整架上产品项目，并对供货商的产品品质、价格与行销提供有效的建议。此外，7-ELEVEn 将 POS 和 EOS 连接，让店长不需要点货，系统在将销售资料与存货相比对后建议订货数量，门市可依个别特殊需求再做修正，大幅减少订货的时间及成本，以便店长有更多的时间参与企业经营企划。

4. 区顾问快速的情报分析与沟通能力

7-ELEVEn 的区顾问是精通 POS 的第一线情报员，负责与全省各地门市的联系工作，过去区顾问都要先到各区办公室打卡上班，然后再到各门市寻访，以了解各门市状况并传达公司政策。2000 年开始，7-ELEVEn 的区顾问每人都配有笔记型计算机，采行"行动办公室"的上班方式，每天可以直接到门市工作而不必先到区办公室打卡。区顾问经由上网撷取责任区内各家门市的销售营运信息，可以得到比较性的情报，例如同一商圈内的两家门市店对于同一种产品销售业绩的比较，以找出差异性并探讨背后的原因。

5. 快速的找店与展店能力

传统的杂货店是以现成楼房的一楼往内延伸，摆设的方式比较没规划，也没有快速完整的物流配送系统。如今的便利商店光线明亮、摆设整齐、商品由外向内都可看到。

7-ELEVEn 的客户群为上班族、青少年及儿童，因为这些族群对"便利性"的需求最大。对客户群最便利的地点，就是人潮流动最多的地方，所以 7-ELEVEn 选择大干道或三角窗为开店地点。7-ELEVEn 最为人称道的便是找店与展店的 Know-how，其开发地点的三个原则是商圈人口数、平均所得及邻近是否有竞争对手。

6. 亲切的服务与布置

进入 7-ELEVEn 后，亲切的问候声、明亮的光线、整齐的商品陈列，加上适当的空调都会令您流连忘返。开店一致性的做法更能使成功的脚步加快，只要照着做就能成功。

7-ELEVEn 的内部共分 11 区，其布置如下：

(1) 收银台：开门后左侧或右侧为收银台，收银台的高度为 100 厘米，其高度会使顾客没有压力，产生亲切感。收银台后面摆设各式香烟及高级酒类，收银台前摆设电池及糖果。

(2) 热食区：热食区摆设微波炉、茶叶蛋、关东煮、烤热狗机、蒸笼及热饮机。

(3) 冰品区：内有各式冰品满足顾客的口感。

(4) 低温区：摆设各式乳制品、茶类、便当、三明治与寿司。

（5）饮料区：摆设有各式饮料酒类。

（6）日常用品区：摆设居家日用品、雨具与化妆品类等。

（7）传真及复印机：方便顾客传真影印。

（8）报章杂志区：摆设各式书籍、杂志、小说与报纸。

（9）零食区：包含口香糖、传统零食、玩具等，此货物架的高度为150厘米，以方便大人及小孩拿取。

（10）饼干区：架前摆设面包及土司，此货物架的高度为150厘米，以方便大人及小孩拿取。

（11）面食区：此架包含面食及蜜饯，此货物架的高度为150厘米，以方便大人及小孩拿取。

饮料区规划在最里面是有原因的，因为客人进入店内一定会往里头走，经过其他商品区时会被其他商品所吸引而购买。同时商品架的高度不能太高，以使大人与小孩都能拿取得到。

资料来源：
1. 方雅惠. 7-ELEVEn利润源泉是规模大加上提升管理技术［J］. 远见杂志，1999（9）.
2. 赖彦儒. 后发先至的电子商务参赛者——虚拟与实体合一的7-ELEVEn［J］. 能力杂志，2002（3）.

问题讨论 请找任何一家传统商店，详细观察其与7-ELEVEn在设施布置上的不同以及优缺点。

习题

基础评量

1. 试叙述设施布置的目的。

2. 试叙述制造业优良设施布置须具备的条件。

3. 试叙述服务业优良设施布置须具备的条件。

4. 设施布置的基本形态可分为哪几种？

5. 何谓产品布置？其优缺点为何？

6. 何谓生产线平衡？

7. 生产线上四个工作站的工作时间如下表，试求生产线平衡效率。

工作站	工作时间（分钟）
1	1.6
2	2.5
3	2.1
4	1.8

8. 产能需求为 400000pcs/月，假设每月工作 20 天，每天工作 8 小时，则所需的产出率为多少？

9. 续 8 题，周期时间为多少？

10. 续 8 题，若标准工时的总和为 150 秒钟，试问所需最少工作站数为多少？

11. 传统产品布置与现代产品布置的观念有何不同？

12. 何谓 U 形布置？

13. 何谓制程布置？其优缺点为何？

14. 何谓群组技术布置？其优缺点为何？

15. 何谓制造单元？

16. 何种状况下适合采用固定式布置？

17. 试说明服务景观（Service Scape）的意义。

18. 试解释何谓工作设计。

19. 工作设计的现代观念强调什么？

20. 工作设计的范围应包括哪些？

21. 工作条件包含哪些项目？

22. 工作行为面的设计为何无法试行？

23. 试说明工作特性模式的五个构面。

24. 试说明工作轮调、工作丰富化与工作扩大化的不同。

25. 何谓动作经济原则？

26. 工作衡量常采用的方法包括哪些？

27. 某工厂欲对其生产人员实施绩效奖金制度。工业工程师运用码表时间研究法求出每个加工件的加工正常时间为 130 秒/件，并查表得到合理的宽放为 25%，试问每个加工件的加工标准工时为多少？假设该公司公布绩效奖金办法如下表所示，且张三、李四与王五每日工作 8 小时的日薪为 1200 元、1100 元与 1300 元，某日该三人的合格品产出为 250 件、200 件与 280 件，试问该日应领薪资各为多少？

工作绩效（%）	奖金（元）
<100	—
100~105	110
105~110	230
110~115	360
115~120	500
120~125	650
125~130	810
>130	980

深度思考

1. 为何课本说"群组技术布置可视为是一种结合产品布置与制程布置的方法"？

2. 直接人员与间接人员的工作绩效何者较难评估？为什么？

第七章 品质管理

学习重点 在学习本章后，你将能够

1. 定义何谓品质。

2. 了解品质管制、品质保证与品质管理的意义。

3. 说明何谓小 q 与大 Q。

4. 了解品质大师们的管理理念。

5. 了解全面品质管理的意义。

6. 了解当今各品质奖项的内容。

7. 了解 ISO9000 的意涵。

8. 说明何谓品质管理七个工具。

9. 说明何谓标杆学习。

10. 说明何谓六标准差。

ISO9000 带来的省思

ISO9000 自成为业界普遍推动的品质管理系统以来，各种错误解释与引用便层出不穷。在某次 ISO9001 的定期追踪总结会议中，评审员针对慧君企业提出了以下评论：

"贵公司在公司简介中提到贵公司的产品获得 ISO9001 认证通过，犯了两个错误：一是 ISO9001 代表品质系统，而非产品，符合国际品质管理的基本要求；二是贵公司是验证通过 ISO9001：2000，而非认证通过 ISO9000。此外，贵公司 ISO9001：2000 验证通过的范围仅限于生产某一产品的品质系统，而非全公司的整个品质系统，贵公司在相关文件中都未对此加以注明，很明显的有刻意混淆外界认知的嫌疑"。

"ISO9000 是建立品质系统的最基本要求，许多企业在通过验证后就误以为其品质水准已达世界一流水准，这种错误的观念对于提升品质是有害无益的"。

　　品质是现代企业经营管理最重要的主题之一，它对企业的生产力、竞争力与策略的制定都具有相当大的影响，因此所有管理者莫不视提升品质为其最主要的工作之一，而这也是本书介绍品质管理的最主要原因。

第一节 品质的意义

　　若要对品质管理有一深入的了解，需先对品质的意义有所认识。

一、品质的定义

　　有关品质（Quality）的定义非常多，但最精简与浅显的定义应该是"产品或是服务，符合或超越顾客期望的能力"。

　　在此定义中强调，品质是一种比较性的概念。同样的产品或是服务水准常会因为时间与地点的差异，而影响到顾客的期望，因而导致不同的品质评价。符合顾客期望是追求品质的最起码要求，但超越顾客期望，让顾客在接收到产品或是服务时，因远超过他的想象而发出惊讶赞叹声，才是优良品质的表现。

　　由于以上的定义广受一般学者专家所接受，故也有一些学者尝试以数学公式表达品质的意义，如公式（7-1）或公式（7-2）所示。

$$Q = \frac{P}{E} \tag{7-1}$$

　　式中，Q 为品质；P 为展现绩效；E 为顾客期望。

$$Q = P - E \tag{7-2}$$

　　式中，Q 为品质；P 为顾客认知；E 为顾客期望。

二、品质管制、品质保证与品质管理

　　一般所谓的品管，指的可能是品质管制、品质保证或是品质管理，这三者之间其实是有所不同的。

　　1. 品质管制

　　品质管制（Quality Control，QC）是指决定产品的规格与制程管制的标准，检验测试产品是否符合规格要求，侦测制程是否符合管制标准，检讨产品或是制程资料，以作为产品规格或制程管制标准修改的参考等。

　　2. 品质保证

　　品质保证（Quality Assurance，QA）是为确保组织对顾客所做的各种承诺得以实现的

相关活动，这些承诺包含合约、广告、产品说明、政府与相关组织的要求、该行业不成文的惯例等，所以品质保证活动一般指的是设计审查、产品可靠度预测与确认、产品故障模式与效应分析等。品质管制多为线上（On Line）活动，故一般所称的品管部门，其对应的部门多为制造部门；品质保证则多指线外（Off Line）活动，故一般所称为品保部门，其对应的部门多为研发部门。

3. 品质管理

品质管理（Quality Management，QM）可以解释为在整体管理功能中，所有涉及品质层面中有关规划、组织、用人、领导与管制的活动。所以品质管理除包含品质管制与品质保证的活动外，还包含所有与品质相关的其他课题，例如品质政策的拟定、品质目标的设定、品质系统的规划设计、领导风格与品质文化的塑造、品质技能的训练、品质改善的推行与品质稽核等。

三、品质从何而来

对品质从何而来的看法，历经了以下五个阶段：

（1）品质是检验出来的。

（2）品质是制造出来的。

（3）品质是设计出来的。

（4）品质是管理出来的。

（5）品质是习惯出来的。

早期的管理者认为，依靠品质检验就能确保产品品质，此时的观念认为品质是检验出来的。后来发觉在制造过程中注重品质，可以免除大量的事后检验，从而消除不良品产生的浪费。此时的观念认为，品质是制造出来的。之后又发觉，在设计阶段就注重品质，能将检验与浪费降至更低。此时的观念认为，品质是设计出来的。随着管理理论与实务的发展，管理者发现，依赖检验、制造与设计来确保品质其实都还不够，唯有良好的管理才可能拥有优良的品质。此时的观念认为，品质是管理出来的。近年来，管理者已普遍地认为品质除应顾及检验、制造、设计与管理外，更应建立尊重品质的企业文化，使得品质深入人心与日常生活之中，才能全面提升产品与服务的品质。

四、小 q 与大 Q

传统观念认为，品质指的是产品的品质，学者将这种观念称为小 q。现代的品质观则认为，品质代表着组织内每项活动及最终产品的顾客满意程度，此处的顾客可以是内部顾客或外部顾客，这种观念被称为大 Q 的观念。

第二节 品质大师的管理理念

现代品质管理的观念深受戴明、朱兰、费根堡、克罗斯比、石川馨以及田口玄一等学者专家们的影响，因此世人尊称他们为品质大师（Quality Gurus）。

一、戴明

戴明（Deming）原是美国纽约大学的统计学教授。戴明在第二次世界大战结束后前往日本，协助日本企业改善品质与生产力，他发现日本当时虽然贫穷但却乐于向他学习品质，因此激发了戴明强烈的教学意愿，并为当时的日本企业设计了一套完整的统计品质管制课程。戴明在日本积极地倡导他的理念，并获得热烈的回响，对日本影响极大，因此享有日本"品质之父"的美誉。

戴明虽在日本工作奉献长达 30 年，并广受尊崇，但当时在美国却鲜为人知，直到美国电视台播出"日本能，我们为什么不能"的节目后，戴明才开始扬名于世。

戴明对品质的贡献主要有三点：戴明十四点管理原则、品质变异的特殊与一般原因、戴明循环。

（一）戴明十四点管理原则

戴明十四点管理原则（Deming's 14 Principles）经过戴明多年的反复论述与修正，前后内容稍有差异，但大致如表 7-1 所示。戴明认为，这十四点管理原则是组织欲达成品质目标所必须遵循的。组织没有效率或品质不佳是因为系统与管理，而非员工所造成的。能贯彻戴明十四点管理原则的企业，戴明称其为戴明公司。

表 7-1 戴明十四点管理原则

管理原则	说 明
①改善要有目标	企业组织必须有长期的品质目标，借以提高产品与服务的品质
②采用新观念	企业组织应采用新的经营哲学与理念，并通过沟通、管理与制度运作，建立所有员工品质的共识
③停止靠检验达成品质	最终检验无法提升品质，改善品质应从最根本做起
④废除最低价竞标制度	应慎选供货商，购买高品质的材料及零组件，而非以价格作为选商基础
⑤持续改善	持续不断地改善生产与服务系统
⑥建立职训制度	不断地对员工实施教育训练，促其做对的事情
⑦建立领导体系	管理者应建立领导风格，致力于消除妨碍生产效率的各种有形与无形的因素
⑧扫除恐惧	管理者应协助员工面对问题，排除恐惧。不应该让员工单独面对问题
⑨破除部门间的藩篱	管理者应建立部门间的沟通管道，扫除部门间的障碍，为建立改善品质而努力
⑩避免过多的口号	管理者应对改善品质的理念身体力行，而不是一直向员工喊口号、训诫或定目标

续表

管理原则	说　明
⑪废除数字及目标，代之领导	要以优秀的领导来达成工作要求，而不是以数字或目标
⑫鼓励员工	赞扬员工的工作绩效，使他们以工作为荣
⑬教育训练	拟订教育训练与自我改进计划
⑭致力转型	企业组织内的每一个人都应参与品质活动，并促成其工作态度的转变

（二）品质变异的特殊与一般原因

变异（Variation）指的是实际值偏离目标值，欲提高品质就应降低变异。变异的来源主要有：一是特殊原因（Special Cause），它起因于一些可避免但未避免的原因，例如操作错误等，它对品质的影响较大，但可通过良好的管理加以矫正；二是一般原因（Common Cause），它起因于自然界中的随机性，对品质的影响较小。由于变异可以量化，因此管理者应具备统计学的知识并运用管制图，以分辨特殊原因与一般原因，并做出降低品质变异的决策。

（三）戴明循环

戴明循环原称为 PDCA 循环，因戴明的特别强调，故常被称为戴明循环。PDCA 代表计划（Plan）、执行（Do）、查核（Check）与行动（Act），其含义如下：

1. 计划

依照市场需求设计合乎消费者所需要的产品，并决定作业程序、原料、设备、仪器及检验方法等。

2. 执行

依据预定计划生产合乎标准的产品，并给予员工适当的品质教育训练。

3. 查核

调查各项作业是否依规定执行；检验产品是否达到预定的标准。

4. 行动

依照查核结果区分异常，必要时针对异常迅速追查原因，将异常去除，防止不合格产品再次出现。

PDCA 循环现已被视为是任何管理均可遵守的原则，这都应感谢戴明的推广。企业长时间的推动 PDCA 循环的巨轮，将会有超出想象的效益，故一般常以图 7-1 的方式来表现 PDCA 这样的贡献。

近年来，许多其他类似的原则也在 PDCA 的基础下被发展出来，例如 PDSA 循环就是其中之一。PDSA 与 PDCA 的唯一不同之处，在于以研究（Study）取代查核，以表现管理者追寻品质时更积极的做法与态度。

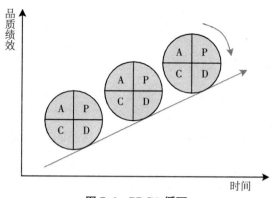

图 7-1 PDCA 循环

二、朱兰

朱兰（Juran）如同戴明一样，都是出名的美国学者，但他比戴明晚四年赴日本，他也被视为是日本品质成功的主要力量。朱兰的许多概念与戴明近似，但最大的差异在于朱兰认为提升品质其实很简单，而不一定需要像戴明所强调的必须拥有统计学的基础，因为那样反而会把问题过度复杂化。朱兰对品质的贡献主要有三点：品质的意义、品质三部曲（Quality Trilogy）与品质改善十大步骤。

（一）品质的意义

品质起源于知道顾客想要什么。为了解并满足顾客的需求，需要行销、设计、生产及服务人员的依序投入，但同时也应兼顾协同合作，朱兰以图 7-2 说明了他这样的观点。

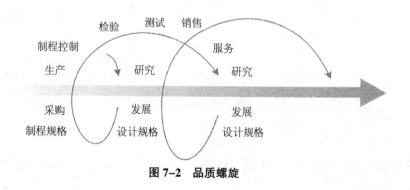

图 7-2 品质螺旋

朱兰认为品质就是适用性，管理者应确切地掌握顾客的需求，提供顾客适用的产品，而非无止境地投入大量成本于品质上。因此朱兰也是最早提倡品质成本（Quality Cost）概念的学者之一，所谓的品质成本包含下列四种成本：

1. 预防成本

预防成本（Preventive Cost）包括品质计划的成本及所有预防缺失发生的成本，例如人员训练的成本。

2. 鉴定成本

鉴定成本（Appraisal Cost）是为维持既定的品质标准而必须鉴定产品的品质所发生的一切成本，例如检验及试验成本。

3. 内部失败成本

内部失败成本（Internal Failure Cost）是因不合格品的产生而造成对企业直接影响的成本，例如报废、重工及损毁等费用。

4. 外部失败成本

外部失败成本（External Failure Cost）是指不合格品到达顾客后所产生的成本，例如顾客申诉及产品在保证使用年限内的免费服务等费用。

（二）品质三部曲

朱兰认为约80%的品质不良是管理上可控制的，因此管理者有责任管制不良。他以品质三部曲来说明强化品质管理的方法，此三部曲为品质规划、品质管制与品质改善。品质三部曲对于他所强调的品质成本的影响如图7-3所示。

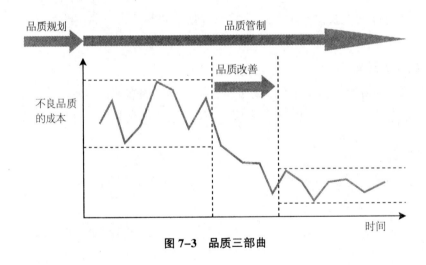

图7-3 品质三部曲

1. 品质规划

了解顾客需求并发展产品特色以响应顾客需求，然后以最低成本建立品质目标。

2. 品质管制

制定规格并采用能符合此规格的生产或量测方法，并了解何时需要采取异常矫正措施。

3. 品质改善

持续不断地寻找做事情的最佳方法，并对目前的品质绩效加以改善。

（三）品质改善十大步骤

朱兰认为，在品质三部曲中最重要的就是品质改善，因此又提出了品质改善十大步骤

（Juran's Quality Improvement 10 Steps）供企业参考，如表 7-2 所示。

表 7-2 品质改善十大步骤

①建立改善需要的意识与机会
②设定改善目标
③将人员组织起来，致力于目标的达成
④提供遍及组织机构的训练
⑤实施品质改善方案，以解决品质问题
⑥报告品质改善方案的进度
⑦确认品质改善的成果
⑧沟通结果
⑨持续对品质评分
⑩将品质改善纳入制度，以维持品质改善的动能

三、费根堡

费根堡（Feigenbaum）早年在奇异电器公司工作，然后在大学任教，他在 1961 年出版《全面品质管制》（Total Quality Control，TQC）一书，详述了他的品质理念。

费根堡的全面品质管制概念，与戴明和朱兰的想法极为相近，他认为：

（1）企业应发展一套以顾客导向为基础的品质策略架构，才能兼顾较佳的品质和较低的成本。

（2）品质不仅是技术的集合，而应是全面性的整合。

（3）对影响品质的所有因素以及在生产及服务过程中的每一重要阶段，都应实施品质管制。

（4）品质首先重视源流管理。

（5）品质管制方案的核心为事前预防，而非事后矫正。

以上的概念可以统称为全面品质管制。全面品质管制所包括的范围，不应仅限于产品品质管制，更应遍及全公司任何其他与品质有关的功能活动。全面品质管制按工作的性质可以分为下列四类：

1. 新产品设计管制

在新产品设计阶段，企业应制定新产品所需要的成本标准、性能标准及可靠度，在正式生产前应消除或探求可能发生品质问题的根源。

2. 进料管制

企业在进料检验时，应考量以最经济的品质水准接收及储存符合品质规格要求的原物料。

3. 产品管制

产品从生产开始起到服务结束止，任何不合格都应在产生前加以矫正或预防。

4. 特殊制程研究

特殊制程（Special Process）指的是产品在加工后，无法利用检测方法获知其是否为良品的制程。由于品质检验对于这种制程无法发挥管制的功效，故管理者应针对特殊制程进行各种调查与试验工作，以有效控制产品品质。

费根堡也对品质成本做了进一步的阐述，他认为品质成本是衡量及寻求最佳品质管制活动的方法。归纳分析品质成本的分配状况，可以衡量全面品质管制活动是否得宜。企业应借增加少量的预防成本支出，以减少失败成本，使节省下来的品质成本变成公司的利润。

四、克罗斯比

克罗斯比（Crosby）早期长时间任职于企业，之后专职于顾问工作。克罗斯比认为工作必须"第一次就做对"（Do It Right The First Time，DIRFT），他认为品质只要事先规划及设计好，就可以在执行时，轻松地达到所要求的标准。克罗斯比也提出五个企业常见的品质问题（品质不一致、修补的坏习惯、容许错误存在、不知品质不合需求的代价及不肯正视问题的根源）来说明如果在一开始就做对，企业将能避免许多日后的困扰并降低成本。

克罗斯比认为品质应符合下列四大定理：

（1）品质就是合乎需求。

（2）品质是来自于预防，而不是检验。

（3）工作的唯一标准就是"零缺点"（Zero Defect）。

（4）应以"产品不符合标准的代价"来衡量品质。

为了追求零缺点，克罗斯比认为改善与预防最为重要，而要建立这样的观念应先了解提高预防成本是可以降低总品质成本的。克罗斯比另外还提出了品质十四项步骤（Crosby's 14 Steps）作为组织推行零缺点运动的依据，如表7-3所示。

表7-3　品质十四项步骤

①管理阶层对品质的承诺
②运用团队行动，达成品质目标
③设定清晰明确的标准
④审慎而客观地掌握品质成本
⑤灌输员工对品质的警觉心，使之成为企业文化的一部分
⑥找出问题，并从根本解决它
⑦以审慎的态度来设计"零缺点"活动
⑧设计一套品质教育系统来教育员工

⑨庄重地举行"零缺点"日（ZD 日），让主管与员工在这一天分享彼此的承诺与决心
⑩经由团队讨论，设定一个短期又不琐碎的目标，逐步达成最后的总目标——零缺点
⑪消除造成错误的原因，要求每个员工说出自己在工作上遭遇的问题，并加以解决
⑫选出品质改善标杆，给予具象征性意义的奖励
⑬设立品质委员会，结合各品管专家于一堂，互相切磋改善品质
⑭通过观察、参与、学习与从头再来，以获取更卓越的成就

五、石川馨

石川馨（Ishikawa）深受戴明及朱兰的影响，所以他的理念与这两位前辈极为相近，例如全员参与及教育训练等。石川馨的主要贡献有全公司品质管制（Company Wide Quality Control，CWQC）与品管圈（Quality Control Circle，QCC）、顾客的新观念以及特性要因图等。

（一）全公司品质管制与品管圈

全公司品质管制所追求的品质不仅是产品品质与服务品质，更应是一种良好的工作品质。全公司的品质管制的执行工具为品管圈。

品管圈是在现场工作的员工，持续地进行产品、服务与工作等与品质有关的管理与改善的"小团体"。

在石川馨的大力提倡下，品管圈已是日本家喻户晓的活动，并成为其他国家企业学习的榜样。

品管圈活动的组成重点如下：

1. 圈长

圈长是品管圈团体活动的领导者，他必须事先接受训练，在吸收有关品管圈的方法和技巧后，才能领导和推展品管圈的活动。

2. 人数

品管圈中每圈的人数一般以 6~12 人为宜。

3. 开会方法

品管圈的开会方法是利用脑力激荡法，会中绝对禁止批评，以使大家能畅所欲言、互相启发。

4. 统计方法

品管圈采取简单而有效的统计方法（例如品质管理七个工具等），针对问题作有系统的分析与讨论，并集中大家的智能定出对策、采取行动和评价其成果。

5. 自动自发地活动

品管圈活动是出于自愿而非强迫的，换言之，整个品管圈的一切事务都应由现场人员自己计划、执行、检讨及矫正。

（二）顾客的新观念

石川馨定义外部顾客为购买产品的人，内部顾客为生产线上的下一个人员、接到你工作结果的人或任何一个信赖你的人。因此，顾客不再只是付钱购买产品的人而已，它更包含了同事。

（三）特性要因图

特性要因图是石川馨所发展出来的一种分析与解决问题的技巧，因简单易学，故能大量普及，是强化企业品质改善能力的优良工具。

六、田口玄一

田口玄一（Taguchi）成名于美国，他以损失函数定义品质为"产品出厂后对社会造成的损失"。传统的观念认为，产品在超出规格上下限成为不合格品时，才会造成企业的损失，如图7–4所示。但田口玄一认为，只要产品偏离目标值就会造成损失，如图7–5所示，而衡量此一损失大小的函数就是损失函数（Loss Function）。一般而言，损失函数可视为是品质特性偏离目标值的二次函数，如公式（7–3）所示。

$$L = k(y - m)^2 \tag{7–3}$$

式中，L为损失；k为常数；y为品质特性值；m为品质特性的目标值。

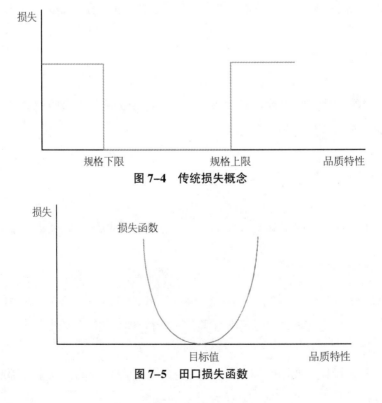

图7–4 传统损失概念

图7–5 田口损失函数

要降低损失，首重线外品管（Off-Line Quality Control）。线外品管与线上品管（On-Line Quality Control）是两个相对的概念，线外品管着重在产品设计与制程设计，而线上品管则以检验与测试为主。线外品管包含系统设计、参数设计与允差设计。

1. 系统设计

所谓系统设计（System Design）是指设计工程师依其经验和工程上的原则，建立产品的原型以符合功能要求。

2. 参数设计

本书第四章已对参数设计的课题加以介绍。在此不多赘述。

3. 允差设计

允差设计（Tolerance Design）是决定参数设计中的参数的允许变动范围。当参数设计所获得的成效不如预期或某些因子对品质有较大的影响时，我们应缩小这些因子的允差，以较严格的控制来降低品质变异；至于对品质变异较无影响的因子，我们可以放宽其变动范围，使制造较为容易并降低生产成本。

第三节　全面品质管理

日本科学与技术联盟对全面品质管理（Total Quality Management，TQM）所下的定义为"全面品质管理是一套系统性的活动，它由全组织以有效果与效率的方式共同达成公司目标，且在适当的时间以适当的价格，提供能够满足顾客达某一品质水准的产品与服务"。

组织所建立的一套系统性的品质活动一般称为品质管理系统（Quality Management System，QMS）。目前，全球最著名的品质管理系统首推日本戴明奖（Deming Prize）、美国国家品质奖（Malcolm Baldrige National Quality Award，MBNQA）、欧洲品质奖（European Quality Award，EQA）与ISO9000，对于我国企业则应再加入中国台湾地区品质奖（Chinese National Quality Award，CNQA）。

一、戴明奖

戴明奖为目前全球知名品质奖项中设立最早者，其设立是为表彰戴明的贡献，故以戴明为名。

戴明奖可分为个人奖、实施奖与事业部奖三类。个人奖是颁发给对全面品质管理或全面品质管理所使用的统计方法在研究方面有杰出表现者，或对全面品质管理的推行普及有杰出贡献者。实施奖是颁发给经由实施全面品质管理后获得显著绩效改善的组织或部门。事业部奖是颁发给经由实施品质管制/管理后获得显著绩效改善的作业事业单位。戴明奖过去较常被批评为过度重视统计方法。事实上，早期的戴明奖的确颇为注重统计品质管制，然而今日的戴明奖已经大幅度地修正，除了个人奖因保留对戴明的尊重而仍着重统计方法外，其余的奖项都已明显的是以全面品质管理的观点为考量。

实施奖为年度奖，其名额并无限制，无论是政府或民间、大或小、国内或国外的组织，皆可申请。戴明奖的评审过程分为书面评审与现场评审两阶段，申请者需先依规定缴交一份制式的书面文件以进行书面评审，书面评审通过才能进入现场评审，现场评审若再通过，该企业将获得一面刻有戴明博士像的金牌及奖状，即戴明奖。

除了戴明奖之外，日本官方自 1970 年起也设立了日本品质奖（Japan Quality Medal），但日本品质奖的历史与知名度都不及戴明奖。依日本政府的规定，得过戴明奖的组织在得奖 3 年后才能申请日本品质奖。

二、美国国家品质奖

美国国家品质奖在国内常被翻译成马康巴立治奖，它主要是以向企业推广绩效卓越（Performance Excellence）模式，以提升企业的经营绩效与国家竞争力为着眼。美国国家品质奖以 Malcolm Baldridge 为名，主要是为了纪念对美国品质极具贡献的美国企业家兼前经济部长 Malcolm Baldridge。

美国国家品质奖分为三类：第一类为大型制造业，第二类为大型服务业，第三类为中小型企业，每一类的得奖名额最多两名。除了颁奖名额不同于戴明奖，另一项与戴明奖不同的是，这些奖项仅颁发给在美国本土设立的公司。美国国家品质奖自设立以来，每年得奖者皆由美国总统亲自颁奖。

美国国家品质奖的评审与戴明奖相同，也分为书面评审与现场评审两阶段。最新的美国国家品质奖评审标准已加入了许多管理领域上的新观念，例如知识管理、创新与企业治理等。因为具有这种持续带领全球 TQM 不断改善的精神，因此使得美国国家品质奖历久弥新，更成为其他品质管理系统学习的对象。

在美国国家品质奖的激励下，美国许多州近年来也陆续设立了州级的品质奖项，为推动全面品质管理注入了更多的新鲜血液。

三、欧洲品质奖

受到戴明奖与美国国家品质奖的影响，欧洲品质界在倍感压力下，以跨国方式设立了欧洲品质奖。

日本戴明奖的颁发没有名额限制，美国国家品质奖则是颁发给绩效最优良的组织，欧洲品质奖则兼采此两种奖项的优点，将奖项分为 EQP 与 EQA 两种，EQP 颁发给能持续改善其过程且有卓越表现的组织，名额不限；EQA 则颁发给年度评审最为卓越的组织，对象可为大企业、中小企业、政府机构、社团与非营利单位等在欧洲设立的组织，每一类最多一名，目前为欧洲最高的品质象征。

申请欧洲品质奖的组织需先进行自我评鉴。当书面评审通过后，就由评审员进行现场评审，现场评审主要是确认申请文件的正确性，并厘清原申请文件不清楚的地方。现场评审结束后，执行单位从所有申请者中挑选得奖组织。

四、中国台湾地区品质奖

1990年，中国台湾地区品质奖（以下简称"品质奖"）仿美国国家品质奖的设计，经中国台湾行政主管部门核准正式成立，并于当年颁发第一座奖项。品质奖的主办单位为中国台湾地区品质奖评审委员会。

品质奖共有四种奖别，其颁发对象如表7-4所示。

表7-4 品质奖奖别与颁发对象

奖别	颁发对象
企业奖	推行全面品质管理具有卓越绩效的企业
中小企业奖	推行全面品质管理具有卓越绩效的中小企业
机关团体奖	推行全面品质管理具有卓越绩效的机关团体
个人奖	对全面品质管理的研究、推广或实践有卓越贡献的个人

本书在此仅将品质奖中的企业奖、中小企业奖与机关团体奖的评审标准如表7-5所示。

表7-5 品质奖评审标准

评审项目	权重	评审项目	权重
1. 领导与经营理念	160	②顾客与商情管理	
①经营理念与价值观		③顾客关系管理	
②组织使命与愿景		5. 人力资源与知识管理	130
③高级经营层的领导能力		①人力资源规划	
④全面品质文化的塑造		②人力资源开发	
⑤社会责任		③人力资源运用	
2. 策略管理	90	④员工关系管理	
①整体策略规划		⑤知识管理	
②经营模式		6. 信息策略、应用与管理	90
③策略执行与改进		①信息策略规划	
3. 研发与创新	90	②网络应用	
①研发与创新策略及流程		③信息应用	
②研发与创新的投入		7. 流程（过程）管理	90
③研发与创新成果衡量		①产品流程（过程）管理	
4. 顾客与市场发展	100	②支持性活动管理	
①产品（服务）与市场策略		③跨组织关系管理	

续表

评审项目	权重	评审项目	权重
8. 经营绩效	250	⑤信息管理绩效	
①顾客满意度		⑥流程管理绩效	
②市场发展绩效		⑦创新及核心竞争力绩效	
③财务绩效		⑧社会评价（品质荣誉）	
④人力资源发展绩效			

五、ISO9000

相对于各国国家品质奖，ISO9000 是另一个影响层面更广的品质管理系统。自 1987 年国际标准组织颁布第一版 ISO9000 标准以来至今已逾多年，ISO9000 已被大部分企业作为建立品质管理系统的依据，各国政府为提升其国内企业的竞争力，亦纷纷将此国际标准转定为国内标准，并大力推动。

国际标准组织（International Organization for Standardization，ISO）是一个非官方的组织，它的会员包含了各国的官方与民间机构。ISO 成立的主要目的为制定世界通用的国际标准，以促进标准国际化，并减少技术性贸易障碍。

ISO 的每一项标准都会同时以英文、法文与西班牙文同时颁布，任何标准颁布后，原则上每 5 年会检讨一次，10 年会大幅度修正一次。

在 ISO 已颁布的标准中，目前以 ISO9000 所造成的影响最大。ISO9000 是一系列与品质有关的标准的统称，在这一系列标准中最重要的标准是 ISO9001。ISO9000 系列标准自颁布后，各国原有的品质管理标准亦随之变更，以与全球同步，例如，ANSI/ASQCQ90 与 CNS12680 就是 ISO9000 的美国版与中国台湾版。

ISO9001 是一个可被验证的标准，组织应依照图 7-6 的规定，建立其具 PDCA 特性的品质管理系统，并经实际运作至少 3 个月以上，才可向验证机构（Certification Body）申请验证，经验证机构派员评审，证明其已符合 ISO9001 的各项要求后，验证机构即可代表某一国政府的认证机构，对申请验证的组织核发 ISO9001 证书。

ISO9001 证书核发后，一般每半年要再接受一次验证公司的监督评审，每 3 年要重新评审并核发新证书。

ISO9000 的成功，激励了许多其他品质或非品质活动的推行，因此各国际机构在 20 世纪 90 年代以后纷纷仿效 ISO9000 的验证架构，开始推动其他各种的验证活动，其中尤以 ISO14000 国际环境管理系统最为出名。

ISO14000 是 ISO 所颁布的一系列环境管理标准的简称，其中最重要，同时也是可以验证的是 ISO14001 国际环境管理系统（Environment Management System，EMS）。ISO14001 标准的架构与 ISO9001 类似，同样都是以 PDCA 循环为基础，组织必须建立符合 PDCA 要

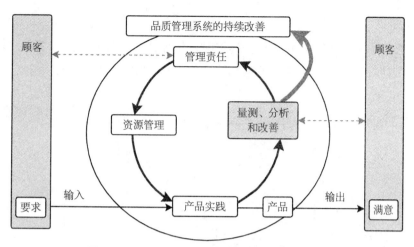

图7-6　ISO9001过程导向的品质管理系统模式

求的环境管理系统，并经验证机构评审认可后才能取得 ISO14001 的证书。

第四节　品质管理七个工具

　　任何问题的陈述与分析皆需借助文字、表格或图形的协助。一般而言，图形的分析解释能力优于表格，而表格的分析解释能力又优于文字，故品质改善活动中常以适当的表格与图形作问题分析与解决的工具。

　　在过去信息工具尚未十分普及的时代里，一般人对图形与表格的制作有限。但在今日，任何稍具信息基本概念的人都大致能够运用手边唾手可得的信息工具，制作出精美的图形与表格，其中尤以 Excel 的图表最为方便。

　　品质管理七个工具（QC 7 Tools）是日本科技联盟所整理出的对现场改善最简易的七个工具，也有人称其为品管七工具或品管七大手法，它包含散布图、管制图、直方图、柏拉图、流程图、特性要因图与检核表，其内容如表7-6所示。日本科学与技术联盟除整理开发出品质管理七个工具外，另外也整理开发出品质管理七个新工具（New QC 7 Tools）。

表7-6　品质管理七个工具

手法名称	意义与使用时机
①散布图	借由绘制两个变量在二维空间中的图形，以判定此两变量间的相关程度
②管制图	对品质特性加以测量、计算与绘制，借由图形的变化侦测出制程中的非机遇变异，以进行改善
③直方图	将不同组别的资料出现频率绘成图形，以推测品质特性的集中趋势与离中趋势
④柏拉图	将各种状况的频率从高到低排列，以掌握主要状况进行重点改善
⑤流程图	将流程以视觉方式表现出来，以协助研究人员从流程中找出重点问题发生处
⑥特性要因图	分析形成某种结果的原因为何的系统性方法，常搭配脑力激荡法合并使用
⑦检核表	作为工作备忘之用；或有系统地收集和记录，以方便进行资料的整理

1. 散布图

当我们想知道两个变量之间的相关程度时，例如体重与身高之间的关系，就可使用散布图（Scatter Diagram）。两变量之间的关联程度又可分为正相关、负相关与无关如图 7-7~图 7-9 所示。

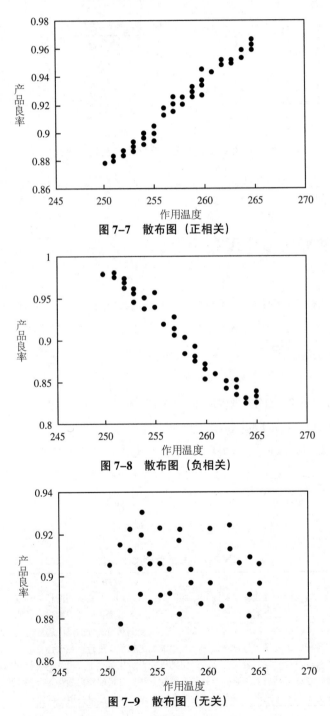

图 7-7　散布图（正相关）

图 7-8　散布图（负相关）

图 7-9　散布图（无关）

2. 管制图

管制图如图 7-10 所示的原理与绘制方法将于本书下一章中再加叙述。

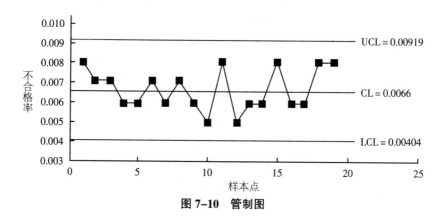

图 7-10 管制图

3. 直方图

当我们想了解某一品质特性的分配状态时，直方图（Histogram）是最简单快速的方法，如图 7-11 所示。

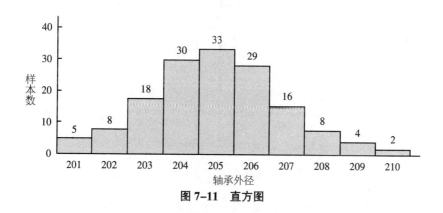

图 7-11 直方图

受过基本统计训练的人员常会以平均数与标准差作为评判一组数据的集中趋势量数与离中趋势量数，但对于未受过统计训练的绝大部分第一线人员而言，直方图可作为初步判定观察值集中趋势与离中趋势的简易工具。将观察值直方图与规格界限绘在同一张图上，更能增进我们对品质状况的了解。

4. 柏拉图

柏拉图（Pareto Chart）将问题发生的频率依大小顺序排列，如图 7-12 所示，常能协助我们更清楚地掌握"重要的少数"，以优先解决具有决定性的关键问题。

5. 流程图

流程图（Flow Chart）是一种叙述工作步骤的图形，如图 7-13 所示。

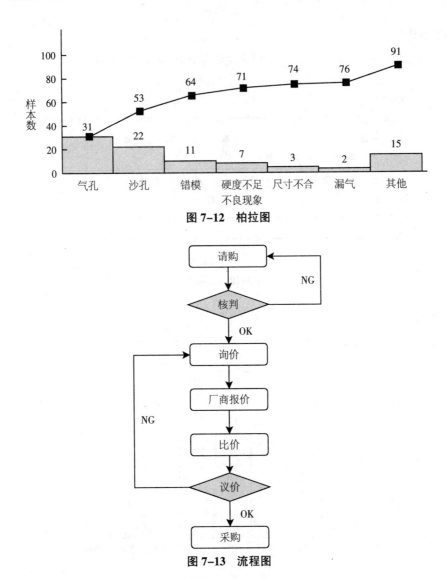

图 7-12 柏拉图

图 7-13 流程图

6. 特性要因图

特性要因图（Cause-and-Effect Diagram）又可称为鱼骨图（Fish-Bone Diagram）、石川馨图或因果图，如图 7-14 所示，它是石川馨博士所创造并大力推荐的工具。该图常与脑力激荡法（Brainstorming）并用，是分析问题成因最常用的基本工具。特性要因图的绘制需先将成因大分类后小分类，大分类的方式常从人、机、料、法（Man，Machine，Material and Method，4M）四方面着手，小分类则视实际状况进行成因探讨。

7. 检核表

检核表（Check Sheet）能协助工作者作为备忘之用，如表 7-7 所示，常称为备忘用检核表；或有系统地收集和记录以方便进行资料的整理，如表 7-8 所示，常称为记录用检核表。备忘用检核表若项目过多时，应对检核项目进行分类，以使检核时条理分明；记录用

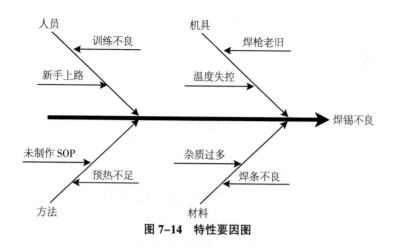

图 7-14 特性要因图

表 7-7 备忘用检核表

ISO9001 内部品质稽核——文件管制稽核要项	是	否	不适用
①是否建立包括品质手册、程序文件及其他必要的文件及品质记录	√		
②文件发行前是否加以审核	√		
③文件修订前是否加以审核	√		
④文件变更及版本状况是否能识别	√		
⑤使用场所是否拥有必要文件		√	
⑥文件是否清楚易读容易识别	√		
⑦外来原始文件是否能识别并管制分发			√
⑧过时文件仍需使用时是否能予标识	√		
⑨品质记录是否妥善管制	√		

表 7-8 记录用检核表

产品品质检查表				
	早班	中班	晚班	小计
①重量不足	/	///	//	6
②外径尺寸太小	/	///	//	6
③外径尺寸太大	///	///	///	9
④内径尺寸太小	//	##	////	11
⑤内径尺寸太大	//	////	## //	13
⑥外观不良	////	##	///	12
合计	13	23	21	57

检核表在设计时应考虑是否有助于未来进行资料分析时的层别（Stratification），例如表 7-8 中将品质异常分为早班、中班与晚班分别统计的设计，就会有助于未来的资料分析。

第五节 标杆学习

所谓的标杆（Benchmark），最早指的是地理研究中用来测量相对距离前所必须先决定的某个参考点。在品质改善中，标杆指的是同侪中最好（Best-in-Class）的成就，而这种成就足以作为其他拥有类似作业流程的组织参考学习。

标杆学习起源于美国全录（Xerox）公司在 20 世纪 80 年代因为市场占有率与获利率大幅衰退，而展开向日本全录公司学习 TQC，最后反败为胜的成功经验。

美国生产力与品质中心将标杆学习（Benchmarking）定义为"标杆学习是一个系统性与持续性的过程，组织通过此过程不断地将其作业活动与世界上居领导地位的其他企业相比较，以获得改善营运绩效的资讯"。

依企业所选择的标杆类型区分，标杆学习可分为下列三类：

1. 内部标杆

在同一企业内，由具有类似功能或业务的各个部门中，挑选出其中绩效表现最好的部门，当作是本部门比较与学习的对象，此称为内部标杆。

2. 外部标杆

在相同的产业当中，由具有类似功能或业务的同业中，挑选出其中绩效表现最好的公司，当作是本公司比较与学习的对象，此称为外部标杆或是竞争标杆。

3. 功能标杆

打破产业界限，由具有类似功能或业务的其他公司中，挑选出其中绩效表现最好的公司，当作是本公司比较与学习的对象，此称为功能标杆、最佳实务标杆或是流程标杆。

以上所述的三种标杆学习都具有不同的内容及重点，而在实施上也都有其各自的优缺点。

第六节 六标准差活动

六标准差（6σ）是 20 世纪 80 年代由摩托罗拉（Motorola）公司所发展出来的管理手法，1995 年通用电子（GE）执行长杰克威尔许（Jack Welch）采用六标准差作为企业的指导策略，在短短的三年内彻底改善了该公司的品质，因此造就了六标准差的流行。

一、六标准差的意义

摩托罗拉对六标准差的意义解释为"在流程操作当中，每 100 万次的操作机会，只可以容许 3.4 次的失误（3.4PPM）"。有关此意义的说明如下：

1. 六标准差强调的是流程操作的失误率，而非产品的不合格率

标准差是统计学中的名词，传统有关标准差在品管上的运用大多是针对产品品质，但六标准差活动并非仅止于此，任何作业流程其实也都可应用六标准差的概念进行衡量与改善。例如，组织中一些与时间有关的作业流程像是交货时间、新产品设计开发时间、收款时间、设备维护保养时间、售后服务时间、公文传递时间与文件核准时间等，都可以六标准差进行衡量与改善，此时我们只需要定出执行该作业所需时间的上限规格值，就能够如同衡量产品不合格率般地去衡量作业流程的失误率。事实上六标准差对于作业流程的品质反而远比对产品品质更为重视。

2. 六标准差强调的是百万分之失误率，而非百分比不合格率

传统观念认为产品规格界限与品质特性平均数间若能保持三倍标准差的距离，此时的合格率约为 99.73%，如图 7–15 所示，则该产品品质应算是不错的了。

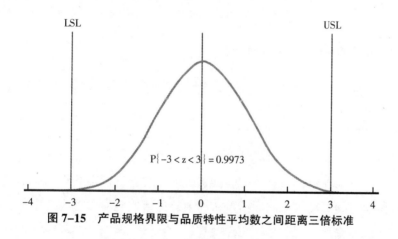

$$P\{-3 < z < 3\} = 0.9973$$

图 7–15　产品规格界限与品质特性平均数之间距离三倍标准

现代产品的复杂度远胜于过去，许多产品是由千百项的零组件所构成，假设某一件产品是由 100 项合格率都是 0.9973 的零组件所组成，那么该产品的合格率将是：

$$0.9973 \times 0.9973 \times \cdots \times 0.9973 = (0.9973)^{100} = 0.7631$$

也就是说，该产品的不合格率约为 23.69%，这样的产品品质当然是不能接受的，因此传统上以三倍标准作为产品品质绩效的依据在现代已不适用。尤其是高科技产品所使用的零组件动辄上千，例如一部汽车就约需 200000 个零件，一架飞机更需要数百万个零件，若产品品质未能降至百万分之（Parts Per Million，PPM）不合格率，则该产品将很快地从市场上消失。

在六标准差的品质水准下，产品规格界限与品质特性平均数之间被要求保持六倍标准差的距离，此时的合格率约为 **99.9999998%**，如图 7-16 所示。若一项产品是由 100 项这样品质水准的零组件所组成时，该产品的合格率就仍然能够达到 **99.9999998%**合格率的品质水准。

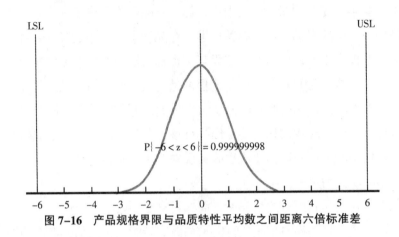

图 7-16　产品规格界限与品质特性平均数之间距离六倍标准差

3. 六标准差强调降低品质变异

要达到六标准差的目标，并不是靠放宽规格界线，而是要靠降低产品品质变异。

二、六标准差活动中的主要角色

组织在推行六标准差活动时，具有四种不同身份的人扮演着成败的关键性角色，他们分别是盟主、黑带大师、黑带与绿带。

1. 盟主

盟主（Champion）是六标准差活动中定义品质改善项目和领导专案的资深经理人，他们负责批准项目、资助项目，并且协助同仁解决项目改善过程中面临的关键性问题。盟主不一定需要将所有时间都投入在六标准差活动中，但他们应尽可能地拨出足够的时间以确保六标准差活动能够成功。

OM 透视镜

华硕的"黑带练功房"与"常山蛇"

时间是晚上九点，位于关渡的华硕企业总部最高的 16 层，灯火依旧通明，这层楼是华硕的核心，施崇棠坐镇于此，指挥全球 7 万大军，朝年营收 7500 亿元新台币迈进。但很多人却不知道这里还有一个秘密基地，那就是"黑带练功房"。

"黑带练功房"是华硕执行"精实六标准差"的心脏地带，里面放着他钦点的 14

本书；这些书，是华硕经理人完成修炼的必备"武林秘籍"，只有经过严格训练、取得"黑带"资格的 30 位员工，才可以在此"练功"。这批培养的"大内高手"，也被视为华硕未来的接班人选。通用（GE）、丰田（Toyota）是华硕认定的一流企业，于是，华硕取两边之所长，将东、西企业文化整合，制定出自己的一套计划，也就是 LSS（Lean Six Sigma），中文称为精实六标准差。精实六标准差就是要减少流程里的瑕疵、浪费与迟缓，不断地改进再改进。

"精实六标准差（LSS）"计划决定仿效孙子兵法中的"常山蛇"策略，并以之作为这项计划的精神图样。孙子兵法中写道"常山之蛇，击首则尾应，击尾则首应，击其身则首尾相应"。非常重视这计划的华硕总经理施崇棠，亲手草拟图样，将三个字母融入其中——蛇尾为"L"，蛇头与身体为两个"S"，并将它做成标语贴于华硕各角落。

资料来源：李书齐. 追赶鸿海的秘密武器 [J]. 今周刊，2002（536）.

2. 黑带大师

黑带大师（Master Black Belt）是六标准差活动中全职的指导员，有一身的技术和教学领导能力，他们必须领导和督导至少 10 位黑带通过认证。

3. 黑带

黑带（Black Belt）是六标准差活动中全职的品质管理者，他们负责领导各式各样的品质改善团队，针对影响顾客满意度或生产力的关键流程进行衡量、分析、改善和控制等作业，并向盟主回报成果。

4. 绿带

绿带（Green Belt）是兼职参与品质改善项目的人员，他们除了负担与黑带相同的责任外，还必须在自己的日常工作岗位上继续应用各种六标准差的工具。

员工在六标准差活动中所扮演的角色与其未来在组织中的升迁有很大的关联。

三、六标准差五大行动步骤

要完成六标准差目标的企业必须实施定义、衡量、分析、改善与管制（Define, Measure, Analyze, Improve and Control, DMAIC）五大行动步骤。

1. 定义

借由和顾客不断地进行沟通，明白顾客的需求，以定义改善专案。

2. 衡量

针对已定义的项目进行资料搜集，衡量组织目前的品质水准。

3. 分析

收集并分析相关数据以探究影响品质的原因，决定要改善的先后顺序，并制定改善目标。

4. 改善

拟订问题的改善方案并且加以执行，针对各项未达期望的品质持续改善，并且不断地测试与实验。

5. 管制

管制新的作业流程以确保改善成果能够维持，并且随时监督是否有新的影响变量出现。

DMAIC 是六标准差运作的核心，它是针对现况进行改善的步骤。但若组织是针对全新的产品或流程进行设计，则应采用另外一个名词——定义、衡量、分析、设计与验证（Define，Measure，Analyze，Design and Verify，DMADV）。DMADV 与 DMAIC 的不同在于最后两个英文 D（设计）与 V（验证），其意义说明如下。

1. 设计

设计新的产品或是流程，以改善现有问题。

2. 验证

验证所设计的产品或是流程是否能满足顾客需求。

第七节 结论

品质概念的发展与时代背景及管理理论的进化息息相关。在我们修习品质管理课题时，对于品质管理的各种技巧与方法固然需深入了解，但更重要的是应清楚知道这些技巧与方法的适用性与限制，以免因错误引用品质管理的概念而造成对企业的伤害。

个案研讨

金宝电子推动全面品质管理不遗余力

1973 年起，金宝秉持着超越、诚心、和谐的企业文化，由制造电子计算器开始，在台湾电子产业崭露头角。在 30 余年的努力中，金宝所制造的产品不仅在消费性电子、通信及信息的 3C 领域建立卓越的名声，并积极朝向 IA 相关产品方向发展。为开创企业发展空间，金宝成功运用平行复制策略，使营运范围日趋扩大；今天全球超过 20000 名以上的员工，在公司家庭化的经营理念下，架构出以台湾为企业管理枢纽，快速整合台北的新产品规划及研发能力，上海/北京的软件开发与东莞长安厂的量产技术，配合大陆苏州厂、泰国厂的制造支持，以国际运筹，全球分工的全方位竞争优势，成为国际知名厂商最有价值的策略伙伴！该公司为开创企业未来的发展空间及提升竞争力，遂采用"国际运筹，全球分工"的经营策略。目前有台北总公司统筹金宝全球企业的管理，其负责全球财务、市场行销、产品研发及管理等资源整合；以及中国台北深坑厂、泰国金宝六座现代化工厂、大陆长安厂和苏州厂，为其主要的生产据点。

为适时推出新产品，领先同业及精良产品品质，以符合市场需求，金宝集团每年斥资数亿元经费，近1000名以上优秀的研发人员。除全力研发外，另于大陆的广东东莞、上海、北京及泰国金宝，分别成立研发及软件开发中心，其现有数百名工程师，负责相关产品的设计及所需的各项软件。

对金宝而言，品质不仅反映在产品上，也反映在员工素质上，因此针对所有员工，有计划地实施教育训练，成为企业未来发展的活水泉源。而通过训练及标准要求，使金宝每一位员工均身体力行，为争取零缺点，追求完美品质保证而努力，这个良性发展使金宝所有产品从研发设计开始，配合全面品质经营管理（TQM）的执行，运用品质改善项目、品管圈、提案制度等活动，实现企业"提升产品价值，使客户喜悦（delighted）"的经营目标。

金宝设在各地的工厂，均通过ISO9001国际品管认证。长安厂另通过QS9000及OHSAS18001认证。泰国金宝亦获得EN46002医疗设备、QS9000汽车零件专业认证及ISO14001环保认证。中国台湾更荣获ISO14001环保认证。完善的品质管理，使金宝不仅荣获象征品质最高荣誉的"中国台湾地区品质奖"，董事长许胜雄先生对品质积极地参与推动，也获得中国台湾地区品质奖个人奖实践类奖项的肯定。

金宝自1994年开始推动六标准差至今，除了极少数技术层次相当高的新产品之外，目前所有产品几乎皆已达到六标准差的水准，有些产品甚至是0 PPM，得到了许多国际知名大厂的青睐与肯定。

1994年以前的金宝，其品质水准大约只有3.5个标准差左右，随着客户德州仪器要导入六标准差，金宝在1994年派遣数字高级主管至美国摩托罗拉大学接受六标准差课程训练，学成后先行在泰国厂导入，成效斐然。两年后将六标准差导入整个中国台湾金宝公司，其后也因为推展六标准差有成而获得品质奖的殊荣。

金宝推动六标准差是先从主管的培训工作做起，教会每一位主管六标准差的原理、手法以及如何组成团队，以发挥带头作用。金宝也要求员工对于六标准差的训练，学了就要马上用，用了就要呈现出绩效。

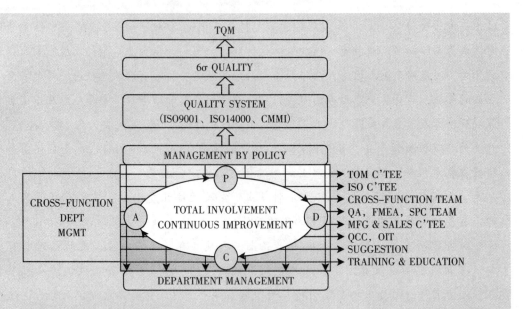

金宝将六标准差与全面品质管理相互搭配，拟定了中、长期的品质目标与策略，并以方针管理落实执行。董事长领导高阶主管定期稽核，亲至现场诊断并做提案改善。它还运用诸如 QCC、ZD、提案制度、IE 作业改善、田口品质工程、FMEA 等各种手法，达到各阶段所设定的品质目标，再加上升迁与绩效考核制度的推波助澜，六标准差的金宝可谓深入肌理。

在产品几乎皆已达六标准差的品质水准下，金宝目前已将过去的重点工作 DMAIC，改为 DMADV 以及追求流程的六标准差。

资料来源：吕玉娟. 金宝电子以 Six Sigma 驰骋国际与世界接轨 [J]. 能力杂志，2003（6）.

问题讨论

1. 试解释为何金宝公司六标准差的重点工作 DMAIC，要改为 DMADV 以及追求流程的六标准差。

2. 试解释金宝公司的品质管理架构。

习题

基础评量

1. 请区分品质管制、品质保证与品质管理。

2. 试解说小 q 与大 Q 的不同。

3. 何谓戴明十四点原则？

4. 何谓品质变异的特殊与一般原因？

5. 何谓 PDCA 循环？

6. 何谓品质成本？

7. 何谓品质三部曲？

8. 何谓 TQC？

9. CWQC 的执行工具为何？

10. 何谓外部顾客与内部顾客？

11. 何谓品质损失函数？

12. 试定义何谓全面品质管理。

13. 戴明奖可分为哪三大类？颁发对象为谁？

14. 试述美国国家品质奖的奖别有哪些。

15. 试述欧洲品质奖的奖别有哪些。

16. 试述中国台湾地区品质奖有哪些奖别。

17. 何谓 ISO9001 过程导向的品质管理系统模式？

18. 何谓 ISO14000？

19. 试述何谓品质管理七个工具。

20. 依企业所选择的标杆类型来区分，标杆学习可分为哪三类？

21. 试说明不同种类标杆的实施优劣点。

22. 请说明六标准差活动中盟主、黑带大师、黑带与绿带所扮演的角色为何。

23. 何谓六标准差中的五大行动步骤？

深度思考

1. 你觉得六标准差与全面品质管理的差异何在？

2. 你认为中国台湾地区品质奖与 ISO9000 奖励的目的有何不同？

第八章　品质管制

学习重点 **在学习本章后，你将能够**

1. 说明检验与测试应进行哪些事前准备。

2. 了解全检、抽检与免检的适用时机。

3. 说明首件检查、自主检查、顺序检查与巡回检查的意义。

4. 了解何谓品质变异。

5. 说明何谓统计品质管制。

6. 了解管制图的基本原理。

7. 了解并会计算平均数与全距管制图的管制界限。

8. 了解何谓制程能力分析。

9. 学得三种制程能力指标的计算与应用。

10. 了解何谓允收抽样。

处在专业判断与现实压力冲突下的痛苦决定

望着堆积如山的退货，品质部陈经理回想起造成他即将离职的整个过程。

事情发生在大约两个月前，业务部陆续接获大笔订单，生产部几乎整个月都在加班，产品品质因赶工而呈现极度不稳，许多批号的产品在厂内都被判必须重工。"陈经理，我没办法忍受客户将钱送上门来，但产品却出不了家门。你想一想怎么办吧！"总经理将烫手山芋丢了过来。在专业判断与现实压力的冲突下，陈经理决定向现实屈服，他冒风险修改了检验报告，让不合格品出货。

在出货一两周后，先是一小批产品遭客户退货，陈经理开始担心了；继之，大批量的退货陆续发生；最后，几个最主要的客户通知要将公司列入拒绝往来户，并且针对造成他们损失的部分提出损害赔偿。陈经理原本以为总经理会一肩承担，没想到得到的答复却是："专业经理人该为其所作所为负起全责，以消弭客户抱怨，或许这样还能让客户撤销其判决。"陈经理知道总经理话中的意思，第二天提出了辞呈。

回想起大学时，品管李老师说过："要作品管就不能害怕得罪人"，陈经理觉得自己似乎只学到了品管的技术，真正的精神与态度却没有掌握。

　　最常见到的品质管制活动包含产品的检验与测试以及制程的量测与监控两种。这两种活动有许多共通性，但其目的却大异其趣。

第一节　产品的检验与测试

　　产品的检验（Inspection）与测试（Testing）是确保品质最古老但也是最常用的手法。检验与测试可依采用的时机分为下列三种：

　　1. 进料检验与测试

　　进料检验与测试（Incoming Quality Control，IQC）的对象为经采购流程买入的原物料、机器设备或办公用品等。

　　2. 制程中检验与测试

　　制程中检验与测试（In-Process Quality Control，IPQC）的对象为生产中的半成品与在制品。

　　3. 出货前检验与测试

　　出货前检验与测试（Final Quality Control，FQC）的对象为成品。

一、检验与测试的基本概念

　　一般而言，检验与测试并不被严格区分，它们都是验证产品是否符合（Conformance）的作业，就习惯性用语来说，测试的主要验证对象为产品功能，至于其他非产品功能项目的验证则大多统称为检验，因此常听到所谓的外观检验或性能测试，其意义就在于此。为了说理较为畅达，本书一律以"检验"一词代表检验与测试两种意涵。

　　检验活动是在验证产品的符合性，也就是判定产品是否不符合、不合格或不良。不符合/不合格（Nonconformity）与不良（Defect）不同，不符合或不合格代表不合规格要求，不良则代表产品无法正常运作。举例而言，产品的包装污损可称之为不符合或不合格，但不会称为不良。由于现代企业对品质的要求较为重视，故一般不会仅在产品不良时才采取矫正与预防对策，而会以更严格的要求作为判定依据，因此使用不符合或不合格名词的场合日渐广泛，而使用不良一名词的机会则愈来愈少。为求符合时代潮流，本书用词一律以不符合或不合格取代不良。

二、检验与测试的事前准备

　　组织在实施检验活动前应先确认以下事项已经准备妥当：品质特性与其规格界限、标准检验程序、抽样计划、合格的量测仪器与经资格认定的检验人员。

1. 品质特性与其规格界限

要进行检验与测试工作前首先应决定品质特性为何，然后针对每一品质特性决定其规格界限（或称规格值）。

规格界限是用来判定产品是否合格的标准，当产品品质特性低于规格下限（Lower Specification Limit，LSL）或高于规格上限（Upper Specification Limit，USL）时，该产品即为不合格品。当产品的品质特性掉到规格外时，该部分产品所占的比例即为不合格率，如图 8-1 所示。

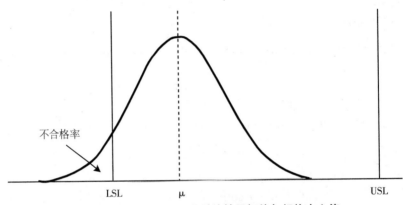

图 8-1 规格界限、品质特性目标值与规格中心值

当产品具备多种品质特性时，例如某产品的品质特性为某电路的电压值与电流值，则只有在所有品质特性都合格时才能判定该产品为合格。

某些品质特性由于可借由设计阶段的品质保证作业确保其一定符合规格，或某些品质特性不合格的情形几乎不可能发生，此时这些品质特性就不一定会被列为检验项目。

2. 标准检验程序

标准检验程序（Standard Inspection Procedure，SIP）是指检验作业的标准步骤。建立标准检验程序的目的是降低检验作业的错误概率、降低检验的误差与变异、提升检验效率与避免争议，故检验程序的标准化与制造程序的标准化同样重要。

3. 抽样计划

当产品检验是采用抽样方式进行时，应先备妥抽样计划，但若是采用全数检验或免检时，则不需准备抽样计划。

4. 合格的量测仪器

由于检验是确保品质的重要手段，故为确保检验作业的正确性，检验时所使用的量测仪器的精度或准度就应格外重视，凡精度或准度不足的量测仪器都应避免使用或在校正（Calibration）后方得使用。

5. 经资格认定的检验人员

检验人员的素质是影响检验品质的最重要因素之一，故必须对检验人员的资格加以认定，否则检验人员不得或应在他人的指导下从事检验。

三、检验与测试活动的分类

检验与测试活动若依样本取得的方式加以分类，一般可分为全检、抽检与免检三种。

（一）全检

全检即为全数检验，全检不仅耗时而且检验成本极高，故在经济性的考量下曾经一度较少被采用，而只有在不合格品出现会对企业造成极大损失，或品质水准极差时才使用。近年来，由于以下原因使得全检再度受到重视：

1. 检验测试自动化的快速发展

检验测试自动化的快速发展，大幅度地降低了检验成本，使得全检不再是一种不经济的做法。尤其在自动化生产设备上若再加入自动检测功能，就能使制造与检验一气呵成，不但不会影响到生产周期时间，有时其成本甚至比抽检还低。因为抽检需仰赖人工操作，而自动化全检则能完全免除人工，例如表面粘着技术设备上的自动检测，其投资效益若与人工全检相比大约在一年之内就可回收，若与抽检相比，大约在三年以内可以回收。

2. 产品复杂度的大幅增加

产品复杂度的大幅增加，使得产品一旦出现瑕疵，外部失败成本极高，故企业必须将品质从百分比不合格率推往百万分之不合格率的水准，而全检是确保此一目标得以达成的重要手段。

3. 品质的重要性与日俱增

抽检制度的产生主要是经济面的考量，其背后蕴含着允许少量不合格品出货的危险。在强烈重视产品责任与消费者保护的现代社会，允许少量不合格品出货的观念会使得企业丧失竞争优势。抽检或全检已不能纯从经济或不经济来考量，事实上它已经成为影响企业竞争力的策略性议题。

（二）抽检

抽检即为抽样检验，是 20 世纪 30 年代以生产为导向而强调大量生产下的产物。抽检牺牲品质以换取降低成本与加快生产速度的做法，在以生产为导向的年代与目前某些传统产业中，的确有其存在的必要，但近年来抽检的重要性已因时代的转变而快速下降中。然而抽检也并非完全没有存在的价值，企业采行抽检的主要原因如下：

1. 顾客对品质的要求仍未到达必须全检的地步

当顾客对于某些产品的品质要求本就不高，此时企业就不一定有必要实施全检，例如当顾客付费购买电子闹铃时，对品质的要求会较高，但顾客是因赠品而取得电子闹铃时，则其对品质的要求会较低，故电子闹铃的制造商对前者会采取全检，而对后者则会采取抽检。

2. 全数检验费用或检验时间不符经济效益

当制造商认为全数检验成本过高或检验时间过长而不符经济效益时，它会采取抽检。例如，个人计算机的生产品质早已达到一定水准，制造商通过对供货商的管理与在设计开发时的管制能更有效且更经济地确保品质，此时生产线上对产品的抽检只是扮演以防万一的角色，全检就无存在的价值。

3. 产品无法进行全检

当检验为破坏性检验或无法全检时，企业就不得不采用抽检。例如，铸造而成的产品，若要检验其材质就需切片，此破坏性检验无法采用全检，抽检为其唯一选择。再例如，在桶槽中混合化学品或草莓酱的制作等，全检也属不可行，企业此时不得不采用抽检。

（三）免检

当检验完全不可行或品质已相当稳定且良好时，企业会采用免检。

就检验完全不可行而采取免检的情形而言，最常见到的就是特殊制程。例如，建筑工程中将混凝土浇制成梁柱，由于每一根梁柱都会影响到未来住户的生命安全，故梁柱理应全检，然而实际上却不得不免检，此即属特殊制程。

就品质已相当稳定且良好而采取免检的情形而言，这是品质管理的最高境界，此时组织能以较低的生产成本与较快的生产速度提升其竞争力。

OM 透视镜

锂电池事件引爆多事之秋的 SONY

2005 年底，全球第一大计算机公司——戴尔（DELL），连续传出笔记型计算机爆炸意外，并引起美国消费者产品安全委员会与日本经济产业省官方的调查。结果发现，全球第二大充电式电池制造商 SONY 公司所生产 NB 锂电池，在极少数情况下，电池会短路、过热，甚至有起火危险。戴尔公司认为问题的起因来自于 SONY 在生产过程中电池中受到污染，电池的品质不够好，才会导致计算机过热。

2006 年 8 月 15 日，戴尔公司与美国消费者产品安全委员会进行"电子产业中史上最大规模的全球性电池回收通知"，回收范围包含约 410 万颗由 SONY 制造的戴尔锂离子电池，在此之后，苹果计算机（Apple）、东芝（Toshiba）、联想（Lenovo）、富士通（Fujitsu）、日立（Hitachi）、夏普（Sharp）、捷威（Gatway）陆续宣布回收笔记型计算机电池。9 月 29 日，SONY 决定在全球大规模启用"锂电池自主更换计划"，回收在全球生产的笔记型计算机用锂电池 800 万颗，并提供免费更换新品的服务。

此外，部分航空公司已限制旅客凡携带戴尔及苹果两款笔记型计算机登机时，必须卸下电池才可把计算机带上机，使用时需外接电源。韩国航空与澳洲航空更直接将苹果与戴尔两家笔记型计算机列入禁止于机舱内使用的黑名单。

继电池事件后，祸事接踵而至，SONY 宣布延后 Play Station3 在欧洲的上市时间，并主动降价两成，使得 2006 年的出货目标量仅剩一半。过去几年，游戏部门的营收占 SONY 总获利额的 1/3，但这次的降价措施及延后上市都将损害 SONY 游戏部门的获利，进一步影响 SONY 集团的整体利润。

微软 Xbox360 上市近一年，2006 年底销售量达 1000 万台；于 2006 年 11 月上市的任天堂 Wii 游戏机出货量约 400 万台。反观 SONY 年底前的出货量仅达 200 万台，丧失竞争先机。为此 SONY 游戏部门主管久多良木健说："如果我们用传统光盘机，就不会有后来的问题，但这样就失去了科技上的领先优势。为了创新必须冒些风险。"微软和任天堂选择既有的验证技术，而 PS3 却选择以创新科技一搏高下，结果谁胜谁败，销售数字已揭晓答案。

SONY 集团的家电部门营收持续萎缩，甚至在全球家电市场的领导地位，也逐步被韩国三星（Samsung）蚕食鲸吞中，其他的娱乐、通信、网络领域营收也不见好转，唯有游戏部门维持稳定销售成长。综观整个 SONY 公司，目前仅靠游戏机撑起整个偌大集团，相较其他日本大型家电业者如松下（Panasonic）、三菱（Mitsubishi）、夏普（Sharp）、三洋（Sanyo）等都逐步摆脱财务困境，唯有 SONY 只依赖游戏部门解决财务赤字。但 SONY 公司丝毫不受财务困境影响而停滞脚步，反而野心勃勃地打算以"Transformation60：确立最强的消费娱乐品牌"为目标，进行全面大改革，结合旗下以 48 亿美元收购的米高梅电影公司、SONY 唱片公司、so-net 网络及手机市场等，准备发展"全方位数字娱乐"，让 SONY 集团成为最顶尖的消费娱乐品牌。不过 SONY 集团是否能因此改造成功，否极泰来，只有交付销售市场，静候成绩分晓。

资料来源：游姵瑜. SONY 一颗小电池 烧出大问题 [J]. 卓越杂志，2006（11）.

第二节　过程的量测与监控

过程有时被称为流程，但在制造业则被称为制程。本章中我们视情况交互使用制程、过程或流程这三个名词，以取得与一般称呼的一致性。

过程的量测（Measuring）与监控（Monitoring）的目的在借由生产阶段对品质的把关，以提早发现问题并避免不合格品的大量出现。最常使用的过程量测与监控方法有首件检查、自主检查、顺序检查、巡回检查、管制图与制程能力分析等。

首件检查、自主检查、顺序检查与巡回检查的对象虽然在大部分情形下都是产品，但其目的却不是要判定产品品质是否合格，这些检查都是希望借由对产品的检查以达到对制程检查的目的，因为，一般而言，产品的检查是比制程检查来得容易许多。

首件检查、自主检查、顺序检查与巡回检查的检查项目与产品检验不同，但检查前应准备的事项，例如品质特性判定基准、标准检查程序、抽样计划、经确认过的量测仪器与经资格认定的检验人员等，则与产品检验大同小异。

1. 首件检查

首件检查（First Piece Check）意指生产过程中出现各种变动时，对生产第一件或前几件产品所做的特别检查，例如，机械加工业对工具机的调机、营造业混凝土浇制前的坍度实验等。首件检查的主要目的在确认生产条件已经备妥，在该生产条件固定下可以开始大量生产。若首件检查不通过，则应调整制程条件并持续进行首件检查，直到检查通过方得进行大量生产。

2. 自主检查

自主检查（Self Check）与顺序检查（Successive Check）是日木品质专家新乡重夫（Shigeo Shingo）最为重视并大力提倡的品质管理手法。自主检查是由作业员针对自己所生产的产品立即进行全数检查的制度，它的目的是希望在制程出现异常的第一时间采取矫正预防措施，因此检查程序不宜过于复杂。

3. 顺序检查

顺序检查是一种由下制程检查上制程品质的制度。下制程的作业员在开始加工前，应先检查上制程的生产结果是否符合要求，如果不符合，作业员应将该产品退回上制程以促其采取矫正预防措施。由于顺序检查的检查人不是作业员自己，故能避免自主检查过度依赖作业员的自主性所产生的问题。

4. 巡回检查

巡回检查是由品管人员巡视制造现场，针对重要的制程从正在生产的产品中抽样检查，以确认该制程是在管制状态下，例如营造工地的监工穿梭于现场，以随时掌握施工状况避免施工错误，或保全人员定时巡逻负责区域等。巡回检查的时机有时是采用固定时间，例如每两小时巡回现场一次；有时是采用固定次数，例如规定一天至少要巡厂四次；还有一种是采用固定事件，例如换线、试产、第一次量产或某特定产品的生产时，规定品管人员需巡视现场或全程参与等。由于巡回检查是由专业的品管人员负责，故能负担较复杂的检查工作且能减轻作业员的负荷，但其缺点则是若检查间隔时间过长，较无法及时采取矫正预防措施。

第三节　统计品质管制

品质特性（Quality Characteristic）代表我们所关心的品质的特征值，一般分为计量值（Variable Data）与计数值（Attribute Data）两种。计量值品质特性一般是借由量测获得，例如尺寸、重量、温度或寿命等，计数值品质特性一般是由累积数量获得，例如不合格数、缺点数、不合格率或单位缺点数等。

取得计量值的手续常较为繁琐，时间与成本的耗费较高；但其优点是资料能提供较多的讯息，可以协助管理者进行各种决策。计数值数据的取得常比计量值容易，例如以 Go-NoGo Gage 进行合格与不合格品的简易判定等即是；但其缺点为所能提供的讯息有限，例如我们可能只知道某批产品的不合格品数量，但对于该批产品不合格严重到什么程度，就会难以判断。

一、品质变异

大自然与制程中存在着许多影响产品品质的因子，例如环境温度、空气湿度、原物料与制程条件等，这些因子会使得产品品质特性的实际值偏离目标，我们称这种产品品质特性实际值与目标值之间的差距为"变异"（Variation）。

由于变异的来源极为广泛，故变异无法消除只能降低。假设品质特性的实际值为 X，目标值为 T，一个产品的变异可以表示为 X − T，也可以写成 (X − μ) + (μ − T)。今若有一大小为 N 的群体，则该批产品的平均变异可以写成公式（8-1）。

$$\frac{\sum(X-T)^2}{N} = \frac{\sum[(X-\mu)+(\mu-T)]^2}{N}$$

$$= \frac{\sum(X-\mu)^2}{N} + \frac{\sum(\mu-T)^2}{N} + \frac{2\sum(X-\mu)(\mu-T)}{N} \qquad (8-1)$$

由于 μ 与 T 皆为常数且 $\sum(X-\mu)=0$，故：

$$\sum(\mu-T)^2 = N(\mu-T)^2$$

$$\sum(X-\mu)(\mu-T) = (\mu-T)\sum(X-\mu) = 0$$

因此公式（8-1）可再改写成公式（8-2）

$$\frac{\sum(X-T)^2}{N} = \sigma^2 + (\mu-T)^2 \qquad (8-2)$$

由公式（8-2）得知，变异是平均数与标准差的函数，故要降低变异就可以从以下两个方向着手：

（1）减少平均数与目标值之间的差距，即设法降低 (μ − T) 的值。

（2）减少标准差的大小，即设法降低 σ^2。

品质改善（Quality Improvement）中最重要的课题就是降低产品与制程的变异，由于变异只能以统计方式描述，故降低变异应运用统计方法。这种将统计方法运用在品质改善上以降低产品与制程变异的做法，一般称之为统计品质管制（Statistical Quality Control，SQC）。

二、统计品质管制的应用历程

统计品质管制应用最广泛的应属实验设计、统计制程管制与允收抽样，这三者在降低产品与制程变异中所扮演的角色，应随着企业推动品质改善的历程而转变，此转变如图 8-2 所示。

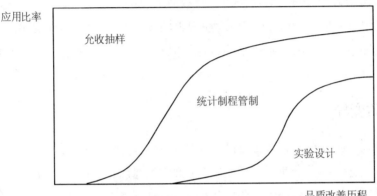

图 8-2 统计品质管制的应用历程

允收抽样是以抽样方法判定整批产品是否合格的统计手法，其所需的观念与技巧较为简单，故适合运用于统计品质管制导入的初期。由于允收抽样属事后检验，故长期而言对品质改善的功效有限。

统计制程管制是以统计手法针对制程进行监控、分析与异常改善，其所需的观念与技巧较允收抽样复杂，故适用于统计品质管制导入的中期。统计制程管制属事前预防，故长期而言对品质改善的功效会比允收抽样为大。

实验设计是探讨如何规划与分析一个实验，以求得产品与制程的最佳条件组合，其所需的观念与技巧比统计制程管制更为复杂，故适用于统计品质管制导入的后期。实验设计不但属事前预防，它更将"品质改善的作为"提前至产品与制程设计阶段，故长期而言对品质改善的功效最为巨大。

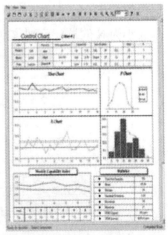

统计制程管制是以统计手法针对制程进行监控、分析与异常改善，属事前预防。照片为以计算机软件所做的统计制程管制。

第四节　管制图

品质变异的来源包含机遇变异与非机遇变异。

无论产品在设计或制造阶段如何的严谨与优良，生产完成后产品间的变异都仍然会存在，这种变异被称为"机遇变异"（Chance Variation），它是由"机遇原因"（Chance Causes）所形成。机遇变异可比拟为自然界中的随机变异，故要降低机遇变异较为困难，机遇原因也较难借由制程管制加以避免。机遇变异包含像原物料的变异、机器设备的变异、环境的变异与量规仪器的变异等的总和累积。由于机遇原因是一种普遍存在的现象，故品质大师戴明以"一般原因"称之。如果制程变异只包含机遇变异，即制程变异只受到机遇原因的影响，我们称此制程为"稳定"（Stable）或"在统计管制内"（In Statistical Control）。

品质变异的另一种来源是"非机遇变异"（Assignable Variation），它是由"非机遇原因"（Assignable Causes）所形成。非机遇变异并非随机形成，而是制程出现异常的结果，故非机遇原因出现时应立即加以矫正，当非机遇原因矫正后，变异就能降低。常见的非机遇原因有作业员操作错误、制程条件设定错误或机器设备偏离校正等。由于非机遇原因是一种特殊状况，故品质大师戴明以"特殊原因"称之。如果制程变异包含非机遇变异，即制程变异受到非机遇原因的影响，则称此制程为"不稳定"（Unstable）或"在管制外"（Out of Control）。

由于非机遇变异大多存在于制程中，故降低非机遇变异最常从制程着手，而其相对应的统计方法就是统计制程管制。

统计制程管制（Statistical Process Control，SPC）是运用统计工具以降低制程变异的方法，其内容包含管制图、制程能力分析、品管七工具以及其他各种可用于降低制程变异的方法等，其中尤以管制图的应用最为广泛，故也有人将管制图的应用就直接称为统计制程管制。

一、管制图的基本原理

管制图（Control Charts）是一种以图形来监控制程是否存在非机遇原因的方法。早期的管制图多应用于制造业，然而随着服务业对品质的重视，管制图现今也大量应用于服务业中。

若制程中只有机遇原因，而没有非机遇原因，即制程是在统计管制内，则随着时间的推移，品质特性如图8-3所示。

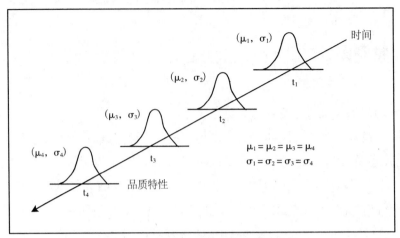

图 8-3 制程在统计管制内的品质特性

若制程中存在非机遇原因，即制程是在管制外，则随着时间的推移，品质特性会如同图 8-4 的表现。

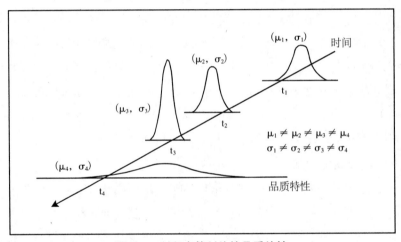

图 8-4 制程在管制外的品质特性

将类似的原理运用在对样本统计量（Sample Statistics）的监控，以明了群体参数（Population Parameters）的变化，并据以判断制程中是否有非机遇原因的存在，这就是管制图的基本原理。

二、典型的管制图

典型的管制图如图 8-5 所示，它的横轴为时间，纵轴为品质特性。管制图是由中心线（Center Line，CL）、管制上限（Upper Control Limit，UCL）、管制下限（Lower Control Limit，LCL）与样本点（Sample Point）四个部分所组成。

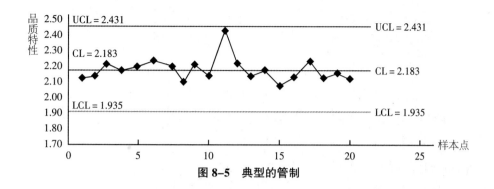

图 8-5　典型的管制

样本点是在不同时段自群体中抽出样本，计算样本统计量后描绘在管制图上的点，将样本点依时间先后描绘在管制图上并加以联机，能提供管理者相当多的制程讯息。样本统计量可以是样本平均数、样本全距或样本标准差等。如果样本点经联机后显现随机状态，我们就可以判定该制程大概只存在机遇变异；但若样本点经联机后显现非随机状态，例如其中有一样本点掉在 UCL 与 LCL 外，我们就会判定该制程可能存在非机遇变异，而应采取行动追查原因并作矫正预防。

除了样本点外，管制图中有三条线：CL、UCL 与 LCL。这三条线是用来判定制程是否在管制内的重要依据，其基本公式如公式（8-3）所示。

$$CL = \mu_w$$

$$UCL = \mu_w + k\sigma_w$$

$$LCL = \mu_w - k\sigma_w \tag{8-3}$$

式中，w 代表样本统计量；μ_w 代表样本统计量的平均数；σ_w 代表样本统计量的标准差；k 代表管制界限与中心线间以标准差表示的距离。

三、计量值与计数值管制图

管制图的类型有许多，然而若依品质特性是计量值或计数值作区分，管制图可分为计量值管制图与计数值管制图两大类。

最常见的计量值管制图包括下列三种：

（1）平均数与全距管制图。

（2）平均数与标准差管制图。

（3）个别值与移动全距管制图。

最常见的计数值管制图则有下列四种：

（1）不合格率管制图。

（2）不合格数管制图。

（3）不合格点数管制图。

（4）单位不合格点数管制图。

一般而言，计量值管制图适用于以下时机：

（1）希望获得比较明确的品质特性信息，以利品质改善的进行时。

（2）希望在进行制程管制之余，也能对制程能力与测量不确定度进行了解时。

（3）希望能以较少的样本数进行对制程的管制时。

至于计数值管制图的适用时机则如下：

（1）当品质特性无法量测而需以感官或目测的方式鉴别品质时。

（2）当采用全数检验时。

（3）当品质是以 Go/NoGo 的方式判定时。

（4）当品质特性过多，可能导致计量值管制图太多，而希望仅以一张管制图来管制制程时。

由于管制图是以侦测制程中是否存在非机遇原因并避免大量不合格品的出现为目的，因此管制图的绘制应尽可能实时化（Real Time），以迅速反应制程状态。也就是说，任何一样本点出现后就应将其绘于管制图上，并立即判别制程中是否存在非机遇原因，而不应等待至取得一定数量的样本点后，才以该批量（Batch）的样本点绘制管制图。

为达到实时反应，检测自动化是最常使用的手段。具备自动化检测的仪器设备，常能将所搜集到的资料传回计算机，在经过计算机绘制管制图后自行判断制程是否有异常存在，当异常可能存在时就会发出警讯通知相关人员。

四、平均数与全距管制图

平均数与全距管制图（x̄–R Control Charts）是应用最为广泛的管制图之一，它包含了分析品质特性集中趋势变化的平均数管制图，以及分析品质特性离中趋势变化的全距管制图。

平均数管制图的管制界限如公式（8-4）所示。

$$CL_{\bar{x}} = \bar{\bar{x}}$$

$$UCL_{\bar{x}} = \bar{\bar{x}} + A_2\bar{R}$$

$$LCL_{\bar{x}} = \bar{\bar{x}} + A_2\bar{R} \qquad (8-4)$$

式中，A_2 可由附录中查得。

全距管制图的管制界限如公式（8-5）所示。

$$CL_R = \bar{R}$$

$$UCL_R = D_4\bar{R}$$

$$LCL_R = D_3\bar{R} \qquad (8-5)$$

式中，D_3 与 D_4 可由附录中查得。

范例 8-1

某钢铁厂生产钢筋，现为建立管制图，自生产线上每隔 1 小时抽取 5 件样本，总共获得 25 组样本，经测量并记录其拉力后如表 8-1 所示（单位为 1bs），试求平均数与全距管制图的管制界限。

表 8-1　某钢铁厂钢筋拉力试验记录

样本组	观测值					平均数	全距
1	2237	2227	2231	2225	2213	2227	24
2	2239	2225	2236	2233	2226	2232	14
3	2223	2247	2236	2222	2233	2232	25
4	2219	2221	2214	2229	2238	2224	24
5	2222	2227	2229	2222	2217	2223	12
6	2227	2247	2245	2221	2225	2233	26
7	2222	2217	2216	2219	2235	2222	19
8	2219	2210	2255	2234	2235	2231	45
9	2222	2233	2226	2239	2236	2231	17
10	2243	2224	2211	2230	2244	2230	33
11	2224	2226	2239	2214	2241	2229	27
12	2207	2229	2235	2216	2241	2226	34
13	2214	2227	2228	2233	2234	2227	20
14	2220	2241	2241	2225	2231	2232	21
15	2224	2226	2230	2226	2233	2228	9
16	2224	2228	2247	2218	2242	2232	29
17	2221	2229	2239	2216	2210	2223	29
18	2225	2222	2231	2235	2246	2232	24
19	2225	2228	2217	2221	2229	2224	12
20	2237	2238	2229	2233	2235	2234	9
21	2247	2233	2235	2236	2244	2239	14
22	2238	2244	2246	2218	2214	2232	32
23	2220	2220	2228	2238	2246	2231	26
24	2216	2243	2210	2231	2220	2224	33
25	2220	2215	2240	2229	2224	2226	25
总平均 = 2229							33

解答：

计算平均数管制图的管制界限：查表当 n = 5 时，$A_2 = 0.577$，依公式（8-4）计算平均数管制图的管制界限如下：

$$CL_x = \bar{\bar{x}} = 2229$$

$$UCL_x = \bar{\bar{x}} + A_2\bar{R} = 2229 + 0.577 \times 23 = 2242$$

$$LCL_x = \bar{\bar{x}} - A_2\bar{R} = 2229 - 0.577 \times 23 = 2216$$

将表 8-1 中的数据绘成图 8-6。

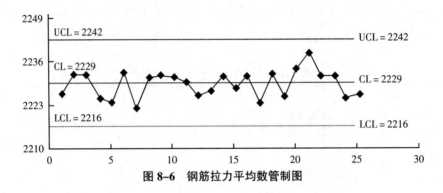

图 8-6　钢筋拉力平均数管制图

由图 8-6 判断平均数管制图应无非机遇原因存在。

计算全距管制图的管制界限：查表当 n = 5 时，$D_4 = 2.114$，$D_3 = 0$，依公式（8-5）计算全距管制图的管制界限如下：

$$CL_R = \bar{R} = 23$$

$$UCL_R = D_4\bar{R} = 2.114 \times 23 = 49$$

$$LCL_R = D_3\bar{R} = 0 \times 23 = 0$$

将表 8-1 中的数据绘成图 8-7。

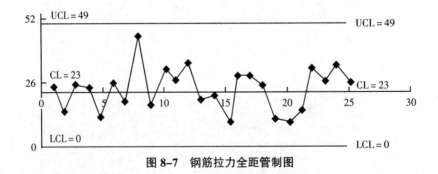

图 8-7　钢筋拉力全距管制图

由图 8-7 判断全距管制图应亦无非机遇原因存在。

第五节　制程能力分析

管制图除了作为监控制程用之外，其所提供的资料更能进一步应用在分析制程能力上。

制程能力分析（Process Capability Analysis）是对于制程品质能力的分析与研究，它与生产力不同，生产力是探讨制程在生产"量"方面的能力表现，而制程能力则是在探讨制程在生产"质"方面的能力表现。评估制程能力的指针称为制程能力指针（Process Capability Ratio，PCR）。

假设品质特性 X 为一平均数 μ，标准差 σ 的常态分配，T 为品质特性的目标值，m 为规格中心值，即 m = (USL + LSL)/2，则最常见的制程能力指针 C_a、C_p 与 C_{pk} 等的计算如下：

1. C_a

当品质特性平均数愈接近目标值时，制程准确性（Accuracy）愈佳，故若以图 8-8 中的 $\mu - T$ 除以 $\min\{T - LSL，USL - T\}$，就能获得一评估制程准确性的指针 C_a，如公式（8-6）所示。

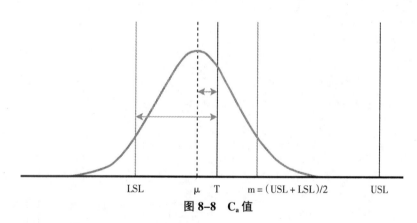

图 8-8　C_a 值

$$C_a = \frac{\mu - T}{\min\{T - LSL，USL - T\}} \tag{8-6}$$

当 T = m 时，$\min\{T - LSL，USL - T\} = T - LSL = USL - T = (USL - LSL)/2$，此时公式（8-6）可写成公式（8-7）。

$$C_a = \frac{\mu - m}{\dfrac{USL - LSL}{2}} \tag{8-7}$$

当 μ 未知时，我们可以样本平均数 X 作为 μ 的估计值。

C_a 值可正可负，但愈接近零愈好。一般而言，$|C_a|$ 在 0.125 以上为可接受，否则应视为制程准确性不佳，而应采取矫正预防措施。

范例 8-2

某轮胎制造商生产轮胎的沟深 $\bar{x} = 8.01$mm，试问：

1. 当规格要求为 $8.00 \pm {}^{0.10}_{0.05}$mm；

2. 当规格要求为 $8.00 \pm {}_{0.05}$mm；

3. 当规格要求为 8.00 ± 0.10mm 时，制程能力值 C_a 为多少？

解答：

1. $T \neq m$，故：

$$C_a = \frac{\mu - T}{\min\{T - LSL, \ USL - T\}} = \frac{8.01 - 8.00}{\min\{0.05, \ 0.10\}} = 0.2$$

2. $T \neq m$，故：

$$C_a = \frac{\mu - T}{\min\{T - LSL, \ USL - T\}} = \frac{8.01 - 8.00}{\min\{0.05, \ \infty\}} = 0.2$$

3. $T = m$，故：

$$C_a = \frac{\mu - m}{\dfrac{USL - LSL}{2}} = \frac{8.01 - 8.00}{0.10} = 0.1$$

2. C_p

当品质特性标准差愈小，制程精密性（Precision）愈佳，故我们若以图 8-9 中的 $\min\{T - LSL, \ USL - T\}$ 除以 3σ，就能获得一评估制程精密性的指针，如公式（8-8）所示。

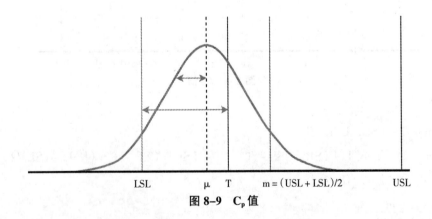

$$LSL \qquad \mu \quad T \qquad m = (USL + LSL)/2 \qquad USL$$

图 8-9　C_p 值

$$C_p = \min\left\{ \frac{T - LSL}{3\sigma}, \ \frac{USL - T}{3\sigma} \right\} \tag{8-8}$$

当 $T = m$ 时，$\min\{T - LSL, \ USL - T\} = T - LSL = USL - T = (USL - LSL)/2$，此时公式（8-8）可写成公式（8-9）。

$$C_p = \frac{USL - LSL}{6\sigma} \tag{8-9}$$

当 σ 未知时，我们可以样本标准差 s 作为 σ 的估计值。

C_p 值一定为正，但愈大愈好。一般而言，在 1.33 以上为可接受，否则应视为制程精密性不佳，而应采取矫正预防措施。

C_p 值的倒数以百分比表示时，被称为制程能力比（Process Capability Ratio），如公式（8-10）所示。制程能力比代表制程占据规格范围的百分比，当此百分比较大时，代表制程占据了较大的规格范围，而很有可能生产出超出规格的产品；当此百分比较小时，代表制程若稍有异于往常的变异，生产出超出规格产品的概率会较小。

$$CR = \frac{1}{C_p} \times 100\% \tag{8-10}$$

范例 8-3

某轮胎制造商生产轮胎的沟深 s = 0.01mm，试问：

1. 当规格要求为 $8.00 \pm {}^{0.10}_{0.05}$ mm；

2. 当规格要求为 $8.00 \pm {}_{0.05}$ mm；

3. 当规格要求为 8.00 ± 0.10 mm 时，制程能力值 C_p 为多少？

解答：

1. T ≠ m，故·

$$C_p = \min\left\{ \frac{T - LSL}{3\sigma}, \frac{USL - T}{3\sigma} \right\} = \min\left\{ \frac{0.05}{3 \times 0.01}, \frac{0.10}{3 \times 0.01} \right\} = 1.67$$

2. T ≠ m，故：

$$C_p = \min\left\{ \frac{T - LSL}{3\sigma}, \frac{USL - T}{3\sigma} \right\} = \min\left\{ \frac{0.05}{3 \times 0.01}, \infty \right\} = 1.67$$

3. T = m，故：

$$C_p = \frac{USL - LSL}{6\sigma} = \frac{0.20}{6 \times 0.01} = 3.33$$

3. C_{pk}

当品质特性平均数较接近目标值且标准差愈小，制程精准性（Accuracy and Precision）愈佳，故我们能将 C_a 与 C_p 合并成一个用以评估制程精准性的指针 C_{pk}，如公式（8-11）所示。

$$C_{pk} = (1 - |C_a|) C_p \tag{8-11}$$

当 T = m 时，$\min\{T - LSL, USL - T\} = T - LSL = USL - T = (USL - LSL)/2$，此时公

式 (8-11) 可写成公式 (8-12)。

$$C_{pk} = \min\{C_{pu}, \ C_{pl}\} \tag{8-12}$$

式中，$C_{pu} = \dfrac{USL - \mu}{3\sigma}$，$C_{pl} = \dfrac{\mu - LSL}{3\sigma}$

当 μ 与 σ 未知时，可以样本平均数 $\bar{x}$ 与标准差 s 作为 μ 与 σ 的估计值。

C_{pk} 值一定为正，但愈大愈好。一般而言，C_{pk} 在 1.33 以上为可接受，否则应视为制程精准性不佳，而应采取矫正预防措施。

C_p 值可视为是制程的潜在能力 (Potential Capability)，而 C_{pk} 值则为制程的实际能力 (Actual Capability)。

范例 8-4

某轮胎制造商生产轮胎的沟深 $\bar{x} = 8.01\text{mm}$，$s = 0.01\text{mm}$，试问：

1. 当规格要求为 $8.00 \pm^{0.10}_{0.05}\text{mm}$；

2. 当规格要求为 $8.00 \pm_{0.05}\text{mm}$；

3. 当规格要求为 $8.00 \pm 0.10\text{mm}$ 时，制程能力值 C_{pk} 为多少？

解答：

1. $T \neq m$，故：

$$C_a = \frac{\mu - T}{\min\{T - LSL, \ USL - T\}} = \frac{8.01 - 8.00}{\min\{0.05, \ 0.10\}} = 0.2$$

$$C_p = \min\left\{\frac{T - LSL}{3\sigma}, \ \frac{USL - T}{3\sigma}\right\} = \min\left\{\frac{0.05}{3 \times 0.01}, \ \frac{0.10}{3 \times 0.01}\right\} = 1.67$$

$$C_{pk} = (1 - |C_a|)C_p = (1 - 0.2) \times 1.67 = 1.34$$

2. $T \neq m$，故：

$$C_a = \frac{\mu - T}{\min\{T - LSL, \ USL - T\}} = \frac{8.01 - 8.00}{\min\{0.05, \ \infty\}} = 0.2$$

$$C_p = \min\left\{\frac{T - LSL}{3\sigma}, \ \frac{USL - T}{3\sigma}\right\} = \min\left\{\frac{0.05}{3 \times 0.01}, \ \infty\right\} = 1.67$$

$$C_{pk} = (1 - |C_a|)C_p = (1 - 0.2) \times 1.67 = 1.34$$

3. $T = m$，故：

$$C_{pk} = \min\{C_{pu}, \ C_{pl}\} = \min\left\{\frac{USL - \mu}{3\sigma}, \ \frac{\mu - LSL}{3\sigma}\right\} = \min\left\{\frac{8.1 - 8.01}{3 \times 0.01}, \ \frac{8.01 - 7.9}{3 \times 0.01}\right\} = 3$$

第六节 允收抽样基本概念

所谓允收抽样（Acceptance Sampling）是指从送验批中随机抽取事先预定好的个数的样本进行检验，如果不合格数小于预先设定的数值则全批允收，如果不合格数大于预先设定的数值则全批拒收的技术。

允收抽样是一种以概率与统计为基础的系统化抽样程序，其目的为判定送验批是否该允收。允收抽样不全等于抽样检验，一般所说的抽样检验的目的不一定是为了判定送验批是否该允收，有时抽样检验的目的是为了了解制程状态。例如对管制图中样本点的取得与检验、品管人员对制程的巡回检查、品质稽核时对产品的临时抽验等都是抽样检验，但它们都不是允收抽样。抽样检验也不一定会以概率或统计理论为基础，例如前述的巡回检查与品质稽核就无关概率与统计的问题。

一、允收抽样基本名词

在介绍允收抽样的理论基础前，我们先对几个相关的名词与概念说明如下：

1. 送验批

送验批（Lot）指的是待判定允收或拒收的群体。送验批必须具备同构型，也就是送验批中的每一个产品应来自于同一个作业员、同一台机器、同一批原物料或同一生产时段。同构型愈高的送验批，其样本的代表性愈高，做出错误判断的概率愈低，当判定拒收时，后续的矫正预防行动也愈能对症下药。

2. 随机抽样

自送验批中取样应以随机抽样（Random Sampling）的方式进行。随机抽样简言之是让每一产品被抽中的概率相同。随机抽样的目的是要让样本具有代表性，例如卖方如果将品质较好的产品置于容易抽取处，将品质较差的产品置于不易抽取处，买方若不以随机抽样的方式取样，则将极易造成应拒收但却允收的结果。

一般常见到因产品体积、重量、包装或堆栈等因素导致随机抽样不易实施，而使得抽样人员简单行事，抽出了一组不具代表性的样本并做出错误的判断，其解决之道可以是要求供货商改善包装或堆栈方式，以使随机抽样得以进行；检验人员直接驻厂或到供应商处，在包装或堆栈前随机抽样；或以分层随机抽样的方式取代随机抽样，例如进料 10 个栈板，若发觉供货商有可能将合格品置于每一栈板的最上方，则可随机抽取其中的一个栈板进行检验。

3. 拒收批的处理

送验批若经判定为拒收（Reject），一般会视情形采取筛选、重工、退货或报废四种处理对策。

4. 抽样计划

以书面方式描述抽样应采行的准则称为抽样计划（Sampling Plan）。抽样计划的内容一般至少包含送验批批量大小（N）（一般简称批量）、样本数(n)、允收数（Ac 或 c 值）与/或拒收数（Re）。

二、单次、双次与多次抽样计划

抽样计划若依品质特性的性质区分，可分为计数值抽样计划与计量值抽样计划两种。抽样计划若依次数区分，则可分为下列三种：

1.单次抽样计划

所谓单次抽样计划（Single Sampling Plan）是指一次抽样检验后就可做出允收或拒收的决策的计划。以表 8-2 的单次抽样计划为例，今若有一批送验批的批量为 8000，则依表 8-2 应随机抽样 150 个样本进行检验，若检验后得到不合格数小于等于 2，则该批产品应判定为允收，若不合格品数为 3，则该批产品应判定为拒收。

表 8-2　单次抽样计划示例

批量（N）	样本数（n）	允收数（Ac）
100~1000	20	0
1001~5000	80	1
5001~10000	150	2
10001 以上	250	3

2. 双次抽样计划

所谓双次抽样计划（Double Sampling Plan）是指最多两次抽样检验后就可做出允收或拒收的决策的计划。以表 8-3 的双次抽样计划为例，今若有一批送验批批量为 8000，第一次应随机抽样 75 个样本送验，若不合格数小于等于 2，则该批产品应判定为允收；若不合格数大于等于 4，则该批产品应判定为拒收；但若不合格数为 3，则应进行第二次抽样，第一次抽样的不合格数加上第二次抽样的不合格数若小于等于 4，则该批产品应判定为允收，第一次抽样的不合格数加上第二次抽样的不合格数若大于等于 5，则该批产品仍应判定为拒收。

3. 多次抽样计划

多次抽样计划（Multiple Sampling Plan）指可能超过两次以上的抽样检验才能做出允收或拒收的决策的计划，例如表 8-4 即为多次抽样计划。多次抽样计划可视为是双次抽样计划的延伸应用，其道理与双次抽样计划相同，故在此不多赘述。

表 8-3　双次抽样计划示例

批量（N）	样本	样本数（n）	累积样本数	允收数（Ac）	拒收数（Re）
100~1000	第一次抽样	10	10	0	2
	第二次抽样	10	20	1	2
1001~5000	第一次抽样	40	40	1	3
	第二次抽样	40	80	2	3
5001~10000	第一次抽样	75	75	2	4
	第二次抽样	75	150	4	5
10001 以上	第一次抽样	125	125	3	5
	第二次抽样	125	250	6	7

表 8-4　多次抽样计划示例

批量（N）	样本	样本数（n）	累积样本数	允收数（Ac）	拒收数（Re）
100~1000	第一次抽样	7	7	#	2
	第二次抽样	7	14	0	2
	第三次抽样	7	21	1	2
1001~5000	第一次抽样	30	30	0	2
	第二次抽样	30	60	1	3
	第三次抽样	30	90	2	3
5001 10000	第一次抽样	50	50	0	3
	第二次抽样	50	100	2	4
	第三次抽样	50	150	4	5
10001 以上	第一次抽样	85	85	1	4
	第二次抽样	85	170	3	·5
	第三次抽样	85	255	5	6

注：#代表在此样本大小下不准允收。

由于允收抽样是以抽样方法判定送验批是否该允收的技巧，故即使送验批的不合格率已经低至可接受状态，但仍有可能因抽样方法与概率因素而被拒收，此即为统计学中所称的型Ⅰ误差（Type Ⅰ error）；同样的道理，当送验批的不合格率已高至不可接受的状态，也有可能因抽样方法与概率因素而被允收，此即为统计学中所称的型Ⅱ误差（Type Ⅱ error）。好的抽样计划最重要的条件之一，就是要能兼顾型Ⅰ与型Ⅱ误差间的均衡。

三、计数值与计量值抽样计划

计数值抽样计划与计量值抽样计划的适用时机，与本章中曾经介绍过计数值管制图与计量值管制图的适用时机有许多类似之处。

一般而言，计数值抽样计划的适用时机如下：

（1）当品质特性无法测量而需以感官或目测的方式鉴别品质时。

（2）当品质是以 Go/NoGo 的方式判定时。

（3）当品质特性为多重时。

（4）当无法确认计量值品质特性为常态分配时。

至于计量值抽样计划则适用于以下情形：

（1）希望获得较明确的品质特性信息，以利品质改善的进行时。

（2）希望能以较少的样本数进行对送验批的进一步了解时。

目前应用最为广泛的计数值抽样计划为 MIL-STD-105E，计量值抽样计划为 MIL-STD-414。

MIL-STD-105 与 MIL-STD-414 都源自 20 世纪 50 年代的美军标准，虽然在过去半世纪中此两标准历经改版，允收抽样计划逐渐完备，但毕竟时代的品质观已与过去完全不同，为强调制程品质与持续改善的重要性，美军于 1996 年推出了新版的抽样标准 MIL-STD-1916，以取代并废止过去长期采用的 MIL-STD-105 与 MIL-STD-414 抽样计划标准。中国台湾地区交货予美军的企业（例如台扬科技等）目前按获指示皆已大多改用 MIL-STD-1916。

第七节 结论

现代品质管理强调 PDCA，本章各主题即为 PDCA 循环中的 C。能知品质水准，方知改善机会，品质管制在品质管理系统中所扮演的角色正是开启改善大门的钥匙。

个案研讨

IBM Lotus Notes 打造联电 e 化企业

中国台湾地区半导体晶圆大厂联华电子（UMC）（以下简称"联电"）是半导体晶圆专工业界的领导厂商，提供先进制程技术与晶圆制造服务，联电是台湾第一家提供晶圆专工服务的公司，首创员工分红入股制度，此制度已被公认为引领台湾电子产业快速成功发展的主因。联电在中国台湾、日本、新加坡、欧洲及美国均设有服务据点，以满足全球客户的需求。在企业内部，联电以 IBM Notes 为基础平台推行知识管理应用。

IBM 英文原名为 International Business Machine（国际商用机器公司），前身为计算制表记录公司，IBM 很早就看出网络的发展潜力，率先喊出"e-Business"口号，将自己改革为电子商务企业，并开始转型成为知识管理公司，发展主轴由 PC 制造开始转往信息相关服务。过去 IBM 是以技术为核心，服务只是用来帮助销售，现今网际网络及电子商务兴起，服务加上软件转为策略重心。Lotus 软件主要可协助企业内部沟通、协同合作并提高生产力的高安全性软件，产品的服务范围有以下五个方面：传讯应用程序；业务整合；生产力；行动、语音与企业资料存取；软件开发。

企业传讯功能提供以目录、电子邮件及群组行事历为基础规划的整合型协同作业环境，整合式协同环境，包括电子邮件、行事历，及通过应用程序与工具扩充的能力。软件功能如 BlackBerry Client 可以将软件整合至 BlackBerry 智能型手机使用者来社交网络功能（个人信息、活动、部落格、社群及书签）；Mobile Portal Accelerator 可协助企业将入口网站的内容递送至各种行动装置；Lotus Domino 有协同作业能力，可作为电子邮件和企业排程基础架构，或同步 Lotus Notes 电子邮件、行事历、联络人及日志信息等；Lotus Workflow 扩充了 Domino 的工作流程功能，是功能最强大的工作流程管理系统。企业将得以支持及维护重要的工作流程应用程式，将之部署到整个企业中，并随着业务流程的演变，迅速修改应用程序；业务整合如同工作流程的管理系统，服务器可提供集中式基础架构，来进行应用程序整合与商业程序自动化；生产力提升软件可提供实时传讯、Web 会议、协同作业入口网站，及以角色为基础的环境。软件功能如 IBM Forms Turbo Forms 软件可让您通过电子邮件与 Web，更轻易地建立配送电子窗体，制造的工单开立或是客户的特殊要求，任何相关使用者都可通过 Lotus 查询，增加工作透明度及效率；行动、语音与企业资料存取；无线技术、语音技术与普及运算软件可支持无线装置与行动装置之间的资料交换及语音互动；软件开发工具可设计及建置应用程序，并能支持开发及部署程序。软件是生产力很高的应用程序开发环境，有助于快速开发与部署可调整且高度安全的协同作业或工作流程导向商业应用程序。开发人员可以跨各种 IT 系统整合资产，并且通过各种客户端和装置提供应用程序存取。

联电将办公室 OA 自动化、请/采购管理、业务支持系统管理，乃至于与高科技制造业必备的计算机整合制造（CIM）系统及 Web 系统的整合，均使用 Lotus 平台。Lotus 替联电创造了独特的运作效率与企业价值，以 ISO 规范系统为例，公司内部区分为管理规定、作业规定、公司规范、部门规范、Design Rule、厂区规范等子系统，以此基础为架构，当工程师直接使用 Notes 来编辑规范文件，系统既有统一的编辑工具及格式，符合 ISO 文件管制的规定，并运用 Notes Keep Private 功能来禁止打印、复制、转呈，达到信息保密的功用。而在文件管理相关系统，则包含有文件数据库、Team Room、公用窗体、方针绩效管理、项目计划管理、训练教材及手册等子系统，例如文件数据库提供套表格式，可进行部门内部签核作业及跨部门会签作业，亦可结合知识管理系统来提供前置知识文件的撰写功能，让工作人员在此方面工作时间最短化提升工作效率。

CIM 是计算机整合制造的简称，原意为 Computer Integrated Manufacturing，意指就是将生产所需的控制，整合于计算机的系统中，计算机提供了设计、测试、制造、装配、检验、物料控制、人事管理与市场信息等功能及数值设定。Notes 与 CIM 系统的整合，让 CIM 的自动化范畴由工厂延伸至办公室，运用 Notes 平台来串联工厂相关应用系统的联动工作及资料，简化工程师及使用者的操作。以 Code Release 申请单为例，使用者仅需要输入最少的资料，甚至以刷产品条形码代替，其余相关资料，再由其他系统汇入，使用者就可以利用 Lotus 整合后端制造执行系统（Manufacturing Execution System，MES）传送制造讯息。MES 是指"制造执行系统"，也有人称"工厂营运管制系统"，是帮助企业从接获订单、生产制造、流程控制一直到产品制造完成，通过系统主动收集及监控制造过程中所产生的生产资料，确保产品生产品质。整合以上信息后，Lotus 平台上可呈现一正常运作且流畅的生产流程，并结合 SPC（统计制程管制，Statistic Process Control）以文字和图形的结合来控管，当流程中有异常或制造有错误讯息时，系统会显示 SPC Alarm 同时会通过 Lotus 来回传讯息提醒并指出错误。

Help Desk 服务，联电的厂区分设在科学园区内不同地点，厂区内任一使用者的计算机操作一旦出问题，刚开始，IT 人员通常需亲自到现场查看以利解决问题，倘若通过电话，常发生词不达意或是描述不清的情形。Lotus 则是提供远程画面同步功能的远程遥控软件，不需另外在使用者端安装软件，就可以达到相同功能，于是便决定采用 Lotus Same time。联电亦将 Lotus Same time 的线上会议功能转化成电脑报修网页，使用者若有系统操作上的任何问题，皆可通过浏览器连接到此线上会议室，工程人员便可借由 Lotus Same time 的应用程序分享功能（Application Sharing），由远程切入使用者的计算机屏幕，就如同亲临使用者座位，查看使用者电脑。联电工程人员表示，九成的使用者问题都可经由此机制解决。除了上述，联电内部的行政管理、人员任用考核、教育训练、请/采购、会计、IT/OA 应用、安全管制、文件管理、ISO 规范等几大应用系统，使用者都可以根据需求填妥窗体送出，通过全自动化的工作流程引擎执行运作，让使用者不需查询各文件的签核流程，不仅提供员工效率，也更可落实无纸化的环境。利用电子邮件结合催签机制后，可依据窗体的时效性，定时发出催签通知，化被动为主动，让签核流程更为顺畅。

联电通过 Lotus 来进行竹科、南科、美国三地公司的同步远距线上会议。联电原本就具有视讯会议设备，联电所拥有的视讯会议设备，在影像部分是靠电视画面呈现，大多用于传送会议参与人的影像，但会议进行中，通常还需要传递一些档案、文件作为讨论的素材，这部分并不适合以电视画面来呈现。然而，Lotus Same time 正是解决此问题的最佳方案，因为 Lotus Same time 除具备上述所提及的应用程式分享功能之外，还包括白板功能（White Boarding），可将会议所需的文件事先准备好，以演示文稿文件的方式在会议中播放；在播放过程中，并可于演示文稿文件上加以注释说明。

像是线上图书馆一般，联电透过 Lotus 来做知识管理，知识通过整理、分类、储存、分享、应用可以创造工作价值，长期效益是增进组织学习与创造能力。联电应用知识管理的短期效益，利用知识管理系统建立公司智库，让新进工程师借由线上学习缩短学习曲线，资深工程师也可快速扩充领域知识，不同厂区均可分享各自的工作经验与最佳做法，形成专家社群并通过技术交流来提供问题解决管道。截至目前，联电内部每个部门都有自己的文件数据库，除了进行教育训练等，联电将知识管理与员工的绩效考核结合，部门主管除负责把关并审核知识库的文件外，更要评量员工对知识库的贡献度；在策略部分，则是以高阶方针与技术委员会为重，在表达高度支持之外，更要亲身力行，完全投入；流程方面，建立起知识贡献、审查与评等的工作程序。

资料来源：台湾 IBM 公司网站，http://www.ibm.com/tw/zh/.

问题讨论 试叙述联电 SPC 的运作方式。

习题

基础评量

1. 过程量测与监控的目的为何？

2. 试说明首件检查的意义。

3. 试说明自主检查的意义。

4. 试说明顺序检查的意义。

5. 试说明巡回检查的意义。

6. 何谓规格界限？

7. 近年来为何全检再度受到重视？

8. 企业采行抽检的主要原因为何？

9. 试解释何谓统计品质管制。

10. 试解释何谓机遇变异与非机遇变异。

11. 试解释何谓在统计管制内与在管制外。

12. 试解释何谓统计制程管制。

13. 某食品公司生产方便面，现为建立管制图，自生产线上每隔1小时抽取5件样本，总共获得25组样本组，经测量并记录其的重量如下表所示（单位为g），试求平均数与全距管制图的管制界限。

样本组	观测值					平均数	全距
1	217	222	218	220	216	218	7
2	205	218	216	223	216	216	18
3	226	222	224	214	220	221	11
4	230	220	220	221	233	225	13
5	213	226	215	217	219	218	13
6	213	217	219	217	221	217	7
7	221	229	219	224	227	224	11
8	217	217	219	222	214	218	9
9	223	218	219	218	210	218	13
10	206	218	220	220	213	216	14
11	217	218	212	224	223	219	12
12	218	218	217	223	225	220	9
13	221	231	226	222	216	223	15
14	218	220	214	224	209	217	15
15	217	220	220	217	222	219	5
16	219	223	218	221	224	221	6
17	217	224	225	212	222	220	13
18	224	217	212	224	214	218	12
19	216	217	223	230	211	219	19
20	218	226	230	214	219	222	16
21	220	213	223	220	225	220	13
22	214	222	212	213	221	216	10
23	219	210	225	230	223	221	20
24	211	226	228	218	223	221	17
25	217	220	220	227	224	222	10
总平均 = 220							12

14. 请以下列资料，求平均数与全距管制图的管制界限。

样本组	观测值					平均数	全距
1	93	96	95	112	87	97	25
2	71	106	108	107	112	101	41
3	111	94	91	89	111	99	23
4	119	86	101	98	91	99	34
5	86	108	109	97	98	100	24
6	87	103	107	73	103	94	34
7	102	116	101	91	94	101	24

样本组	观测值					平均数	全距
8	95	103	102	96	95	98	8
9	107	107	116	109	94	106	22
10	73	107	74	98	96	90	34
11	95	105	89	97	87	95	18
12	97	106	83	111	105	100	28
13	102	119	111	102	93	105	25
14	95	79	109	89	93	93	30
15	95	114	94	100	103	101	20
16	97	100	109	107	90	101	19
17	94	101	99	115	119	106	25
18	109	101	97	91	82	96	27
19	93	100	95	83	89	92	17
20	96	107	96	102	82	97	25
21	100	90	101	104	92	97	15
22	87	95	95	106	104	97	18
23	98	83	106	97	106	98	24
24	82	107	94	102	99	97	25
25	93	86	110	97	96	97	25
总平均 = 98							24

15. 某产品抽样结果 $\bar{x} = 6.33$mm，试问：

(1) 当规格要求为 $6.20 \pm {}^{0.30}_{0.20}$mm；

(2) 当规格要求为 $6.20 \pm {}_{0.05}$mm；

(3) 当规格要求为 6.20 ± 0.20mm 时，制程能力值 C_a 为多少？

16. 某产品抽样结果 $\bar{x} = 122$g，试问：

(1) 当规格要求为 $120 \pm {}^{4}_{2}$g；

(2) 当规格要求为 $120 \pm {}_{3}$g；

(3) 当规格要求为 120 ± 5g 时，制程能力值 C_a 为多少？

17. 某产品抽样结果 $s = 0.2$mm，试问：

(1) 当规格要求为 $20.0 \pm {}^{1.0}_{0.5}$mm；

(2) 当规格要求为 $20.0 \pm {}_{0.5}$mm；

(3) 当规格要求为 20.0 ± 0.6mm 时，制程能力值 C_p 为多少？

(4) (3) 的制程能力比为多少？

18. 何谓制程能力比？

19. 某产品抽样结果 $s = 0.5$g，试问：

(1) 当规格要求为 $20.0 \pm {}^{1.0}_{0.5}$g；

（2）当规格要求为 $20.0 \pm _{1.0}g$；

（3）当规格要求为 $20.0 \pm 0.8g$ 时，制程能力值 C_p 为多少？

（4）（3）的制程能力比为多少？

20. 某轮胎制造商生产轮胎的沟深 $\bar{x} = 10.20mm$，$s = 0.02mm$，试问：

（1）当规格要求为 $10.22 \pm _{0.06}^{0.04}mm$；

（2）当规格要求为 $10.22 \pm _{0.05}mm$；

（3）当规格要求为 $10.22 \pm 0.05mm$ 时，制程能力 C_{pk} 值为多少？

21. 某轮胎制造商生产轮胎的沟深 $\bar{x} = 212mm$，$s = 2mm$，试问：

（1）当规格要求为 $210 \pm _6^4mm$；

（2）当规格要求为 $210 \pm _8mm$；

（3）当规格要求为 $210 \pm 4mm$ 时，制程能力 C_{pk} 值为多少？

22. 何谓允收抽样？

23. 试说明何谓单次、双次与多次抽样计划。

深度思考

为何课本将首件检查、自主检查、顺序检查、巡回检查、管制图与制程能力分析等列为过程的测量与监控，而非产品的检验与测试？

第九章 存货管理

学习重点 **在学习本章后，你将能够**

1. 了解存货的意义与其功能。

2. 了解存货服务水准与存货周转率的含义。

3. 了解存货的种类与降低存货的战略。

4. 了解材料编码与 ABC 存货分类。

5. 分辨永续盘点与定期盘点的使用时机。

6. 解释何谓存货成本。

7. 了解单期存货模型的意义与如何应用。

8. 了解定量模型的意义与如何应用。

9. 了解定期模型的意义与如何应用。

10. 了解采购发包与供应商管理的做法。

李顾问对于存货过高问题的一堂课

王总经理看着财务报表上巨额的存货金额，心中思索着这到底是福还是祸。从财务观点来看，存货是资产的一种，巨额的存货使得股东权益也增加了，但是，这些存货其实也代表着一种风险。王总经理回想起李顾问上个月到公司时提出对公司存货过高问题的警告，决定找仓管田经理一谈。

经过与田经理一阵的沟通后，"田经理，你是仓管主管，应对存货过高的问题负责，请提出改善方案，我希望在半年内你的方案能将存货降低30%以上"，王总经理下达了最后通牒。田经理走出办公室后，李顾问来了，王总经理将他刚才的处理向李顾问做了简短的报告。"王总，你严肃看待存货问题是正确的。但是，你找的对象却错了。存货正确与否是仓管主管的责任，但存货过高的责任归属却是一个复杂的问题，这不是仓管经理的权责"，李顾问娓娓道来，"依贵公司的组织权责，如果存货过高是因为原物料，我建议找采购谈；如果是因为半成品，我建议找生管谈；如果是成品，我建议找业务谈。但要厘清存货过高的原因为何，最好的方式是将采购、生管与业务经理都找来。而且严格说来，复杂的存货问题，也不可能由某一部门单独解决"。

王总经理仔细地想着李顾问简短的话。"今天又上了一课，顾问毕竟是顾问，真是一语点醒梦中人"，王总经理再度臣服于李顾问精辟的见解之下。

存货管理是近年来最受企业重视及变化最快速的课题之一。成功的企业几乎皆具备低存货的特色，而高存货的企业则几乎都会以倒闭收场，由此可知存货管理的重要。在本章中，我们将对存货管理的基本知识作介绍，至于存货管理中许多更深入的重要内容，将在本书的后几章中陆续介绍。

第一节　存货管理概论

存货是企业生产与作业的必需，缺少了存货可能使企业面临诸如缺料断线、服务品质下降与丧失商机等损失。因此，建立正确的存货政策与存货管制程序，对现代的管理者而言是极为重要的工作项目之一。

一、存货的意义

在介绍存货管理之前，我们需先介绍一个在存货管理中扮演着极重要角色的名词——前置时间（Lead Time）。所谓的前置时间代表自需求产生到需求满足的间隔时间，最常见的前置时间有订购前置时间与生产前置时间。订购前置时间是指自订购需求产生到交货完成的时间长度；至于生产前置时间在存货管理中指的是自生产需求产生到生产开始的时间长度，但在物料需求规划中则代表自生产需求产生到生产结束的时间长度。

为求说理更为严谨，本书将订购与采购区别为不同的意义。订购（Ordering）意指发出采购订单的行为，而采购（Purchasing）指的则是自采购需求提出后一直到供货商交货完成的过程，故订购是采购过程中的一个步骤。在英文书籍中，Ordering 与 Purchasing 的区别显而易见，不易造成混淆，但在一般中文书籍中，订购与采购两个名词常会混为一谈。

存货（Inventory）指的是组织为达成作业活动所需使用到的任何项目或资源的库存。

存货系统（Inventory System）代表组织为使存货有效运用，所建立的一套有关存货政策（Inventory Policy）与存货管制（Inventory Control）的系统。完善的存货系统需能明确定义下列问题：

（1）如何监控存货水准？

（2）存货水准应维持在何种程度？

（3）应在何时补充存货？

（4）每次应补充多少存货？

上述四个问题的答案可能只是原则性的提示，此属于存货政策的议题；也可能是书面化的规范，此属于存货管制的议题。但无论是存货政策还是存货管制，对于存货系统的管理，我们称之为存货管理（Inventory Management）。

二、存货的功能

许多企业虽号称其为零库存或追求零库存，然而实际上此仅代表其降低存货的决心，对大多数行业或企业而言，零库存是不可能存在的。存货之所以存在，主要是因为它能维持各作业之间的独立、配合市场需求的变异、使得日程安排更具弹性、提供交期的保障和享受经济订购与经济生产的优势等的功能。

1. 维持作业间的独立

作业间若无存货，前作业的速率一旦放慢，就会连带使得后作业的速率变慢，当作业数增加时，这种状况会更加恶化，这就像是蜈蚣竞走的速度无法与一般常人走路的速度相比一样。存货能提高作业间的独立性，降低作业间的相互影响，使产出速率增加。

2. 配合市场需求的变异

市场需求常为未知、不确定且变异极大，故除非组织的应变速度极快，否则在无存货情形下，将常会面临缺货、供应不及、延迟交货或丧失商机等状况。存货的存在能改善组织因市场需求变异造成的损失。

3. 使得日程安排更具弹性

假设存货不存在，日程安排将完全依据出货计划，排程人员无法累积一定量的订单一次生产或订购，以节省整备时间或前置时间并提高产能利用率。存货的存在能让日程安排更具弹性，组织得以借此降低生产成本。

4. 提供交期的保障

无论是供货商还是自行生产的交期，一般都存在着许多的不确定，若未建立存货，一旦交期延误，就可能造成损失。存货的存在，对交期延误提供了一定程度的保障。

5. 享受经济订购与经济生产的优势

当订购达到一定数量时，组织往往能享受到价格折扣或节省若干订购费用；当生产达到一定数量时，组织同样也能享受到整备时间的节省。而无论是经济订购还是经济生产，存货都会伴随发生。

三、存货管理的目标

存货必须加以管理，其主要原因如下：

1. 存货成本是产品成本中很重要的一部分

持有存货一年所需的各种费用的总和为该产品价值的 20%～40%。以台湾地区发展相当成功的笔记型计算机代工业为例，在平均存货天数为 15 天时，产品毛利只有 5%，若平均存货天数为 60 天，存货成本将多出：

（20%~40%）×（60天 – 15天）÷ 360天 = 2.5%~5.0%

毛利就会降为0%~2.5%。故对如广达、仁宝与鸿海等低毛利的公司而言，增大营业额与加快出货速度才能获得较高的投资报酬率。

2. 存货与组织的现金流量息息相关

一般存货占企业资产的比例相当高，这会造成资金积压，财务的调度与运用倍加困难，现金流量下降，轻则当商机来临时，缺乏资金以应对，重则周转不灵面临倒闭。

3. 过高的存货会影响管理绩效

生产与销售过程中的异常，会因存货过高而隐藏起来不为人知，对于企业的管理形成危机；同时由于存货是解决生产力低落与品质过差问题最简单的做法，它会吸引管理者不从根本上去思考问题的解决方法，而采取短期最能见效，但对企业杀伤力极大的方法——提高库存，从而恶化了整个的管理。

4. 过高的存货会将企业暴露在高风险环境下

近年来，产品的生命周期愈来愈短，产品价格一夕数变，高科技产品的跌价速度更以天为单位计，今日的存货可能就是明日的废品。另外，政府政策、汇率、顾客喜好、竞争对手与供货商等的变化，也都同样愈来愈快，存货的变现速度较慢，拥有愈高的存货企业，风险就愈高。

5. 存货量的多寡对组织供货是否顺畅会造成很大的影响

存货过高对组织的不利影响已如前述，但存货不足亦非得宜。存货不足会造成生产线停工待料、商机丧失、信誉下降、顾客索赔与服务品质水准滑落等不良结果。

综合以上所述可知，维持最低所需的存货，但又不至于降低存货服务水准是存货管理的两个目标，故可以存货服务水准与存货周转率两项指标作为评量存货管理效能的指针。存货服务水准与存货周转率都是愈高愈好，但要提高存货服务水准，往往就会降低存货周转率；而要提高存货周转率，则又极易造成存货服务水准的下降。故存货管理的两个目标之间常存在着矛盾，而这也是早期作业管理人员的普遍看法。但20世纪80年代以后，日本企业在提高存货周转率的同时，也提高了存货服务水准，此经验使得作业管理者长期以来视同时达成存货管理的两个目标为不可能的观念彻底改变。

存货服务水准（Inventory Service Level）的意义为当顾客需求产生时，组织能不缺货的能力，其计算如公式（9–1）所示：

存货服务水准 = 100% – 缺货概率 （9–1）

存货周转率（Inventory Turn-Over Rate）的意义为一年内存货出售的次数，它与平均存货天数互为倒数。平均存货天数与存货周转率如公式（9–2）与公式（9–3）所示。由于存货周转率愈高愈好，因此平均存货天数愈少愈好。

$$平均存货天数 = \frac{365}{存货周转率} = \frac{平均存货金额}{每日销货成本}（单位：天）\qquad (9-2)$$

$$存货周转率 = \frac{365}{平均存货天数} = \frac{年销货成本}{平均存货金额}（单位：次）\qquad (9-3)$$

范例 9-1

某大型笔记型代工厂的年销货成本为 535 亿元，平均存货为 34 亿元，试求其平均存货天数与存货周转率。

解答：

$$存货周转率 = \frac{年销货成本}{平均存货金额} = \frac{535}{34} = 15.7（单位：次）$$

$$平均存货天数 = \frac{365}{存货周转率} = \frac{365}{15.7} = 23.2（单位：天）$$

第二节 存货的种类与降低存货的战略

存货的种类可从三种不同的角度来做区分：依存货的使用目的区分、依存货的需求形式区分与依存货的产生原因区分。不同的存货种类，其管理方式与降低存货量的战略亦不相同。

一、依存货的使用目的区分

存货依其使用目的可区分为下列五种：

1. 原物料

生产产品所使用到的基本材料称为原物料（Raw Materials）。若要细分，原料一般指的是组成产品的用料，如陶制品使用的黏土；物料一般指的是非组成产品的用料，如陶制品的包装用料。有些行业，如电子、信息与机械业，则较习惯称其为零组件。

2. 半成品

半成品（Semi Products）是指原物料经过加工处理，但仍未成为最终产品者。若要细分，当此产品可选择先行销售或继续加工，则称为半成品；若不拟销售或无法销售，则称其为在制品（Work in Process，WIP）或中间产品。

3. 成品

成品（Final Products or Finished Goods）代表已完成所有生产过程而达可销售状态的制品，又可称为产品。

4. 备品

备品（Spare Parts）是指工具、仪器、机器或设备的替换性用品或零组件。

5. 供应品

供应品（Supplies）是指一般行政作业所需使用到的物品，如文具、桌椅、清洁用品或消防器材等。

上述各种存货对一般制造业而言几乎都会存在，但对服务业而言则未必如此。

二、依存货的需求形式区分

存货依其需求形式可分为下列两种：

1. 相依需求

相依需求（Dependent Demand）指的是该项存货的需求是由其他种类的存货需求所决定，如原物料的需求是由半成品的需求所决定，而半成品的需求是由成品的需求所决定，由于原物料与半成品的存货需求相依于其父项的存货需求，故称其为相依需求。

相依需求的存货需求量是直接而可确定的，如汽车公司生产 200 辆汽车，很明显地需要 800 个轮胎。要降低相依需求的存货量有赖物料需求规划与配销需求规划精确的计算，此课题在本书第十一章中会再加以介绍。

2. 独立需求

独立需求（Independent Demand）指的是该项存货的需求不是由其他种类的存货需求所决定，而是直接由市场或产能来决定，如成品的需求就常被视为是独立需求。

就存货式生产而言，独立需求的存货需求量常难以确定，此时，要降低独立需求的存货量通常要依靠优良的销售预测以及适宜的生产或采购批量。就接单式生产而言，独立需求的存货量原则上就是客户下单量，它也是直接可确定的。

三、依存货的产生原因区分

存货依其产生原因可分为批量存货、预期存货、在途存货与安全存货四种。

（一）批量存货

批量存货（Lot Size Inventory）起因于成批的生产或订购，但存货却是分批消化所造成的。

1. 生产与订购批量

生产批量愈大，半成品与成品的存货就会愈大；订购批量愈大，原物料的存货就会愈大。理想状况下，平均批量存货约为最大存货量的一半，如公式（9-4）与图9-1所示。

$$平均批量存货 \approx \frac{最大存货量}{2} \tag{9-4}$$

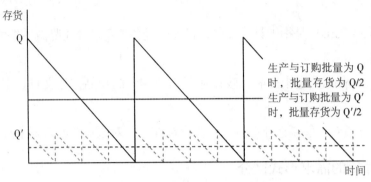

生产与订购批量为Q
时，批量存货为Q/2
生产与订购批量为Q'
时，批量存货为Q'/2

图9-1　生产与订购批量对存货的影响

2. 移转批量

移转批量愈大，半成品的存货就会愈大。如图9-2的上半部采取两天一次移转半成品的做法，其存货为8天；图9-2的下半部将移转批量减半为每天移转一次，其存货为5天。降低移转批量不仅能降低存货，也能够缩短交期。

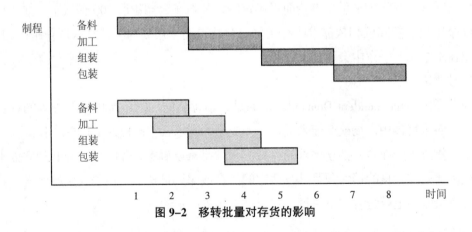

图9-2　移转批量对存货的影响

要降低批量存货，必须要先降低前置时间，才可能推动小批量生产、小批量订购与小批量移转。

（二）预期存货

预期存货（Anticipation Inventory）是企业为吸收未来供给与需求之间的不平衡，所事先建立的存货。例如，厂商在产能有限时无法应付旺季巅峰的需求，就可能会利用淡季时间，多生产一些产品作为存货，以应对旺季所需。

要降低预期存货应从改善企业的中期计划着手，如发展互补性产能与互补性产品等，这在第十章将作更进一步的说明。

（三）在途存货

在途存货（Transportation Inventory）是因存货的转运而产生。存货的转运发生于厂内与厂外两种不同的地方，厂内的转运称为搬运，厂外的转运称为运输。

要降低厂内的搬运可以从设施布置着手，要降低厂外的运输则应考虑适当的地址。

（四）安全存货

安全存货（Safety Inventory）是企业因供给或需求的不确定而建立的避险存货。

1. 供给的不确定

供给不确定的发生主要是因为供货商或是制造部门无法如质、如量、如时地供应产品。供给若不确定，企业就会建立存货，以避免因供给不足，形成缺货，影响到生产或出货。

2. 需求的不确定

需求不确定的发生主要是因为市场需求或是客户订单突然的增减所致。由于需求不确定是外在原因所造成，因此要降低需求不确定会比降低供给不确定来得困难。一般而言，强化企业供应链管理与顾客关系管理的功能，对于降低需求不确定会有很大的帮助。

第三节　存货管理的基本手法

存货管理中，最根本的目标就是"料账相符"，为确保料账相符，存货管理者首先应对所有材料进行编码，继之加以分类，并建立进/销/存管理制度与定期盘点。以下我们就针对这些议题加以介绍。

一、材料编码

材料编码犹如国民需给予身份证字号一般，都是为避免一物多名称造成管理困扰的必要手段。举例而言，橡皮垫圈在某些公司被称为华司，惯于使用英文的人会称其为 Washer；假设存货中有橡皮垫圈，如果有人需要使用到华司或 Washer，存货管理者就可能对外订购华司或 Washer，而不会以存货中的橡皮垫圈提供给需求者，最后造成存货很多，但却又常常缺货的问题。一家企业的存货往往高达千项以上，存货管理者不太可能去分辨橡皮垫圈、华司与 Washer 的不同。故材料必须编码，以将不同称呼但指的是同一件物品者给予一个唯一的编号，即料号（Part Number）。材料编码后，使用者亦需配合此编码，在所有正式文件上以料号取代一般称呼，以避免错误发生。

材料编码最基本的原则如下所述：

1. 简单性

材料编码方式应简单，如料号过长远超过未来实际需求或料号中含有 ^\ }!~ [ ]"l 等符号皆非得宜。

2. 完整性

应将所有材料皆纳入编码，不可遗漏。

3. 单一性

一个料号只适用一种材料，一种材料也应只有一个料号。

4. 一贯性

编码方式应力求一致，尽量不要因材料的不同而建立不同的编码方式。

5. 延伸性

材料编码应考虑到能符合组织未来的发展，尤其是新产品的需求。

6. 结构性

料号结构应齐全，必要的信息皆应能从其中辨识而得。

7. 易记性

料号应便于记忆，以提高管理效率。

8. 分类展开性

编码应尽量让每一分类有展开的空间。

9. 实用性

料号应能配合生产或行销等其他单位的使用惯例。

10. 沟通性

编码方式需要考虑到与外界现有材料编码系统间的一致性与沟通性。

材料编码方式与一般图书馆的书籍编码方式极为类似，都是依大分类、中分类、细分类与流水号的方式依序自前缀往下编制，如编码可为：

WWW – XXX – YYY – ZZZ

其中，WWW 代表大分类：001 代表成品、002 代表半成品、003 代表原物料……XXX 代表中分类：001 代表塑料件、002 代表五金件、003 代表电子零件……YYY 代表细分类：ABC 代表使用于成品 ABC、DEF 代表使用于成品 DEF……ZZZ 代表流水号。

材料编码后，一般企业会将其印制成条形码加贴于材料上以配合自动化的需求，此部分请读者参考本书第五章。

二、ABC 存货分类

ABC 法将存货分成三个等级，分别给予 A、B、C 三个等级代号，其中 A 类存货为库存价值最高、金额最大者，但在存货项目所占的比例很少。一般而言，A 类的存货项目约占总项目的 15%~30%，但所占金额则为每年总存货价值的 70%~80%。C 类存货为所占金额很低，项目比例却很高的存货项目。一般而言，C 类的存货项目占总项目的 40%~60%，但所占金额则只有每年总存货价值的 5%~15%。B 类存货则介于以上 A 与 C 二者之间。

我们可以用所占金额百分比与存货项目百分比为坐标，绘制成 ABC 曲线，或者称为柏拉图曲线（Pareto Curve），如图 9-3 所示。

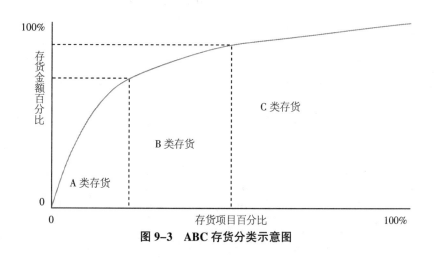

图 9-3　ABC 存货分类示意图

范例 9-2

西院公司欲将其目前所使用的 12 项材料进行 ABC 分类，已知各项材料每年的需求量与单价如表 9-1 所示，试为其分类。

表 9-1　西院公司存货价值统计表

料号	年需求量	单价
1	5000	1.50
2	3200	0.90
3	6400	2.50
4	1200	3.80
5	4100	10.50
6	450	13.60
7	360	70.25
8	1600	1.10
9	2000	1.58
10	2400	4.00
11	1400	8.10
12	1600	40.5

解答：

将各项材料的年存货金额计算出以后，再依年存货金额的大小排序并计算其累积金额百分比，以此判断 ABC 存货应如何分类，如表 9-2 的计算所示。

表 9-2　西院公司 ABC 存货分析表

料号	年需求量	单价	存货金额＝年需求量×单价	存货金额百分比（%）	累积存货金额百分比（%）	分类
12	1600	40.50	64800.00	33.05	33.05	A
5	4100	10.50	43050.00	21.96	55.01	A
7	360	70.25	25290.00	12.90	67.91	A
3	6400	2.50	16000.00	8.16	76.07	B
11	1400	8.10	11340.00	5.78	81.85	B
10	2400	4.00	9600.00	4.90	86.75	B
1	5000	1.50	7500.00	3.83	90.57	C
6	450	13.60	6120.00	3.12	93.69	C
4	1200	3.80	4560.00	2.33	96.02	C
9	2000	1.58	3160.00	1.61	97.63	C
2	3200	0..90	2880.00	1.47	99.10	C
8	1600	1.10	1760.00	0.90	100.00	C
合计			196060.00	100.00		

A 类存货的价值较高，故须有较严谨的管理，其管理重点如下：

（1）订购时需经高级主管的审查与核准，并注意订购数量与订购频率。

（2）尽可能正确地预测需求量及缩短前置时间，且对交货期限加强控管。

（3）由专人做好严密的控制，保持完整且精确的存货记录。

（4）多采用永续盘点系统。

C 类存货的价值较低，故应尽量简化管理程序，其管理重点如下：

（1）较不需要严密的订购控制。

（2）一般以大量订购来取得数量折扣及简化管理成本。

（3）可依需求或使用量交由生产线直接管理使用。

（4）多采用定期盘点系统。

三、存货进销存管理与盘点

A 类与 B 类存货由于其价值较高，故常需委派专人设仓管理，对每一笔材料的进出都加以记录，并修正存货记录，如表 9-3 所示。

这种随时记录材料进出以实时掌握存货的管理，我们称其为永续盘点系统（Perpetual Inventory System）。

最简单的永续盘点系统是所谓的双仓系统（Two-Bin System）。双仓系统使用两个储存

表 9–3 永续盘点材料账册

品名：
规格：
料号：

日期	进/出仓单号	进仓量	出仓量	存货量
050103	N12451	2500		2500
050105	N12547		1100	1400
050112	M12556		200	1200
050120	N12563		300	900
050122	N12579		500	400
050130	N12587	2500		2900

箱（如 A 与 B）存放同一种材料，每次使用材料都从同一个储存箱（如 A）中领取，当该储存箱的材料用完时，一般在储存箱底会出现一张事先置放的订购单，仓管人员应立即填写该订购单，当下一次的需求产生时，自另一个储存箱（B）领用。双仓法的优点是简单易行，但应用时应特别注意两件事：第一是每个储存箱的容量也就是再订购量，应至少大于安全存货；第二是订购单极易遗失，应特别注意保存方法，而因保存方法的不当所常引起的失误也是双仓法最大的缺陷。

永续盘点系统可以精确地掌握存货量，因此较能避免缺货，但其缺点则是必须花费较多的人力来保持记录。近年来，计算机化与自动化存货管理系统获得企业的大量采用，永续盘点系统所需的人力也大幅下降，使得永续盘点系统更为盛行。

C 类存货由于其价值较低，故常直接交由生产单位使用与管理，它不对每一笔材料的进出加以记录，而是定期清查存货状况。如表 9–4 所示，平日并不对材料的进出加以记录，只在每月 1 日才清点存货数量并予记录。

表 9–4 定期盘点材料账册

品名：
规格：
料号：

日期	存货量
050101	200
050201	300
050301	500
050401	150
050501	250
050601	350

这种每经过一段时间才去核算存货数量并加以记录的管理，我们称其为定期盘点系统（Periodic Inventory System）。

定期盘点并非与永续盘点不兼容，在许多情形下，即使已使用永续盘点，但为避免记账时的疏失造成料账不符，一般企业仍会采取定期季盘点或年度盘点，以确保料账一致。定期盘点前，一般企业都会先拟定盘点计划，严格规范盘点时间、负责人员、抽盘项目、受盘单位与停工计划。盘点后若料账不符，则应进行调账，以避免料账差距愈来愈大。

定期盘点系统的优点是管理成本较低。随着存货管理计算机化与自动化的盛行，目前采用此法者已日渐减少，但对于某些无法立即或随时记录的存货项目而言，定期盘点系统目前仍是较适合的管理方式。

第四节 存货成本

存货一旦存在，存货成本就会出现。存货成本（Inventory Cost）包含订购成本（或整备成本）、持有成本与缺货成本三类。

1. 订购成本（或整备成本）

订购成本（Ordering Cost）与整备成本（Setup Cost）是两个极为类似的概念，只不过前者是针对订购活动而言，而后者则是针对生产活动而言。

就订购成本来说，它包含审查订购需要、研究分析货源、填送订购单、订货、跟催供货商、验收货品、搬运货品、登录并调整存货账户、收款与记账等作业活动所衍生的成本。

就整备成本来说，它包含检料备料、调机、换模换线、作业人员变更座位以及抽换标准作业程序等作业活动所衍生的成本。

2. 持有成本

持有成本（Holding Cost or Carrying Cost）亦称为储存成本。持有成本包括资金的机会成本、仓储保险费、存货腐坏损失、存货遭窃损失、为储存而产生的包装费用、储存空间成本与仓储管理人员的薪资等费用。

3. 缺货成本

缺货成本（Shortage Cost）是存货不足时所发生的成本。缺货成本包含停工的损失、商誉的损失、失去销售订单的机会成本、加班成本与延迟交货的罚款等成本。

第五节 单期存货模型

回忆本章第一节中曾说道：完善的存货系统需能明确定义如何监控存货水准、存货水准应维持在何种程度、应在何时补充存货以及每次应补充多少存货。存货模型就是一种以量化的方式提供上述问题的答案。

存货模型大致上可分为单期存货模型与多期存货模型两种，其中多期存货模型又可分为定量模型与定期模型两种。

单期存货模型（Single-Period Inventory Model）适用于只考虑一期的存货问题，又被称为报童问题（Newsboy Problem），它常用于易逝性物品（如蔬菜、水果、海鲜或花卉与具有一定使用期限物品（如报纸或杂志）的存货决策。

单期存货模型假设货品若不足将会发生缺货成本，如公式（9-5）所示。货品若过剩则会产生超额成本（Excess Cost），如公式（9-6）所示。

$$C_S = 单位收入 - 单位成本 \qquad (9-5)$$

式中，C_S 代表缺货成本。

$$C_E = 单位成本 - 残余价值 \qquad (9-6)$$

式中，C_E 代表超额成本。

如某杂货店以每份 6 元的成本购入报纸，报纸每份售价为 10 元，残余价值为 1 元，如若低估顾客需求，存货不足，就会产生每份报纸（10 元 – 6 元 = 4 元）的缺货成本，但如果高估顾客需求，存货过多，则会产生每份（6 元 – 1 元 = 5 元）的超额成本。

当存货较高时，缺货成本较低，但超额成本将较高；相对地，当存货较低时，缺货成本较高，但超额成本将较低。由此可知，最佳存货水准必须在缺货成本与超额成本间取得平衡，其平衡点如公式（9-7）所示。

$$P = \frac{C_S}{C_S + C_E} \qquad (9-7)$$

式中，P 代表存货需求的累积概率。

由公式（9-7）可知，当缺货成本愈高，存货应愈高，当超额成本愈高，存货应愈低，这与我们的直觉判断颇为一致。

公式（9-7）中的 P，也就是单期存货模型在最佳存货水准时的存货服务水准。

范例 9-3

某花店统计过去 100 天顾客的每日购买量得表 9-5，已知每株花卉的进货成本为 10 元，销售价格为 30 元，残余价值为 0。试问该花店每日应向花农订购多少株花卉？

表 9-5　某花店每日销售状况

销售株数	天数
~100	5
101~120	10
121~140	30

续表

销售株数	天数
141~160	30
161~180	20
181~200	3
201~	2
总天数	100

解答：

C_S = 单位收入 – 单位成本 = 30 – 10 = 20（元）

C_E = 单位成本 – 残余价值 = 10 – 0 = 10（元）

$P = \dfrac{C_S}{C_S + C_E} = \dfrac{20}{20 + 10} = 0.667$

将表 9-5 重新整理成表 9-6。

表 9-6　某花店每日销售状况概率表

销售株数	天数	概率	累积概率
~100	5	0.05	0.05
101~120	10	0.1	0.15
121~140	30	0.3	0.45
141~160	30	0.3	0.75
161~180	20	0.2	0.95
181~200	3	0.03	0.98
201~	2	0.02	1
总天数	100		

由表 9-6 可知，累积概率为 0.667 时，销售株数 150 株左右，故该花店每日应向花农订购 150 株花卉。

当使用者具备统计学的知识时，公式（9-7）中的累积概率值其实可利用统计学中的概率分配求得。

第六节　多期存货模型——定量模型

多期存货模型（Multi-Period Inventory Model）适用于考虑多期状况下的存货问题，它又可分为定量模型与定期模型两种。

定量模型（Fixed-Order Quantity Model）是指每次都以固定批量补充存货，简称为

Q-Model。定量模式一般都搭配永续盘点系统。

一、确定情况下的定量模型

（一）经济订购量模型

经济订购量（Economic Order Quantity，EOQ）模型的基本假设有下列六项：

（1）只涉及一项物料。

（2）未来需求是确定的。

（3）物料需求率是固定的。

（4）订购前置时间为固定不变。

（5）订购后一次交货完成。

（6）物料价格不变。

在经济订购量的假设下，存货变化如图 9-4 所示。

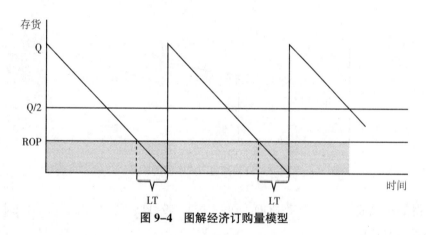

图 9-4　图解经济订购量模型

图 9-4 的意义解释如下：由于只涉及一项物料、订购后一次交货完成且以固定批量 Q 订购，故在没有安全存货下，每次交货后存货皆会直线上升至 Q；物料需求率是固定的，故存货水准以固定斜率下降；订购前置时间为固定不变 LT，故可预期再订购点（Reorder Point，ROP）应如公式（9-8）所示。

$$ROP = d \times LT \tag{9-8}$$

式中，d 代表需求率；LT 代表订购前置时间。

在经济订购量模型下，未来需求 D 是确定的，因此不会发生缺货，缺货成本可不予考虑，故存货成本仅包含订购成本与持有成本两项。

就订购成本来看，每年订购成本是每次订购成本 S 乘以每年订购次数，而每年订购次数为年需求量 D 除以每次订购量 Q。故每年订购成本如公式（9-9）所示。

$$年订购成本 = \frac{D}{Q} \times S \tag{9-9}$$

就持有成本来看，每年持有成本是平均存货乘以每单位年持有成本 H，而平均存货为每次订购量的一半，即 Q/2。故每年持有成本如公式（9-10）所示。

$$年持有成本 = \frac{Q}{2} \times H \tag{9-10}$$

最后，年存货总成本应是订购成本与持有成本的和，如公式（9-11）所示。

$$TC = \frac{DS}{Q} + \frac{QH}{2} \tag{9-11}$$

将上述各种成本与订购量之间的关系绘成图形，如图 9-5 所示。在图 9-5 中，总成本曲线中最低点所相对应的订购量，即为经济订购量。

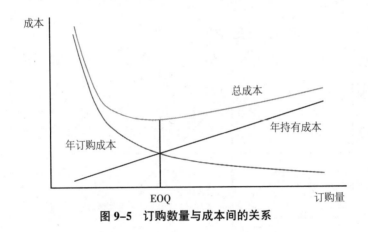

图 9-5　订购数量与成本间的关系

欲求得最小总成本的订购量 EOQ，可将公式（9-11）对 Q 偏微分，并令其为 0 后，解 Q 得公式（9-12）。

$$Q^* = \sqrt{\frac{2DS}{H}} \tag{9-12}$$

式中，D 代表年需求量；H 代表单位年持有成本；S 代表每次订购成本。

至于订购周期长度，则如公式（9-13）所示。

$$订购周期 = \frac{Q^*}{D} （单位：年） \tag{9-13}$$

范例 9-4

某从事 I/O 控制卡的电子工厂每年需用 75000 片 PCB，每片单价为 200 元。订购成本为 15000 元，年存货持有成本为产品价格的 25%，订购前置期为 10 天。试求：

1. 经济订购量 EOQ。

2. 再订购点 ROP。

3. 订购周期。

解答：

LT = 10

D = 75000 片/年

S = 15000 元/次

H = 200 × 25% = 50 元/片

1. $Q^* = \sqrt{\dfrac{2DS}{H}} = \sqrt{\dfrac{2 \times 75000 \times 15000}{50}} \approx 6710$（片）

2. $ROP = d \times LT = \dfrac{75000}{365} \times 10 = 2055$（片）

3. 订购周期 $= \dfrac{Q^*}{D} = \dfrac{6710}{75000}$（年/次）$\times 365$（天/年）$\approx 32.6$（天/次）

（二）经济生产量模型

经济生产量（Economic Production Quantity，EPQ）模型的基本假设与经济订购量模型的假设极为类似，也有如下六项：

（1）只涉及一项产品。

（2）未来需求是确定的。

（3）产品耗用率是固定的。

（4）生产前置时间为固定不变。

（5）产出率固定。

（6）生产成本不变。

将上述假设与 EOQ 比较，我们可看出两者最大的不同在于物料送达方式。在经济订购量模型中，物料一次送达；然而在经济生产量模型中，物料是陆续送达，存货会以产出率减去耗用率的速度缓慢上升，如图 9-6 所示。

经济生产量模型的总成本是整备成本与持有成本之和，如公式（9-14）所示。

$$
\begin{aligned}
TC &= \frac{DS}{Q} + \frac{最高存货}{2} \times H \\
&= \frac{DS}{Q} + \frac{1}{2} \times \frac{Q}{P}(p-d) \times H \\
&= \frac{DS}{Q} + \frac{Q(p-d)H}{2p}
\end{aligned}
\tag{9-14}
$$

经济生产量、再生产点（Reproduction Point，RPP）、生产间隔时间与生产时间的计算

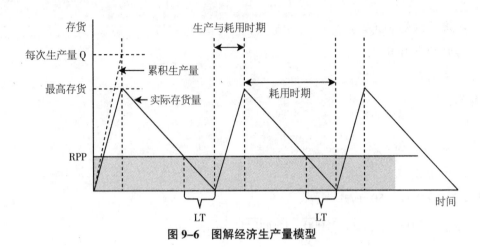

图 9-6　图解经济生产量模型

如公式（9–15）、公式（9–16）、公式（9–17）与公式（9–18）所示。

$$Q^* = \sqrt{\frac{2DS}{H}} \sqrt{\frac{p}{p-d}} \qquad (9\text{–}15)$$

式中，D 代表年产量；H 代表单位年持有成本；S 代表每次整备成本；p 代表产出率（每单位时间生产量）；d 代表耗用率（每单位时间耗用量）。

$$RPP = d \times LT \qquad (9\text{–}16)$$

式中，LT 代表生产前置时间。

$$生产间隔时间 = \frac{Q^*}{d} \qquad (9\text{–}17)$$

$$生产时间 = \frac{Q^*}{p} \qquad (9\text{–}18)$$

范例 9-5

某圆珠笔公司每年销售 25000000 套头圆珠笔。该公司的日产能为 400000 支笔芯，公司全年 250 天均匀生产，生产前置时间为两天。每支笔芯每年存货持有成本为 2 元，每次生产整备成本为 40000 元。请计算：

1. 经济生产量。

2. 再生产点。

3. 生产间隔时间。

4. 生产时间。

5. 存货总成本。

解答：

LT = 2

D = 25000000 支/年

H = 2 元/支

S = 40000 元/次

p = 400000 支/天

d = 25000000/250 = 100000 支/天

1. $Q^* = \sqrt{\dfrac{2DS}{H}}\sqrt{\dfrac{p}{p-d}} = \sqrt{\dfrac{2 \times 25000000 \times 40000}{2}}\sqrt{\dfrac{400000}{400000-100000}}$

   ≈ 1150000 （支）

2. RPP = d × LT = 100000 × 2 = 200000 （支）

3. 生产间隔时间 $= \dfrac{Q^*}{d} = \dfrac{1150000}{100000} = 11.5$ （天）

4. 生产时间 $= \dfrac{Q^*}{p} = \dfrac{1150000}{400000} = 2.875$ （天）

5. $TC = \dfrac{DS}{Q} + \dfrac{Q(p-d)H}{2p}$

   $= \dfrac{25000000 \times 40000}{1150000} + \dfrac{1150000 \times (400000-100000) \times 2}{2 \times 400000}$

   ≈ 1732000 （元）

二、不确定情况下的定量模型

前节中曾介绍过安全存货起因于供给或需求的不确定性。供给的不确定性可以通过管理手段克服，故本节仅就需求的不确定加以说明其对定量模型的影响。

在需求不确定情形下，需求量为随机变量，企业为避免商机丧失，会建立安全存货以为应对。因为要建立安全存货，所以再订购点与再生产点就会提高，而所提高的量应能确保企业在订购或生产前置时间内不致缺货，或至少能维持某一存货服务水准，因此再订购点与再生产点都应如公式（9-19）所示。

$$\text{ROP（或 RPP）} = \bar{d} \times LT + z_\alpha \times \sqrt{LT} \times \sigma_d \tag{9-19}$$

式中，$\bar{d}$ 代表日需求量的平均值；σ_d 代表日需求量的标准差；LT 代表订购前置时间（或生产前置时间）；z_α 代表（$1-\alpha$）存货服务水准下标准常态分配值。

范例 9-6

大新公司以经济订购量模型进行对 PCB 的订购，依据过去资料得到 PCB 的日需求量为：以 2100 片为平均值，150 片为标准差的常态分配，且订购前置期为 4 天，试问欲建立 95%存货服务水准情形下，再订购点为多少？

解答：

$\bar{d}$ = 日需求量的平均值 = 2100

σ_d = 日需求量的标准差 = 150

LT = 订购前置时间 = 4

z_α = 95%存货服务水准下标准常态分配值 = 1.645（查常态概率分配表得）

$$ROP = \bar{d} \times LT + z_\alpha \times \sqrt{LT} \times \sigma_d$$
$$= 2100 \times 4 + 1.645 \times \sqrt{4} \times 150 \approx 8894 （片）$$

三、经济订购量与经济生产量的敏感度

经济订购量与经济生产量成本曲线，在接近 EOQ 与 EPQ 附近时相当平缓，如图 9-7 所示，因此就算是订购批量或生产批量已偏离 EOQ 或 EPQ 甚远，但对总成本的影响却不大，也就是存货成本对订购批量或生产批量的敏感度很低，此现象在 EOQ 与 EPQ 的右方尤其显著。此原因使得管理者在实务上较偏向采取本章前一节所介绍的降低存货的战略，作为存货管理的重心。

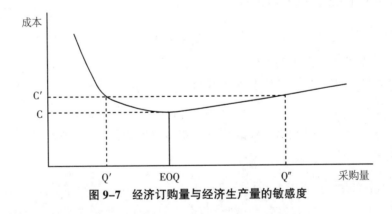

图 9-7　经济订购量与经济生产量的敏感度

第七节　多期存货模型——定期模型

定期模型（Fixed-Order Interval Model）是指每次都以固定期间补充存货，简称为 P-Model。定期模式一般都搭配定期盘点系统。

一、确定情况下的定期模型

定量模式是当存货下降至再订购点时补进固定数量的存货，至于补货时间则不一定。定期模型则是当某一周期时间点到达时进行补货，至于补货量则要视当时的存货量而定，若当时的存货量较高，则补货量较小，若当时的存货量较低，则补货量较大，故补货量并非固定。定量模型与定期模型的比较如图 9-8 所示。

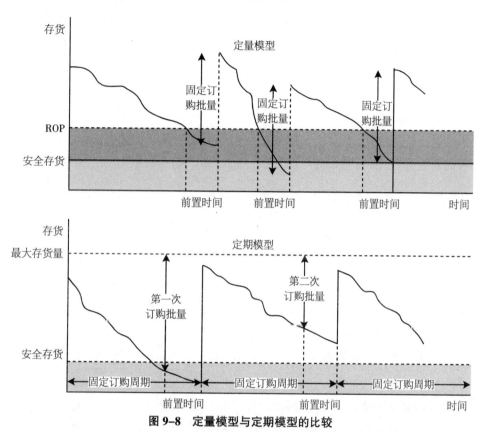

图 9-8 定量模型与定期模型的比较

二、不确定情况下的定期模型

定量模型的安全存货只是要保障前置时间内的货品足够，但定期模型的安全存货则是要保障前置时间与订购周期时间内的货品必须足够，故定期模型的安全存货量一般会较大。所幸，定期模型一般用于 C 类存货，持有成本较低，即便缺货，前置时间也很短，能快速补货，对企业的冲击较小。

第八节 采购发包与供货商管理

任何组织或多或少都需要付出金钱以换取各种资源，以作为生产与作业系统的投入，这种换取过程称为采购发包。生产与作业系统所需要的资源种类很多，如原物料、半成品、机器设备、厂房、劳务、软件与办公用品等均属之，这些资源的品质不但会直接影响组织自身产品与服务的品质，也常对作业效率与成本构成影响。

一、采购发包

在介绍采购发包前，我们先厘清下列几个与采购发包有关的名词：

1. 采购

一般而言，采购（Purchasing）的对象多为物品，如采购原物料、采购办公用品与采购软件等。

2. 发包

一般而言，发包（Subcontracting）的对象多为劳务工作，如扩厂工程发包、清洁工作发包与守卫工作的发包等。

3. 委外

采购与发包都是指组织付出金钱以换取人力以外的资源的过程与作业。委外（Outsourcing）的范围则较广，它不但包含采购发包，而且还包含在采购发包前的寻找与筛选供货商；和供货商共同评估市场与研究开发新产品；与供货商建立伙伴关系等的过程。

4. 统包

统包（Turn Key）的英文意指旋转即能开启的钥匙，也就是将一堆需要个别采购发包的工作交付给某一特定供货商全权负责，再由该供货商将这些工作委外给其下一阶的供货商。传统的采购发包大都采取极权管理，组织为了确保供货品质及来源，需自行与上百家的供货商沟通联络，上下游供货商之间常无法相互沟通，故供货商之间很难相互分享信息并进行改善，供货商间接口的整合常成为组织沉重的负担。统包式的采购发包则使用供货商层层排列的方法，组织将需求统包给第一阶供货商（Tier One Supplier），第一阶供货商再将工作分解成数个部分发包给第二阶供货商（Tier Two Supplier），依此类推。为确保统包不致因供应商的层层转包而影响产品或服务品质，大部分组织都会规范供应商不得将某些关键工作转包出去，至于剩余非关键部分则仍然交由供应商自行决定采购发包的对象。实施得宜的统包制度能为企业带来许多好处，如节省组织人力、简化流程管理、促进供应商的改善意愿等，在许多场合统包更能达到降低成本与提高品质的效果。统包与传统采购发包模式的差异如图 9-9 所示。

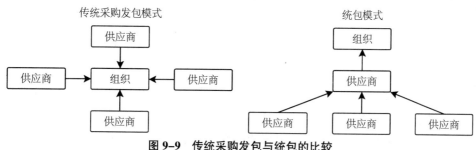

图 9-9 传统采购发包与统包的比较

5. 兴建—营运—移转

兴建—营运—移转（Build-Operate-Transfer，BOT）指的是组织将某工程统包给供货商，但不完全支付该供货商的工程费用，而以未来一定期间的营运权作为与工程费用的交换，待一定期限到达时，再将该工程的产权与营运权移交组织。近年来，各国政府或大型组织对于大型工程发包案，因受限于财力的不足，但又有采购发包的必要性时，往往采用BOT 模式来减少财务的压力，如中国台湾高铁即为政府 BOT 给予大陆工程为首的台湾高铁公司，台湾高铁公司获得的营运权为 35 年。

6. 供货商

供货商（Supplier）泛指组织通过采购发包程序所决定的所有物品与工作的提供者。在一般情形下，供货商仅代表第一阶供货商，而不包含第二阶以下的供货商。

7. 分包商

分包商（Subcontractor）一般是指组织通过发包程序所决定的工作提供者，有时简称为包商。由于分包商并不包含物品提供者，故其涵括范围较供货商小。

一旦组织决定了外购项目，接下来就是在需求产生时进行采购发包。采购发包作业流程对一般组织而言均大同小异，且包含下列各项目：

1. 制定采购或招标文件

当任何部门有采购发包的需求产生时，必须先明确制定所需产品或服务的名称、规格、数量、需求日期、预期价格、交货或施工地点、交易条件与验收标准等。

2. 请购

采购或招标文件确定后，即应办理请购手续。所谓的请购，就是请求上级主管判决该项采购发包的需求与文件内容是否适宜。一般组织在采购发包案件数量庞大时，会以分层负责的方式授权不同层级的主管，针对不同的金额或不同的采购发包项目进行判决。这种权责划分常以书面的方式呈现并且是组织分工的必要行为，一般称其为核决权限。

采购或招标文件的内容若过于繁复时，请购就需涉及较多的单位，故此时请购文件大多为签呈。但若属常态性产品或服务的采购发包，如生产用原物料的采购，因变异性较少，故此时请购文件多为事先设计好的请购单（Purchase Requisition，P/R）。

3. 询价/比价/议价

请购核可后，采购发包承办人员即可提供供货商采购或招标文件，请其估价，此一过程称为询价。

若有多家供货商报价，此时采购发包人员就需进行比价。所谓比价就是比较哪一家供货商的交易条件较符合组织利益，一般大多是以价格作为比较的依据。有时供货商为争取订单，会提出采购或招标文件以外的附加优惠条件，如较长的票期、附带的售后服务或保固、产品保证或赠品等。

比价之后的作业为议价。组织采购发包人员与供货商业务人员双方相对的谈判能力常为议价的关键。议价会持续到买卖双方都对交易条件能够接受为止。

4. 订购

供货商确认后，采购发包人员需尽速与供货商完成签约作业。签约可以是双方共同签署的正式合约，也可以由采购发包人员在对供货商具有信任的基础下直接发出采购订单（Purchase Order，P/O），此端视双方合作的默契与该采购项目的重要性而定。采购合约或采购订单一般会明文记载议价的结果，以免争议。

5. 跟催

采购合约签订后或采购订单发出后，采购发包人员尚需针对合约或订单内容进行追踪，若供货商未依合约内容交货，应尽速采取矫正行动。

电子商务时代的来临，改变了许多企业采购发包的方式，企业可以将欲采购发包的项目与内容直接公布于网络上，在信息公开与作业透明的情形下扩大其供货商的来源，使得甚至远在国外的供货商亦可参与投标。采取网络竞标对组织的帮助如下所述：

1. 降低直接成本

网络竞标参与报价的供货商数量会比传统人工操作方式的供货商数量增加很多，故得标金额往往较低，组织的直接成本得以大幅下降。

2. 降低间接成本

网络竞标的采购发包人员仅需将招标文件上传网站即可等候供应商报价，故所需的人力与办公费用较少。

3. 提升产品或服务品质

由于供货商数量的增加，组织的选择性较多，故往往能选择到更好的供货商，对于提升产品或服务的品质具有帮助。

网路竞标虽为组织带来极大的效益，且能扩大供应商的商机，但供应商间的竞争也更为激烈，竞争力强的供货商将因网络竞标而扩大其市场占有率，竞争力不足的供货商则将

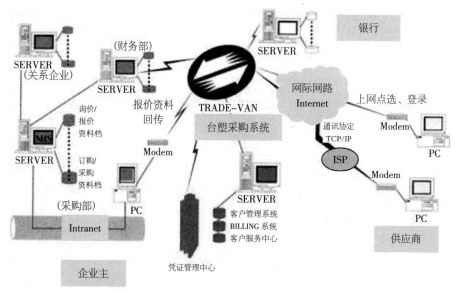

图 9-10 台塑采购系统

注：台塑集团利用网际网路进行采购发包，每年可为集团节省数十亿元新台币。

逐渐遭受淘汰。

网络竞标在国内外大型企业已极为普遍。除了本节之前曾经提及的政府采购已经采用网络竞标外，台塑集团是台湾地区推动网络竞标最早也最成功的企业。台塑集团为强化网络竞标的效率与专业，将网络竞标工作交给其所投资成立的新公司处理。由于台塑集团每一份的采购发包文件档案常极大，供货商下载时间过长，故台塑集团引进卫星传输以加快下载速度。该系统自导入后每年为集团节省数十亿元新台币的成本，功效相当宏大，因此也吸引了其他企业委托台塑集团代其进行采购发包。

二、供货商管理

由于组织的竞争优势极度仰赖供货商，故供货商可视组织的优势为企业生产线的延伸，也因此企业对于供货商的选择与管控，应与内部管控同等重要。

专业供货商由于集中全力在其专长项目上，故对该项产品常拥有较高的技术水准；专业供货商由于缺乏自身企业稳定订单的保护，故会全力提高品质与交期准确度以争取顾客；专业供货商由于能累积各种不同顾客的大量需求，故其学习效果较为显著、经济规模也较易达成，故制造成本往往较低。基于以上原因，向专业供货商采购发包以取得产品或服务，就往往比企业自行设厂更具效益。

企业与其供货商的传统关系是建立在交易行为上，此时组织的采购发包人员与供货商的业务人员为双方联系的唯一窗口，如图 9-11 所示。但现今企业与其供货商的伙伴关系则是建立在全面性的合作上，此合作除了包含传统关系外，还包含双方市场行销人员共同合作研判市场趋势、研发人员共同合作开发新产品、品保人员共同合作改善产品品质、工程技术人员共同合作改进制程技术以及仓储管理人员间共同协调存货政策等，如图 9-12 所示。

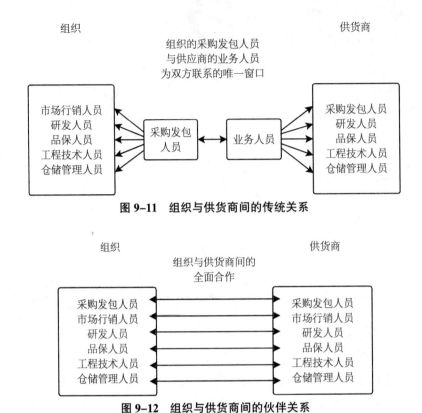

图 9-11 组织与供货商间的传统关系

图 9-12 组织与供货商间的伙伴关系

发展供货商伙伴关系的首要工作是做好供应商管理。

选择一个良好的供货商一般可由供货商在品质、价格、交期与配合度上的表现来做评估。对于评估结果较佳的供货商，可将其列入合格供货商名录（Qualified Vendor List, QVL），以作为未来采购发包的参考。采购人员每年需对合格供应商当年的交货状况加以统计，重新评估并修改 QVL，以维持合格供货商名录的完整性，并依供货商表现的好坏给予适当的奖惩，以督促供货商进行各种改善。

在日本，过去曾大量采用单一供货商制度，即组织针对某项工作或原物料仅维持一家供货商，以为组织建立稳定的供货来源。供货商在日本常被视为企业家族的成员之一，常受邀参与公司所举办的各项活动。评选优良的供货商更会被要求提供次数频繁、小批量及高品质的交货，且允许直接送货至装配线上，而无须验收。而在欧美，过去则放任供货商间进行价格竞赛，以降低成本。20 世纪 90 年代以后，无论日本还是欧美都对供货商的评选方式有了调整，日本企业正逐渐放弃单一供货商制度，而欧美企业也逐渐降低在决定供货商时价格占有的比重，而对于供应商的品质、速度与弹性等更为重视。

OM 透视镜

娇生家乐福联手推动协同供货商管理库存计划

自 1998 年中国台湾地区经济主管部门依据网际网络商业应用计划成立台湾 QR/ECR 推动委员会以来，地区内 QR/ECR 的推动以家乐福公司所大规模推动的协同供货商管理库存计划（Collaborated Management Inventory，CMI）成果最为显著。

娇生公司为家乐福公司的主要供货商之一，为获得更实时的销售情报及了解顾客，改善供应链的效率，娇生公司乃加入家乐福的 CMI 计划。该计划导入范围涵盖了娇生公司所有近 80 个品项的商品以及家乐福所有的物流仓库。

双方在讯息传输上是采用 EDI，在娇生公司方面则另外设置一套订单预测与产生系统，再加上 1 台 PC 安装软件以及用 Modem 接收 EDI 订单等信息。订单预测与产生系统每日会自行计算建议订单数量，经人工确认后，以 EDI 方式传至家乐福公司并安排出货。建议订单数量的计算公式如下：

建议订单数量 =（安全存货天数 + 计划需求天数）× 未来平均日需求量 –（现有存货量 + 在途量）

计划推动 1 年后，娇生公司的成果为：缺货率降低 50% 及存货降低 50%，家乐福对各店的服务水准，也由计划前的 86% 提升至 97%，原本配送 2 天的前置时间，也缩短为 1 天的时间。

在 CMI 后续的发展方面，娇生与家乐福会进一步合作进行接泊式转运（Cross Docking）、最佳化商品品项以及促销管理等计划。

就娇生而言，未来除计划将 CMI 模式扩散应用至其他通路外，还进一步计划进行资金流部分的自动化，以强化整个 B2B 的供应链效率。

对家乐福公司来说，计划未来将持续扩散相关成果至其他主要供货商，特别是邀请本土型的厂商参与。

资料来源：魏志强. 娇生家乐福携手降低 50% 缺货率与 50% 库存 [J]. 信息与计算机杂志，2002（3）.

第九节　结论

存货管理是近年来企业最重视的课题之一，存货管理的方式也在近年来有长足的发展与进步。传统存货管理多着重在 EOQ、EPQ 与存货管理的量化模型上。但近年来，则较为强调以物料需求规划、刚好及时系统、POS、有效的排程方法、电子商务与供应链管理等，作为降低存货、缩短交期与提高存货服务水准的工具。存货管理的重心与方法正快速改变与转移中，读者应密切注意此方面的发展，以谋求并维系企业的竞争优势。

个案研讨

广达计算机 SSDMM 与存货管理的新策略

广达计算机成立于1988年，是目前全球第一大笔记型计算机研发设计制造公司，市场占有率达30%以上。广达计算机除了在笔记型计算机的领域中维持高成长、高品质与高评价之外，近年来更将触角延伸到企业网络系统、家庭娱乐产品、行动通信产品、车用电子产品及数字家庭产品等市场，积极拓展产业整合布局。

"深耕台湾，布局全球"是广达集团长期的发展策略。广达以"广达研发园区"作为动力中心，整合全球科技资源，以确保台湾的技术优势成为研发设计与生产高附加价值产品的据点。

广达计算机在全球的员工超过30000人。台湾约有3500名，多半是研发及工程人员。

2006年，广达计算机迈入全新里程碑，卓越成就被美国财富杂志（Fortune）评定为全球五百大企业。展望未来，广达要从 OEM、ODM 厂商转向为系统解决方案研发与制造平台（System Solution Design Manufacturing and Move，SSDMM），以此策略开拓"广达新蓝海"，再创企业巅峰！

"系统解决方案研发与制造平台"（SSDMM）是以广达核心研发能力和优势为基础，通过技术结合、产品整合，提供系统解决方案的一种事业模式，它和 ODM 最大的差异是 ODM 只提供个别产品，SSDMM 则提供系统解决方案。

SSDMM 分为三大部分，第一为 System Solution（系统解决方案），第二为 Design & Manufacturing（设计与制造），第三为 Move（物流与供应链管理）。System Solution 强调广达所提供的服务为完整系统解决方案；Design & Manufacturing 表示代工本质，强调设计与制造（与 OEM 或 EMS 不同）；Move 强调物流与供应链管理，经由整合整体供应链（Supply Chain），以最快速度提供客户全球设计、制造和出货服务。

从国际信息大厂的角度来看，ODM 与 BTO 等相关模式使它们得以仅保留产销价值链中本身最具竞争力并具附加价值的核心业务（如产品规划、行销与订购），而将前段生产、物流配送与存货等工作交由具备全球运筹能力的台湾代工伙伴去执行，至于后段的配送及进一步的组装工作，则下放给合作的通路商。这些环环相扣的上下游协力厂商宛如信息大厂虚拟企业（Virtual Business）中的一员，密切配合并协助它们在竞争激烈的信息产业中脱颖而出。

广达电脑的电子化发展很早，自 1998 年中即着手准备企业资源规划的导入，并于 1999 年初正式上线。其企业资源规划导入的模块共有生产规划、销售配销、财务、会计、品质管理、财政、成本以及材料管理等。2000 年，广达开始着手导入供应链管理。

广达过去的供应链管理主要是采用"推"的方式（Push Type），即广达计算机将订购的需求布告于网站上，而供货商则是运用网际网络联机到广达计算机的订购网站，并且利用自己的一套 ID/Password 接收订单、回复订单以及处理出货作业。在供货商的电子化程度慢慢提升之后，广达计算机将导入第二阶段"整合式供应链"（Integration Supply Chain）的系统。广达计算机希望借由"协同规划、预测与补货"（Collaborative Planning, Forecasting, and Replenishment, CPFR）模式，以避免不当的竞争并减少人工接口的成本。广达计算机与供货商的电子化沟通接口已导入多年，其应用领域及范围渐趋成熟，因此与外界的沟通只需要极少的人工介入。在这样的基础下，借由整合式供应链的导入，未来广达计算机将可以看到其客户的库存并自动补货，而其供货商也可以看到广达的预测及库存，自动补货给广达。通过整合式供应链，将使供应链上资讯的可见度提高，进而提升相关的工作效率。

另外，广达未来的业务模式也会改变，客户可以在网络上下订单，自己决定计算机的微处理器种类、内存容量甚至机壳颜色等规格，然后把订单传给广达。广达可以在 2 天内完成组装，交给快递公司在 3 天内送达客户手中。如此一来，终端的消费者从订货到收货的时间最多只要 5~6 天。各项关键零组件完全零库存，而因为产品价格在下单时就已敲定，因此也不会有产品跌价的疑虑。

广达为自己在供应链上创造无可取代的价值，让整条供应链的合作关系更紧密，彼此的存在都帮对方创造更多价值，而不仅是传统的订货和交货的买卖关系而已。

资料来源：
1. 陈晓屏. 企业电子化下协同作业发展之研究 [D]. 台湾政治大学经营管理研究所硕士论文, 2002.
2. 广达电脑网站, http://www.quanta.com.tw/Quanta/chinese/.

问题讨论

1. 试探讨广达计算机如何降低其存货。

2. 试解释广达的 SSDMM 与 ODM 的不同。

习题

基础评量

1. 试说明存货的功能。

2. 试说明存货重要的原因为何。

3. 试说明存货管理的目标为何。

4. 某工厂的年销货成本为 100 亿元，平均存货为 12 亿元，试求其平均存货天数与存货周转率。

5. 存货依使用目的可区分为哪几类？

6. 何谓相依需求与独立需求？

7. 要降低相依需求与独立需求的存货方式各为何？

8. 为何供给不确定会产生存货？

9. 为何需求不确定会产生存货？

10. 要降低安全存货的战略性做法为何？

11. 何谓预期存货？

12. 试述降低预期存货的战略性方法。

13. 试述批量存货的起因。

14. 试述如何降低批量存货。

15. 试述如何降低在途存货。

16. 试述材料编码原则。

17. 某企业欲将其目前所使用的 15 项材料进行 ABC 分类，已知各项材料每年的需求量与单价如下表所示，试为其分类。

料号	年需求量	单价
1	3200	0.90
2	5400	0.40
3	2130	1.20
4	5610	0.50
5	7400	0.40
6	950	21.80
7	650	90.60
8	4100	1.20
9	1230	5.30
10	4500	0.60
11	680	2.65
12	2530	5.30
13	3510	4.80
14	2500	2.40
15	1620	1.60

18. 试述 A 类存货的管理重点。

19. 试述 C 类存货的管理重点。

20. 何谓永续盘点系统？

21. 何谓定期盘点系统?

22. 试说明单期存货模型的使用时机。

23. 某杂货店统计过去 120 天报纸的每日销售量得下表,已知每份报纸的进货成本为 5 元,销售价格为 15 元,残余价值为 1 元。试问该杂货店每日应订购多少份报纸?此时其存货服务水准为多少?

销售份数	天数
~20	10
21~30	25
31~40	45
41~50	20
51~60	10
61~70	6
71~	4
总天数	120

24. 试说明多期存货模型的使用时机。

25. 某电子工厂每年需用 120000 片 PCB,订购成本为 1000 元,年存货持有成本为 50 元,订购前置期为 5 天。试求经济订购量 EOQ、再订购点 ROP 与订购周期。

26. 某公司每年销售 250000 个 A 产品,订购成本为 100000 元,年存货持有成本为 5000 元,订购前置期为 30。试求经济订购量 EOQ、再订购点 ROP 与订购周期。

27. 某公司每年生产并销售 50000000 个 B 产品。该公司每天能够生产 500000 个 B 产品,公司全年 200 天均匀生产,生产前置时间为 3 天。B 产品每年存货持有成本为 1000 元,每次生产整备成本为 50000 元。请计算经济生产量、再生产点、生产间隔时间、生产时间与存货总成本。

28. 大大公司以经济订购量模型进行对 C 的订购,依据过去资料得到 C 的日需求量以 3000 为平均值,100 为标准差的常态分配,且订购前置期为 3 天,试问欲建立 95% 存货服务水准情形下,再订购点为多少?

29. 试述何谓统包。

30. 试述何谓 BOT。

31. 试述何谓供应商伙伴关系。

深度思考

1. 当不确定性增加时,再订购点会有何变化?试解释之。

2. EOQ 与 EPQ 有许多类似处与不同处,试比较两个公式的不同。

第十章　中期计划

学习重点 在学习本章后，你将能够

1. 了解作业管理长、中、短期计划的内容。

2. 叙述何谓中期计划。

3. 叙述总合规划的意义。

4. 叙述总合规划需求面与产出面的决策方法。

5. 说明总合规划的追击策略、平稳策略与混合策略。

6. 说明服务业与制造业总合规划的不同。

7. 学会以尝试错误法处理总合规划的问题。

8. 了解主排程与主生产排程的意义与求得方法。

9. 了解粗略产能规划与可允诺量的意义与求得方法。

踌躇在订单接与不接之间的小张

"15号能交货吗?"电话那端客户已经明显地表现出不耐烦了。

"抱歉,依照公司规定,我下礼拜一开完产销协调会后才能给您明确的答复。"新进的业务员小张生怕呼吸声过大都会惹客户生气,快要哭出来地小声回复。

"那就再说了。"客户啪的一声挂了电话。

小张不想再成天活在不确定的环境中,他跑去找业务老鸟老吴:"难道不开产销协调会就真的无法确定订单吗?"老吴倒吸了一口气:"理论上似乎是如此,但告诉你一个秘密,这么多年来,我都不等产销协调会的决议,我都用猜的方法去回复客户订单是否能交货的这个问题,猜对的概率约有九成。如果猜错,装傻不就得了。谁有时间去等会议决议啊!"

3个月后,老吴失踪了,听说是擅自接了一笔大订单,生产单位根本就做不出来,客户损失惨重,要求索赔,公司的态度是依照劳资合约,老吴要赔其中的1/3,大约520万元。

"订单永远不知道是否能接。不接没有佣金,接了可能出不了货。"小张想向公司提出改善建议,但又不知道应从何改善起。"难道今天的老吴就是明天的我吗?天呐!"

总合规划衔接了企业的长期计划，并且是一连串短期规划的源头。总合规划是在受限于企业的长期计划下，为短期计划及早做出准备的前置作业，因此其重要性不容管理者所忽视。

企业内存在着各种不同的计划，这些计划小至领班所做的工作指派，大至最高决策者所做的策略规划。若依时间来区分，这些计划可分为长期、中期与短期三类。如果再将这些计划缩小范围至作业管理的领域，则长期计划（Long-Range Plans）包括了产品与服务的选择、产品与服务的设计与开发、地址选择、产能规划、设施布置与工作系统设计等，一旦决定就很难变更的决策；中期计划（Intermediate Plans）则是在受限于长期规划的决策下，所做的总合规划、主排程计划、主生产排程计划与物料需求规划等，期望能以最低成本完成未来出货需求的决策；短期计划（Short-Range Plans），则是在受限于中期规划的决策下，所做的日程安排、机器负荷安排、工作顺序安排与工作指派等，为求顺利出货的计划。有关作业管理的长期、中期与短期计划的内容与期程，如图 10-1 所示。

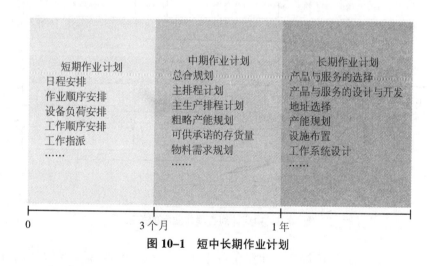

图 10-1 短中长期作业计划

长期计划的期程通常超过 1 年，中期计划的期程一般约为 3 个月至 1 年，短期计划的期程则约在 3 个月以内。由于每种产业对于时间长度的认知不同，长、中、短期的定义也就有所不同，因此以上对于长、中、短期计划的时间幅度，只能说它是概略的情形，实际状况则还要视产业别与公司别的情况再作调整。但无论如何，长、中、短期计划的内容都大同小异，不会受到产业别或是公司别的影响。如高速铁路的兴建，一般至少在开工 10 年前，就开始进行规划；但是半导体厂的兴建，一般则在规划完成后 1 年以内就动工；而服务业对于增设新据点所需的规划时间则可能更短。以上数例的工作内容虽然都属于长期计划，但因产业的不同，对于长期计划的时间幅度定义也就不同。

长期计划一般以年，中期计划一般以季、月或周，短期计划一般则以天或小时，作为规划的时间单位（Time Bucket）。

长期计划的各项课题已在本章之前的各章中加以介绍，短期计划则将在本书最后几章中加以介绍，故在此都不多赘言。

中期计划包含了经营计划、总合规划、主排程计划、主生产排程计划与物料需求规划五项作业，其间的关系如图 10-2 所示，其中前四项课题将在本章后续各节中加以介绍，至于物料需求规划则将在本书下一章中介绍。

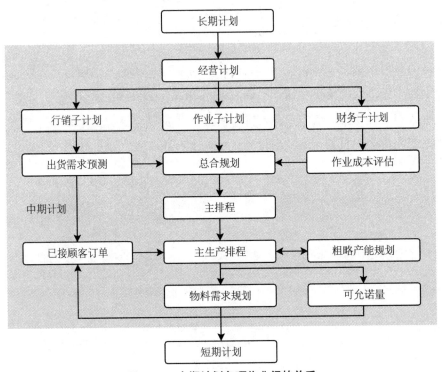

图 10-2 中期计划各项作业间的关系

中期计划起源于企业依据长期计划在每年年底所拟定的次年度经营计划（Business Plan），又称为年度计划（Annual Plan）或施政计划。经营计划是由各部门为完成公司整体目标（请参阅本书第二章），依其职责职掌所做的未来一年中要执行的工作计划，故其范围极为广泛且至少会包含作业、行销与财务三大子计划。经营计划中的子计划间的一致性相当重要，一般均需通过多次的协调或会议方能正式定案。经营计划并非不可变更，随着经营环境的变化，许多企业会要求经营计划每季或每半年必须检讨一次，以符合企业的实际需要。

经营计划中的作业子计划除包含为达成长期计划的相关工作计划外，另一项重要的计划是如何以最低成本的产出满足需求预测，此即总合规划。

总合规划完成后，进一步地将总合规划的内容分解成个别产品的产出预测计划，此即为主排程。

考量个别产品的产出预测与已接顾客订单，主排程应再转化为主生产排程，以作为个别产品的产出计划。

主生产排程必须以粗略产能规划加以检验其可行性。

主生产排程确定后，就可由生产完成的时点往前逆推生产开始时点与采购时点，此属物料需求规划的内容。另外，主生产排程确定后，也可得知未来的生产除供应已接顾客订单的出货外，尚有多少存货可供业务接单出货，此即为可允诺量。

第二节　总合规划

长期计划决定了企业的产能，也就是产出的上限，除非扩充产能，否则在正常情形下，产出水准将很难超越此上限。然而在现实环境下，市场需求往往是多变的，长期规划所决定的产能，有时可能会不足以应付市场需求，造成商机丧失；产能有时又会过剩，形成资源浪费。这些问题若在接单后才去处理，往往缓不济急；但若想要在长期规划时就加以考虑，又脱离现实。因此，在介于长期计划与短期计划间，实有必要运用一些决策来避免这些问题的产生，此即为总合规划的议题。

一、总合规划的意义

总合规划（Aggregate Planning）是企业中期计划中最重要的部分，故许多学者专家将总合规划视为中期计划，至于本书则将此两者加以区别。

总合规划的目的在于平衡市场需求与产出水准，以减少供过于求或供不应求的损失。

就产出水准而言，在本书的第五章中曾言，系统在最理想状况下将所有工时都用于生产，所能达到的产出上限称为设计产能。但在非常时期（一般仅限于短暂的期间），运用非常态的加班、轮班或外包等方式仍能将设计产能再往上提升至所谓的巅峰产能。故在长期计划的限制下要调节产能或产出水准效果虽然有限，但并非完全不可能。

就市场需求而言，市场需求量虽主要取决于顾客，但企业却也仍可借由一些暂时性的决策，如定价与促销等方式来调节市场需求。总合规划中调节市场需求的决策与长期计划中的行销策略是两种不同的概念。以定价为例，长期计划中的行销策略所要决定的是产品在未来一段够长的时间中的价格；而总合规划所要决定的则是在未来一段较短的期间中，以前述决定的价格为中心所进行的价格微调。

从作业管理的角度来看，调节产出水准才是我们的重点，至于调节市场需求则归属于行销学的领域较为恰当，故作业管理的教科书除少部分会探讨如何调节市场需求外，大部分均以调节产出水准作为介绍内容。本书则采取较为中和的态度，在本节中仅略谈及调节市场需求的决策，但自下一节起则完全以调节产出水准作为介绍重心。

总合规划之所以会以总合两字为名，主要是因为它是一种通盘性的决策。由于总合规划的时间点距离实际产出时间，且仍有一段距离，各种环境条件在未来仍可能改变，因此没有必要作过于精密与复杂的规划，而仅需要求得一个大致通盘的方向即可，至于细节问题则可留待短期计划再作处理，故总合规划不考虑个别产品、劳动力与时间的差异。就产品而言，总合规划将所有个别产品换算成为标准产品，并以此标准产品作为规划的对象，而不考虑个别产品的问题；就劳动力而言，总合规划是以所有不同技能的员工所能提供的总工时作为规划的依据，而不考虑个别不同技能员工的工时；就时间而言，总合规划的时间单位是以月或季为单位，而不以天或小时为单位。

综合以上所述，我们可将总合规划的意义归纳为以下四点：

(1) 规划期间通常为 3~12 个月，且每月或每季需加以修订。

(2) 规划的前提是将设备、地点、产品或是产能等长期计划所属的项目视为固定。

(3) 借由同时操纵产出水准与市场需求两项变数，以达到供需平衡。

(4) 不考虑个别产品、劳动力与时间的差异。

二、总合规划的决策方案

总合规划的决策方案，可分为需求面与产出面两大构面。

(一) 总合规划的需求决策

常运用的总合规划的需求决策有下列四项：

1. 定价（Pricing）

提高产品或服务的价格，可以压低市场需求；降低产品或服务的价格，可以刺激市场需求。故许多企业采取差别定价，将需求从巅峰时期移转至离峰时期。例如，航空或旅游业者淡旺季的机票价格或旅费；电影院早场电影与一般时段的票价；KTV 一般时段与热门时段的包厢费；电信公司的日间与夜间的电话费率等，都是差别定价的典型范例。

差别定价的效果与该产品的价格弹性（Price Elasticity）有关。价格弹性愈大的产品，价格调整对市场需求量的影响愈大；价格弹性愈小的产品，价格调整对市场需求量的影响愈小，如图 10-3 所示。因此，对价格弹性较大的产品，差别定价极易显现成效；相反地，对于价格弹性较小的产品，差别定价的成效就往往不如预期了。

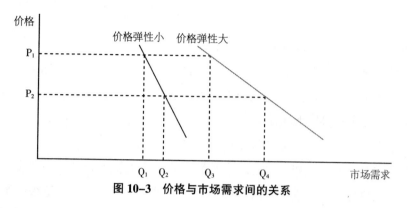

图10-3　价格与市场需求间的关系

2. 促销（Promotion）

促销包含广告、赠品与抽奖活动等，有时也可帮助提高市场需求。例如，百货公司在周年庆时，或是许多公司在新产品发表时，都会举办促销活动等。促销活动常与差别定价同时进行，即一方面大幅广告，另一方面调降价格，以吸引买气。

3. 缺货后补（Backorders）

所谓的缺货后补，意指先接受顾客的订单，然后以比惯例更长的出货期延后出货，或放任缺货，事后补偿顾客损失。缺货后补常见于预售系统，如新款汽车上市前的预售或房屋交易的预售等。

借着缺货后补，可将出货压力往后顺延，但此种方法是否得以施行，关键在于顾客是否愿意等待。此种方法也会造成负面的影响，如商誉降低、顾客抱怨、订单流失、额外的行政作业以及赔偿等，故除非迫不得已，一般企业不会轻易采用。

4. 创造新需求（New Demand）

当市场需求呈现非常不平均的现象时，为避免淡季产能闲置，许多组织就会以创造新需求来解决此问题。例如，公共汽车在学生寒暑假时的通勤客运需求极低，因此在寒暑假就会开设包车旅游业务等。此决策需特别留意所创造出来的新需求要能与原市场需求互补，否则仍将无法解决产能闲置的问题。

（二）总合规划的产出决策

常运用的总合规划的产出决策有下列五项：

1. 雇用与解雇工人（Hire and Layoff Workers）

工人是影响产出的最重要因素之一，对劳动力密集的产业尤其为甚。例如，高速公路收费员的人数会影响收费网关的开设数及车流速度。不管是雇用还是解雇工人，两者都会为公司带来额外的成本。雇用工人除了招募费用外，组织还要负担新进人员的训练费用。解雇工人，组织除必须负担遣散费外，工作重分配及士气低落，也会为公司带来额外的成本或损失。

近年来，越来越多的组织将工人视为公司的资产而非成本，解雇或雇用的决策也更为谨慎。

2. 加班与减班（Overtime and Slack time）

加班与减班比雇用与解雇温和得多，是一种较不严厉的改变产出的决策，故较容易推行。旺季时让员工加班，提高产出，淡季时采取减班，而不遣散员工，常能激发员工共克时艰的想法，协助公司共同渡过难关。

3. 雇用兼职工人（Part-Time Workers）

就低度或中度技能的工作而言，旺季时雇用兼职工人相当划算，一则淡季时不必发放遣散费，二则也可免支付劳工保险或年终奖金。如百货公司、餐厅、超级市场与许多服务业等，在巅峰时期时都会雇用兼职工人，以提高产出。

OM 透视镜

英特尔处理器大降价

英特尔在新的 2.8GHz Pentium 4 处理器开始出货的隔周，调降了 2.53GHz Pentium 4 芯片的售价。英特尔习惯性的降价，让旗下帮英特尔销售 Pentium 与 Celeron 处理器的经销商与通路商也得到了优惠折扣，帮助他们在销售疲软的暑期淡季出清过多的库存。

通常芯片制造商会以降价作为刺激市场需求的手段，或者是借此促进产品的汰旧换新。

此外，英特尔也常常会有不同处理器定价却相同的情况，如 2.4GHz 及 2.2GHz、2.26GHz 的 Pentium 4 三款。在这种情况下，其目的是想利用价格让 PC 制造商往更高的频率层级提升，因为同等的价格可让他们多买到 200MHz 的产品。

面对竞争对手 AMD 才刚宣布降价不久，英特尔此波降价动作可以说是盖过了 AMD 的锋芒。

AMD 与英特尔的处理器报价都是以千颗批发价为基准，然而实际上零售通路的采购价会因为供需情况而可能比报价更高或更低。以 AMD 为例，AMD 会个别与各个大量采购的客户议价，这种做法使得通路价格不尽相同，因此让消费者在市面上看到的售价也是参差不齐。

资料来源：郭和杰. 英特尔处理器大降价最高达 25% ［EB/OL］. CNET Taiwan 网站，http://taiwan.cnet.com/，新闻专区，2002/09/04.

---

4. 外包

在品质合格、交期准确、成本节约的情况下，且供不应求时，就可考虑采用外包，以使供需平衡。

5. 存货

当旺季供不应求时，可以淡季时所累积的存货来应付出货，也就是在淡季时累积存货，以应付旺季之需。以存货来调节淡旺季的供需时，其产品必须符合可库存且不易变质的条件；另外，由于服务无法储存，故服务业较难以存货调节产出。

以雇用与解雇工人、加班与减班、雇用兼职工人与外包的决策，来调整产出以符合需求，一般称此为追击策略（Chase Strategy）。

至于借由调整预期存货而不调整产出以符合需求的决策，一般称其为平稳策略（Level Strategy）。

如果组织同时采用追击策略与平稳策略，则称为混合策略（MixedStrategy）。

三、服务业的总合规划

服务业与制造业先天的差异，造成总合规划的重点亦有不同。

1. 总合规划对服务业更为重要

服务需求受淡旺季与热门时段的影响极大，故服务业供不应求与供过于求的状况常极为严重，总合规划因而更重要。

2. 服务业总合规划需在更短的时间内完成

服务需求的高度不确定，再加上服务需求一旦出现，常需立即完成，故总合规划需在更短的时间内完成。

3. 服务业总合规划的效果较难掌握

服务业的投入与产出比制造业更多元化，故较难建立其产能或产出的衡量标准，总合规划的预期效果较难掌握。

4. 服务业总合规划可采用的决策较少

服务不可能有存货，就调节产出而言仅能采取追击策略，故总合规划可采用的决策比制造业更少。

5. 服务业总合规划的最重要决策为人力运用

人力占服务业的比重与重要性往往高于制造业；服务业的从业人员，往往又具备比制造业从业人员更大的工作弹性。因此服务业的产出，往往只需考虑员工人数，而不需太过顾及机器设备等因素。

第三节 总合规划的方法

总合规划可供选择的决策方案如前所述非常之多，以实施单一方案而言，就有需求面的四种方案与产出面的五种方案合计 9 种之多，可供选择。如供不应求时，可选择提高价格、缺货后补、增聘员工、加班或运用存货等任一方案。然而到底应采用哪一方案，或是应同时采用数种方案，此时最常使用的衡量标准就是成本。

总合规划的方法大致可分为尝试错误法及数学模型法两种。尝试错误法是经由不断地尝试与修正现有方案，以求得可被接受的解答。尝试错误法因较为简易，故使用也较广泛，但其缺点是所得到的方案未必是最佳解。数学模型法主要是运用作业研究的方法来求解，如线性规划、运输问题与仿真等。数学模型法对一般人而言较为陌生，故较少被采用，但此法却具备能求得最佳解的优点。

尝试错误法是先拟订各种总合规划的可行方案，计算各可行方案的成本，然后挑选出最低成本的方案的方法，在此以范例 10-1、范例 10-2 与范例 10-3 加以说明。

范例 10-1

"中华"公司未来 6 个月个人计算机的预计销售量资料如表 10-1 所示。

表 10-1 "中华"公司未来 6 个月的预计销售量

时期 （月）	1	2	3	4	5	6	总计
预计销售量 （件）	250	280	310	380	400	300	1920

成本资料如下：

正常作业单位成本	$3/件
加班单位成本	$4/件
外包单位成本	$6/件
存货持有单位成本	$1/月件
缺货后补单位成本	$3/月件

若"中华"公司期初存货为 0，允许缺货后补，每期正常作业产出为 320 单位，期末存货为 0。"中华"公司采取平稳策略，试问其在不加减班、不外包情形下的成本。

解答：

计算步骤请参阅表 10-2。

表 10-2　以尝试错误法计算范例 10-1

时期（月）	1	2	3	4	5	6	总计
预计销售量（件）	250	280	310	380	400	300	1920
产出							
正常作业	320	320	320	320	320	320	1920
加班	0	0	0	0	0	0	0
外包	0	0	0	0	0	0	0
合计	320	320	320	320	320	320	1920
存货增加量	70	40	10	−60	−80	20	0
存货水准							
期初	0	70	110	120	60	0	
期末	70	110	120	60	0	0	
平均	35	90	115	90	30	0	
缺货后补	0	0	0	0	20	0	
成本计算							
正常作业成本	960	960	960	960	960	960	5760
加班成本	0	0	0	0	0	0	0
外包成本	0	0	0	0	0	0	0
存货持有成本	35	90	115	90	30	0	360
缺货后补成本	0	0	0	0	60	0	60
总成本	995	1050	1075	1050	1050	960	6180

1. 将"中华"公司未来 6 个月的预计销售量列于表 10-2 的第二行。

2. 已知每期正常产出为 320 单位，且不加减班与不外包，故产出总计如表 10-2 的第四行所示。

3. 每月产出减每月预计销售量为每月存货增加量，如表 10-2 的第八行所示。

4. 已知第一个月的期初存货为 0，存货增加量为 70，故期末存货为 0 + 70 = 70，平均存货为 70/2 = 35，缺货后补为 0。第二个月以后的期初存货皆为其前一个月的期末存货，依此类推，其余各月的存货水准如表 10-2 的第十行至第十三行所示。在此需特别注意的是，第五个月的期初存货为 60，但该月的存货增加量为 −80，存货将不足 20 单位，故期末存货列为 0，缺货后补为 20。第六个月的期初存货为 0，存货增加量为 20，但因需先补足前月的缺货后补 20，故期末存货为 0 + 20 − 20 = 0。

5. 由表 10-2 第四行至第六行得知第一个月的正常作业产出 320 单位，加班与外包皆为 0 单位。正常时间单位成本为 \$3/件，故正常作业成本为 3 × 320 = 960 元；加班单位成本为 \$4/件，故加班成本为 4 × 0 = 0 元；外包单位成本为 \$6/件，故外包成本为 6 × 0 = 0 元。依此类推，其余各月份的正常作业成本、加班成本与外包成本，并将结果记入表 10-2 第十五行至第十七行。

6. 由表 10-2 第十二、第十三行得知第一个月的平均存货为 35，缺货后补为 0。存货持有单位成本为$1/月件，故存货持有成本为 $1 \times 35 = 35$ 元；缺货后补单位成本为$3/月件，故缺货后补成本为 $3 \times 0 = 0$ 元。以此类推，其余各月份的存货持有成本与缺货后补成本，并将以上结果记入表10-2第十八、第十九行。

7. 将各月的正常作业成本、加班成本、外包成本、存货持有成本与缺货后补成本相加得各月总成本。将1~6月的各月总成本再相加得未来6个月的总成本为6180元，如表10-2第二十行所示。

范例 10-2

由表10-2的分析，"中华"公司因5月需额外支付缺货后补成本，故考虑改采取混合策略，在5月加班产出20单位以避免缺货后补，另在6月减班产出20单位以维持期末存货为0，试计算此方案的成本，并与范例10-1比较哪一方案较佳。

解答：

仿范例10-1的计算如表10-3所示，得其成本为6140元。与范例10-1比较得知，本方案较佳。

表 10-3 以尝试错误法计算范例 10-2

时期（月）	1	2	3	4	5	6	总计
预计销售量（件）	250	280	310	380	400	300	1920
产出							
正常作业	320	320	320	320	320	300	1900
加班	0	0	0	0	0	0	20
外包	0	0	0	0	0	0	0
合计	320	320	320	320	340	300	1920
存货增加量	70	40	10	−60	−60	0	0
存货水准							
期初	0	70	110	120	60	0	
期末	70	110	120	60	0	0	
平均	35	90	115	90	30	0	
缺货后补	0	0	0	0	0	0	
成本计算							
正常作业成本	960	960	960	960	960	900	5700
加班成本	0	0	0	0	80	0	80
外包成本	0	0	0	0	0	0	0
存货持有成本	35	90	115	90	30	0	360
缺货后补成本	0	0	0	0	0	0	0
总成本	995	1050	1075	1050	1070	900	6140

范例 10-3

为将个人计算机的存货降至最低，"中华"公司考量采取追击策略，每月正常作业产出过多皆以减班方式处理，产出不足数皆以加班或外包方式补足，且以加班为优先考虑，已知加班每月最多能提供 50 单位的产出，外包数量则无限制，试问此时其成本为多少？综合范例 10-1、范例 10-2 与本范例，"中华"公司对于未来 6 个月的总合规划结果为何？

解答：

由于"中华"公司采取追击策略，而前 3 个月的预计销售量为 250、280 与 310，产能为 320，故在产能过剩情形下应减班，这 3 个月只要产出符合当月出货需求的数量就好，即规划运用正常作业产出 250、280 与 310。第 4 个月与第 5 个月的预计销售量为 380 与 400，正常作业产能不足，优先考虑加班所能提供的 50 单位产出，其余产出不足数再以外包方式补足，故 4 月规划运用正常作业产出 320、加班产出 50、外包产出 10，5 月规划运用正常作业产出 320、加班产出 50、外包产出 30。

其余计算可仿范例 10-1 的计算，如表 10-4 所示，最后得其成本为 5980 元。与范例 10-1 与范例 10-2 比较得知，本方案最佳。

表 10-4　以尝试错误法计算范例 10-3

时期（月）	1	2	3	4	5	6	总计
预计销售量（件）	250	280	310	380	400	300	1920
产出							
正常作业	250	280	310	320	320	300	1780
加班	0	0	0	50	50	0	100
外包	0	0	0	10	30	0	40
合计	250	280	310	380	400	300	1920
存货增加量	0	0	0	0	0	0	0
存货水准							
期初	0	0	0	0	0	0	
期末	0	0	0	0	0	0	
平均	0	0	0	0	0	0	
缺货后补	0	0	0	0	0	0	
成本计算							
正常作业成本	750	840	930	960	960	900	5340
加班成本	0	0	0	200	200	0	240
外包成本	0	0	0	60	180	0	0
存货持有成本	0	0	0	0	0	0	0
缺货后补成本	0	0	0	0	0	0	0
总成本	750	840	930	1220	1340	900	5980

综合范例 10-1、范例 10-2 与本范例，"中华"公司对于未来 6 个月的总合规划的结果应如表 10-5 所示。

表 10-5 "中华"公司总合规划的结果

时期（月）	1	2	3	4	5	6	总计
计划产出（件）	250	280	310	380	400	300	1920

第四节 主排程与主生产排程

总合规划是组织对未来产出的初步规划，此初步规划尚需分解为主排程，方能进一步求得主生产排程。

一、主排程

总合规划的结果需分解为对个别产品的产出需求，才能计算未来各种资源的需求。总合规划分解的结果称为主排程（Master Schedule），以范例 10-3 总合规划的结果为例，该范例规划的对象为不分种类的个人电脑，若再将其分解为桌上型计算机、笔记型计算机与平板计算机，可得如表 10-6 的主排程。

表 10-6 范例 10-3 的主排程

时期（月）		1	2	3	4	5	6	总计
计划产出	桌上型计算机	100	100	130	150	160	110	750
	笔记型计算机	120	150	150	180	180	140	920
	平板计算机	30	30	30	50	60	50	250
	合计	250	280	310	380	400	300	1920

一般而言，主排程每个月必须随总合规划更新一次，才能符合实际的需求。

二、主生产排程

当主排程、已接顾客订单与期初存货都已确定，组织就能依据合理的生产批量决定其主生产排程、期末存货与可允诺量，此一运算过程称为主日程安排（Master Scheduing），如图 10-4 所示。

主生产排程（Master Production Schedule，MPS）与主排程的差异在于主排程为如何满足需求预测的产出计划，而主生产排程则为概略的生产计划。产出计划指的是未来不同时期的可出货数量，而生产计划则代表未来不同时期的生产数量，故生产计划应能满足产出

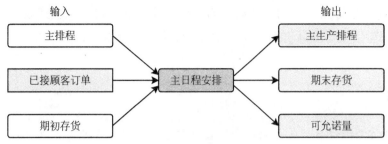

图10-4 主日程安排的输入与输出

计划的需求，而产出计划则是制订生产计划的依据。对于制造部门而言，主排程是业务部门对其的需求计划，而主生产排程是为满足业务部门的需求的供给计划。

主生产排程确定后，通过公式（10-1）即可得知当期的期末存货。

期末存货 = 期初存货 + 本期生产量 - 本期计划产出　　　　　　　　　　　（10-1）

当期的期末存货也就是下一期的期初存货，此观念在本章前节的范例10-1中已介绍过。

范例 10-4

有太公司主排程的结果显示，其电阻器10月的计划产出为100，已知到9月底时会有存货20。

1. 请问有太公司10月应生产电阻器多少？

2. 若截至目前，有太公司10月已接顾客订单显示其应出货数量为120，则10月有太公司应生产电阻器多少？

3. 若截至目前，有太公司10月已接顾客订单显示其应出货数量为80，则10月有太公司应生产电阻器多少？

解答：

1. 由于10月的期初存货为20，故：

生产数量为 100 - 20 = 80 个

2. 由于已接顾客订单量超过计划产出，而已接顾客订单量又较计划产出明确，故此时计算生产数量应以已接顾客订单量取代计划产出，因此：

生产数量为 120 - 20 = 100 个

3. 虽然已接顾客订单为80，但因尚未超过计划产出，可能在未来仍会有新顾客订单的出现，故计算生产数量时不应以已接顾客订单量为依据，而仍应以计划产出为依据，因此：

生产数量为 100 - 20 = 80 个

范例 10-4 是推导某一时期生产数量的方法，此原理亦可应用至连续一整段时间上，此时仅需反复运用范例 10-4 计算的原理，即可完成主日程安排的作业。

范例 10-5

加达公司之主排程显示其电源供应器 4 月与 5 月的计划产出分别为 100 个与 140 个。假设 4 月与 5 月的可工作时间皆为 4 周，生产批量为 60，4 月时拥有期初存货 58 个电源供应器，且前 5 周的已接顾客订单量分别为 28、15、15、5 与 3 个电源供应器，试规划加达公司的主生产排程。

解答：

将 1 个月的电源供应器计划产出量平均分配于 4 周内，则可算出加达公司 4 月每周的计划产出为 25 个电源供应器，5 月每周的计划产出为 35 个电源供应器。为便于计算，将已知条件整理成表 10-7。

表 10-7　加达公司电源供应器主生产排程计划表（1）

期初存货：58								
时间\项目	4 月				5 月			
	第 1 周	第 2 周	第 3 周	第 4 周	第 5 周	第 6 周	第 7 周	第 8 周
计划产出	25	25	25	25	35	35	35	35
已接订单	28	15	15	5	3			

以公式（10-1）计算前 3 周的预计存货如表 10-8。

表 10-8　加达公司电源供应器主生产排程计划表（2）

期初存货：58								
时间\项目	4 月				5 月			
	第 1 周	第 2 周	第 3 周	第 4 周	第 5 周	第 6 周	第 7 周	第 8 周
计划产出	25	25	25	25	35	35	35	35
已接订单	28	15	15	5	3			
预计存货	30	5	−20					

由于第 3 周的预计存货为负值，代表在此之前需生产完成一批新的电源供应器，以避免无法满足计划产出。

由于生产批量为 60 个且需在第 3 周完成，故以公式（10-1）计算第 3 周的预计期末存货应为：

期末存货 = 期初存货 + 本期生产量 − 本期计划产出 = 5 + 60 − 25 = 40

依此规则运算持续进行，每逢预计存货为负值时，就生产固定批量为 60 的电源供应器，因此可得到 4 月与 5 月的主生产排程，如表 10-9 所示。

表 10-9 加达公司电源供应器主生产排程计划表（3）

期初存货：58							
时间 项目	4 月				5 月			
	第 1 周	第 2 周	第 3 周	第 4 周	第 5 周	第 6 周	第 7 周	第 8 周
计划产出	25	25	25	25	35	35	35	35
已接订单	28	15	15	5	3			
预计存货	30	5	40	15	40	5	30	55
MPS	—	—	60	—	60	—	60	60

在此需特别注意的是，主生产排程的进度计划是指生产应该完成的时间，而非生产开始时间，生产开始时间需通过下一章将介绍的物料需求规划来求得。

三、时间栅栏

任意变更主生产排程，会对组织的各部门造成很大的管理困扰，因为随主生产排程所产生的其他计划也都必须随主生产排程的变动而变动，如图 10-2 所示；但在实务上，完全不允许主生产排程变动又不可能，因此一般常以时间栅栏（Time Fences）的机制来稳定主生产排程。

所谓时间栅栏，就是将主生产排程分割为数个期间，针对这些不同的期间，对于 MPS 给予不同的变更幅度与授权。例如，各阶段依时间先后分别为冻结期、大致确定期与开放期。在冻结期，由于即将生产，各项准备作业几近完成，任何变动都可能引起混乱，故除非组织中的最高管理者下达指示，否则 MPS 应予完全冻结，以维护操作系统的稳定。在大致确定期，尚有部分可用的产能，如果有良好的理由，MPS 可接受变更。最后是开放期，此时期所有的产能大部分都未指派，若有新订单出现，可立即排入 MPS 中。如图 10-5 所示，即为时间栅栏的含义。

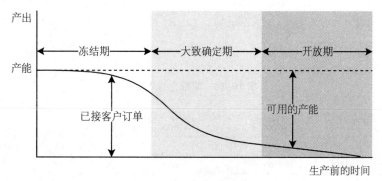

图 10-5 时间栅栏的含义

第五节 粗略产能规划与可允诺量

大部分的公司在求出 MPS 后，就开始进行物料需求规划（详见本书第十一章），然而在物料需求规划前若能以粗略产能规划确认 MPS 的可行性，并进一步求出可允诺量供高阶主管与业务人员参考，这样的 MPS 才能提供企业更大的效用。

一、粗略产能规划

由于主生产排程会对其他规划造成重大影响，故以简略的方法确定并验证主生产排程是否可执行非常重要，此验证的程序称为粗略产能规划（Rough Cut Capacity Planning，RCCP）。简言之，粗略产能规划是作为确认生产设备、材料、人工或供货商等是否足以应付 MPS 所需的方法。

由于生产作业需要的资源相当的多，在完整的计划（物料需求规划）做出之前，无法一一确认各资源是否足以提供 MPS 的需求，故粗略产能规划只将主生产排程转化成为对关键资源（Key Resource）的需求，以检查关键资源能否满足主生产排程。此处所谓的关键资源，可以是生产设备、材料、人工或供货商等。

若经分析，关键资源不足以提供 MPS 的需要，则应在修改 MPS 后重新进行验证，直到证实关键资源足以支持 MPS 为止。

范例 10-6

前程企业生产桌上型计算机、笔记型计算机与平板计算机 3 种产品。依过去经验得知表面粘着技术制程为其生产的关键资源，且每周最多能提供 60000 分钟的工时。已知其未来 8 周 3 种产品的 MPS 如表 10-10 所示。每台桌上型计算机、笔记型计算机与平板计算机需要表面粘着技术制程的工时为 2 分钟、3 分钟与 5 分钟。试问依 RCCP 的概念，目前所规划出的 MPS 是否可行？

表 10-10 前程企业 MPS

周别	1	2	3	4	5	6	7	8
桌上型计算机 MPS	—	10000	—	10000	—	—	10000	—
笔记型计算机 MPS	15000	—	15000	—	—	—	15000	—
平板计算机 MPS	3000	3000	—	3000	3000	3000	—	3000

解答：

将表 10–10 中桌上型计算机、笔记型计算机与平板计算机的预计生产量分别乘以 2 分钟、3 分钟与 5 分钟，并依周别加总后得表 10–11。

表 10–11　前程企业 MPS 对关键资源的需求

周别	1	2	3	4	5	6	7	8
桌上型计算机 MPS	—	20000	—	20000	—	—	20000	—
笔记型计算机 MPS	45000	—	45000	—	—	—	45000	—
平板计算机 MPS	15000	15000	—	15000	15000	15000	—	15000
总和	60000	35000	45000	35000	15000	15000	65000	15000

由表 10–11 最后一行得知第 7 周的表面粘着技术产能将不足，故目前的 MPS 不可行。由于第 6 周表面粘着技术的产能仍过剩，故可考虑修正 MPS，如表 10–12 所示，此时关键资源将足够，修正后 MPS 可以执行。

表 10–12　前程企业修正后 MPS

周别	1	2	3	4	5	6	7	8
桌上型计算机 MPS	—	10000	—	10000	—	10000	—	—
笔记型计算机 MPS	15000	—	15000	—	—	—	15000	—
平板计算机 MPS	3000	3000	—	3000	3000	3000	—	3000

二、可允诺量

MPS 对生管人员而言，是一个非常重要的信息，因为所有生产与采购作业的时间点都会以此基准倒推求得，这也是本书下一章将要介绍的主题。MPS 除提供生管人员参考外，也可经更进一步的运算，以求得可允诺量（Available to Promise，ATP）或称为达交量，提供业务人员作为接单的参考。

所谓的 ATP，意指在依照主生产排程生产情形下，所能掌握的足供承诺新订单的存货量。当每张订单被确认接受后，MPS 与 ATP 都应重新计算，如此才能维持 MPS 与 ATP 的正确性。以范例 10–5 为例，由于第 3 周会完成新的生产批量，故期初存货需能支应第 1 周与第 2 周的订单需求；截至目前，第 1 周已接订单 28，第 2 周已接订单 15，两者加总为 43，故仍有 58 − (28 + 15) = 15 个单位是在不需变更 MPS 的情形下就可承诺顾客的量。至于此 15 个单位的可允诺量，可以是一张订单对第 1 周或第 2 周的需求，也可以是一张订单第 1 周加第 2 周的需求。

范例 10-7

试计算范例 10-5 加达公司的各期可允诺量。

解答：

由范例 10-5 得知电源供应器是在第 3、第 5、第 7 与第 8 周生产完成。故期初存货（58）需能支应第 1 与第 2 周的订单，扣除掉已接订单（28 + 15 = 43），ATP 为 15(= 58 - 43)。第 3 周的 ATP 为 MPS 的量（60）减去已接订单（15 + 5 = 20），等于 40(= 60 - 20)；第 5 周的 ATP 为 MPS 的量（60）减去已接订单（3），等于 57(= 60 - 3)；第 7 周与第 8 周没有顾客订单，故其 ATP 与 MPS 的量（60）相同。此结果可经整理如表 10-13 所示。

表 10-13　加达公司电源供应器 ATP 计算表

期初存货：58								
时间 项目	4 月				5 月			
	第 1 周	第 2 周	第 3 周	第 4 周	第 5 周	第 6 周	第 7 周	第 8 周
计划产出	25	25	25	25	35	35	35	35
已接订单	28	15	15	5	3			
预计存货	30	5	40	15	40	5	30	55
MPS	—	—	60	—	60		60	60
ATP	15	—	40	—	57	—	60	60

在过去对服务品质与响应速度要求较不严苛的时代，ATP 并未受到足够的重视，对于任何一笔订单是否能生产的问题，大多是依靠 1 个月或 1 周才举行一次的产销协调会议，或者是依靠业务部门传递确认单给生产部门等方式来做决策。随着顾客对服务品质与响应速度的要求越来越严苛，无论是以产销协调会还是确认单来沟通订单是否能接，都不再能够满足顾客的需求了，顾客现在要的是在第一时间就能确认订单是否能接的响应，故 ATP 近年来受到了更大的重视，业务部门开始要求生管人员能迅速更新并发布 ATP 以提升其接单能力。对许多信息技术能力较高的企业而言，ATP 与企业 e 化整合后，既有顾客现在已能直接通过网络连接进入企业的信息系统查看其 ATP，若存货量足够，则不需与公司的业务或生管人员联络就可直接下单，从而节省了许多不必要的资源浪费；至于过去没有交易记录的顾客，业务人员就会携带笔记型计算机至顾客处，以无线上网方式查询 ATP，并为顾客安排其可接受的交货期。

结合网络技术的 ATP，除具备快速响应顾客需求的优点外，另一项优点是正确性较高。当任一顾客订单确认后，ATP 可立即重新运算并更新，以避免因时间差造成的信息错误，导致日后才发现无法如期交货。

范例 10-8

乐家公司生产钢笔，已知目前的期初存货为 20，未来 8 周的计划产出与已接订单状况如表 10-14 所示，每次生产批量为 90。

1. 试计算未来 8 周的 ATP。

2. A 顾客的需求为第 2 周出货 20 单位，请问是否可行？

3. B 顾客的需求为第 2 周出货 50 单位，请问是否可行？

4. 若 A 顾客的订单为一次交货且 B 顾客的订单允许分批交货，试重新计算未来 8 周的 ATP。

表 10-14　乐家公司未来 8 周的计划产出与已接订单状况

期初存货：20								
时间 项目	第 1 周	第 2 周	第 3 周	第 4 周	第 5 周	第 6 周	第 7 周	第 8 周
计划产出	40	40	40	40	35	35	35	35
已接订单	45	30	15	10	5			

解答：

1. 期初存货为 20，第 1 周已接订单为 45（大于计划产出 40），故第 1 周就应生产完成 90。其余各周应生产完成量的计算同前所述，各周 ATP 的计算如下，并将其汇整于表 10-15。

第 1 周 ATP = 20 + 90 − (45 + 30) = 35

第 3 周 ATP = 90 − (15 + 10 + 5) = 60

第 6 周 ATP = 90 − (0 + 0) = 90

第 8 周 ATP = 90 − 0 = 90

表 10-15　乐家公司 ATP 计算表

期初存货：20								
时间 项目	第 1 周	第 2 周	第 3 周	第 4 周	第 5 周	第 6 周	第 7 周	第 8 周
计划产出	40	40	40	40	35	35	35	35
已接订单	45	30	15	10	5			
预计存货	65	25	75	35	0	55	20	75
MPS	90	—	90	—	—	90	—	90
ATP	35	—	60	—	—	90	—	90

2. A 顾客的需求为第 2 周出货 20 单位，经查询第 1、第 2 周的 ATP 为 35，故该订单可接受。

3. B 顾客的需求为第 2 周出货 50 单位，经查询第 1、第 2 周的 ATP 为 35，故该订单应进一步考虑是否能接受。

（1）为避免 MPS 的变更，首先应征询顾客意见是否能接受分批交货。一般而言，顾客的需求为第 2 周出货 50 单位，并不一定代表它在第 3 周需要用到 50 单位，很有可能顾客真正的需求为第 3、第 4 与第 5 周的需求总和为 50 单位，但因订购批量因素使得它一次下单 50 单位，故若顾客允许我方第 2 周先交货 35 单位，第 3 周再交货 15 单位，则在不变更 MPS 情形下仍可顺利接单。

（2）若顾客无法接受分批交货，则应遵循时间栅栏的规范看是否能变更 MPS，若 MPS 能变更，则仍可顺利接单。

（3）在分批交货与变更 MPS 皆不可行时，再征询顾客意见是否能延后交货。若顾客允诺延后交货，亦可顺利接单。

（4）若以上方式皆不为顾客接受，则该订单无法承诺。

4. A 顾客的订单 20 单位为一次交货，此时第 2 周的 ATP（35 单位）足够供应 A 的需求 20，将 A 的订单量加入第 2 周的已接订单中，得第 2 周已接订单为 $30 + 20 = 50$，重新计算未来 8 周的 ATP 如表 10-16 所示。

表 10-16　接受 A 公司订单后乐家公司 ATP 计算表

期初存货：20

时间 项目	第1周	第2周	第3周	第4周	第5周	第6周	第7周	第8周
计划产出	40	40	40	40	35	35	35	35
已接订单	45	50	15	10	5			
预计存货	65	15	65	25	80	45	10	65
MPS	90	—	90	—	90	—	—	90
ATP	15	—	65		85			90

依表 10-16，B 顾客的订单 50 单位允许分批交货，将其安排到第 2 周交货 15，第 3 周交货 35，修改第 2 周与第 3 周的已接顾客订单为 $50 + 15 = 65$ 与 $15 + 35 = 50$，重新计算未来 8 周的 ATP 如表 10-17 所示。

表 10-17　接受 B 公司订单后乐家公司 ATP 计算表

期初存货：20

时间 项目	第1周	第2周	第3周	第4周	第5周	第6周	第7周	第8周
计划产出	40	40	40	40	35	35	35	35
已接订单	45	65	50	10	5			
预计存货	65	0	40	0	55	20	75	40
MPS	90	—	90	—	90	—	90	—
ATP	0	—	30		85		90	—

第六节 结论

总合规划是介于企业长期与短期规划的活动，它是一种通盘思考的概念。由总合规划所推算出来的主排程、主生产排程与可允诺量对于物料需求规划及业务单位非常重要。因此，有关总合规划的相关议题，作业管理者不可不加以重视。

个案研讨

联电率先导入客户线上服务平台

联华电子成立于 1980 年，目前总部设在新竹科学园区，为世界一流的专业晶圆代工公司。为了让客户的产品能在竞争激烈的 IC 市场中脱颖而出，联电先进制程技术涵盖电子工业的每一应用领域，并率先采用崭新的制程技术及材料，其中包括铜导线技术、低介电值阻绝层、嵌入式内存、混合讯号及射频组件制程。

联电在台湾半导体业扮演着重要的角色，除了是台湾第一家晶圆制造服务公司外，也是台湾第一家上市的半导体公司（1985 年），并于 2000 年 9 月在纽约证交所创下美国证交所（SEC）的美国存托凭证亚洲区公司首度上市前定价的空前纪录。

联电以策略创新见长，首创员工分红入股制度，此制度已被公认为引领台湾电子产业快速发展的主因。联电也首创四班二轮的生产管理制度，机台设备 24 小时运转，从不间断。联电目前全球员工约有 12000 名，在中国台湾、日本、新加坡、欧洲、美洲各地设有行销及客户服务中心，提供全球客户 24 小时服务。

联电并拥有顶尖的服务网络符合遍布世界的客户的需求。于 1998 年，联电为半导体业界第一个导入 My UMC 线上服务平台，提供客户完整的线上供应链信息。

联电以网站为基础的供应链管理应用工具"My UMC"，能让客户以最具效率的方法，通过各种标准的网际网络浏览器，获得技术上或产品出货到上市所需的相关资料。My UMC 是需要安全认证的作业环境，唯有联电客户能进入存取。

My UMC 的特色为首开业界先河的线上实时达交（Available to Promise，ATP）系统。该系统能让客户通过网际网络实时预约产能，并将确认订单所需的时间从过去的数天减至只需数分钟。My UMC 网站入口也提供客户个人专属的首页，作为广泛查询出货及技术资料的大门。客户不仅可从生产流程的每个步骤中，追踪到他们产品的代工情况，甚至还能利用网站入口的"工程资料分析"（Engineering Data Analysis）单元来加强产品良率。

联电发言人表示："我们已开发出一套方便客户使用的新系统。My UMC 是个一劳永逸的解决方案，提供客户存取其户头下丰富信息的能力，并能在线上实时加强产品良率、委托产能等复合功能。"

My UMC 是联电与以智佳科技（i2 Technologies）为首的几家公司合作开发出来的。联电表示："因为与术业专精的领导公司合作，我们才能于今天完成这么丰富且具延展性的应用工具供客户使用。我们了解客户如欲赢得市场先机，必须全天候、轻易完整地存取其户头的相关信息。My UMC 能以完善的方式，提供联电客户所需的信息。"

联电的"ATP 工厂产能装填引擎"能让客户通过网际网络的实时环境获悉是否排上产能，并可立即委托产能。ATP 系统能免除不必要的人工输入，并在委托产能的过程中排除潜在的人为错误。联电是全球晶圆专业制造业中第一家提供这类工具给客户的公司。

资料来源：联电网站，http://www.umc.com/chinese/news.

问题讨论

1. 试分析 ATP 对顾客与企业各能带来什么样的益处。
2. 为何联电宣称 My UMC 能让客户通过网际网络实时预约产能，而非实时下订单？

习题

基础评量

1. 试述作业管理长期、中期与短期计划所包含的内容。

2. 试述作业管理中期计划各项作业间的关系。

3. 试述总合规划的目的为何。

4. 试述总合规划的意义。

5. 试叙述总合规划中需求决策包含哪些项目。

6. 试叙述总合规划中产出决策包含哪些项目。

7. 请解释总合规划中的追击策略为何意。

8. 请解释总合规划中的平稳策略为何意。

9. 请解释总合规划中的混合策略为何意。

10. 试叙述服务业与制造业在总合规划中的差异。

11. A 公司未来 6 个月的预计销售量资料如下表：

A公司未来6个月的预计销售量							
时期（月）	1	2	3	4	5	6	总计
预计销售量（件）	300	450	400	450	430	370	2400

其成本资料如下：

正常作业单位成本	$6/件
加班单位成本	$9/件
外包单位成本	$7/件
存货持有单位成本	$1/月件
缺货后补单位成本	$15/月件

A 公司期初存货为 0，允许缺货后补，每期正常作业产出为 400 单位，期末存货为 0。若采取平稳策略，试问其在不加减班、不外包情形下的成本。

12. 续题 11 但改采取混合策略，前 4 个月允许存货，后 2 个月以加减班避免缺货后补，试计算此方案的成本，并与题 11 比较哪一方案较佳。

13. 续题 11 但采取追击策略，每月正常作业产出过多皆以减班方式处理，产出不足数皆以加班或外包方式补足，且以外包为优先考虑，已知外包每月最多能提供 30 单位的产出，加班每月最多能提供 50 单位的产出，试问此时其成本为多少？

14. 综合前三题，A 公司对于未来 6 个月的总合规划结果为何？

15. 何谓总合规划结果的分解？

16. 总合规划结果分解的产出为何？

17. 主日程安排的输入包含哪三项？

18. 主日程安排的输出包含哪三项？

19. 主生产排程与主排程间的差异为何？

20. C 公司的主排程显示其 4 月与 5 月的计划产出分别为 2000 个与 2400 个。假设 4 月与 5 月的可工作时间皆为 4 周，生产批量为 900，4 月时拥有期初存货 800 且前 5 周的已接顾客订单量分别为 300、150、100 与 50，试计划 C 公司的主生产排程。

21. 试说明主生产排程中时间栅栏（Time Fences）的功能为何。

22. 试解释粗略产能规划（RCCP）。

23. D 公司生产桌上型计算机、笔记型计算机与平板计算机 3 种产品。依过去经验得知表面粘着技术制程为其生产的关键资源，且每周最多能提供 70000 分钟的工时。已知其未来 8 周 3 种产品的 MPS 如下表所示。每台桌上型计算机、笔记型计算机与平板计算机需要表面粘着技术制程的工时为 1.5 分钟、2 分钟与 3 分钟。试问目前所规划出的 MPS 是否可行？

D 公司 MPS								
周别	1	2	3	4	5	6	7	8
桌上型计算机 MPS	—	30000	—	30000	—	—	30000	—
笔记型计算机 MPS	20000	—	20000	—	20000	—	20000	—
平板计算机 MPS	10000	10000	—	10000	10000	10000	—	10000

24. 续题 23，若 D 公司的 MPS 不可行，则你建议其 MPS 应如何修改？

25. 何谓可允诺量？

26. E 公司的期初存货为 180，未来 8 周的计划产出与已接订单状况如下表所示，每次生产批量为 300：

E公司未来8周的计划产出与已接订单状况								
期初存货：180								
时间 项目	第1周	第2周	第3周	第4周	第5周	第6周	第7周	第8周
计划产出	120	120	120	120	100	100	100	100
已接订单	150	80	50	30	10	10		

试计算 E 公司未来 8 周的 ATP。

27. 续题 26，但已知 A 顾客的需求为第 2 周出货 20 单位，请问是否可行？

28. 续题 26，但已知 B 顾客的需求为第 2 周出货 180 单位，请问是否可行？

29. 续题 26，但已知 A 顾客的订单为一次交货且 B 顾客的订单允许分批交货，试重新计算未来 8 周 E 公司的 ATP。

深度思考

1. 你觉得哪些情形下该采用追击策略或平稳策略？

2. 为何"任一顾客订单确认后，ATP 都须立即重新运算并更新"？

第十一章　物料需求规划

学习重点 在学习本章后，你将能够

1. 说明物料需求规划对相依需求存货管理的必要性。

2. 了解物料需求规划的输入、输出与运作逻辑。

3. 运用表格进行物料需求规划演算。

4. 了解物料需求规划对不同行业所能产生的效益有何不同。

5. 了解物料需求规划中低阶编码技术、安全存货与安全时间、批量调整、追溯、共享料与资料的更新与维护等课题的意义。

6. 了解产能需求规划的程序。

7. 说明封闭回路式物料需求规划的意义。

8. 了解制造资源规划的特色。

9. 运用表格进行配销需求规划。

满是存货但却又无料可用的矛盾

看着满仓满谷的存货，但是生产线却仍因缺料而无法生产；未来 3 个月的订单都已接满，产能利用率却反而降到 50% 以下。张厂长已经接到总经理的最后通牒，这一季若再无法提出改善方案，下一季就会另请高明。

张厂长从高职毕业退伍后就进入这家小家电厂，一路从基层历尽千辛万苦花了 25 年才爬到今天这个位置。回想早期产品种类较少，每一张订单的数量都大到可供生产线 3 天持续生产而不用换线，但现在的产品种类则是过去的 10 倍以上，每一张订单的数量却只有过去的 1/5。原本以为这种情形只是短暂的，但事实上却是愈来愈严重。想着家中年迈的双亲、无业在家操持家务的另一半以及 3 个仍在就学的孩子，张厂长下定决心绝不能失去这份工作。

张厂长也曾经向业务部反映，希望业务不要再接小单，以简化管理流程。但获得的答复却是"大单没有，小单又不接，那干脆关厂算了"，张厂长事后想想也对。但为什么需要的物料老是不足，而用不到的物料却又一大堆？为了解决这个问题，张厂长也曾经下令以提高安全存货来做应对，可是缺料的问题不但没有得到改善，存货过高却又造成了资金积压的新问题，连向来感情良好的财务部吴副总上个月都与张厂长翻脸了。"看来我该向外界寻求协助与支持了，或者我该尽快找一找是否有这方面的资料或书籍，能够解答我的疑惑"，张厂长决定今天回家就先向正在学习生产管理的儿子请教。

物料需求规划是 20 世纪 70 年代被提出的理论，它为企业提供了一套极为精准并具效率的存货管理模式。历经 30 余年后，物料需求规划不仅成为制造业普遍采用的系统，它更开启了第十四章将介绍的企业资源规划的新篇。

<h2>第一节　物料需求规划概论</h2>

本书第九章曾介绍过存货依其需求形式可分为相依需求与独立需求两种。接单式生产中的独立需求原则上就是顾客下单量，比较没有问题；但存货式生产中的独立需求的管理，通常有赖正确的销售预测以及适宜的生产或采购批量。至于要降低相依需求的存货，则有赖精准的计算。

一、物料需求规划的源起

若以独立需求的模型来管理相依需求的存货，常会出现存货过高或缺货的情形。

存货式生产独立需求若采用定量模型，订购时间是由再订购点或再生产点所决定，订购量是由事先计算好的经济订购量或经济生产量所决定。相依需求如果采用定量模型管理，则其存货变化如图 11-1 所示。

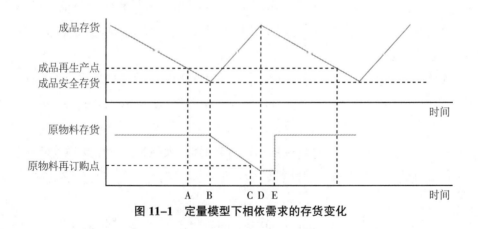

图 11-1　定量模型下相依需求的存货变化

在图 11-1 中，当成品存货降至成品再生产点（时间点为 A）时，组织就应开始准备生产，其生产前置时间为 A、B，故 B 为成品开始生产时间点，自 B 至生产结束时间点 D，成品的存货将持续上升，同一时间的原物料存货则会持续下降。当原物料的存货降至原物料的再订购点（时间点为 C）时，组织就应开始准备订购，其订购前置时间为 C、E，故 E 为原物料进货完成的时间点，原物料的存货将会上升。由图 11-1 可看出，为了应付短时间成品生产的需要，原物料却需保持长时间且过高的存货；但若降低原物料平时的存货，则又可能造成缺货。因此，定量模型对相依需求存货而言，并不适用。

存货式生产独立需求若采用定期模型，订购时间为固定，订购量则依当时的存货而定，若存货较高，则订购量较小，若存货较低，则订购量较大。相依需求如果采用定期模型管理，则其存货变化如图 11-2 所示。

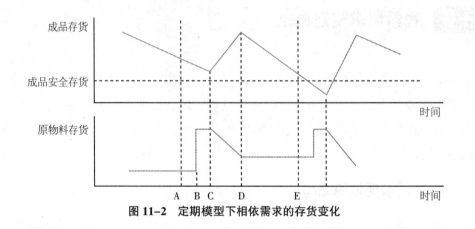

图 11-2　定期模型下相依需求的存货变化

在图 11-2 中，当时间点到达 A 时，组织就应盘点成品与原物料的存货并进行生产与订购准备，生产前置时间为 A、C，订购前置时间为 A、B，故 C 为成品开始生产时间点，B 为原物料进货完成的时间点，自 C 至生产结束时间点 D，成品的存货将持续上升，同一时间的原物料存货则会持续下降。由图 11-2 可看出，原物料的存货仍然过高，若降低原物料平时的存货，缺货的概率也会增加。因此，定期模型对相依需求存货而言，也同样不适用。

为解决此问题，IBM 的奥利奇（Orlicky）、普拉索（Plossal）与怀特（Wight）在 1970 年美国生产与存货管制学会（American Production and Inventory Control Society，APICS）的会议上，提出了物料需求规划的基本架构。1975 年，奥利奇的大作——《物料需求规划》问世；1981 年，怀特发表《制造资源规划》，将物料需求规划的功能扩充至行销、财务、人事与工程等领域。物料需求规划发展至此，不仅结构完整，对企业降低存货更发挥了莫大的效用。

物料需求规划（Material Requirements Planning，MRP）是计算相依存货应生产与采购什么产品、何时应该生产与采购以及应该生产与采购多少数量的方法。随着信息科技的快速发展，架构 MRP 所需的费用大幅下降，MRP 的发展与应用一日千里，目前已成为许多制造业不可缺少的工具之一。

二、独立需求与相依需求的存货

为简化问题，假设独立需求的需求量是稳定的，如图 11-3 所示。独立需求的存货因受独立需求较为稳定的影响，故会以稳定的斜率下降，直到新一批的生产开始或订购完成入库，才会再度上升。

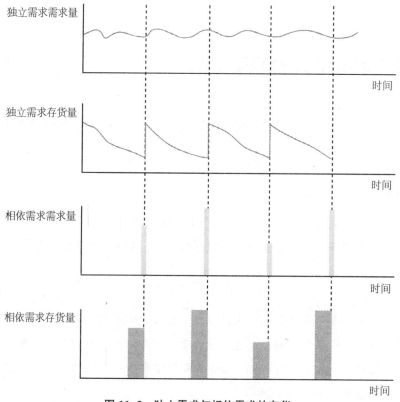

图11-3　独立需求与相依需求的存货

相对于独立需求，相依需求则仅发生在独立需求新一批的生产开始时，平时并无此需求，故其需求应是直线状；至于独立需求的存货，因为只要在相依需求发生前准备妥当即可，平时备有该存货只是浪费，故其存货应呈块状较佳。

OM 透视镜

ERP 专业认证方兴未艾

为促进以企业资源规划为主的电子商务的学术研究与实务应用，由学者专家于2002年成立的"中华企业资源规划学会"，近年来在台湾地区大力推动的 ERP 专业认证，已逐渐受到学术界与实务界的认同。

ERP 专业认证分为五大类：初阶 ERP 规划师、进阶 ERP 规划师、ERP 软件应用师、ERP 软件顾问师与 ERP 导入顾问师。

目前，每年 ERP 专业认证的报考人数都呈倍数成长，预估每年报考人数在近几年中极有可能破万人，平均录取率在60%~70%，该认证考试目前俨然已成为管理领域中备受瞩目的新星。

第二节 物料需求规划的系统逻辑

若将前节所述的相依需求存货管理概念加以应用，我们可以范例11–1说明。

范例 11–1

某公司生产单一规格的腰带。已知生产1条腰带需要1个皮带头以及1.3m的皮带，今接获一笔300条腰带的订单，顾客言明交货期在8周后，请问你应如何展开生产准备工作？

解答：

1. 由于并非订单量有多少，就该生产多少。因此我们应该先看看腰带有多少存货，不足数才加以生产。假设很幸运的，库房里有腰带存货100条，所以我们实际上只需要生产200条腰带。经向生管人员查询，生产200条腰带需要3周，所以我们只需要在第5周开始生产这200条腰带就够了。

2. 在第5周开始生产这200条腰带前，要先准备好皮带头200个以及皮带260m。经再度向库房查询得知，现有存货皮带头80个以及皮带120m，所以不足皮带头120个以及皮带140m需对外采购。经向采购人员查询得知，皮带头需在4周前发出订单，而皮带则只需在1周前发出订单即可，因此我们需要在第1周就对外展开采购皮带头120个的作业，而皮带则可以延至第4周再对外开出采购订单140m。

3. 由于我们不希望太早采购与生产，以免存货过高。因此会先将上述计划记载下来，等时间到了才进行生产与采购活动。

范例11–1的计算过程，其实就是运用物料需求规划的系统逻辑。归纳整个范例11–1中需搜集的信息，可包含下列三类：

1. 主生产排程

如范例11–1中，300条腰带的订单。

2. 物料清单

如范例11–1中，1条腰带需要1个皮带头以及1.3m皮带。

3. 存货状态

如范例 11-1 中，腰带存货 100 条，生产前置时间 3 周；皮带头存货 80 个，采购前置时间 4 周；皮带存货 120m，采购前置时间 1 周。

当我们掌握了主生产排程、物料清单与存货状态后，经过系统逻辑推理可得到下列三项结果：

1. 生产计划

如范例 11-1 中的第 5 周必须发出生产 200 条腰带的制造命令。

2. 采购计划

如范例 11-1 中的第 1 周必须发出皮带头 120 个的采购订单，第 4 周必须发出皮带 140m 的采购订单。

3. 各种管理报表

此部分将介绍于后。

若将上述运作过程绘成图形，则如图 11-4 所示。

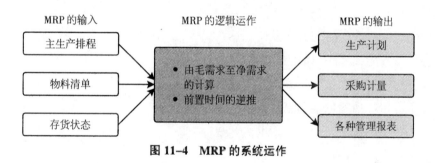

图 11-4　MRP 的系统运作

一、MRP 的输入

MRP 的输入包含主生产排程、物料清单与存货状态三项。

1. 主生产排程

本书第十章已对主生产排程的意义与求得方式详细介绍，在此不多赘言。

2. 物料清单

物料清单（Parts List 或 Bill of Material，BOM）是组成产品所需配件的清单，它具有结构性与阶层性，以显示产品与其所需零组件间的组成关系及所需数量。每一个成品与半成品都有它自己的物料清单。物料清单一般大多以表列示或以产品结构树（Product Structure Tree）来表示。如百叶窗是由两副窗框及四组木板条所组成，则其物料清单的产品结构树可绘制成图 11-5，物料清单的表列式则如表 11-1 所示。产品结构树的表示方式较为清晰易懂，故较常作为解说的工具；表列式则适合计算机存取，故计算机软件都以此方式表达物料清单。

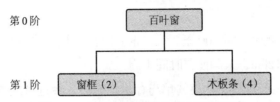

图 11-5　百叶窗物料清单的产品结构树

表 11-1　百叶窗物料清单表列式

阶层	产品名称	用量比
0	百叶窗	1
1	窗框	2
1	木板条	4

3. 存货状态

存货状态即为信息系统中的存货记录文件，它一般包括下列项目：

（1）料号：请参见本书第九章存货管理中曾提及的材料编码。

（2）品名：即该产品的名称。

（3）规格：即对该产品的要求叙述。

（4）存货量：为该产品目前的存货量。

（5）预计接收量：为该产品采购在途或生产在途，且预计未来会成为存货的数量。

（6）安全存货：请参见本书第九章。

（7）订购或生产批量：请参见本书第九章。

（8）前置时间：请参见本书第九章。

（9）供货商：请参见本书第九章。

（10）成本资料：为该材料的采购或制造成本。

二、MRP 的逻辑运作

MRP 的逻辑运作，主要是由毛需求至净需求的计算以及前置时间的逆推两项原理的相互交叉应用而成。

1. 由毛需求至净需求的计算

毛需求（Gross Requirements）指的是为满足 MPS 的需要，某产品在不考虑存货下的总需要量。第 0 阶产品的毛需求就是该产品的 MPS；第 0 阶以外产品的毛需求，是为满足其父项的需要所应准备的需要量。

净需求（Net Requirements）指的是为满足 MPS 的需要，某产品在考虑存货后的实际需要量。净需求等于毛需求减去前期预计存货量与本期预计接收量，其值不能为负；若净需求的值为负，则应以 0 取代，并将原净需求取绝对值后用以代表本期预计存货，如公式（11-1）与公式（11-2）所示。

本期净需求 = 本期毛需求 – 前期预计存货 – 本期预计接收量 　　　　　　（11-1）

本期净需求若为负值，则以 0 取代。

本期预计存货 = –本期净需求 　　　　　　　　　　　　　　　　　　　（11-2）

本期预计存货若为负值，则以 0 取代。

例如，百叶窗的毛需求为 200，前期存货为 150，则其净需求为 50(200 – 150 = 50)；百叶窗与窗框的用量比例为 1∶2，故窗框的毛需求为 100(50 × 2 = 100)，若其前期存货为 10，预计接收量为 40，则其净需求为 50(100 – 10 – 40 = 50)；百叶窗与木板条的用量比例为 1∶4，故木板条的毛需求为 200(50 × 4 = 200)，若其前期存货为 150，预计接收量为 60，则其净需求为 0(200 – 150 – 60 = –10 < 0)，当期存货应为 10[–(–10)]。

从 MPS 开始，依照 BOM 逐步展开到半成品与原物料，展开过程中反复运用由毛需求至净需求的计算，就能求得所有产品的净需求为多少。

2. 前置时间的逆推

由毛需求至净需求的计算是属于产品需求量的问题，至于产品需求的时间问题，则需运用前置时间的逆推求得。所谓前置时间的逆推（Offset），指的是为满足 MPS 的时间，从最后时间点往前倒算各工作（生产与采购）时间点的过程。例如，百叶窗的交期为第 10 周，且其生产前置时间为 3 周，则逆推得百叶窗的生产开始时间为第 7 周；窗框的采购前置时间为 4 周，窗框的采购订单发出时间应为第 3 周；至于木板条，由于仍有存货，净需求为 0，故不需发出采购订单。

三、MRP 的输出

MRP 的输出包含生产计划、采购计划与各种管理报表三项。

1. 生产计划

生产计划就是未来预计生产的进度计划。

2. 采购计划

采购计划就是未来预计采购的进度计划。

3. 各种管理报表

上述计划执行后，若能将实际采购与生产的资料输入计算机，则在比对原计划与执行结果后，就可得到许多管理所需的信息，如绩效报告、差异报告或例外报告等。

物料需求规划的系统逻辑已如前所述，然而一般企业的产品种类繁多、MPS 庞大、产品结构极为复杂且存货变化快速，要以逻辑推理方式推导出其结论几乎是不可能的事，故运用计算机协助 MRP 运算就成了必然的趋势，而物料需求规划的发展也的确与信息技术的演进息息相关，若没有局域网络的出现，制造资源规划是不可能发展出来的。

为了更系统化地解说 MRP 的算法，一般最常使用的工具为如表 11-2 所示的演算表。

表 11-2 MRP 演算

	周次	1	2	3	4	5	6	7	…
产品名称：	毛需求	**0**	**100**	…					
AA	预计接收量	**10**	**0**	…					
期初存货	存货量	30	0	…					
20	净需求	0	70	…					
前置时间	计划接收订单量	0	70	…					
1 周	计划开出订单量	70	…						

表 11-2 中加粗的文字与数字都为已知，在 MRP 的演算过程前可将其先填写好。

表 11-2 的第二行到第五行是有关毛需求至净需求的计算，其各行代表的意义已介绍如前。以表 11-2 中的数字为例，依公式（11-1）与公式（11-2）计算第 1 周的存货量与第 2 周的净需求为：

第 1 周预计存货 = -（第 1 周毛需求 - 第 0 周预计存货 - 第 1 周预计接收量）

$$= -(0 - 20 - 10) = 30$$

第 2 周净需求 = 第 2 周毛需求 - 第 1 周预计存货 - 第 2 周预计接收量

$$= 100 - 30 - 0 = 70$$

表 11-2 的第六行与第七行是有关前置时间的逆推，由于生产或采购常会考虑到类似经济批量等的问题，故净需求量未必就会是生产或采购量，所以在表 11-2 中，我们以计划接收订单量代表未来实际生产或采购后的接收量，将计划接收订单量的时间点扣除前置时间后就是计划开出订单量的时间点。以表 11-2 中的数字为例，若不考虑类似经济批量等的问题，计划接收订单量就是净需求，故第 1 周与第 2 周的计划接收订单量分别为 0 与 70；已知前置时间为 1 周，故第 2 周的计划接收订单量为 70，就是第 1 周的计划开出订单量。

每一个产品都需要一份 MRP 演算表，且父项的计划开出订单量将依 BOM 展开为其下一阶产品的毛需求。

范例 11-2

"中华"公司生产礼盒，其未来 12 周的 MPS 如表 11-3 所示。

表 11-3　"中华"公司 MPS

周次	1	2	3	4	5	6	7	8	9	10	11	12
MPS	0	0	0	0	0	40	40	30	20	30	40	30

该礼盒的 BOM 如图 11-6 所示。

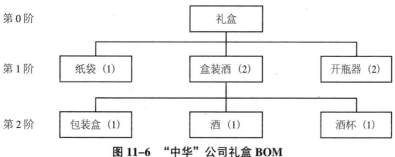

图 11-6　"中华"公司礼盒 BOM

存货状态经电脑查询得知如表 11-4 所示。

表 11-4　"中华"公司礼盒相关产品存货状态

产品名称	存货量	预计接收量		前置时间
		第 1 周	第 2 周	
礼盒	35	2	1	1
纸袋	10	0	0	1
开瓶器	20	0	0	1
盒装酒	6	4	0	2
包装盒	10	5	2	2
酒	8	10	3	2
酒杯	10	8	4	1

试以上述资料进行物料需求规划。

解答：

1. 首先制作 BOM 第 0 阶的 MRP 演算表，将 MPS 代入礼盒的毛需求，存货状态填入演算表中的相关字段，如表 11-5 中加粗的字体所示。从第 1 周开始计算其存货量与净需求如下：

第 1 周预计存货 = –（第 1 周毛需求 – 第 0 周预计存货 – 第 1 周预计接收量）

$$= -(0 - 35 - 2) = 37$$

第 2 周预计存货 = –（0 – 37 – 1）= 38

第 3 周预计存货 = –（0 – 38 – 0）= 38

第 4 周预计存货 = –（0 – 38 – 0）= 38

第 5 周预计存货 = –（0 – 38 – 0）= 38

第 6 周净需求 = 第 6 周毛需求 – 第 5 周预计存货 – 第 6 周预计接收量

$$= 40 - 38 - 0 = 2$$

第 7 周净需求 = 40 – 0 – 0 = 40

……

若不考虑类似经济批量等的问题，各周的计划接收订单量就是各周的净需求。已知前置时间为 1 周，故将各周的计划接收订单量往前逆推 1 周，即可得各周的计划开出订单量。

上述计算的结果如表 11–5 所示。

表 11–5 "中华"公司礼盒 MRP 演算表（1）

	周次	1	2	3	4	5	6	7	8	9	10	11	12
产品名称：	毛需求	**0**	**0**	**0**	**0**	**0**	**40**	**40**	**30**	**20**	**30**	**40**	**30**
礼盒	预计接收量	**2**	**1**	**0**	**0**	**0**	**0**	**0**	**0**	**0**	**0**	**0**	**0**
期初存货：	存货量	37	38	38	38	38	0	0	0	0	0	0	0
35	净需求	0	0	0	0	0	2	40	30	20	30	40	30
前置时间：	计划接收订单量	0	0	0	0	0	2	40	30	20	30	40	30
1 周	计划开出订单量	0	0	0	0	2	40	30	20	30	40	30	

2. 其次制作 BOM 第 1 阶纸袋的 MRP 演算表，将礼盒的计划开出订单量（0，0，0，0，2，40，30，20，30，40，30）乘以 BOM 第 1 阶的用量比例 1，得纸袋的毛需求为（0，0，0，0，2，40，30，20，30，40，30），将此值与纸袋的存货状态填入演算表中的相关栏位，如表 11–6 中加粗的字体所示。依同样的算法可得纸袋、开瓶器与盒装酒的演算表如表 11–6、表 11–7 与表 11–8 所示。

表 11–6 "中华"公司礼盒 MRP 演算表（2）

	周次	1	2	3	4	5	6	7	8	9	10	11	12
产品名称：	毛需求	**0**	**0**	**0**	**0**	**2**	**40**	**30**	**20**	**30**	**40**	**30**	
纸袋	预计接收量	**0**	**0**	**0**	**0**	**0**	**0**	**0**	**0**	**0**	**0**	**0**	
期初存货：	存货量	10	10	10	10	8	0	0	0	0	0	0	
10	净需求	0	0	0	0	0	32	30	20	30	40	30	
前置时间：	计划接收订单量	0	0	0	0	0	32	30	20	30	40	30	
1 周	计划开出订单量	0	0	0	0	32	30	20	30	40	30		

表 11-7 "中华"公司礼盒 MRP 演算表（3）

产品名称：	周次	1	2	3	4	5	6	7	8	9	10	11	12
开瓶器	毛需求	0	0	0	0	4	80	60	40	60	80	60	
	预计接收量	0	0	0	0	0	0	0	0	0	0	0	
期初存货：	存货量	20	20	20	20	16	0	0	0	0	0	0	
20	净需求	0	0	0	0	0	64	60	40	60	80	60	
前置时间：	计划接收订单量	0	0	0	0	0	64	60	40	60	80	60	
1 周	计划开出订单量	0	0	0	0	64	60	40	60	80	60		

表 11-8 "中华"公司礼盒 MRP 演算表（4）

产品名称：	周次	1	2	3	4	5	6	7	8	9	10	11	12
盒装酒	毛需求	0	0	0	0	4	80	60	40	60	80	60	
	预计接收量	4	0	0	0	0	0	0	0	0	0	0	
期初存货：	存货量	10	10	10	10	6	0	0	0	0	0	0	
6	净需求	0	0	0	0	0	74	60	40	60	80	60	
前置时间：	计划接收订单量	0	0	0	0	0	74	60	40	60	80	60	
2 周	计划开出订单量	0	0	0	74	60	40	60	80	60			

3. 最后制作 BOM 第 2 阶所有产品的 MRP 演算表，依同样的算法可得包装盒、酒与酒杯的演算表如表 11-9、表 11-10 与表 11-11 所示。

表 11-9 "中华"公司礼盒 MRP 演算表（5）

产品名称：	周次	1	2	3	4	5	6	7	8	9	10	11	12
包装盒	毛需求	0	0	0	74	60	40	60	80	60			
	预计接收量	5	2	0	0	0	0	0	0	0			
期初存货：	存货量	15	17	17	0	0	0	0	0	0			
10	净需求	0	0	0	57	60	40	60	80	60			
前置时间：	计划接收订单量	0	0	0	57	60	40	60	80	60			
2 周	计划开出订单量	0	57	60	40	60	80	60					

表 11-10 "中华"公司礼盒 MRP 演算表（6）

产品名称：	周次	1	2	3	4	5	6	7	8	9	10	11	12
酒	毛需求	0	0	0	74	60	40	60	80	60			
	预计接收量	10	3	0	0	0	0	0	0	0			
期初存货：	存货量	18	21	21	0	0	0	0	0	0			
8	净需求	0	0	0	53	60	40	60	80	60			
前置时间：	计划接收订单量	0	0	0	53	60	40	60	80	60			
2 周	计划开出订单量	0	53	60	40	60	80	60					

表 11-11 "中华"公司礼盒 MRP 演算表（7）

产品名称：	周次	1	2	3	4	5	6	7	8	9	10	11	12
酒杯	毛需求	0	0	0	296	240	160	240	320	240			
	预计接收量	8	4	0	0	0	0	0	0	0			
期初存货：	存货量	18	22	22	0	0	0	0	0	0			
10	净需求	0	0	0	274	240	160	240	320	240			
前置时间：	计划接收订单量	0	0	0	274	240	160	240	320	240			
1 周	计划开出订单量	0	0	274	240	160	240	320	240				

第四节 有关 MRP 的进一步讨论

MRP 在实际应用时有诸多问题是应予考虑的。

一、MRP 的效益

一般而言，不同生产形态的企业，从 MRP 获得的效益也不相同。重复性生产最适合导入 MRP；批量式生产与连续性生产其次；至于零工式生产与项目式生产，则因每次生产的产品皆有极大的不同，相依需求被重复使用的可能性很低，故 MRP 较难发挥其效益。

MRP 在实施后能为企业带来最直接的效益包含下列五项：

（1）能精准地安排采购计划。

（2）能有效地安排生产计划。

（3）能建立对整个操作系统的基本管理架构。

（4）可降低相依需求的存货量。

（5）可缩短交期与提高交货准确率。

至于实施 MRP 时，则应注意下列事项：

1. 必须随时保持基本资料的正确性

错误的输入会造成错误的输出，因此随时保持主生产排程、物料清单与存货记录文件等的正确性就极为重要。

2. 应选择适合企业需求的计算机软件

不同的企业规模与行业特性，对 MRP 的功能需求亦不相同，故无论是自行开发或采购现有软件前，都应先详加思考企业的需求为何。

3. 并非所有相依需求都一定要纳入 MRP 的系统

对于某些策略性采购与策略性生产的材料以及 C 类存货，虽然被列于 BOM 中，但其生产与采购并不一定要依据 MRP 的计算结果来执行。

4. MRP 的推行需要全公司各部门的共同投入

实施 MRP 并非只是生管与信息单位的责任，若在推行过程中各部门无法配合，则 MRP 的功效将会大打折扣。

二、低阶编码技术

在发出采购计划或生产计划前，MRP 程序需将相同材料的计划开出订单量加总。如果同一材料分别出现在 BOM 的不同阶层，那么计算机就会因需要在所有阶层中寻找该材料，而降低了运算的效率。为了利于电脑的处理与运算，我们常将同一材料的高阶者降至与最低阶者相同的阶层，此做法称为低阶编码技术（Low-Level Coding）。以图 11-7 为例，左边图中的 E 分别位于第 1、第 2 与第 3 阶，而右边的图则为运用低阶编码技术将所有的 E 降至第 3 阶后的结果。

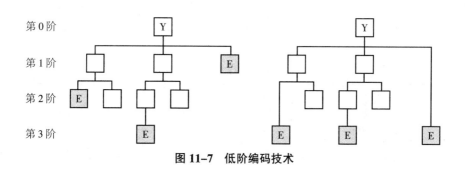

第0阶 第1阶 第2阶 第3阶

图 11-7　低阶编码技术

三、安全存货与安全时间的考量

就理论而言，物料需求规划是不需要考虑安全存货与安全时间的，而这也是 MRP 所具备的最大优点之一。但就实际而言，安全存货与安全时间要完全消除常有其困难，此尤以安全存货为甚。如某项零组件的不良率时高时低，此时若无安全存货，则当不良率攀高时，父项的生产就会受到影响；又如供货商的交期极不稳定，此时若无安全时间，则当供货商未如期交货时，生产作业就会停顿。

安全存货主要是为了保障"量"的充足。MRP 对于安全存货最常见也是最简易的处理方式，是将所有低于安全存货的预计存货强迫其提升至安全存货量，然后依公式（11-3）计算其净需求。

本期净需求 = 本期毛需求 - 前期预计存货 - 本期预计接收量 + 本期预计存货　（11-3）
本期净需求若为负值，则以 0 取代。

范例 11-3

续范例 11-2，对于酒杯若想在第 4 周起建立数量为 20 的安全存货，试问其 MRP 演算表应作何修正？

解答：

先将所有低于安全存货的存货量强迫其提升至安全存货量，故第 4 周起的存货都应改写为 20。

然后再依公式（11-3）计算第 4 周起各周的净需求如下：

第 4 周净需求 = 第 4 周毛需求 - 第 3 周预计存货 - 第 4 周预计接收量 + 第 4 周预计存货 = 296 - 22 - 0 + 20 = 294

第 5 周净需求 = 第 5 周毛需求 - 第 4 周预计存货 - 第 5 周预计接收量 + 第 5 周预计存货 = 240 - 20 - 0 + 20 = 240

……

将以上所计算的结果重新代入表 11-11，可得表 11-12。

表 11-12　考量安全存货时的 MRP 演算表

产品名称：	周次	1	2	3	4	5	6	7	8	9
酒杯	毛需求	**0**	**0**	**0**	**296**	**240**	**160**	**240**	**320**	**240**
期初存货：	预计接收量	**8**	**4**	**0**	**0**	**0**	**0**	**0**	**0**	**0**
10	存货量	18	22	22	20	20	20	20	20	20
前置时间：	净需求	0	0	0	294	240	160	240	320	240
1 周	计划接收订单量	0	0	0	294	240	160	240	320	240
安全存货：20	计划开出订单量	0	0	294	240	160	240	320	240	

安全时间主要是为了保障"时间"的充足。MRP 对于安全时间最常见也最简易的处理方式是将前置时间再加长。

在决定建立安全存货与安全时间时，须先衡量是否有这种需要以及实施这些方案时所可能带来的负面影响，以免企业未蒙其利先受其害。

四、批量

在许多种情形下，厂商不会直接依净需求来决定其生产或采购量，而是对净需求作若干调整后，才决定其生产或采购量。如当厂商非常重视经济生产量或经济采购量时，或是厂商希望生产与采购批量尽量不要有零头时，或是厂商希望降低生产或采购次数时，厂商都可能会以大于净需求的量作为计划接收订单量。当计划接收订单量大于净需求时，存货就会出现，此时的存货如公式（11-4）所示。

本期预计存货 = 本期计划接收订单量 - 本期净需求　　　　　　　　　　（11-4）

就 MRP 的批量调整而言，常用的方法有以下几种：

1. 批对批订购法

批对批订购法（Lot-for-Lot Ordering，L4L）又称为成批订购法或依量订购法，在本章之前的各范例中所采取的方法皆属这种方法。由于此法的英文名称中间的 for 发音与"4"（four）相同，故常简写为 L4L。

批对批订购法是所有决定批量大小的方法中最简单的一种。这种方法的优点是计算最为简单并可使持有成本最小。至于它的缺点，则主要为：

（1）由于每次批量不同，所以无法以固定订单大小取得经济利益。

（2）换线次数或采购次数常常较多，故其整备成本或订购成本会较高。

2. 定期订购法

有些企业会采用循环生产或循环采购的方式简化管理，这时每隔一定期间，它就需针对某一产品或零组件进行生产或采购，我们称此为定期订购法（Fixed-Period Ordering）。

3. 定量订购法

定量订购法（Fixed-Quantity Ordering）是指每次都以固定批量或是某一固定批量的倍数采购产品。

定量订购法大多发生在供货商采取定额销售或运送时需采用定额包装，但也有一些时候是因为企业想施行经济生产批量与经济采购批量所致。

范例 11-4

对于范例 11-2 酒杯的采购而言，假设每两周采购一次，即采购期间为两周，试问"中华"公司应如何制订其采购计划？

解答：

以两周为一循环，将表 11-11 中每两周的净需求相加作为新的计划接收订单量与计划开出订单量，如表 11-13 所示。

表 11-13 定期订购法 MRP 演算表（1）

	周次	1	2	3	4	5	6	7	8	9	10	11	12
产品名称：	毛需求	**0**	**0**	**0**	**296**	**240**	**160**	**240**	**320**	**240**			
酒杯	预计接收量	**8**	**4**	**0**	**0**	**0**	**0**	**0**	**0**	**0**			
期初存货：	存货量	18	22	22	0	0	0	0	0	0			
10	净需求	0	0	0	274	240	160	240	320	240			
前置时间：	计划接收订单量	0	0	0	514	0	400	0	560	0			
1 周	计划开出订单量	0	0	514	0	400	0	560	0				

第 4 周、第 6 周与第 8 周的净需求小于计划接收订单量，故需以公式（11-4）重算其存货量如下：

第 4 周预计存货 = 第 4 周计划接收订单量 - 第 4 周净需求 = 514 - 274 = 240

第 6 周预计存货 = 第 6 周计划接收订单量 - 第 6 周净需求 = 400 - 160 = 240

第 8 周预计存货 = 第 8 周计划接收订单量 - 第 8 周净需求 = 560 - 320 = 240

得表 11-14 即为最终的演算表，其中的计划开出订单量即为采购计划。

表 11-14　定期订购法 MRP 演算表（2）

	周次	1	2	3	4	5	6	7	8	9	10	11	12
产品名称： **酒杯**	毛需求	**0**	**0**	**0**	**296**	**240**	**160**	**240**	**320**	**240**			
	预计接收量	**8**	**4**	**0**	**0**	**0**	**0**	**0**	**0**	**0**			
期初存货 **10**	存货量	18	22	22	240	0	240	0	240	0			
	净需求	0	0	0	274	0	160	0	320	0			
前置时间	计划接收订单量	0	0	0	514	0	400	0	560	0			
1 周	计划开出订单量	0	0	514	0	400	0	560	0				

范例 11-5

对于范例 11-2 酒杯的采购而言，假设供应商采取固定一箱为 200 个酒杯的包装方式，试问"中华"公司应如何制订其采购计划？

解答：

由于每次采购皆需为 200 的倍数，故只要其净需求大于 0，计划接收订单量就应写为 200，只要净需求大于 200，计划接收订单量就应写为 400，依此类推。

1. 表 11-11 第 4 周的净需求为 274，故计划接收订单量应为 400；再以公式（11-4）重算其存货量为第 4 周预计存货＝第 4 周计划接收订单量－第 4 周净需求＝400－274＝126。

2. 以公式（11-1）计算第 5 周净需求为第 5 周毛需求－第 4 周预计存货－第 5 周预计接收量＝240－126－0＝114，故计划接收订单量应为 200；再以公式（11-4）重算其存货量为第 5 周预计存货＝第 5 周计划接收订单量－第 5 周净需求＝200－114＝86。

3. 以公式（11-1）计算第 6 周净需求为第 6 周毛需求－第 5 周预计存货－第 6 周预计接收量＝160－86－0＝74，故计划接收订单量应为 200；再以公式（11-4）重算其存货量为第 6 周预计存货＝第 6 周计划接收订单量－第 6 周净需求＝200－74＝126。

依此类推，如表 11-15 所示，其中的计划开出订单量即为采购计划。

表 11-15　定量订购法 MRP 演算表

	周次	1	2	3	4	5	6	7	8	9	10	11	12
产品名称： **酒杯**	毛需求	**0**	**0**	**0**	**296**	**240**	**160**	**240**	**320**	**240**			
	预计接收量	**8**	**4**	**0**	**0**	**0**	**0**	**0**	**0**	**0**			
期初存货： **10**	存货量	18	22	22	126	86	126	86	166	126			
	净需求	0	0	0	274	114	74	114	234	74			
前置时间	计划接收订单量	0	0	0	400	200	200	200	400	200			
1 周	计划开出订单量	0	0	400	200	200	200	400	200				

五、追溯

MRP 在实际运用中，常会有突发事件使得原定的计划改变，这时即需要确认这种改变对于相关活动的影响为何，以厘定应付方案，这种确认的过程称为追溯（Pegging）。

范例 11-6

续范例 11-2，假设"中华"公司第 5 周对盒装酒因故无法生产，试问其对礼盒的出货以及对酒杯的订购将产生何种影响？

解答：

盒装酒第 5 周的生产是从第 4 周开始，原定于第 6 周生产完成，并将完成品交给下制程在第 7 周完成礼盒的包装，故礼盒的第 7 周出货将会受到影响。

盒装酒第 5 周的生产是从第 4 周开始，生产所需使用到的酒杯在第 4 周就已准备妥当，而第 4 周的酒杯是来自第 3 周所发出的订购，故第 3 周的订购将受到影响。以上的追溯过程，如表 11-16 中的箭头所示。

表 11-16　MRP 的追溯

产品名称：	周次	1	2	3	4	5	6	7	8	9	10	11	12
礼盒	毛需求	0	0	0	0	0	40	40	30	20	30	40	30
	预计接收量	2	1	0	0	0	0	0	0	0	0	0	0
期初存货：	存货量	37	38	38	38	38	0	0	0	0	0	0	0
35	净需求	0	0	0	0	0	2	40	30	20	30	40	30
前置时间：	计划接收订单量	0	0	0	0	0	2	40	30	20	30	40	30
1 周	计划开出订单量	0	0	0	0	2	40	30	20	30	40	30	

产品名称：	周次	1	2	3	4	5	6	7	8	9	10	11	12
盒装酒	毛需求	0	0	0	0	4	80	60	40	60	80	60	
	预计接收量	4	0	0	0	0	0	0	0	0	0	0	
期初存货：	存货量	10	10	10	10	6	0	0	0	0	0	0	
6	净需求	0	0	0	0	0	74	60	40	60	80	60	
前置时间：	计划接收订单量	0	0	0	0	0	74	60	40	60	80	60	
2 周	计划开出订单量	0	0	0	74	60	40	60	80	60			

产品名称：	周次	1	2	3	4	5	6	7	8	9	10	11	12
酒杯	毛需求	0	0	0	296	240	160	240	320	240			
	预计接收量	8	4	0	0	0	0	0	0	0			
期初存货：	存货量	18	22	22	0	0	0	0	0	0			
10	净需求	0	0	0	274	240	160	240	320	240			
前置时间：	计划接收订单量	0	0	0	274	240	160	240	320	240			
1 周	计划开出订单量	0	0	274	240	160	240	320	240				

六、共享料

当不同产品使用到相同的材料时，其处理方式是将共享料同一时期的毛需求加总，然后以此加总的毛需求继续往下运算。

范例 11-7

产品 A 与产品 B 共享物料 G，已知 A 与 B 以 MRP 展开后，得 G 的毛需求如表 11-17 所示，试求合并后 G 的毛需求。

表 11-17　共享料 G 的个别产品毛需求

材料 G 来自于产品 A 展开的毛需求					材料 G 来自于产品 B 展开的毛需求				
周次	1	2	3	4	5	周次	1	2	3	4	5
毛需求	100	250	50	300	120	毛需求	400	0	50	0	120

解答：

将同一时期的毛需求加总得表 11-18。

表 11-18　共享料 G 的毛需求

材料 G 来自于产品 A 展开的毛需求					
周次	1	2	3	4	5
毛需求	500	250	100	300	240

七、资料的更新与维护

由于 MRP 的输入资料常会变动，因此 MRP 程序常需重新激活运算，我们称此为系统更新与维护。

MRP 系统的更新与维护分为再生法与净变法两种。所谓的再生法（Regenerative Approach），是指每隔一段固定时间（例如 1 周或 1 个月）就根据新的资料，将整个 MRP 系统重新执行 1 次。所谓的净变法（Net-Change Approach），则指当 MRP 系统中有变动时，立即将变动部分予以重新执行，未变动部分则不予理会。

当 MRP 输入资料变动较少时，MRP 输出结果的失真也会较少，故可采用再生法。但当 MRP 输入资料很快或很大时，若不及时重新运算，MRP 输出结果就会严重失真，故此时应采净变法。

再生法的优点：①处理成本较净变法为低；②一段时间再更新系统时，可因资料间的相互抵消，而节省反复重新更新的工作。至于再生法的缺点，则主要在于其较无法提供给决策者及时与最新的信息。

净变法的优点在于可提供给决策者及时与最新的信息；至于其缺点则是处理成本太高。

由于及时且正确的信息对管理者愈来愈重要，且信息技术的发展使得计算机资源愈来愈廉价，现今已少有 MRP 系统采用再生法。

第五节 制造资源规划

物料需求规划问世后，相继的研究与改善，如产能需求规划、封闭回路式物料需求规划与制造资源规划陆续地被提出。

一、产能需求规划

在本书第十章介绍 MPS 时，曾经提到粗略产能规划是在 MPS 发展之初，确认 MPS 是否可行的一个程序，如果 MPS 经初步确认为可行，则可进行 MRP 的运算。MRP 经运算展开后，对产能的需求将更为明确，此时就可进一步地再度确认 MPS 的可行性。

MRP 假设前置时间为定值，这代表不论采购量与生产量有多大，都生产得出来，也采购得到，这种被称为无限产能的假设，其实并不符合实际状况。因为，一般而言，批量越大，前置时间就会越长。由于无限产能的假设过于理想，因此 MRP 的结果需与产能比对，如果产能负荷得了，如图 11-8 所示，那么生产计划与采购计划就可行，否则就应设法改变产能规模或修改 MPS，此程序称为产能需求规划（Capacity Requirements Planning，CRP）。

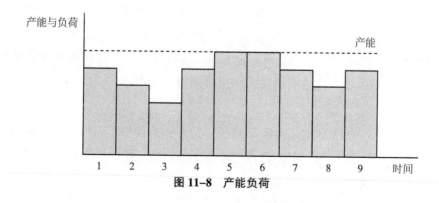

图 11-8　产能负荷

综合以上所言，我们可将 RCCP 与 CRP 之间的关联如图 11-9 所示。

如果 RCCP 与 CRP 都是在测试计划的可行性，为什么我们不只做 CRP 就好了呢？原来，过去 MRP 的运算非常耗费计算机资源，若贸然地将不成熟的 MPS 丢进 MRP，重跑

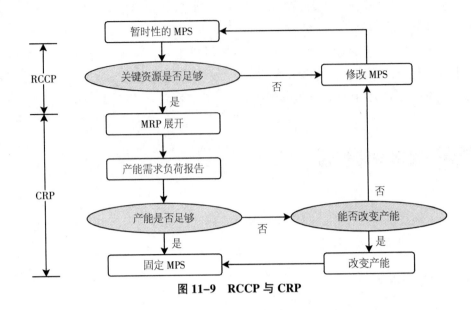

图 11-9　RCCP 与 CRP

MRP 的概率就会增加，而一旦重跑 MRP，生产与采购计划就可能无法及时提出。倒不如在 MRP 展开前，先执行一些简单的测试，筛选掉大部分不可行的 MPS，重跑 MRP 的概率就能降低，生产与采购计划的延误也就能减少。近年来，计算机资源大幅降价，人部分的 MRP 软件都不再执行 RCCP，其原因是即便让计算机多跑几次 MRP，计算机资源也不致浪费太多，生产与采购计划更不会因此原因而延误。

二、封闭回路式物料需求规划

封闭回路式物料需求规划（Closed-Loop MRP），是指将 MRP 系统的输出回馈至该系统，以协助管理者进行各种管理并修正各项输入设定，如图 11-10 所示。例如，封闭回路式 MRP 将生产计划执行的结果汇总为投入产出管理，管理者若发现生产效率长期低落，交期达标率长期不佳，此时就可以加长生产前置时间，以使生产计划实际可行。同理，封闭回路式 MRP 将采购计划执行的结果汇总为供货商管理，管理者若发现某供货商无法提供令人满意的交期或品质，此时就可以将该供货商自系统中除名，汰弱留强，以便采购计划实际可行。

封闭回路式 MRP 能持续改善 MRP 的效能，使得相关计划的可行性逐步提高，因此封闭回路式 MRP 目前几乎是所有 MRP 软件的基本配备，而一般业界所称的 MRP，其实指的也就是封闭回路式 MRP。

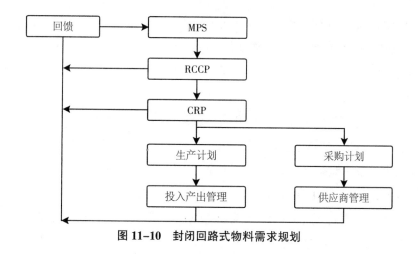

图 11-10　封闭回路式物料需求规划

三、制造资源规划

早期的物料需求规划是为了提供管理者三个问题的答案："生产与采购什么产品?""何时生产与采购?"以及"生产与采购多少?"故系统只需架构在单机上即可满足使用者的需求。但当物料需求规划成功运转后,以此为基础再结合局域网络,就能整合其他部门的信息,创造系统更大的效益,制造资源规划就在此背景下产生。

制造资源规划(Manufacturing Resources Planning,MRP Ⅱ)是 MRP 的进一步发展,它以物料需求规划为核心,再整合行销、财务、人事、研发与工程等其他系统,使得企业整体效益更能发挥。MRP Ⅱ 与 MRP、CRP、Closed-Loop MRP 之间的关系如图 11-11 所示。

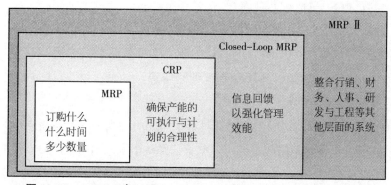

图 11-11　MRP Ⅱ 与 MRP、CRP、Closed-Loop MRP 之间的关系

若制造部门无法及时提供财务部门有关采购、制造与存货的正确数据,财务部门就必须另外建立一个独立的系统来管理成本资料(最常见的就是另外购买专门的会计软件)。MRP 若能成功运作,采购、制造与存货信息即能相当精确,若再结合成本资料,就能轻易地做出成本估计与预算控制;出货状况可以预估,使得未来的营业收入亦能预知;在未来的收入与成本资料都能掌握下,现金流量与财务报表就可事先估算,并依此结果拟订或调整财务策略。

另外，MRP 与业务系统的整合也能为业务人员带来无比的便利。例如，业务人员键入订单编号后，就能从 MRP 系统中快速查询该订单目前的生产状况，以快速响应顾客询问；工厂是否仍有多余的产能，也能从 MRP 中直接得知，此将有助于业务人员争取订单、增加谈判筹码以及制定与调整行销策略。

研发与工程人员在进行新产品设计开发、设计变更或工程变更时，若研发管理系统已与 MRP 系统整合，则会因研发、工程、生产与采购部门共享产品数据库，使得产品信息传递的速度加快，犯错概率降低，产品数据文件的维护成本也能下降。

人事管理系统若与 MRP 系统整合，未来的生产计划可及早得知，人力需求将能预先掌握，人员不足或过剩的问题得以事先规划避免；生产日报的实时自动回馈，也将有助于了解所有员工的出缺勤状况及快速正确地结算薪资。

典型的 MRP Ⅱ 具有以下五个特色：

1. 计划一贯性与可行性

MRP Ⅱ 包含了从目标、策略到实际执行与成果回馈等各阶段的作业内容，故工厂的各项计划会具有一贯性与可行性。

2. 管理系统性

MRP Ⅱ 是一个全厂的管理系统，工厂内各部门的管理均可包含在内，这将使得工厂的管理更具系统性。

3. 资料共享性

运用 MRP Ⅱ 的各部门，尤其是制造和财务部门，它们所使用的语言及数字都来自于同一数据库，此为资料共享性。

4. 动态应变性

以 MRP Ⅱ 取代传统人工操作后，工厂对于多变的经营环境，能更快速地分析其影响范围与结果，及早拟订应对对策，实现动态管理的理想。

5. 仿真预见性

快速与全面性的客观分析，使得 MRP Ⅱ 具有"假如……则……"（What……if……）的功能，可用来仿真并预见各种不同政策的可能结果，并从中挑选出对工厂最有利的方案。

第六节 配销需求规划

对于生产系统而言，该生产与采购什么？该生产与采购多少？何时该生产或是采购？MRP 或 MRP Ⅱ 提供了良好的解答。同样的理论或做法是否能运用在配销系统呢？答案是肯定的。

一、配销需求规划概述

工厂生产出来的成品一般都会通过配销系统交到顾客手上，如个人计算机生产后，会先出货到物流中心，然后再由物流中心出货到经销商手上；所以，经销商的需求决定了物流中心的需求，物流中心的需求又决定了工厂的成品需求，故若将经销商的存货视为独立需求，物流中心的存货与工厂的成品视为相依需求，就能仿照 MRP 的做法由独立需求逐步推导相依需求，以改善工厂成品需求的不确定，降低成品存货，这就是配销需求规划（Distribution Requirements Planning，DRP）的基本想法。

除了配销链终端的产品需求仍为不确定而须仰赖预测外，配销需求规划改善了配销链上所有产品需求不确定的问题，故对于降低整个配销系统的存货具有极大的帮助。

在过去系统整合度与信息透明度不足的年代，上述做法只能称为理想，但随着网际网络的发展，上述理想已可落实在实务工作中。

综合上述，配销需求规划是计算配销系统该配送什么产品、何时应该配送以及应该配送多少数量的方法。

配销需求规划的系统逻辑与物料需求规划极为相似，如图 11-12 所示。

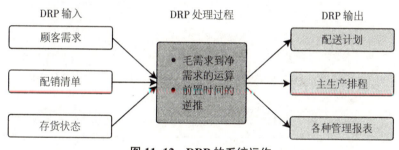

图 11-12　DRP 的系统运作

DRP 的输入包含顾客需求、配销清单与存货状态三项资料，然后通过处理过程：由毛需求到净需求的运算以及前置时间的逆推，最后获得配送计划、主生产排程与各种管理报表三项重要输出。

二、DRP 的输入

1. 顾客需求

DRP 中的顾客需求，指的是配销链终端对未来的销售预测，如表 11-19 所示为"中华"公司所生产的个人计算机，未来 8 周在忠孝店、南港店、中港店与员林店的销售预测。

2. 配销清单

配销清单（Bill of Distribution，BOD）指的是产品的配送过程。BOD 可以表示成与

表 11-19 "中华"公司个人计算机的顾客需求

周次	1	2	3	4	5	6	7	8
忠孝店	0	0	0	300	250	400	450	600
南港店	0	0	0	100	200	250	250	200
中港店	0	0	0	200	200	300	300	200
员林店	0	0	0	100	100	150	150	100

BOM 一样的树状结构，如图 11-13 "中华"公司所生产的计算机将配送至北区物流中心与中区物流中心两地，然后北区物流中心再配送至忠孝店与南港店，中区物流中心再配送至中港店与员林店。

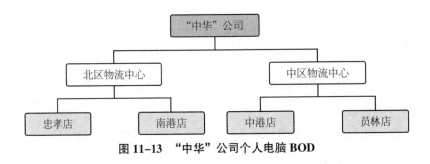

图 11-13 "中华"公司个人电脑 BOD

3. 存货状态

与 MRP 类似，DRP 的存货记录必须包含一些计算过程中所需要的信息，如是目前存货量、预计接收量、配送前置时间、安全存货与订购批量等，如表 11-20 所示。

表 11-20 "中华"公司个人计算机在配销系统中的存货状态

	存货量	预计接收量		配送前置时间	安全存货	订购批量
		第 1 周	第 2 周			
北区物流中心	500	100	50	1	400	1000
中区物流中心	300	50	20	2	200	500
忠孝店	200	50	10	1	100	500
南港店	100	30	0	2	80	300
中港店	200	30	0	1	100	400
员林店	50	10	0	1	80	200

三、DRP 的逻辑运作

DRP 的逻辑运作与 MRP 大致相同，唯一不同的是 MRP 毛需求到净需求的运算是依照 BOM 由上而下展开，而 DRP 毛需求到净需求的运算则是依照 BOD 由下而上汇总。如前述"中华"公司的案例，忠孝店与南港店的毛需求经运算后，将成为北区物流中心的毛需求。

表 11–21 中，期初存货 200，第 1、第 2、第 3 周预计接收量分别为 50、10、0，故存货分别为 250、260、260；第 4 周毛需求 300，存货不足 40(300 – 260 = 40) 为净需求，订购批量（计划接收运送量）500，存货成为 460(500 – 40 = 460)；第 5 周毛需求 250，存货降为 210；第 6 周毛需求 400，存货不足 190（400 – 210 = 190）为净需求，订购批量（计划接收运送量）500，存货成为 310（500 – 190=310）；第 7 周毛需求 450，存货不足 140(450 – 310 =140) 为净需求，订购批量（计划接收运送量）500，存货成为 360(500 – 140 = 360)；第 8 周毛需求 600，存货不足 240（600 – 360 = 240）为净需求，订购批量（计划接收运送量）500，存货成为 260(500 – 240 = 260)。

表 11–21　"中华"公司个人计算机演算表（1）

	周次	1	2	3	4	5	6	7	8
配销点：忠孝店 期初存货：200 前置时间：1 周 安全存货：100 订购批量：500	毛需求	**0**	**0**	**0**	**300**	**250**	**400**	**450**	**600**
	预计接收量	**50**	**10**	**0**	**0**	**0**	**0**	**0**	**0**
	存货量	250	260	260	460	210	310	360	260
	净需求	0	0	0	40	0	190	140	240
	计划接收运送量	0	0	0	500	0	500	500	500
	计划开出运送量	0	0	500	0	500	500	500	

表 11–22 中，期初存货 100，第 1、第 2、第 3 周预计接收量分别为 30、0、0，故存货分别为 130、130、130；第 4 周毛需求 100，存货降至 30 且低于安全存货，订购批量（计划接收运送量）300，存货成为 330(130 + 300 – 100 = 330)；第 5 周毛需求 200，存货降为 130；第 6 周毛需求 250，存货不足 120（250 – 130 = 120）为净需求，订购批量（计划接收运送量）300，存货成为 180(300 – 120 = 180)；第 7 周毛需求 250，存货不足 70（250 – 180 = 70）为净需求，订购批量（计划接收运送量）300，存货成为 230(300 – 70 = 230)；第 8 周毛需求 200，存货降至 30 且低于安全存货，订购批量（计划接收运送量）300，存货成为 330(230 + 300 – 200 = 330)。

表 11–22　"中华"公司个人计算机演算表（2）

	周次	1	2	3	4	5	6	7	8
配销点：南港店 期初存货：100 前置时间：2 周 安全存货：80 订购批量：300	毛需求	**0**	**0**	**0**	**100**	**200**	**250**	**250**	**200**
	预计接收量	**30**	**0**	**0**	**0**	**0**	**0**	**0**	**0**
	存货量	130	130	130	330	130	180	230	330
	净需求	0	0	0	0	0	120	70	0
	计划接收运送量	0	0	0	300	0	300	300	300
	计划开出运送量	0	300	0	300	300	300	500	

表 11-23 的毛需求是由表 11-21 与表 11-22 的计划开出运送量相加而得。期初存货 500，第 1 周预计接收量为 100，故存货为 600；第 2 周毛需求 300，预计接收量 50，存货降为 350（600 + 50 - 300 = 350）且低于安全存货，订购批量（计划接收运送量）1000，存货成为 1350（600 + 50 + 1000 - 300 = 1350）；第 3 周毛需求 500，存货降为 850；第 4 周毛需求 300，存货降为 550；第 5 周毛需求 800，存货不足 250（800 - 550 = 250）为净需求，订购批量（计划接收运送量）1000，存货成为 750（1000 - 250 = 750）；第 6 周毛需求 800，存货不足 50（800 - 750 = 50）为净需求，订购批量（计划接收运送量）1000，存货成为 950（1000 - 50 = 950）；第 7 周毛需求 500，存货降为 450。

表 11-23 "中华"公司个人计算机演算表（3）

	周次	1	2	3	4	5	6	7	8
配销点：北区物流中心	毛需求	**0**	**300**	**500**	**300**	**800**	**800**	**500**	
	预计接收量	**100**	**50**	**0**	**0**	**0**	**0**	**0**	
期初存货：500	存货量	600	1350	850	550	750	950	450	
前置时间：1 周	净需求	0	0	0	0	250	50	0	
安全存货：400	计划接收送量	0	1000	0	0	1000	1000	0	
订购批量：1000	计划开出运送量	1000	0	0	1000	1000	0		

四、DRP 的输出

1. 配送计划

忠孝店的计划开出运送量代表它向北区物流中心提出的需求，这个需求提出后，需经历一段时间（前置时间）方会送达。同理，南港店与北区物流中心也是如此，整个配销系统的配送计划因此可得。

2. 主生产排程

将所有物流中心的计划开出运送量汇总，就可作为制定工厂 MPS 的依据。

3. 各种管理报表

若能将配送计划制成管理报表，并将实际配送结果记载其上，就可得到许多管理所需的信息，如绩效报告、差异报告或例外报告等。

范例 11-8

试完成本节"中华"公司未完成的配送需求计划。

解答：

中港店与员林店 DRP 运算如表 11-24 与表 11-25 所示。

表 11-24 "中华"公司个人计算机演算表（4）

配销点：中港店 期初存货：200 前置时间：1 周 安全存货：100 订购批量：400	周次	1	2	3	4	5	6	7	8
	毛需求	0	0	0	200	200	300	300	200
	预计接收量	30	0	0	0	0	0	0	0
	存货量	230	230	230	430	230	330	430	230
	净需求	0	0	0	0	0	70	0	0
	计划接收运送量	0	0	0	400	0	400	400	0
	计划开出运送量	0	0	400	0	400	400	0	

表 11-25 "中华"公司个人计算机演算表（5）

配销点：员林店 期初存货：50 前置时间：1 周 安全存货：80 订购批量：200	周次	1	2	3	4	5	6	7	8
	毛需求	0	0	0	100	100	150	150	100
	预计接收量	10	0	0	0	0	0	0	0
	存货量	60	60	60	160	260	110	160	260
	净需求	0	0	0	40	0	0	40	0
	计划接收运送量	0	0	0	200	200	0	200	200
	计划开出运送量	0	0	200	200	0	200	200	

将中港店与员林店的结果汇总为中区物流中心的毛需求后，计算如表 11-26 所示。

表 11-26 "中华"公司个人计算机演算表（6）

配销点：中区物 流中心 期初存货：300 前置时间：2 周 安全存货：200 订购批量：500	周次	1	2	3	4	5	6	7	8
	毛需求	0	0	600	200	400	600	200	
	预计接收量	50	20	0	0	0	0	0	
	存货量	350	370	270	570	670	570	370	
	净需求	0	0	230	0	0	0	0	
	计划接收运送量	0	0	500	500	500	500	0	
	计划开出运送量	500	500	500	500	0			

将北区物流中心与中区物流中心的结果汇总为"中华"公司的 MPS，如表 11-27 所示。

表 11-27 "中华"公司个人计算机的 MPS

周次	1	2	3	4	5	6	7	8
MPS	1500	500	500	1500	1000	0		

第七节 结论

MRP 是一个专门处理相依需求存货问题的信息系统。MRP 的程序始于正确且已知的 MPS、BOM 与存货状态；它的运作逻辑是针对 MPS，利用 BOM 将产品所需的材料展开为毛需求，再考虑存货量与预计接收量后得到净需求，批量调整与前置时间逆推后就能得知生产计划、采购计划与各种管理报表。

MRP Ⅱ 是 MRP 的延伸，它的范围比 MRP 更广且整合了组织内所有与制造相关的资源，故广受当今制造业的欢迎。

DRP 将 MRP 与 MRP Ⅱ 的原理应用于配销系统的存货管理上，使得过去成品需求不确定的情形得以改善，配销链上的所有存货亦得以降低。

个案研讨

鼎新计算机应对不同顾客需求所提供的 MRP 解决方案

台湾的许多制造业对成立于 1982 年的鼎新计算机应该耳熟能详。从 DOS 时代开始，鼎新计算机就是台湾最主要的 MRP 解决方案提供者。随着信息技术软硬件的进步，鼎新计算机也不断地扩增其服务内容与软件功能。鼎新历年来服务企业计算机化近 22000 余家，客户遍及中国台湾各地、中国香港、中国大陆、东南亚等；客户类别更横跨制造、买卖流通及金融、服务的各行业，如电子电机、信息、机械五金、化学化工、车辆、塑料、橡胶制品、制药、服饰、日常用品、精品仪器、休闲服务、金融产业等。

鼎新所提供的软件包中，包含 MRP 功能的有适用于中小型制造业的 Smart ERP 以及适用于中大型企业的 Workflow ERP Ⅱ。

Smart ERP 中的 MRP 架构如下图：

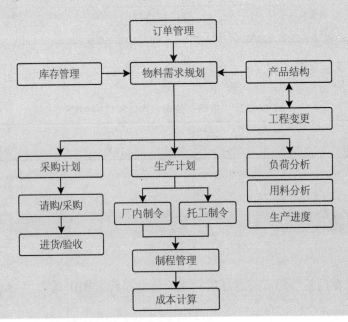

Workflow ERP 中的 MRP 架构如下图：

由上述两图中可发现，就 MRP 而言，Workfolw ERP 比 Smart ERP 弹性更大，如 Workfolw ERP 具备取替代料件的分析功能，而 Smart ERP 却无法判断库存内是否有替代料，必须由人工判断，故较容易产生呆料闲置的状况。

资料来源：鼎新电脑网站，http://www.dsc.com.tw/.

问题讨论 请上鼎新计算机网站了解 Workfolw ERP 与 Smart ERP 的差异。

习题

基础评量

1. 以定期模型管理相依存货将产生什么样的结果？

2. 以定量模型管理相依存货将产生什么样的结果？

3. 何谓物料需求规划（MRP）？

4. 请说明 MRP 有哪些输入资料。

5. 请说明 MRP 有哪些输出资料。

6. 某公司产品 X 未来 9 周的 MPS 如下表所示：

周次	1	2	3	4	5	6	7	8	9
MPS	0	0	0	20	10	10	20	20	10

X 的 BOM 如下图所示：

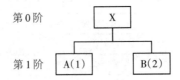

存货状态经计算机查询得知如下表所示：

产品名称	存货量	预计接收量		前置时间
		第 1 周	第 2 周	
X	5	5	10	2
A	5	5	0	1
B	10	10	0	1

试以上述资料进行物料需求规划。

7. 承第 6 题，假设想在第 4 周起建立 A 数量为 10 的安全存货，试问其 MRP 演算表应作何修正？

8. 承第 6 题，假设 A 每 3 周采购 1 次，请问此公司应如何规划其采购计划？

9. 承第 6 题，假设 A 每次采购只能以 20 为倍数，请问此公司应如何规划其采购计划？

10. 承第 6 题，假设另有一产品 Y 未来 9 周的 MPS 如下表所示：

周次	1	2	3	4	5	6	7	8	9
MPS	0	0	0	30	20	20	10	30	20

Y 的 BOM 如下图所示：

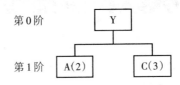

存货状态修正如下表所示：

产品名称	存货量	预计接收量		前置时间
		第 1 周	第 2 周	
X	10	10	5	2
Y	20	15	10	1
A	5	0	0	1
B	10	5	0	1
C	10	10	5	1

试以上述资料进行物料需求规划。

11. 承第 10 题，假设想在第 4 周起建立 A 数量为 10 的安全存货，试问其 MRP 演算表应作何修正？

12. 承第 10 题，假设 A 每 3 周采购 1 次，请问此公司应如何规划其采购计划？

13. 承第 10 题，假设 A 每次采购只能以 20 为倍数，请问此公司应如何规划其采购计划？

14. 某公司产品 U 未来 9 周的 MPS 如下表所示：

周次	1	2	3	4	5	6	7	8	9
MPS	0	0	0	0	0	200	150	250	300

U 的 BOM 如下图所示：

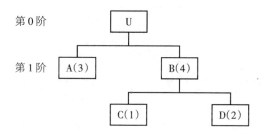

存货状态经计算机查询得知如下表所示：

产品名称	存货量	预计接收量		前置时间
		第 1 周	第 2 周	
U	50	20	10	1
A	150	50	10	2
B	200	80	20	1
C	100	30	0	2
D	200	20	0	1

试以上述资料进行物料需求规划。

15. 承第 14 题，假设想在第 2 周起建立 D 数量为 10 的安全存货，试问其 MRP 演算表应作何修正？

16. 承第 14 题，假设 D 每 2 周采购 1 次，请问此公司应如何规划其采购计划？

17. 承第 14 题，假设 D 每次采购只能以 50 为倍数，请问此公司应如何规划其采购计划？

18. 承第 14 题，假设另有一产品 V 未来 9 周的 MPS 如下表所示：

周次	1	2	3	4	5	6	7	8	9
MPS	0	0	0	0	100	150	150	200	100

V 的 BOM 如下图所示：

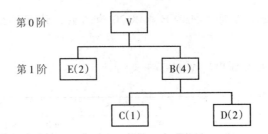

第 0 阶   V

第 1 阶   E(2)   B(4)

C(1)   D(2)

存货状态修正如下表所示：

| 产品名称 | 存货量 | 预计接收量 | | 前置时间 |
		第 1 周	第 2 周	
U	50	20	10	1
V	30	30	10	1
A	30	20	0	2
B	100	30	5	2
C	150	10	0	1
D	100	5	0	1
E	30	5	0	1

试以上述资料进行物料需求规划。

19. 承第 18 题，假设想在第 2 周起建立 D 数量为 30 的安全存货，试问其 MRP 演算表应作何修正？

20. 承第 18 题，假设 D 每 2 周采购 1 次，请问此公司应如何规划其采购计划？

21. 承第 18 题，假设 D 每次采购只能以 60 为倍数，请问此公司应如何规划其采购计划？

22. 何谓低阶编码技术？其目的为何？

23. MRP 系统是否需要安全存量？为什么？

24. MRP 系统更新的时机为何？

25. 何谓产能需求规划？

26. 何谓封闭回路式 MRP？

27. 何谓制造资源规划？

28. 威硕公司生产书桌，已知其配销链的资讯如下，试进行 DRP。

威硕公司书桌的客户需求								
周次	1	2	3	4	5	6	7	8
大直店	0	0	0	0	300	400	400	500
中和店	0	0	0	100	200	300	200	250
桃园店	0	0	0	200	300	200	250	250
中坜店	0	0	0	250	250	250	300	250

威硕公司 BOD

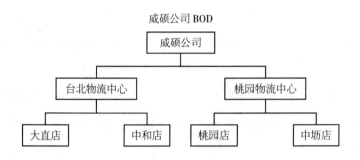

威硕公司配销系统中的存货状态						
	存货量	预计接收量		配送前置时间	安全存货	订购批量
		第1周	第2周			
台北物流中心	600	150	30	2	300	800
桃园物流中心	700	100	50	2	250	800
大直店	100	150	20	1	150	500
中和店	150	30	10	1	100	400
桃园店	150	40	10	1	150	400
中坜店	140	50	10	1	100	500

29. 威硕公司生产书桌，已知其配销链的资讯如下，试进行 DRP。

威硕公司书桌的客户需求								
周次	1	2	3	4	5	6	7	8
大直店	0	0	0	200	200	300	300	200
中和店	0	0	0	250	200	300	250	250
桃园店	0	0	0	250	300	250	300	250
中坜店	0	0	0	200	300	250	250	250

威硕公司 BOD

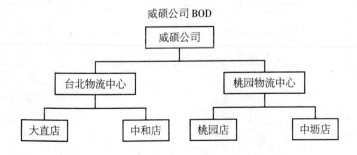

威硕公司配销系统中的存货状态						
	存货量	预计接收量		配送前置时间	安全存货	订购批量
		第1周	第2周			
台北物流中心	700	200	50	1	350	1000
桃园物流中心	500	150	50	2	300	900
大直店	150	100	20	2	150	500
中和店	100	80	0	1	150	400
桃园店	130	50	10	1	100	450
中坜店	140	50	50	1	100	500

深度思考

1. 为什么DRP的输出是作为制定MPS的参考，而不可以直接采用MPS？

2. 下图是鼎新计算机（http://www.dsc.com.tw/）Workflow ERP的架构。请就MRP在其中扮演的角色加以说明。

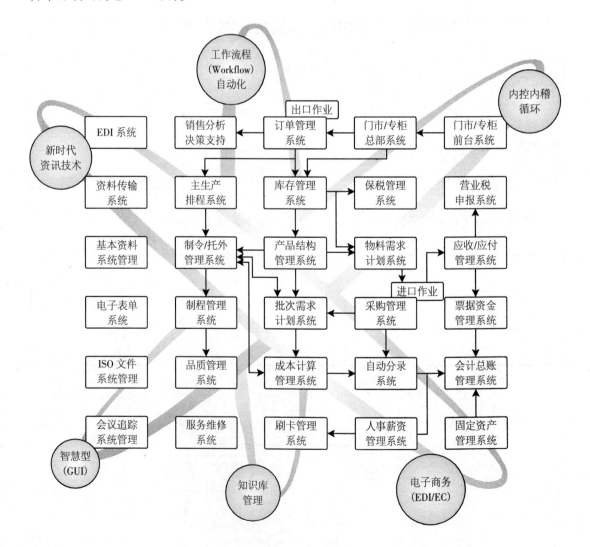

第十二章　刚好及时系统

学习重点 **在学习本章后，你将能够**

1. 叙述刚好及时系统与精实生产的源起。

2. 了解丰田汽车所定义的"浪费"与存在于工厂中的七大浪费。

3. 叙述刚好及时系统有关产品设计的做法。

4. 叙述刚好及时系统有关制程设计的做法。

5. 叙述刚好及时系统有关人事组织设计的做法。

6. 叙述刚好及时系统有关制造规划与管制的做法。

7. 了解服务业在应用刚好及时系统时的管理重点。

无处不在的 Just in Time

"Just in Time"，生产线主管对着现场人员喊话。"Just in Time"，业务经理要求业务同人即时回报业绩。"Just in Time"，采购大骂供货商交货延误。多少企业主管天天挂在嘴边的一句话："Just in Time"，其实却蕴含着极其丰富的内容。

"Just in Time"不是口号；"Just in Time"是一种态度、一种精神，更是一种管理模式。"Just in Time"虽源起于日本丰田汽车，但目前几乎已成为汽车业的共享模式，或许不同的汽车公司对"Just in Time"使用不同的称呼，但基本上却大同小异。除了汽车业外，在许多其他的制造业与服务业的身上，也都看得到"Just in Time"的影子。

在现今注重降低存货、加快速度、提高顾客满意度的时代，发迹于第二次世界大战结束后，崭露头角于20世纪80年代的"Just in Time"，不仅未随着时光而被遗忘，相反地，它在被赋予新的内涵后，受到了更多企业的青睐。

20 世纪初，福特汽车的出现曾对当时的汽车工业造成重大冲击，并成为所有管理者学习的榜样，那是因为福特汽车创造了移动式装配线的概念。20 世纪 80 年代，日本丰田汽车同样对当时的汽车工业造成重大冲击，并成为所有管理者学习的标杆，那是因为丰田汽车创造了刚好及时系统的管理哲学。丰田汽车说："如果亨利·福特仍在世，我们相信他也会采取丰田汽车同样的做法。"这种成功之后却仍推崇前辈的精神，是我们在学习及时系统与精实生产之余，应深自惕厉的。

第一节 刚好及时系统与精实生产的源起

在介绍刚好及时系统与精实生产之前，我们需先了解"及时"与"准时"之间的不同。所谓的准时（On Time），指的是在预定时间之前到达或完成工作，这是一般传统管理者的要求；及时（In Time）的要求比准时更为严格，它指的是在预定时间的当下，到达或完成工作。准时的作业虽能避免缺料，但往往会产生过高的存货；及时的作业除能提供所需的物料外，也能避免不必要的存货，因此虽然其难度较高，但仍然成为许多企业追求的目标。

刚好及时（Just in Time，JIT）系统可定义为及时生产顾客所需的产品，及时把零组件装配成产品，及时将零组件制造出来，且及时采购所需的货品。由此定义可知 JIT 追求的是适时、适质与适量的生产产品或提供服务，以满足顾客的需求。JIT 在制造业有时又被称为丰田式生产管理（Toyota Production Management，TPM）或丰田式生产系统（Toyota Production System，TPS）。需特别留意的是，TPM 在某些场合代表的是设备全面生产保养的含义，读者切勿混淆。

20 世纪 60 年代，日本因受第二次世界大战战败的影响，产品出口竞争不易，当时丰田汽车公司的社长丰田喜一郎要求全公司以 3 年的时间赶上美国，以建立日本的汽车工业。丰田汽车当时认为要打开产品市场，必须以价格为竞争条件，而只有努力降低成本、消除浪费，才有可能达成这一远大的目标。

在推动该计划中扮演着非常重要的角色，且日后被尊称为 JIT 之父的丰田汽车加工厂厂长大野耐一，当时思索着如何能够在不增加生产成本的情况下增加汽车的生产种类。自亨利·福特创办福特汽车以后，一直到丰田汽车成功地建立起 JIT 以前，制造业流行的观念一直都认为大量生产种类较少的产品，作业会较为顺畅稳定，生产力较高，存货与成本会较低。但当市场供给超过需求时，产品生产出来却未必卖得出去，此时多量少样式的生产就必须转变为少量多样式生产。在少量多样式的生产下，若缺乏一套有效的管理方式，则存货与成本可能较高，品质可能较差，交期可能较不准确，故其对作业管理的挑战性远大于亨利·福特的时代。丰田汽车在经过一连串长期的尝试努力后，终于逐步地建立起其独有的竞争优势——JIT。

1973 年，第一次石油危机时，丰田汽车因 JIT 而渡过难关。能源危机之后，丰田汽车的盈余越来越大，引起了世界各地企业的注目与学习。20 世纪 90 年代，欧美专家以 JIT 为基础，并结合时代管理趋势，将 JIT 进一步延伸为精实生产（Lean Production）的新概念。虽然目前许多学者专家并不太去区别刚好及时系统与精实生产，但仍有人为显现精实生产来自于刚好及时系统，却又与其有所差异，就将精实生产称为 Big JIT，而将传统的刚好及时系统称为 Little JIT。

精实生产除继承 JIT 的管理特色外，更将 JIT 在生产现场消除浪费的精神，发扬光大至企业的所有作业活动，如组织设计、工作流程设计、人际关系、供货商关系与科技的应用等。正因为如此，若干学者专家就将以下九项活动视为精实生产的基本构成要素：

（1）全面品质管理；

（2）企业资源规划；

（3）顾客关系管理；

（4）电子化企业；

（5）电子资料交换；

（6）供应链管理；

（7）委外管理；

（8）弹性制造系统；

（9）刚好及时系统。

以上九个基本要素中的前八项，在本书的各章中都已介绍或将介绍，本章不拟赘述，至于第九项刚好及时系统则为本章介绍的重点。

第二节 消除浪费

远在亨利·福特时代，"浪费"的问题就已获得重视，福特汽车并以移动式装配线与大量单一车种的生产来避免浪费。丰田汽车则更进一步地认为任何以较多的设备、材料、动作、时间、空间及人员，来生产相同附加价值的产品都是浪费。因此，除了少数生产上绝对需要的资源外，若存在其他非绝对必要的资源皆为浪费，而应予以彻底消除。丰田汽车精研"浪费"，他们确信"没有附加价值就是浪费"，并归纳出最常见的七大浪费为：

（1）过量生产；

（2）等候时间；

（3）不必要的运送；

（4）不良的制程；

（5）存货；

（6）无效率的工作方法；

（7）产品品质不良。

与此七大浪费相关的议题，在本书之前的各章中都已概略介绍过。丰田汽车将造成七大浪费的主要原因及所应采取的对策归纳为如表12-1所示。

表 12-1　七大浪费的原因及消除对策

种类	说明	原因	结果	对策
过量生产	生产出不必要的产品	①人员及设备过剩 ②大批量生产 ③使用大型高速机器 ④缺乏计划，放任生产	①阻碍物品流动 ②库存增加 ③不良品发生 ④资金周转率降低	①快速换模 ②看板管理 ③平准化生产
等候时间	不必要的等候、宽放或监视作业	①不周全的生产计划 ②产能不平衡 ③上游设备故障 ④机器布置不当 ⑤大批量生产	①人员、机器与时间的浪费 ②存货增加	①平准化生产 ②自动化 ③除错/防呆装置 ④快速换模 ⑤群组布置
不必要的运送	不必要的二次运送	①设施布置不当 ②大批量生产 ③单能工 ④坐式作业	①空间浪费 ②生产力降低 ③搬运工时增加 ④搬运设备增加	①U形布置 ②群组布置 ③多能工 ④立式作业
不良的制程	不必要的加工或错误的制程	①制程选择不当 ②工作设计不当 ③冶具设计不佳 ④标准化不彻底 ⑤材料的检讨不足	①多余制程及作业 ②人员及工时的增加 ③效率降低 ④不良品发生	①重新检讨制程 ②重新检讨工作内容 ③改善冶具 ④标准化
存货	仓库及制程间材料的停滞现象	①传统存货观念 ②设施布置不当 ③大批量生产 ④不周全的生产计划 ⑤过早生产 ⑥缺乏计划，放任生产	①交货期延长 ②迷失改善方向 ③空间浪费 ④搬运、检验的增加 ⑤资金周转率降低 ⑥管理成本的增加	①革新库存意识 ②U形布置 ③快速换模 ④平准化生产 ⑤重视计划 ⑥看板管理
无效率的工作方法	不必要的动作、不产生附加价值的动作以及过快或过慢的动作	①老师傅风气 ②设施布置不当 ③教育训练不足	①人员、工时的增加 ②技术的私有化 ③不安定的作业	①流程式生产 ②标准化 ③U形布置 ④动作经济原则
产品品质不良	材料或加工不良的重工、修理、检验与抱怨处理	①过度依赖品质检验 ②检验基准与方法不当 ③标准化不彻底	①材料费用的增加 ②生产力降低 ③人员增加 ④不良品与客户抱怨增加	①自动化 ②标准化 ③除错/防呆装置 ④全数检验 ⑤品保制度

将表12-1中七大浪费的对策加以重新整理，并将其归为产品设计、制程设计、人事组织设计以及制造规划与管制四大类后，我们可以图12-1展示刚好及时系统的逻辑架构。

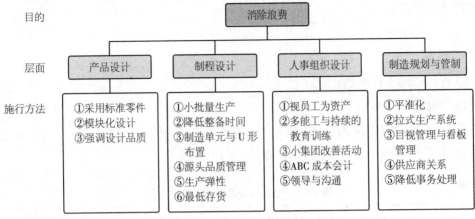

图 12-1　刚好及时系统的逻辑架构

第三节　产品设计

JIT 强调产品在设计时应考虑采用标准零件、模块化设计以及设计品质。这些主题在本书之前的各章中已有所介绍，本节再作强化说明如下。

1. 采用标准零件

产品设计时采用标准零件，意指将相同功能的零件尽量统一其规格或采用市场上的现品，以减少零件的种类。

产品设计时采用标准零件的好处不胜枚举。例如，它能降低员工训练的时间与成本；它使得采购、备料、搬运、储存与品质检验定型化与例行化，能缩短前置时间与作业时间；零件的可互换性能提升维修的简易性与降低存货；设计变更更为快速，使得设计开发工作时间缩短，设计成本大幅降低等。

2. 模块化设计

模块化设计是将提供数种功能的不同零件整合成一个能提供相同功能的模块，以简化产品，它是标准化的另一种形式，可视为标准零件的延伸。例如，衣架是由撑开衣物的支架与吊挂用的吊钩两种零件所组成，但若将支架与吊钩设计为一体，就能节省生产时间与成本。又如一体成型的羽球拍或网球拍等，也都是模块化设计的优良范例。模块化设计能简化物料清单，节省装配、采购、维修与人员训练的成本与时间。

3. 强调设计品质

产品品质绝大部分决定于设计开发阶段，检验测试只能防堵不合格品流往下制程，而不能真正提高品质，故将品质设计进入产品中才是正确的概念与做法。

第四节　制程设计

JIT 在制程设计上有其特别独到的见解，此包含小批量生产、降低整备时间、制造单元、品质改善、生产弹性与最低存货等。

OM 透视镜

国际大车厂应用 JIT 的最新发展

汽车制造业为针对不同的消费群，不断且迅速地推出各种车种，需要可随需求的改变而快速变化的高度弹性的工厂，以迅速地制造任一车款。

本田最早推动弹性化工厂的概念，在重组其全球所有工厂后，目前，本田的每一个工厂都有能力生产所有的车种。福特公司也大幅地兴建灵活善变的新厂以取代旧厂，新厂搭配共享底盘的新车设计，只要用三种底盘就能制造出九种车车款。而福斯则是强调"模块化"。

为了避免让不同的汽车看起来都一样，目前各车厂大都只针对顾客较少注意的部分采用共享零件或模块化，如电池、发电机与底盘等，至于顾客看得到的部分，如车身与内装等，则仍采取差异化取向。

过去各车厂常会因为新车推出或旧车款过时而将存货降价求售，此结果往往导致有限的利润被大幅侵蚀。当产品生命周期缩短后，若做法不予改变，则车厂势必会面临亏损，因此以接单式生产取代存货式生产就势在必行。据日产汽车估计，改变生产方式后，每辆小汽车约可省下 3600 美元；而麦肯锡顾问公司也预估，这种做法可避免库存损失，每年约为全球汽车业省下 800 亿美元。

资料来源：苏育琦. 善变者得永生 [J]. 天下杂志特刊，2004（10）.

一、小批量生产

小批量与大批量生产的不同如图 12-2 所示。

与大批量生产相比，小批量生产至少包含以下五项优点：

1. 能降低存货

有关此课题的详细说明，读者可参考本书第九章。

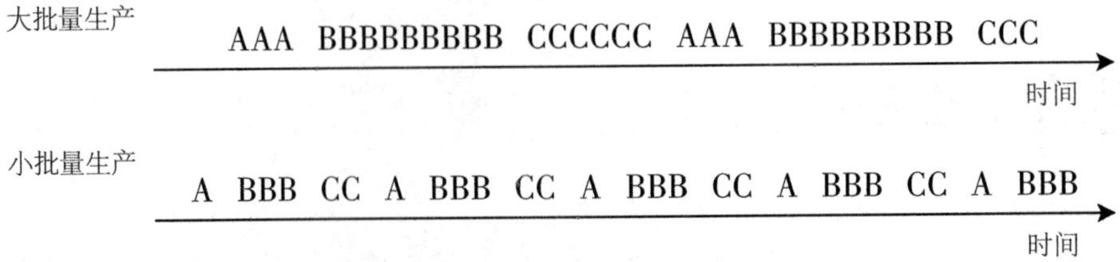

大批量生产　　AAA　BBBBBBBBB　CCCCC　AAA　BBBBBBBBB　CCC
　　　　　　　　　　　　　　　　　　　　　　　　　　　　　时间

小批量生产　　A　BBB　CC　A　BBB　CC　A　BBB　CC　A　BBB　CC　A　BBB
　　　　　　　　　　　　　　　　　　　　　　　　　　　　　时间

图 12-2　小批量与大批量生产的比较

2. 能提高交货能力与顾客满意度

在批量生产情形下，要调整生产顺位至少须等待目前的生产批结束后才能进行，大批量生产的每一批生产时间较长，故对于如紧急插单等特殊状况的应变速度会较慢，而小批量生产则能改善此一现象，使得交货速度与弹性等能力获得提升，并因此增加顾客满意度。

3. 较能平衡各工作站的负荷

大批量生产的生产线若不平衡，生产效率将大受影响；小批量生产则因混合了不同的产品在同一生产线上进行加工，各工作站对不同产品所需的工时亦不相同，工作站会因各产品所需工时的多少而产生截长补短的效果，各工作站的负荷较易平衡。

4. 较能应对多变的市场需求

由于批量生产一经激活，各种资源就需依序陆续投入，难以变更，故批量愈大，风险就愈大，市场需求预测是否精确的影响也就愈大。当今大部分的市场已愈来愈难预测，大批量生产对于变化快速的市场也愈来愈难以应对，而小批量生产对于预测是否精确的依赖程度则较低，较能满足变化快速的市场需求。

5. 对原物料的需求较稳定

大批量生产对于原物料的需求往往暴起暴跌，小批量生产对原物料的需求则较为稳定，供货商有较充足的时间与产能进行各种规划与准备工作。

小批量生产虽然具备以上优点，但它也需搭配若干条件方得以实施。这些条件包含降低整备时间、推行制造单元、强化生产弹性、实行多能工以及与供货商维持良好的关系等。

二、降低整备时间

小批量生产的最大负面影响是因换线次数的增加而造成整备时间的增加。例如，假设在大批量生产下，每 10 天换线 1 次，每次换线整备需要 4 小时，但当生产批量降至每天换线 1 次时，换线次数将提高为 10 次，换线整备时间会高达 40 小时，可供生产的工时就会从 95%（1~4 小时/8 小时×10 天）降为 50%（1~40 小时/8 小时×10 天），故在小批量生产下若无法降低整备时间（Set-Up Time），则产能将会因整备时间过高而无法发挥，生产效率亦随之低落。

降低整备时间最常采用的做法是如本书第六章所介绍的导入弹性制造系统，除此之外，也可采取以下系统化的步骤来降低整备时间：

1. 将内部整备与外部整备分开

内部整备（Internal Set-Up）是指必须把运转中的机器停止，才能进行的整备作业，如安装与拆卸模具，调整模具位置、高度、压力与试车等。外部整备（External Set-Up）则是指机器在运转时可同时进行的整备作业，如模具与夹具的准备与运送等。

2. 尽量将内部整备转变为外部整备

内部整备会占用到生产作业的时间，而外部整备则不会，故应尽量将内部整备改变为外部整备，以减少浪费。如原属内部整备的模具预热作业就可以转换成外部整备在线外预先进行。

3. 将整备作业标准化

将整备作业标准化与书面化并不断操演练习才能加快整备作业速度，减少错误率并提升效率。

4. 改进外部整备作业

工作环境的整理整顿、颜色管理、形迹管理以及设计简易的搬运设备等，均可使外部整备作业时间减少。其中，形迹管理是一种将各种工具的形状描绘在挂示牌上，以方便使用者快速取用的手法。

5. 消除调整程序

内部整备中的调整作业常极为耗时，故消除调整作业是内部整备作业的重点，如为调整模具的高度，可利用不同厚度的垫片将高度不足的模具垫高，以减少调整的时间。

6. 使用各种辅助工具与快速拴紧方法

内部整备可多利用各种辅助工具与快速拴紧方法，以节省整备时间。例如，利用 U 形垫片取代环状垫片，以使垫片的装卸更为简易。

7. 推动整备并行操作

整备作业只由一人负责，常需花费很多的时间在无效的移动上，若改采用多人为一小组的并行操作模式，则可大幅减少整备时间。如赛车场上的技师群为赛车手更换轮胎的速度，就远比一般保养场的师傅们来得快。

8. 从产品设计与制程设计上消除整备作业

不同的产品但使用相同的零件、模块或模具，往往能消除大量的整备作业。同理，设计制程使其在同一时间能同时生产多种产品或零件，往往也能达到消除整备作业的功效，这种原理又可运用在两种做法上，一是同时使用多台的机器分别生产不同的产品，二是同一台机器使其可以同时生产多种零件，如冲压机使用同一模具，同时冲压两种零件。

三、制造单元与 U 形布置

制造单元的优点在于它能提高设备使用率、缩短物料运送距离、降低制造周期时间与在制品存货、发挥部门团队精神以及能够采用通用机器设备等。

至于 U 形布置则具有不占空间、可促进团队合作、能强化多能工的培育、生产线平衡较易达成以及较易控制投入与产出等优点。

JIT 将制造单元与 U 形布置的优点加以结合，它将每一个制造单元以 U 形方式排列，然后再将这些制造单元配合物流布置在现场，如图 12-3 所示。

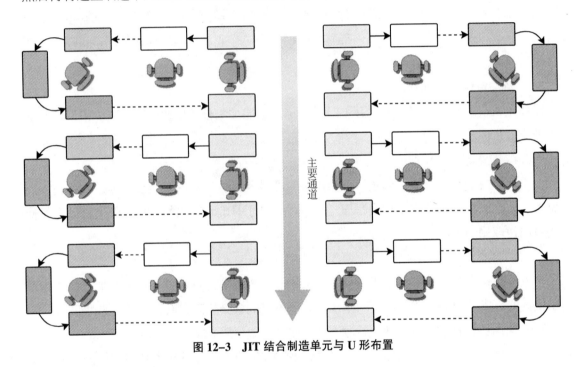

图 12-3 JIT 结合制造单元与 U 形布置

四、源头品质管理

源头品质管理（Jidoka）是设法以防呆装置避免不合格品的出现，或设法在不合格品大量出现前发觉异常，以立即改善的管理哲学。

（一）防呆

就防呆（Fool Proof）装置而言，它的日文名称为 Poka-Yoke，它可帮助作业人员工作更简单、不易出错且更安全。一旦作业员做错，防呆装置可以预防或使机器停止，以避免不合格品的产生。防呆装置的观念可应用在制程设计、产品设计或机器设备的设计上。在我们日常生活的周围就存在着许多防呆装置的案例，如九孔与十五孔的连接器设计，两排的孔数并不相同，其目的在于避免极性插反；又如方形 Chip 故意设计缺角，也能避免安装时方向错误；再如将形状类似的零件涂以不同的颜色，以利辨别零件，避免使用错误等。

（二）立即改善

就立即改善而言，JIT 的源头品质管理具有以下两项特色：

1. 问题发生时立即停线处理

JIT 在生产线上大量设置了停线按钮或安童（Andon）灯号。停线按钮：在生产过程中若有任何问题发生，如作业员发现不良品、无法跟上生产步调或发现危及安全的状况等，作业员都有义务按下停线按钮。当按下按钮时，警示灯及警铃同时激活，整条生产线被迫停止，相关人员如工业工程部、管理部或其他单位的人员，就会立即聚集在警示灯亮起的位置，并针对特定的警报做出响应及当场解决问题。同一时间，生产线上其他的工作人员则被授权去做自己的保养工作，如擦拭机器、清理地板或从事任何能让他们保持忙碌的事情，生产线会一直等到问题解决后，才重新运转。为了避免生产出大量的不合格品，在源头管理的系统下停止生产是被鼓励的。

安童灯号：安童是设置在工作站旁的红、黄、绿三色灯号，绿灯亮起时代表生产线处于正常运转状态，黄灯亮起时代表生产线有些许进度落后，红灯亮起时则代表生产线发生了严重的问题，此时相关人员同样会立即聚集在该工作站附近，共同协助解决问题。

2. 自动化

JIT 的自动化（Jidoka–Automation or Autonomation）与一般的自动化（Automation）有所不同。自动化机器是机器、工具或仪器上装着各种检验控制装置，以防止不合格品的产生。如当机器运转产生问题时，它可以自动停止并发出信号，而一般的自动化只是制程的机械化或计算机化而已，并不一定具备自动侦错的功能。

五、生产弹性

大量生产时，工程师们拥有足够的时间去追求生产线平衡。但要在一条生产线上生产多种小批量的产品，生产线平衡就常会较难达成，JIT 的解决之道是以下列方法来强化生产弹性，以补强传统追求生产线平衡的做法：

OM 透视镜

国瑞汽车的源头品质管理

1984 年，日本丰田汽车与和泰汽车合资成立了国瑞汽车。国瑞的生产方式完全承袭丰田的精神，即"彻底排除浪费"。

在国瑞汽车的生产线上，即使因为多走两步路去拿零件，也会以改善零件放置处来消除浪费。另外，国瑞将每个工作站的工作分为十格，每24秒为一格，最后的两格48秒留给工人检验自己作业的品质，假设工人在第九格发现问题，他就必须拉铃示警，由主管协助排除，如至第十格仍未解决问题，则输送带会完全停止，直到问题得到解决。

国瑞还辅导其协力厂商导入丰田式生产管理，国瑞不但自己借着"彻底排除浪费"来降低不必要的成本，同时也设法降低协力厂商的成本，如国瑞会将切割下来的废铁，以一公斤便宜约一半的价格卖给上游零件厂等。

资料来源：黄靖萱. 不是第一名就够了 [J]. 天下杂志，2004（6）.

1. 降低整备时间

降低整备时间能减少机器设备与人员的闲置，提高可用工时，生产弹性将会较大。

2. 加强预防保养

加强预防保养能减少设备的故障与闲置，同样能提高可用工时，生产弹性也将会较大。

3. 培训多能工

多能工可增加人员调度上的弹性，在制程瓶颈出现时或同人缺勤时提供瓶颈必要的协助，解决生产线不平衡的问题。

4. 运用小单位生产

运用多个小单位以取代一个大单位的生产，能使管理者在调度工作时更具弹性。

5. 运用线外缓冲

将较少使用到的安全存货储存在生产区域外，能减少生产区域的拥挤并避免无谓的搬运。

6. 为重要客户预留产能

为重要客户预留产能或建立产能缓冲，可提高生产的调度能力，增加生产弹性。

六、最低存货

存货对企业的不良影响已如本书第九章所述。JIT 对存货的看法以日籍管理专家新乡重夫的名言"存货即是罪恶"（Inventory is Evil.）最具代表。

JIT 最常以图 12-4 解释维持最低存货的重要性。企业的运作有如船只在河道中航行，足够的存货是企业维持正常运作的基本要件，这就像河道中的水位必须维持在一定的高度一样。图 12-4（a）中过高的水位掩盖住了河道中的巨石，降低水位才能让河道中的巨石显露出来，如图 12-4（b）所示，也才能移除巨石，让船只在最低水位时仍能航行，如图 12-4（c）所示。同样的道理，过高的存货会让管理者无法察觉到企业中存在的各种浪费，要消除浪费就应先降低存货，在存货逐步且缓慢地下降过程中，浪费会依严重程度逐一呈现，管理者就可一一予以消除，最后达到以最低存货完成生产的目的。降低水位的过程中船只的航行虽会受到影响，但一旦河道清理完毕，日后就不太需要再为干季水量的不足而担心停航。同理，降低存货在短期间内也会影响生产，但在阵痛过后，企业的竞争力将会获得显著的提升。

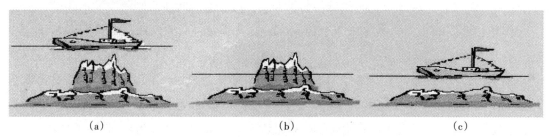

图 12-4　降低存货与消除浪费间的关系

　　JIT 除了运用本书所述的存货管理以及本小节之前所述的方法来降低存货外，它也强调线边交货的重要。JIT 的供货商被要求必须在规定的时间，将原物料适质适量地交到生产线旁；而 JIT 系统所生产出来的成品，同样地会在最短时间内被运送出厂，直接交到顾客手中，以降低存货。

第五节　人事组织设计

　　JIT 在人事组织设计上强调视员工为资产、多能工与持续的教育训练、小集团改善活动、ABC 成本会计以及领导与沟通等。

一、视员工为资产

　　终身雇用制过去长久以来一直为日本企业所广泛采用，日本企业认为员工是公司大家庭的一分子，故即使在极不景气时公司也不会解雇员工。相对地，日本员工一旦进入了某家公司工作，也都会勤勉努力甚至愿意为公司奉献终生，以期望能永远留在该公司服务。20 世纪 90 年代以前，日本员工若因故遭企业遣散，不仅其个人身心会受创甚巨，该员工在亲戚、朋友甚或家人心目中也会备受歧视，其他企业更会以有色眼光看待而不愿意雇用该员工。

　　20 世纪 90 年代以后，虽然终身雇用制被许多学者专家批判，认为这种保护制度缺乏用人的弹性，是造成 90 年代日本企业竞争力下滑的主要因素之一，而许多日本企业也逐渐修正此一制度，但视员工为企业最重要资产的观念，却已深植人心，至今不坠。

二、多能工与持续的教育训练

为了及时生产与节省人力，并使工厂具有更大的弹性，JIT 利用制造单元与 U 形布置来节省作业人数。但在制造单元与 U 形布置中，各作业员所负责的工作范围能否扩大，是其能否成功的关键，因此员工必须具备多种专长，以在必要时执行制程中的不同工作，或能操作各种不同的机器，故多能工（Cross-Trained Worker）的培养与持续的教育训练，就成了 JIT 中的重要课题之一。

JIT 以工作轮调或交叉训练（Cross Training）的方式来训练员工，员工在学习各种不同的工作技能后，可向公司申请资格认定，一旦资格认定通过，公司会以提高其基本底薪、加发技术津贴或公开表扬作为奖励，以鼓励员工积极投入并成为名副其实的多能工。

三、小集团改善活动

JIT 利用团队精神与士气以及集思广益来达成制程改善并消除浪费，小集团改善活动包含品管圈、5S 与全面生产保养（TPM）。

（一）品管圈

品管圈在本书第七章中已有陈述，在此不多赘言。

与品管圈常相提并论的是提案制度，提案制度（Suggestion System）也是一种激发员工创造力，鼓励员工针对企业内各项作业、流程、设备等提出改善方案或新创意的做法。改善建议案经审查采用与实施后，组织一般都会给予提案者适当的奖励。

提案制度在 19 世纪末源起于美国，它与品管圈最大的不同在于改善方案的提出者大多是个人，而非小团队；提案制度一般都属志愿性质，组织并不会强迫员工每年需有多少提案件数；提案的时机一般也不会设限，员工在任何时间只要有发现就可以提案；提案者有时不限于组织内的员工，顾客、供货商甚或与组织不相关的外界人士，也常拥有提案权；另外，提案者也不需要在公开场合发表或参与竞赛。基于以上几点，故提案制度常能与品管圈活动产生互补的功效。

（二）5S

所谓 5S 是取整理（Sei Ri）、整顿（Sei Ton）、清扫（Sei Sou）、清洁（Sei Ketsu）与教养（Shi Tsuke）的日本发音英文第一个字母"S"而得。近年来，许多企业将安全（Safety）也纳入了 5S 的活动中，而将其改称为 6S。

5S 活动与品管圈活动都是员工自主管理的重要基石之一。

有关 5S 中五个名词的解释如下：

1. 整理

所谓整理就是将需要与不需要的东西加以分类。

2. 整顿

所谓整顿就是将需要的东西以最简便的方式整理归类后，加以定位放置并明确标示，以使大家都可以轻易地存取。

3. 清扫

所谓清扫是指经常扫除、清理污垢、排除废物，并保持清洁。

4. 清洁

所谓清洁是指永远保持前 3S 的效果。

5. 教养

所谓教养是指员工应养成良好的工作习惯，提升人员气质，达到自主管理。

5S 的推动会直接为企业与员工带来清爽的工作环境，间接促进品质的提升，增进顾客的信赖，强化全员向心力，促进以厂为家的观念，故受到许多企业的欢迎。

（三）全面生产保养

对于机器、设备与厂房的维护问题，一般统称为预防保养（Preventive Maintenance），至于惯用的名称则随着时代观念的演变而有多种说法，这些演变汇总于表 12-2。

表 12-2　预防保养的观念演进

时间	中文名词	英文名词	目的	做法
20 世纪 50 年代以前	事后保养	（Break-Down Maintenance，BM）	减少设备故障后的停机等待时间	设备发生故障或性能显著劣化后才加以修理
20 世纪 50 年代	预防保养	（Preventive Maintenance，PM）	事前保养，以避免故障	设备发生故障前对其加以维护保养
	生产保养	（Productive Maintenance，PM）	避免故障，增加生产力	设备发生故障前对其加以维护保养
20 世纪 60 年代	改良保养	（Corrective Maintenance，CM）	改善设备结构，以避免故障	掌握设备的缺点与常故障原因以进行对设备的改良
	保养预防	（Maintenance Preventive，MP）	改善设备设计，以避免故障	在设计阶段就考虑未来设备能避免故障、保养容易与换线快速
20 世纪七八十年代	全面生产保养	（Total Productive Maintenance，TPM）	考量预防保养的经济性	使设备本体的成本、维持运转的保养费用及设备劣化所造成的损失总和降到最低
20 世纪 90 年代	预知保养	（Predictive Maintenance，PM）	针对设备的整个生命周期加以考虑	将设备从设计、验收、保养、故障修理到报废都纳入考虑

JIT 对预防保养的观念在于强调事前预防与全员参与，即全面生产保养（Total Productive Maintenance，TPM）。为达成此要求，JIT 将预防保养体系架构成如表 12-3 所示。

表 12-3 中的一级保养是 TPM 所有保养的根基，也是所有保养中最重要的一环，故现代化的预防保养制度大都依赖作业员的自主保养，为企业带来以下好处：

表 12–3　设备预防保养体系架构

保养大分类	保养细分类	权责	实施周期	实施地点	实施项目
预防保养	一级保养	作业员自主保养	每日	现场	检查、清洁、润滑、调整
	二级保养	部门专责技工	每周或每月	现场	检查、调整、更换零件
修护保养	三级保养	专责单位	每季	现场	更换零件、小修
	四级保养	专责单位	每半年或每年	修护单位	更换主件、大修

1. 保养效果最佳

设备的使用者一般而言对设备本身的状况最为熟悉，所以每一台设备的哪些部位应特别加强保养、哪些异常声响或气味已经出现以及由产品不良推测出设备已有异常等，作业员都会比专业技术人员清楚，保养效果自然较佳。

2. 工作负荷较轻

通过对作业员的简易训练，教导作业员每日花费大约 10 分钟的自主保养，就能减轻对薪资成本较高的专业技术人员的依赖，对于减少雇用技术人员并降低成本具有帮助。

3. 建立作业员爱惜设备的心理

作业员愈了解设备，就愈能避免设备的误用，加强设备维护的意识与责任感，减低设备故障概率。

4. 培育未来的专业保养人员

作业员具有设备基本保养的经验后，若有必要，可以再加强训练成为专业保养人员，减少专业人员的培育时间与成本。

四、ABC 成本会计

产品成本包含三项最主要的项目：直接材料成本、直接人工成本与间接制造费用。其中，直接材料成本与直接人工成本的计算较为简单，间接制造费用的计算则较复杂。过去人工成本占有产品成本的绝大部分，故传统成本会计大部分是以直接劳工小时来作为间接制造费用的分摊基础。然而，随着时代的进步，某些产业的直接人工成本比例已大幅下滑，如计算机组装业者的直接材料成本与半导体代工业者的间接制造费用，几乎皆高达其总成本的 80%，若此时仍以占总成本较小的直接人工成本来估计间接制造费用，就极易对产品成本的估算产生过大偏差。另外，多能工在生产过程中快速移转工作岗位，TPM 的工人能自行维护设备，因此就成本分摊而言，直接与间接劳工的界限亦日益模糊。

JIT 所采用的成本会计与传统成本会计间最主要的差别，在于以产品在系统中作业的时间作为分摊费用的基础，这就是以活动为基础的成本会计（Activity Based Costing，ABC）。此方法需先辨认所有可追踪成本，然后将这些成本归在不同类型活动中，最后根据产品占据活动时间的百分比，将费用分摊至产品上。ABC 成本会计虽然计算过程较繁复，但由于较精准且较符合知识经济时代下的许多产业，尤其是科技产业的实际需求；再加上信息科技的发展，简化了人工做账的烦琐，因此广受业界的欢迎，在台湾高科技产业的运用已非常普遍。

五、领导与沟通

JIT 的管理者在组织中扮演着领导者与协助者的角色，而非命令发布者，因此所有决策都会与部属充分沟通后才付诸实行，如本书第二章所介绍过的方针管理就是其中的代表。

第六节 制造规划与管制

JIT 在制造规划与管制上强调平准化、拉的系统、目视管理、供应商关系以及降低事务处理等。

一、平准化

除了针对个别生产线采用小批量生产外，JIT 针对整体的生产数量采取平准化（Leveling）的策略。所谓平准化就是设法让产能负荷的变化不要太大，以降低生产变异，并让供货商获得稳定的订单来源。传统的生产排程是以生产量为基础，而平准化的生产排程则是以资源需求率为基础。

小批量生产与平准化合并实施，能降低生产作业的波动，一般称此为生产平稳化。

二、拉的系统

传统生产采取的是推的系统（Push System），当工件在某工作站加工完成后，就会被送往下一个工作站，后工作站的进度是由前工作站的进度所决定，前工作站的进度若超前，后工作站前就会堆积存货，前工作站的进度若落后，后工作站就会待料停机。

JIT 采取的则是拉的系统（Pull System），当某工作站需要对工件进行加工时，它会向前一个工作站领料，前工作站的进度是由后工作站所决定，如图 12-5 所示。

拉的系统下，每一工作站所生产出来的产品都是下个工作站所立即需要的，故其存货将会较低。为了避免前工作站因等待工作指示而无事可做，JIT 在工作站之间以看板作为协调的工具。而为了避免后工作站因前工作站供料不及时而缺料停机，JIT 在工作站之间又依生产速率建立了少量的存货缓冲。

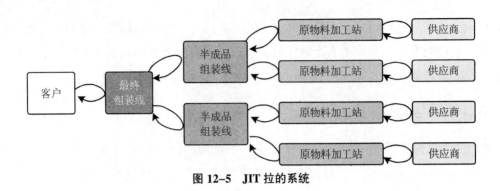

图 12-5　JIT 拉的系统

三、目视管理与看板管理

JIT 为简化管理并避免错误，尽量以目视管理取代传统纸张式的管理。目视管理包含看板、安童、颜色管理与标志等，其中以看板管理最为著名。

看板（Kanban）是指信号或记录卡，它是为了达成刚好及时，用来连接各项活动的工具，最早是由大野耐一在 1956 年从美国超级市场的作业流程获得灵感而发展出来的。大野耐一发现超级市场的作业方式可应用在工厂上，即后制程（顾客）向前制程（超市）取得所需数量的零件（商品），而前制程只制造等量的商品给下个制程（顾客）。大野耐一观察到的超级市场的作业方式可叙述如下：

（1）一个顾客从超市的货架上取下他想要购买的产品（附有卷标），并至柜台结账。

（2）结账员将卷标从产品上取下，放入一个卷标箱子内，并完成结账动作。

（3）超市打烊后，卷标箱子被送到仓库。

（4）仓库内的每一项货品都附有料卡。仓管人员依超市送来的卷标从仓库架上取下相同的产品及数量，并将料卡集中在料卡箱子内，将超市送来的卷标再重新挂在产品上，准备补充超市架上被顾客买走的产品。

（5）仓库将附有标签的产品送到超市的货架上。

（6）仓库将料卡箱子送到工厂，工厂依料卡生产相同的产品及数量。

（7）工厂依料卡生产完成后，将料卡附在产品上并将其送至仓库。

循环（1）~（7）的流程即可控制超市货架上商品的数量。上述步骤如图 12-6 所示。

将超级市场作业的原理加以延伸运用到整个生产过程，即为看板管理。

看板管理的成品出货需求来自于顾客需求或主生产排程，此需求启动了最终制程的生产，然后再以拉的方式将生产信息依生产流程往前传递，直到激活供货商的生产系统为止。

看板依其性质又可分为生产看板与移动看板，移动看板是物料移动的依据如超市中的卷标，而生产看板则是生产的依据如超市中的料卡。

无论是生产或移动，看板管理都利用标准容器存放一定数量的产品，每一个标准容器

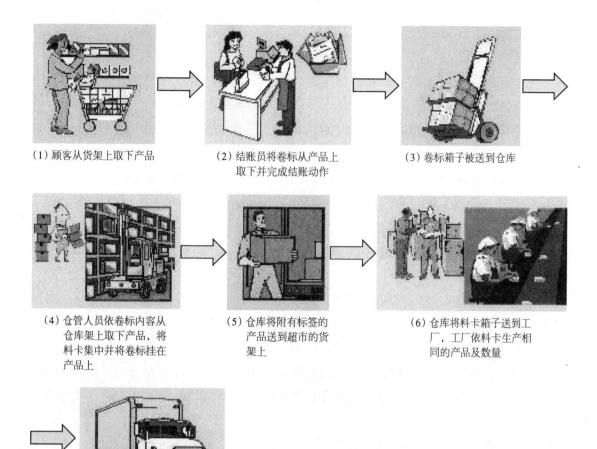

（1）顾客从货架上取下产品

（2）结账员将卷标从产品上取下并完成结账动作

（3）卷标箱子被送到仓库

（4）仓管人员依卷标内容从仓库架上取下产品，将料卡集中并将卷标挂在产品上

（5）仓库将附有标签的产品送到超市的货架上

（6）仓库将料卡箱子送到工厂，工厂依料卡生产相同的产品及数量

（7）工厂生产完成后，将料卡附在产品上并将产品送至仓库的料架上

图 12-6　超级市场的作业流程

都有一张看板，这张看板会记载着该标准容器内所存放物料的品名、规格、标准数量、现有存量以及不足数量等信息。

由于看板管理的生产信息是由最终制程依序向前传递，因此可称为一种拉的系统。

综合看板管理的原则，可归纳如下：

（1）由后制程向前制程领料。

（2）前制程只生产后制程所需要的数量。

（3）任何物料的生产或移动，都需依照生产看板或移动看板的指示进行。

（4）任何物料都以标准容器存放。

（5）以变更看板的数量，来调节与控制在制品的存货量。

上述五项原则中，有关看板数量的问题可再详加解释如下。影响看板张数的因素一般有下列五项：

1. 生产需求量

生产需求量一般是由主生产排程决定，当生产需求量愈大时，该产品的需求速率就愈大，看板张数应愈多。

2. 补充一个容器所需的平均等候时间

补充一个容器所需的平均等候时间包含运送该容器产品的时间、整理与回收容器所需的时间以及其他不含生产的各种作业时间，此时间愈长，看板张数应愈多。

3. 生产一个容器的产品所需的平均时间

生产一个容器的产品所需的平均时间等于生产该产品的标准工时乘以标准容器的容量，此时间愈长，看板张数应愈多。

4. 政策性变量

当管理者希望提高存货服务品质时，他可借由增加看板张数，提高存货来达成；当管理者希望增加材料流通速度时，他可借由减少看板张数，降低存货来达成。

5. 标准容器的容量

当标准容器的容量较大时，看板张数应较少；当标准容器的容量较小时，看板张数应较多。若物料较重、运送距离较远或存在其他不利搬运的因素时，一般都倾向于采用容量较大的标准容器。

反之则会采用容量较小的标准容器。

综合以上的探讨，我们可以公式（12-1）求得理想的看板张数。

$$看板张数 = \frac{D(T_w + T_p)(1 + X)}{C} \tag{12-1}$$

式中，D 代表生产需求量；T_w 代表补充一个容器所需的平均等候时间（时间单位须与 D 相同）；T_p 代表生产一个容器的产品所需的平均时间（时间单位须与 D 相同）；X 代表政策性变量；C 代表标准容器的容量。

范例 12-1

某工作站的每日工作时间为 8 小时，单日生产需求量为 800 件，每个标准容器能装载 50 件产品，生产一个标准容器的产品需 0.4 小时，搬运与回收容器需 0.6 小时，管理者的政策性变量为 0.1，试问看板张数应为多少？

解答：

D = 生产需求量 = 800/日

T_w = 补充一个容器所需的平均等候时间 = 0.6（小时）/8（小时/日）= 0.075 日

T_p = 生产一个容器的产品所需的平均时间 = 0.4（小时）/8（小时/日）= 0.05 日

X = 政策性变量 = 0.1

C = 标准容器的容量 = 50 件

$$看板张数 = \frac{D(T_w + T_p)(1 + X)}{C} = \frac{800 \times (0.075 + 0.05) \times (1 + 0.1)}{50} = 2.2 \text{（张）}$$

看板管理与 MRP Ⅱ 的目标基本上是相同的，如提高服务质量、降低存货及增进生产力等，但是两者所使用的方法不同。MRP Ⅱ 是一个电脑化的系统，而看板则是一个手动的系统。在看板管理系统下，进货是以一种半自动的方式运作，当存货降至预定水准时，系统便会自动要求前制程补货；而 MRP Ⅱ 则希望一次就能完整地规划出整个系统中不同部门的物料需求量与时间。一般而言，看板的优点在于它简单明了；而 MRP Ⅱ 的主要优点，则在于它能够快速且有效地处理复杂的规划及排定相关计划。表 12-4 中，我们从 8 个生产管理的不同角度来比较看板管理与 MRP Ⅱ 的差异。

表 12-4　看板管理与 MRP Ⅱ 的比较

功能	MRP Ⅱ	看板系统
1. 产出	生产计划/采购计划/管理报表	平准化
2. 生产依据	主生产排程	主生产排程
3. 物料需求依据	物料需求规划	看板
4. 产能需求依据	产能需求规划	目测
5. 产能控制	投入/产出控制	目测
6. 自制计划	生产计划	看板
7. 外购计划	采购计划	看板
8. 回馈资讯	例外报表	灯号或安童

四、供货商关系

由于 JIT 系统拥有低存货与短周期时间的特点，故当异常出现时，处理异常的难度与代价将会很高，因此 JIT 不能允许品质与交期出现异常。

另外，JIT 认为进料检验是无效率，且对产品无附加价值的作业，故应该从事源头品管，将品质问题交由供货商自己负责，而买方则应协助供货商建立起优良的品质水准，使供货商成为高品质的生产者，而能够在不需检验的情况下，及时运交高品质的产品给生产线。

为达成以上目标，组织建立其与优良供货商之间的紧密关系就极为重要。买方为了确保品质稳定，应遴选并减少供货商的数量，建立并维持与少数优良供货商之间的伙伴关系，如此供货商就会更愿意依据买方的要求配合 JIT 系统交货，价格反而变成次要因素。

五、降低事务处理

JIT 除了致力于前述各项作业的改善外，对于消除其他一般性活动的浪费亦不遗余力，如提升供货商的品质水准与交货准确率，就能让供货商直接交货到现场（线边交货），省略掉进料验收、点交作业、原物料仓库管理与搬运等的事务；利用条形码可降低数据输入事务，增加数据的正确性；计算机化系统的导入能缩短作业流程，简化人工操作等。

第七节 对刚好及时系统的批评

经过多年的实证，世人对 JIT 的实施已有了更充分的认识。学者专家对 JIT 的最大批评包含两方面：

1. JIT 会让供应链变得极为脆弱

由于 JIT 强调一切刚好及时并将存货降到最低，这使得供应链一旦发生问题，尤其是不可预测的突发事件，生产系统就会因缺乏存货作为缓冲而无法生产。2001 年"9·11"事件后，美国运输系统的瘫痪，使得推动 JIT 的厂商生产严重延误，财务上的损失甚至超过多年推动 JIT 的成果，许多企业因此倒闭。近年来，国际恐怖主义盛行，许多知名企业已采取 JIT 修正路线，将供货商数量与安全存货提高，以补强其脆弱的供应链。

2. JIT 会让供货商与经销商存货增加

推动 JIT 的企业为降低存货，要求供货商必须及时提供生产所需的原物料，这使得供货商以建立更高的存货来满足企业的要求，不仅第一阶供货商如此做，第二阶与第三阶等的供货商亦都会比照办理。最后，JIT 推动的结果是大企业的存货降低了，但身为中小企业各阶供货商的存货却都增加了。同理，推动 JIT 的企业也会以各种方式，如以折扣鼓励经销商多采购他们可能不一定需要的产品，以降低成品库存，也同样使得经销商们存货增加。

除了上述批评外，JIT 的实施也需考虑以下限制：

1. JIT 的实施应以优良的品质与稳定的生产效率为前提

对于品质与生产效率不佳的企业而言，由于缺乏存货缓冲，任何品质异常都会造成生产停顿，任何生产不稳定都会造成供料无法及时到达。贸然推动 JIT，只会使得作业现场更为混乱、效率更差、存货更高。

2. JIT 供货商的交货水准、能力与配合意愿是否足够

在实施 JIT 前，除了企业本身必须将其品质与生产效率提高至一定程度外，由于供货商是企业生产线的延伸，因此供货商的交货水准与能力，也深深地影响着 JIT 是否能够成功。另外，由于 JIT 将存货推给供货商，这也使得许多优质供货商的配合意愿大打折扣，

不愿配合。

3. JIT 并非所有生产形态都适合导入 JIT

至今成功的 JIT 多属重复性生产，如丰田汽车。至于产量较少或风险较高的企业，如零工式生产与产品生命周期极短的企业，JIT 的成功经验则较少。

第八节　服务业 JIT

JIT 的发展虽源自于制造业，因此在制造业的应用较为广泛，但将 JIT 的哲理应用于服务业，却也能使企业获得庞大的效益。

旋转寿司是典型的 JIT 管理，在此模式下，日本料理师父以目视方法判断应生产的数量；正确且及时供应顾客的需求，并将存货降至最低；标准容器中置放标准重量的产品；产品的价格是依照盘子的花色来区分，以加快结账速度，消除无附加价值的作业。类似旋转寿司的 JIT 管理模式还有许多，如自助火锅与欧式自助餐等。

有关服务业在应用 JIT 时的重点，相关条列如下：

1. 工作流程的同步化与平衡

如麦当劳在柜台外有流动人员协助顾客点餐，让顾客继续排队，当顾客到了柜台时，只需将点餐表交给柜台人员，即可马上制作所需的食物，而不需浪费时间在柜台前进行点餐作业。

2. 服务程序需有可视性

服务程序应尽可能提高其可视性，因顾客是服务系统中的一部分，顾客经常会依其所观察到的事物来定义公司服务的价值。如日本料理常让顾客亲眼看见食物制作的过程，就能赢得消费者的尊重。

3. 流程的持续改善

服务与制造相同，都有许多渐进式改善的机会，遇到问题时立即记录下来，提出改善方法与管理者分享，之后再由管理者领导全体成员齐力改善问题，这也算是 JIT 追求持续改善精神的发挥。

4. 努力消除浪费

服务业也存在着许多浪费的问题，这些浪费的改善方式不胜枚举，如下列几种：

（1）制造过多的浪费：有的食品店家采用预订的方式来生产，仅生产订单所需的数量，因此能消除制造过多的浪费。

（2）库存的浪费：现有许多零售商会要求供应商自行供货并管理零售商的料架，其目的就是为了降低存货。

（3）等候时间的浪费：如金融机构引进电子化操作系统，顾客上网就可解决排队缴款与转账等的时间浪费。

（4）运送的浪费：宅配服务公司与各便利商店合作建立受理站，让消费者方便托运物品，并配备完整的车队，来进行分类配送以缩短运送的浪费。

（5）人力的浪费：信用卡公司以计算机来建立顾客的数据库，节省人工的整理、归档、分类与寻找等。

5. 资源的弹性使用

服务业的顾客需求变化既快且大，资源的弹性使用，才能以较低的成本提供服务。例如，金融机构、政府机关与车站售票窗口，为提高服务品质，加强训练柜台人员处理多种不同的工作，使顾客从单一窗口就能申办各项业务。

6. 尊重人性

研究显示，管理人员对待员工的方式与员工对待顾客的态度，有着高度的相关，因此管理人员必须尊重员工，以使员工以同样方式对待顾客。

第九节 结论

刚好及时系统对于制造业或是服务业，无论是全盘采用还是部分采用，都能为企业带来莫大的效益，而且采用 JIT 的管理哲学，并不需要大规模的经费投资，而仅需在观念与行为上做改变即可，难怪此主题历久而不衰。

近年来，若干学者专家更提出了 JIT Ⅱ 的观念，强调供货商代表直接进驻在其客户厂内，以提供顾客更及时的服务。看来刚好及时或是精实生产未来仍将会有相当大的发展空间。

个案研讨

和泰汽车结合 JIT 的新一代存货管理模式

和泰汽车股份有限公司成立于 1955 年，为中国台湾专业汽车销售的上市公司，是日本 TOYOTA、LEXUS 轿车、产业车及 HINO 卡车在中国台湾地区的总代理，从事销售、维修、零件供应与售后服务等业务。

自 1988 年 9 月 TOYOTA 轿车重返台湾市场以来，和泰汽车一直在汽车市场占有一席之地，主要是因为该公司成功地塑造了消费者对丰田汽车的良好印象，并提高了台湾民众对丰田汽车的认知，更全面导入"丰田式管理"的成功管理模式，强化了经营绩效，加上慎选理念相同、具备现代化经营能力的经销商伙伴，共同戮力奋斗，所以才缴交了亮丽的成绩单。

和泰汽车是日本丰田汽车在台的唯一代理商，也是完整地接受丰田汽车"刚好及时系统"（JIT）训练与辅导的厂家，对于存货管理一向有其独到之处。由于和泰汽车的关键零组件主要来自于日本，再加上中国台湾地区零组件的制造商较为分散，故和泰汽车除了在厂内采用丰田汽车的看板管理外，过去进料采用经济订购量模型（EOQ）。随着汽车市场的成长与愈趋多变性，和泰汽车的零件存货管理面临着新的挑战。首先是市场预测愈来愈难，使得 EOQ 模式的准确性大打折扣。其次是销售市场的信息无法快速传递至上游零件制造商，常使得零件制造不及。最后的结果是以提高存货与延长交期作为因应。为此，和泰汽车于 2003 年起开始推动协同规划、预测与补货（CPFR），以解决此问题。

CPFR 的作业流程如图 12-7 所示。

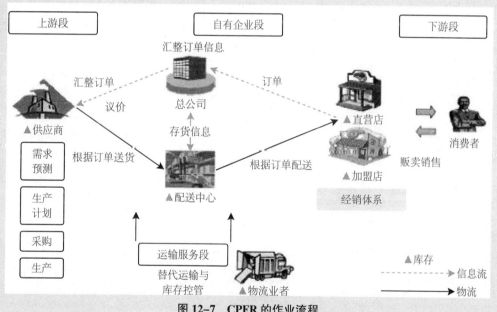

图 12-7　CPFR 的作业流程

至于和泰汽车推行 CPFR 所预期达到的效益则如图 12-8 所示。

在经历多年的推动，和泰汽车将 CPFR 与 JIT 成功结合后，平均存货水准降低了 30%，交期准确率提高了 40%，而采购前置时间更降低了 50%。

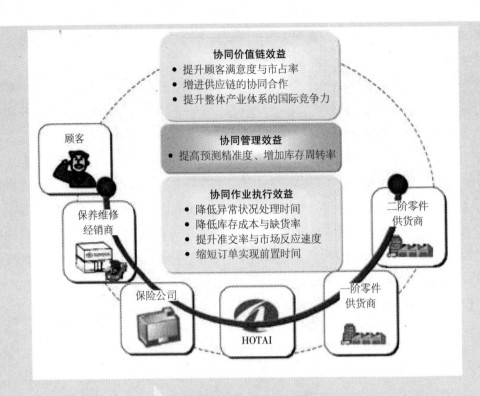

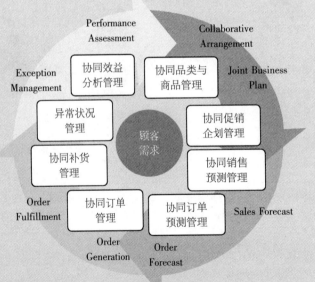

图 12-8　CPFR 所预期达到的效益

资料来源：张思源. 物流技术兴战略 [J]. 2005 年 VMI 特辑.

问题讨论

1. 请解释和泰汽车 CPFR 作业流程。

2. 将 JIT 与 CPFR 结合后，和泰汽车会产生一种什么样的管理模式？

习题

基础评量

1. 试说明及时（In Time）与准时（On Time）的区别。

2. 刚好及时系统（JIT）的定义如何？

3. 试述刚好及时系统（JIT）的发展背景。

4. 精实生产的九项基本构成要素为何？

5. 何谓浪费？何谓七大浪费？

6. 刚好及时系统在产品设计上有哪些做法？

7. 刚好及时系统在制程设计上有哪些独到的见解？

8. 小批量生产的优点为何？

9. 系统化降低整备时间的步骤为何？

10. 何谓内部整备（Internal Set-Up）与外部整备（External Set-Up）。

11. 何谓源头品质管理？

12. 丰田汽车的自动化与自动化有何不同？

13. JIT 以什么方法强化生产弹性？

14. 何谓终身雇用制？日本企业近年来对终身雇用制的修正做法为何？

15. JIT 如何培育多能工？

16. 提案制度与品管圈有何差异？

17. 何谓 5S 与 6S？

18. 试解释全面生产保养（Total Productive Maintenance，TPM）。

19. 作业员自主保养能为企业带来什么好处？

20. 为何 ABC 成本会计比传统会计能提供更精准的成本预估？

21. JIT 的平准化（Leveling）代表何意义？

22. 推的系统与拉的系统有何不同？试说明之。

23. 何谓看板（Kanban）管理？试说明之。

24. 某工作站的每日工作时间为 8 小时，单日生产需求量为 2000 件，每个标准容器能装载 100 件产品，生产一个标准容器的产品需 0.3 小时，搬运与回收容器需 0.2 小时，管理者的政策性变数为 0.2，试问看板张数应为多少？

25. 某工作站的每日工作时间为 10 小时，单日生产需求量为 3000 件，每个标准容器能装载 150 件产品，生产一个标准容器的产品需 0.4 小时，搬运与回收容器需 0.2 小时，管理者的政策性变量为 0.1，试问看板张数应为多少？

26. 试述学者专家对 JIT 有何批评。

27. 试述 JIT 的限制为何。

深度思考

1. 请试着以百货公司为例，仿真看板管理的流程。

2. 你觉得 JIT 的内容有哪些与其他管理课题息息相关。

第十三章　日程安排

学习重点　在学习本章后，你将能够

1. 了解日程安排与现场控制的意义。

2. 了解限制理论的五大步骤。

3. 了解限制驱导式现场排程与管理技术的基本原则。

4. 了解存货式生产在供不应求下的排程方法。

5. 了解存货式生产在供过于求下的排程方法。

6. 了解接单式生产的排程方法。

7. 了解零工式生产的排序方法。

8. 了解服务业的排程问题。

为维持生产效率与利用率而持续赶工的决策

沉寂的产销会议上，生管王经理说话了："虽然目前市场不景气，但为了维持生产效率与提高设备利用率，工厂下个月仍将依既定的产能安排生产，多生产出来的产品将成为存货，请业务部门努力促销。"

"不景气是整个市场的问题，促销我们会做，但生产部这个时候还一直制造存货，业务部实在无法消化。"业务部张经理看来要开炮了："生管不能不管市场需求，只顾着生产，现在是市场导向的时代啊！"

"如果不让现场持续维持生产，那么生产效率与设备利用率低落后造成的产品平均生产成本增加，业务部是否该对此负责？"王经理立刻回敬。

类似的情形，在公司每年总会发生好几次，每次都是王经理的意见获得采纳，但是公司的存货也就越来越多，许多人已开始怀疑公司这样的决策是否正确。如果正确，存货为何会增加；如果不正确，那么正确的决策应该为何呢？公司的高阶主管们心中都存在着这样的疑问。

随着产品复杂度大幅增加，生产与作业流程亦愈来愈长；顾客的需求愈来愈多样化，大量生产、多量少样、少量多样与大量客制化生产并行于现场；市场景气与波动愈来愈不可预期；企业利润愈来愈薄。排程问题，长久以来一直是生产与作业管理者最大的困扰，不仅愈加重要，它更已成为企业优胜劣败的关键之一。

第一节　日程安排与现场控制概论

作业管理的短期规划问题中，最重要的就是日程安排与现场控制的问题。对制造业而言，有人将生产管理部门的最主要工作分为生产规划、生产排程与生产管制三类，其中后两项工作就是本章所要介绍的内容，由此可知日程安排与现场控制的重要性。

一、日程安排

日程安排（Scheduling）又称为排程，它是将设备、人力或空间等可用资源，作适当的分配，并通过对作业效率、存货状况以及服务水准的调整，以完成某些特定作业的决策过程。日程安排是生产前或提供服务前所做的必要计划。制造商必须在生产前，针对作业人员、机器设备以及原物料进行安排，使生产作业流畅；学校则必须在开课前，针对教师、教室与课程进行安排，使学生得以顺利选课。

对制造业而言，日程安排有时也被称为生产排程。生产排程是激活生产现场制造活动的源头，其目的是使生产作业依照预定的时间进行，以达到适质、适量的准时交货。生产排程是由主生产排程参考排程前的实际接单状况、原物料状况、可用工时状况以及机器设备状况后，加以重新制订的现场工作计划。由于制定主生产排程的时间远在生产开始之前，因此无论当初主生产排程的制定是如何的慎重与严谨，但在生产开始前，各种异常与突发状况都可能导致我们不一定能按照主生产排程来进行生产，因而有必要重排生产计划。

日程安排的目的有下列几项：

（1）交期达标率最大化。

（2）存货最小化。

（3）制程时间最短化。

（4）前置时间最小化。

（5）工作负荷平衡化。

（6）设备使用最佳化。

（7）人员闲置最小化。

对于绝大部分的日程安排而言，上述七项目的其实很难同时达成，因此管理者必须取舍。例如，为满足交期而必须加班，就可能会造成工作负荷的不平衡；为使存货最低，没有订单时就绝不会生产，但人员机器设备就会闲置等。管理者是否已建立正确的观念，并具备严谨的思维逻辑，对于日程安排决策品质的好坏具有相当大的影响。

本书第一章中曾将生产与操作系统分为五类：连续性生产、重复性生产、批量式生产、零工式生产与项目式生产。

对连续性生产而言，生产排程的问题并不那么重要，因为制程是为特定的产品设计，变动的可能性极低，生产管理者唯一要作的生产排程决策就是决定某一天是否要生产而已，一旦决定生产，流畅且固定的制造程序就被展开，因此本章不拟对此多作叙述。

就重复性生产来说，生产线内的工作安排属设施布置与工作设计的课题，生产排程不需要对生产线内的工作进行安排，而仅需将生产线视为工作站，就可以批量式生产或零工式生产的排程方法来处理重复性生产的问题，因此本章也不拟对此加以介绍。

至于批量式生产，则常存在着多种生产资源应如何分配给各种不同的订单或产品的问题，因此生产排程的难度较高，这是本章第二节要介绍的重点。

零工式生产，生产环境的变化性更大，每批产品的制程都可能有所不同，因此生产排程更为复杂，这部分将在本章第三节中作介绍。

项目式生产与上述四种生产方式所面临的问题大不相同，其排程方法就是项目管理，因此在本章中也不再多作叙述。

二、现场控制

日程安排后，管理者需依此计划下达工作指示，也就是派工（Dispatching），指导工作人员在什么时间做什么事，工作人员需严格遵守该指示，以免整体计划受到影响。在制造业，为强化此指示的绝对服从性，常以制造命令（Manufacturing Order，MO）（或简称制令）称呼此工作指示。

工作指示下达后，管理人员尚需跟催（Follow Up）其执行成效，此跟催行动即为现场控制（Shop-Floor Control）。现场控制的结果是绩效衡量以及修改日程计划的最主要依据。

现场控制最常运用的工具是各种生产与作业活动执行结果的相关报表，如生产日报表、工时记录表、产品品质检验记录或存货记录等。传统上，这些报表大多以人工进行记录与统计，近代则多改采用自动化，其中尤以条形码的应用最为普遍。

第二节 批量式生产排程

批量式生产的特点是每次生产都具备一定的数量，其排程方法中，近年来最为世人所乐道的应该算是限制驱导式现场排程与管理技术（Drum-Buffer-Rope，DBR）。

一、限制理论简介

限制驱导式现场排程与管理技术的前身是 1979 年由美国 Creative Output Inc. 所设计的一套称为最佳化生产技术（Optimized Production Technique，OPT）的计算机软件。其后，Creative Output Inc. 的创办人之一高瑞特离开该公司，并于 1986 年将 OPT 的运作逻辑——限制理论（Theory of Constraints，TOC）公之于世，开始以限制理论为基础发展出其在各方面的应用，如在日程安排与现场管理、项目管理以及企业决策等领域。

TOC 认为改善经营绩效的五大步骤如下：

（1）确认（Identify）系统的限制。

（2）充分利用（Exploit）系统的限制。

（3）系统全力配合（Subordinate）决策。

（4）提升（Elevate）系统的限制。

（5）若限制在步骤 4 被突破，则重回步骤 1，并且不要让惰性成为系统限制。

OM 透视镜

日本能率协会积极推动 TOC

日本能率协会 JAM Consultants Inc. 是一家拥有 60 多年历史且为日本最大的管理顾问公司，旗下共有 300 多名管理咨询顾问。其服务涵盖各行业与各领域，主要的服务项目包含生产价值革新辅导咨询、管理革新、TOC 管理模式辅导咨询、生产效率提升、顾客价值管理、物流革新、经营销售革新、IT 技术推行、流程革新管理与企业经营管理提升。

日本能率协会将 TOC 管理技术成功地导入日本企业，并已发展出专属于日本企业的管理模式。TOC 管理技术于日本企业的应用范围，除了高科技产业外，传统产业如汽车业、精密工具业、制药业等，在导入后皆有明显成效，这显示出 TOC 管理技术可运用在各行各业上。

虽然 TOC 管理技术有着很高的利用价值，但日本能率协会——TOC 管理技术辅导负责人中岛先生依其多年的辅导经验指出，由于各地方、各国人民的思考逻辑不同，故对于事物的看法、习惯与价值观亦不相同，推动 TOC 管理技术的成败关键往往不在于对该技术的理解程度，而在于推动过程中如何妥善处理人的问题。

资料来源：日本能率协会网站，http://www.do-kai.com/.

TOC 的基本特征在于特别注意"系统的限制"（Constraints）。限制决定了系统的有效产出（Throughput），也局限了系统的绩效，所谓的有效产出，代表对改善现金流量具有帮助的产出。限制可能是市场、产能或原物料，但对日程安排而言，一般并不考虑市场或原物料的限制。

当产能限制存在时，管理者的焦点应放在瓶颈作业上，因为瓶颈作业以前的作业速率若超越瓶颈作业，则制造出的产品只会在瓶颈作业前囤积，对有效产出并无帮助；瓶颈作业以后的作业速率若超越瓶颈作业，对有效产出也无帮助。

因此，确认、利用、配合并提升限制，就成为增进系统绩效的关键。

以 TOC 为理论基础的 DBR，其排程的基本原则如下：

1. 要平衡的是流量而非产能

由于产品的生命周期越来越短，产品的种类却越来越多，因此在少量多样的生产环境下，想要平衡产能非常困难；就算产能获得平衡，但因作业现场的复杂与多变，产能平衡也无法持久。然而平衡流量就会比平衡产能容易，因为它只需掌握投料、瓶颈制程与出货三者的节奏，就可达到平衡流量的目的，完成日程安排与现场控制。

2. 资源的使用率与可用率是不同的

在市场状况多变的情形下，盲目追求资源的使用率，将会使得存货过高，对有效产出却不一定会有帮助。然而追求资源可用率，以备随时得以应付顾客的需求，却能提高有效产出与顾客满意度。

3. 非受限产能的使用率不能自行决定，而是由系统的限制来决定

由于瓶颈决定了系统的绩效，而系统绩效又可用来决定其他非瓶颈制程的使用率。因此，非受限产能的使用率，应由系统的限制来决定而非自行决定，才不会造成过高的存货。

4. 受限产能一小时的损失就是整个系统一小时的损失

瓶颈制程的产出，正常情形下就是系统的产出。因此，瓶颈制程的损失就等于系统的损失；为提升受限产能所能承担的成本，应从它能为系统带来多少额外收益来做考量，而不是该瓶颈制程的附加价值。

5. 非受限产能一小时的节省只是一种假象

非瓶颈制程的产能本就高于系统的产出。因此，提高非瓶颈制程的产能只是一种假象，实际上它对系统的有效产出并无帮助。

6. 受限产能决定了整个系统的有效产出与存货

由于受限产能决定了整个系统的有效产出与存货，因此，所有其他非瓶颈制程应尽量配合瓶颈制程，使其不受干扰，而能全力投入生产。

半成品在进入瓶颈制程前的等待被加工是合理的，因为这种等待可以保护瓶颈制程的产能得以充分运用。

当两件半成品组合为一件成品时，通过非瓶颈制程的半成品等待通过瓶颈制程的半成品，以完成两者的组装，也是合理的，因为这样做可以保护瓶颈制程的产出能被有效地运用。

7. 移转批量不会也不应该等于生产批量

降低移转批量、采购批量与生产批量都能降低库存，但前者所需要的努力往往较小，生产速率较高，也比较容易达成。因此，降低存货最快速与有效的方法就是降低移转批量，然后才是降低生产批量与采购批量。

8. 生产批量应是变动而非固定的

在不会让非瓶颈变成瓶颈的情形下，适度地缩小非瓶颈制程的生产批量，能降低存货。而因缩小非瓶颈制程生产批量后所造成的非瓶颈制程生产效率的降低，其实并不会影响到系统的有效产出。

9. 生产排程应同时考虑产能与加工顺序

前置时间是排程的结果，无法事先得知；不同的产品在经过不同的加工过程后，很可能同时涌向瓶颈，但也可能让瓶颈制程无事可做，使系统有效产出下降，因此，生产排程应同时考虑产能与加工顺序。

对同一工作站而言，将具有类似加工程序的产品安排在前后生产，能降低生产前置时间，因此前置时间是排程的结果，排程未定，前置时间也无法得知；一般排程将前置时间视为固定，是不切实际的想法。

10. 局部最佳的总和并不等于整体最佳

每一个局部制程的生产力都发挥到极至时，却往往会造成系统流量的不平衡，存货大幅提高，对整体反而未必有帮助。因此，一切改善虽可从局部着手，但成效评估却应看其是否对系统的有效产出有所帮助。

二、存货式生产排程

所谓存货式生产，是指依据市场的分析与销售预测进行生产，平时保持某一水准的存货，以备真实订单出现时，能立即出货。

存货式生产排程的考虑重点在于如何使获利最大，而景气循环与统计波动将会造成产品供不应求或供过于求的状况，这时候就须依据不同的优先原则来进行生产排程，才能创造企业的最大效益。

（一）供不应求下的作业排程

在供不应求的情况下，由于生产出来的产品都可顺利销售出去，因此排程应以生产为导向，采取利润优先原则，也就是思考应优先生产什么产品以为企业带来最大的利润。

由于限制决定了生产系统的有效产出，因此将限制作最大的利用就能获取最大的利润。为了要将限制作最大的利用，就应优先生产使用限制资源较少但却能创造较大边际贡献的产品，即限制的边际贡献（限制的边际贡献＝产品边际贡献/产品对限制资源的使用量）较高的产品。

范例 13-1

某公司生产 A 与 B 两种产品，已知限制机台仅能提供 600 小时的加工工时，且此两种产品的相关资料如表 13-1 所示，试回答下列问题：

1. 该公司目前是属于供过于求或供不应求？
2. 以边际贡献较高的产品优先排程，该公司能获取多少利润？
3. 以限制的边际贡献较高的产品优先排程，该公司能获取多少利润？
4. 比较 2 与 3 的利润，能得到什么样的结论？

表 13-1　产品 A 与 B 的相关资料

产品	销售价格	材料成本	产品边际贡献	产品每件所需限制的加工时间	市场需求
A	90	50	40	2	200
B	100	40	60	4	100

解答：

1. 若依市场需求来生产产品，会需要限制机台的加工工时为 2 小时 × 200 ＋ 4 小时 × 100 ＝ 800 小时，大于限制机台所能提供的 600 小时，故属供不应求的情形。

2. 由于 B 的边际贡献 60 元高于 A 的边际贡献 40 元，故优先生产 B 的市场需求 100 个单位，用掉了限制机台 4 小时 × 100 ＝ 400 小时，剩下 600 － 400 ＝ 200 小时，可生产 100 个 A 产品（200 小时/2 小时每单位 ＝ 100 单位）。其所获得的利润为 40 元 × 100 ＋ 60 元 × 100 ＝ 10000 元，如表 13-2 所示。

表 13-2　以边际贡献较高的产品优先排程所获得的利润

产品	销售价格	材料成本	产品边际贡献	市场需求	产量	加工时间	利润
A	90	50	40	200	100	200	4000
B	100	40	60	100	100	400	6000
							合计 10000

3. 由于 A 的限制的边际贡献为 40 元/2 ＝ 20 元，高于 B 的限制的边际贡献 60 元/4 ＝ 15 元，故优先生产 A 的市场需求 200 个单位，用掉了限制机台 2 小时 × 200 ＝ 400 小时，剩下 600 － 400 ＝ 200 小时，可生产 50 个 B 产品（200 小时/4 小时每单位 ＝ 50 单位）。其所获

得的利润为 40 元 × 200 + 60 元 × 50 = 11000 元，如表 13-3 所示。

表 13-3　以限制的边际贡献较高的产品优先排程所获得的利润

产品	销售价格	产品边际贡献	产品每件所需限制的加工时间	限制边际贡献	市场需求	产品	加工时间	利润
A	90	40	2	20	200	200	400	8000
B	100	60	4	15	100	50	200	3000
								合计 11000

4. 由表 13-2 与 13-3 中可知，两种排程均充分利用了限制机台的 600 小时，但前者创造了 10000 元的利润，而后者则创造了 11000 元的利润。因此，在供不应求的情况下，排程应优先生产限制的边际贡献较高的产品。

（二）供过于求下的作业排程

在供过于求的情况下，由于生产出来的产品未必可以销售出去，因此排程应以市场为导向，采取成本优先或品质优先原则，以积极争取订单。

1. 成本优先原则

成本优先原则下，应优先生产耗用时间较短的产品。所谓的耗用时间，指的是现有存货水准在未经补充下，能够供应出货需求的时间长度。如此排程的目的，在于优先补充存货最可能产生不足的产品，以避免可贵的商机出现时，但却面临无货可出的窘境。耗用时间的计算如式（13-1）所示。

$$耗用时间 = \frac{现有存货}{需求率} \tag{13-1}$$

范例 13-2

假设某工厂有 5 种产品，各产品的存货和需求率如表 13-4 所示，试决定生产的优先顺序。

表 13-4　产品存货与需求率

产品别	存货（单位）	需求率（件/日）
A	480	40
B	250	50
C	240	30
D	350	35
E	440	40

解答：

以公式（13-1）计算各产品的耗用时间如表 13-5 所示，产品 A 的耗用时间为 12 天，产品 B 的耗用时间为 5 天，产品 C 的耗用时间为 8 天，产品 D 的耗用时间为 10 天，产品 E 的耗用时间为 11 天，所以这 5 种产品的排程顺序应为 B、C、D、E、A。

表 13-5 耗用时间计算表

产品别	存货（单位）		需求率（件/日）		耗用时间（日）
A	480	÷	40	=	12
B	250	÷	50	=	5
C	240	÷	30	=	8
D	350	÷	35	=	10
E	440	÷	40	=	11

决定了生产的优先顺序后，管理者尚需决定每一产品该生产多少数量。由于生产批量太大，存货的持有成本会较高；而批量太小，又会因换线频繁而使换线成本提高。故应决定适当的生产批量，以使成本降至最低，经济生产批量模型可提供此问题一个较好的解答。

2. 品质优先原则

近年来，品质优先原则获得普遍的认同，并成为许多知名企业在面对不景气时所采取的对策。其基本想法是当市场不景气时，即使所掌握的生产资源再多，对企业营收的帮助也不大，此时若仍追求人员与设备的使用率，以成本优先原则进行生产排程，则其结果只会造成存货的持续增加。此不仅无助于营收，甚且会提高成本与风险。故此时企业应致力于优先满足顾客的需求，以争取更多的订单，如顾客可能要求小批量交货、交期短而准、产品品质需更优异等。生产排程在此时则需扮演绝对配合此政策的角色，而不应再坚持生产力或效率的概念。除此之外，企业也应利用工作较为轻松的时间，尽量安排并从事各种改善与人员培训活动，以备景气时能立即获得顾客的青睐。

三、接单式生产排程

所谓接单式生产，是指依据顾客订单而非销售预测进行生产。由于交期是否准确会直接影响公司的信誉和后续的订单，因此接单式生产排程需以达成准时交货为目的。

为达成准时交货的目的，接单式生产应以后推排程（Backward Scheduling），而非前推排程（Forward Scheduling）来安排工作，即由交期最晚的订单开始排程，由此交期往前逆推开始加工时间，一张订单排完后再安排交期次晚的订单，以此类推直到所有订单都排完为止。另外，限制是影响系统产出的最主要因素，因此要掌握系统的有效产出，可以只对限制工作站来排程；至于其他非限制工作站则可授权生产线主管自行调节生产步调即可，但需留意的是，无论非限制工作站如何排程，都应以不影响到限制工作站的进度为原则。

综上所述，可归纳接单式生产的排程原则如下：

（1）只对限制排程。

（2）非限制的排程，授权现场主管自行决定，但绝对不可影响到限制。

（3）由后往前排。

（4）交期晚者先排。

（5）交期相同时，则加工时间长或利润较低者先排。

范例 13-3

某公司手上有 8 张订单，若最终制程为限制，现将该 8 张订单依交期以及预计加工时间排列如图 13-1，试为该公司排程。

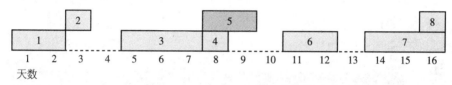

图 13-1　受限产能负荷的图示

解答：

1. 订单 7 与订单 8 交期相同，但订单 7 的加工时间较长，故先排，如图 13-2 所示：

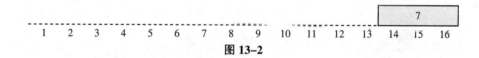

图 13-2

2. 订单 8 的交期较晚，故先排，如图 13-3 所示：

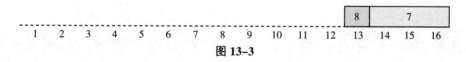

图 13-3

3. 订单 6 的交期较晚，故先排，如图 13-4 所示：

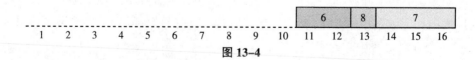

图 13-4

4. 订单 5 的交期较晚，故先排，如图 13-5 所示：

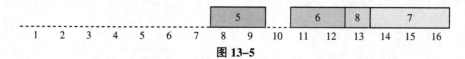

图 13-5

5. 订单 4 的交期较晚，故先排，如图 13-6 所示：

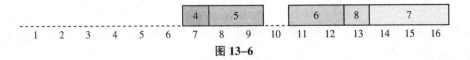

图 13-6

6. 订单 3 的交期较晚，故先排，如图 13-7 所示：

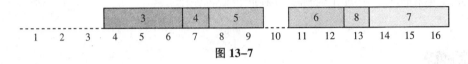

图 13-7

7. 订单 2 的交期较晚，故先排，如图 13-8 所示：

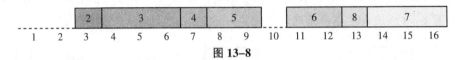

图 13-8

8. 最后排订单 1，如图 13-9 所示：

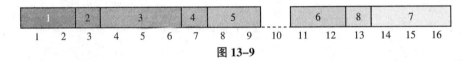

图 13-9

9. 第 10 天有空档，将第 10 天以后的所有工作往前提前 1 天，以备不时之需。最终排程结果如图 13-10 所示：

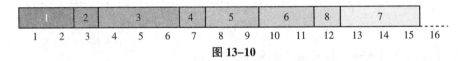

图 13-10

第三节 零工式生产排程

在介绍零工式生产排程前，我们先介绍排序（Sequencing）。排程与排序的差异在于排程是时间导向，它涉及指派工作的时间与顺序；而排序是事件导向，仅涉及工作被处理的顺序。因此，排程包含排序。零工式生产排程大部分只需排序，即可满足管理者的需要。针对零工式生产，本节将介绍①工作站的负荷安排，②单一工作站的排序，③两个工作站的排序三种不同状况下的排序方法。

一、工作站的负荷安排

将不同的工作指派给各工作站，称为负荷安排。负荷安排最常使用的方法是作业研究中的指派问题（Assignment Problem）。

指派问题是指如何将工作分派出去的问题。例如，如何把工作指派给机器或工人、如何把销售目标指派给地区销售经理或推销员、如何把线路维修工作指派给外勤维修员等。一般指派问题所使用的绩效评核标准有成本、利润与效率等。以成本为绩效评核的标准为例，有四个工作要分别交由四部机器或工人来执行，其制造成本如表 13-6 中央矩阵部分的数字，如工作 1 指派给工人甲来完成，其成本为 16，依此类推。

表 13-6　四对四的工作指派

		工人		
	甲	乙	丙	丁
工作 1	16	12	4	8
2	12	13	21	20
3	5	9	13	12
4	9	20	24	17

指派问题有下列三项基本假设：

（1）每一件工作只能指派给一台机器或一位工人。

（2）每部机器或每位工人皆可处理每件工作。

（3）每种指派的成本或价值都为已知。

当上述假设成立时，指派问题的求解程序如下：

（1）将每列中的每一成本值减去该列的最小成本值，并将结果填于新表中。

（2）将新表每行中的每一成本值减去该行的最小成本值，并将结果填于另一表中。

（3）如果所有通过零的直线数目与行列的数目相等，就已得到最佳工作指派。若已得到最佳工作指派，接着进行步骤（6），否则进行步骤（4）。

（4）如果通过所有零的直线数目少于行列数目，则可依下列方式将表再作修正：①将表中每一未画线的成本值，减去未画线中的最小成本值。②把未画线中的最小成本值，加到直线交叉的成本值中。

（5）重复步骤（3）与步骤（4），直到获得最佳解为止。

（6）从只有一个零的行或列开始进行工作指派。使用每一行与每一列只能有一种配对的原则，来进行对 0 的配对，配对完后将该行与列划掉。

范例 13-4

试求表 13-6 的最佳工作指派。

解答：

1. 第 1~4 列的最小成本值分别为 4、12、5 与 9，将每列中的每一成本值减去该列的最小成本值，得新表如表 13-7 所示：

表 13-7

工作	工人			
	甲	乙	丙	丁
1	12	8	0	4
2	0	1	9	8
3	0	4	8	7
4	0	11	15	8

2. 新表第 1~4 行的最小成本值分别为 0、1、0 与 4，将每行中的每一成本值减去该行的最小成本值，得新表如表 13-8 所示：

表 13-8

工作	工人			
	甲	乙	丙	丁
1	12	7	0	0
2	0	0	9	4
3	0	3	8	3
4	0	10	15	4

3. 计算通过所有零的最少直线数目，如表 13-9 所示：

表 13-9

工作	工人			
	甲	乙	丙	丁
1	~~12~~	~~7~~	~~0~~	~~0~~
2	~~0~~	~~0~~	~~9~~	~~4~~
3	0	3	8	3
4	0	10	15	4

4. 因通过所有零的最少直线数目只有 3，少于行列数目 4，所以这不是最佳的工作指派。

5. 未画线中的最小成本值为 3，将表中每一未画线的成本值，减去未画线中的最小成本值，并把未画线中的最小成本值，加到直线交叉处的成本值中，得新表如表 13-10 所示：

表 13-10

	工人			
	甲	乙	丙	丁
工作 1	15	7	0	0
2	3	0	9	4
3	0	0	5	0
4	0	7	12	1

6. 再计算通过所有零的最少直线数目，如表 13-11 所示：

表 13-11

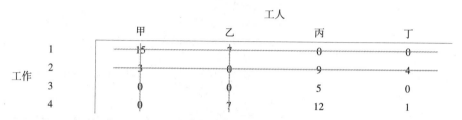

7. 通过所有零的最少直线数目为 4，等于行列数目，所以此为最佳的工作指派。

8. 从只有一个零的行或列开始进行工作指派。依照每一行与每一列只能有一种配对的原则，来进行对 0 的配对。指派各工作至各机器，即 1（丙）、2（乙）、3（丁）、4（甲），如表 13-12 所示：

表 13-12

	工人			
	甲	乙	丙	丁
工作 1	15	7	0	0
2	3	0	9	4
3	0	0	5	0
4	0	7	12	1

在这种指派下，参照表 13-6，其总成本为 4 + 13 + 12 + 9 = 38。

二、单一工作站的排序

虽然负荷安排决定了特定工作所使用的人员、机器设备或工作中心，但不能指出人员、机器设备或工作中心的工作顺序。对于将 n 项工作排定其顺序于单一工作站的问题，一般称为"n 项工作—单机问题"，或简写为"n/1"。

若要排定工作顺序，需先决定采用哪一种优先顺序法则（Priority Rule）。表 13-13 为一些常见的优先级法则，在使用这些法则时，工作进行时间与工作到期时间两项资料是必须事先得知的。

表 13-13　优先级法则

符号	优先顺序法则	说明
FCFS	先到先服务	优先处理先到达的工作
SPT	最短进行时间	优先处理进行时间最短的工作
LPT	最长进行时间	优先处理进行时间最长的工作
EDD	到期时限	优先处理到期期间最早的工作
LWR	剩余最小工作时间	优先处理剩余工作时间最小的工作
FOR	作业数最少	优先处理作业数最少的工作
MOR	作业数最多	优先处理作业数最多的工作
ST	余裕时间	优先处理到期日剩余时间减去工作进行时间所得差额最小的工作
S/O	每项作业的宽裕时间	优先处理到期日剩余时间减去工作进行时间所得的差额，再除以工作时间比例最小的工作
CR	重要比例	优先处理到期时间与工作进行时间的比例最小的工作
CRS	重要客户	优先处理关系最佳客户的工作
RUSH	紧急事件	优先处理最紧急的工作

范例 13-5

某工作中心有 A、B、C、D、E 与 F 六个依序到达等待加工的工作。请依表 13-14 所提供的资料，依下列优先级法则安排工作顺序：

1. FCFS；

2. SPT；

3. EDD；

4. CR。

表 13-14　工作进行时间与工作到期时间

工作	工作进行时间（小时）	工作到期时间（小时）
A	20	95
B	110	230
C	50	50
D	140	245
E	65	215
F	150	250

解答：

1. FCFS 优先处理先到达的工作，故工作顺序应为 A–B–C–D–E–F。

2. SPT 优先处理进行时间最短的工作，故工作顺序应为 A–C–E–B–D–F。

3. EDD 优先处理到期时间最早的工作，故工作顺序应为 C–A–E–B–D–F。

4. CR 优先处理到期时间与工作进行时间的比例最小的工作，计算各工作到期时间与工作进行时间的比例如表 13-15 所示，故工作顺序应为 C–F–D–B–E–A。

表 13-15　CR 计算表

工作	工作进行时间（a）	工作到期时间（b）	b/a
A	20	95	4.75
B	110	230	2.09
C	50	50	1.00
D	140	245	1.75
E	65	215	3.31
F	150	250	1.67

三、两个工作站的排序

当有若干工作必须经由两个工作站进行加工时，即 n/2 的问题，一般最常采用的排序方法为詹森法则与杰克森法则。

（一）詹森法则

詹森法则（Johnson's Rule）是指将一件工作分派给两个连续的工作中心，使其完成时间最小的工作排序法则。

使用詹森法则排序时，必须满足下列条件：

（1）工作固定且工作时间为已知。

（2）工作时间与工作顺序无关。

（3）工作都必须依循相同两步骤的顺序进行。

（4）不考虑工作优先级法则。

至于詹森法则的实施步骤则如下：

（1）列出所有工作名称及其工作时间。

（2）选择工作时间最短的工作。假如工作时间最短的工作位于第一个工作中心，则安排该工作在工作日程的前面；假如该工作位于第二个工作中心，则将该工作安排在工作日程的后面。

（3）重复步骤（2）的方法，直到所有的工作都安排完毕为止。

范例 13-6

"中华"加工厂有五件工作，皆须依循先工作中心 I、后工作中心 II 的步骤进行加工，请以詹森法则排序。已知该五件工作的加工时间如表 13-16 所示。

表 13-16　"中华"加工厂加工时间

工作	工作进行时间（小时）	
	工作中心 I	工作中心 II
A	3	3
B	5	2
C	5	5
D	1	4
E	4	5

解答：

1. 列出所有工作名称及其工作时间如表 13-16 所示。

2. 选择工作时间最短（1 小时）的工作 D，由于 1 小时出现在工作中心 I，故将工作 D 安排在日程的前面，如图 13-11 所示。

图 13-11

3. 针对尚未安排的工作，选择工作时间最短（2 小时）的工作 B，由于 2 小时出现在工作中心 II，故将工作 B 安排在日程的后面，如图 13-12 所示。

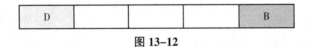

图 13-12

4. 针对尚未安排的工作，选择工作时间最短（3 小时）的工作 A，由于 3 小时分别出现在工作中心 I 与 II，故将工作 A 放在日程的前面或后面都没有差别，假设将工作 A 放在后面，如图 13-13 所示。

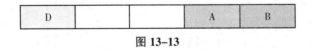

图 13-13

5. 针对尚未安排的工作，选择工作时间最短（4 小时）的工作 E，由于 4 小时出现在工作中心 I，故将工作 E 安排在日程的前面，如图 13-14 所示。

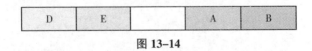

图 13-14

6. 最后将工作 C 排进剩余的位置上，如图 13-15 所示。

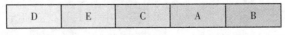

图 13-15

7. 将步骤 6 的结果分别对工作中心 I 与 II 绘图，并标示时间，如图 13-16 所示。

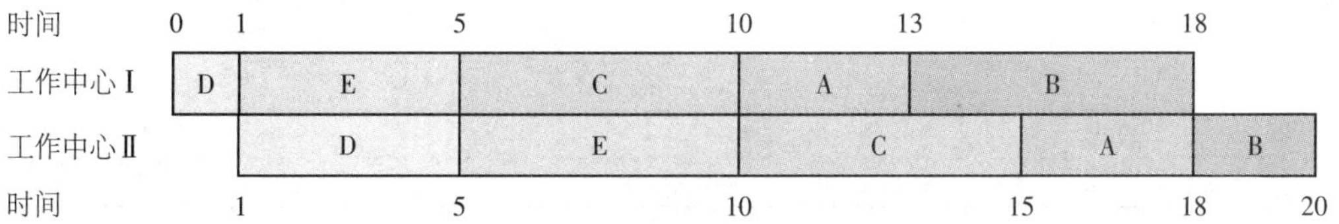

图 13-16

8. 工作中心 I 将在 18 小时内完成工作，至于所有工作则需花费 20 小时才能完成。工作中心 I 在 20 小时的最后 2 小时将会闲置，工作中心 II 则在一开始会有 1 小时的等待。两个工作中心的闲置时间都要善加利用，如进行设备维修保养等。

詹森法则可进一步应用于 n/3 问题上。此问题过于复杂，本书不拟介绍。

（二）杰克森法则

詹森法则假设每项工作都必须依循相同两步骤的顺序进行，杰克森法则（Jackson's Rule）将此假设放宽后，针对同样的问题提出解法，因此杰克森法则可说是詹森法则的修正。杰克森法则假设一件工作中，有些工作需先经过工作中心 I，再经过工作中心 II；有些工作仅经过工作中心 I 或工作中心 II；有些工作则需先经过工作中心 II，再经过工作中心 I。

杰克森法则的实施步骤如下：

（1）将所有工作依工作顺序分成 I ~ II、II ~ I、I 与 II 四类。

（2）将 I ~ II 与 II ~ I 的工作以詹森法则来排序。

（3）将 I 与 II 的工作任意排序。

（4）将工作中心 I 与 II 的工作依下列原则排序：工作中心 I：（I ~ II）~（I）~（II ~ I）。工作中心 II：（II ~ I）~（II）~（I ~ II）。

范例 13-7

请针对表 13-17 的资料，以杰克森法则排序。

表 13-17 六项工作的加工时间

工作	需经过的工作中心	加工时间（小时）	
		工作中心 I	工作中心 II
甲	I	6	0
乙	I ~ II	8	4
丙	II ~ I	4	7

续表

工作	需经过的工作中心	加工时间（小时）	
		工作中心Ⅰ	工作中心Ⅱ
丁	Ⅱ	0	6
戊	Ⅰ~Ⅱ	5	15
己	Ⅰ~Ⅱ	12	6

解答：

1. 将6件工作分成下列四类：

Ⅰ~Ⅱ：乙、戊、己

Ⅱ~Ⅰ：丙

Ⅰ：甲

Ⅱ：丁

2. 将（Ⅰ~Ⅱ）与（Ⅱ~Ⅰ）的工作依詹森法则排序如下：

（Ⅰ~Ⅱ）：戊~己~乙

（Ⅱ~Ⅰ）：丙

3. 将Ⅰ与Ⅱ的工作排序如下：

Ⅰ：甲

Ⅱ：丁

4. 工作中心Ⅰ的工作依（Ⅰ~Ⅱ）~Ⅰ~（Ⅱ~Ⅰ）的顺序安排，得

戊~己~乙~甲~丙

工作中心Ⅱ的工作依（Ⅱ~Ⅰ）~Ⅱ~（Ⅰ~Ⅱ）的顺序安排，得

丙~丁~戊~己~乙

5. 将上述排序结果标示时间后如图13-17所示：

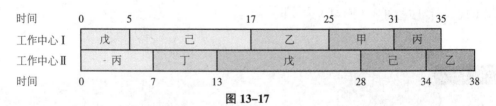

图 13-17

第四节 服务业的排程问题

大部分服务业使用的资源种类比制造业来得少，因此服务业的排程只需利用第十五章所介绍的甘特图试排几次后，就能得到可接受的结果，但如果希望其排程的结果为最佳，

则可用作业研究的方法来求解。

服务业排程最常见到的就是人员排班的问题，一般常运用在人员的轮班与休假时间的安排。人员排班首先需了解政府相关劳动法令的规定、劳资合约的内容、公司的政策以及工作人员的个人背景因素等，然后才能开始着手排班。

制造业排程重视的是系统的有效产出；但对服务业而言，系统的有效产出并不一定最重要，反而是顾客的满意度往往更受重视，故为提高系统的有效产出而调整服务顺序，其所造成的顾客抱怨与满意度下降，往往会令企业得不偿失。有些服务业甚至只需依照客户排队的先后顺序，尽快完成服务即可，而不需要任何的排程技巧。

服务业排程时常遭遇一些与制造业完全不同的困难，如下列情况：

1. 订单常过度集中

订单过度集中使得旺季或尖峰时间，因资源不足而难以排出能如期完成所有工作的排程；相反地，在淡季或离峰时间，又会因工作量不足，而排出无法运用所有资源的排程。

2. 服务合格与否常难以建立客观的标准

服务合格与否常难以建立客观的标准，因此不同的顾客对于同样的服务，所要求的内容有极大的差异，以致排程结果与实际进度间常有落差。

3. 服务业存在着太多的赶工

服务业存在着太多的赶工，因此常常无法满足紧急客户的需求，且服务作业的优先次序常会因顾客的要求而一改再改，导致每项作业的前置时间都太短，而影响到服务的品质。

服务业排程的难易度差异极大，如从简单的购票服务到复杂的顾问咨询服务。服务业排程的技巧虽然大同小异且看似简单，但实际展开服务作业时，却常因许多无法预测的人为因素，而需仰赖管理者的经验与智能才能顺利完成。

第五节 结论

一般制造业中的生管人员，其最主要的工作项目之一就是排程。对于有志于投入生管作业的莘莘学子而言，进一步了解限制理论的原理与想法，将会对未来工作生涯极有助益。

个案研讨

宸鸿（TPK）快、赶、抢成为全球电容式触控面板龙头

如果要谈及 2010 年台湾科技产业的最大传奇故事，非 TPK 宸鸿莫属。原本默默无闻的宸鸿，靠着拿下苹果、HTC 等 31 家全球消费电子大厂的触控面板订单，未上

市前就掀起全台抽签买股票的热潮，上市后股价一飞冲天。

宸鸿光电科技股份有限公司成立于 2003 年，为 TPK Holding Co., Ltd.（简称宸鸿集团）的子公司。宸鸿集团于 1994 年设立于开曼群岛，转投资设立 14 家子公司从事触控应用产品的研发、制造及销售等业务。宸鸿光电是专业的触控技术应用领导厂商，通过垂直整合的生产制程提供客户全方位的触控技术应用解决方案，包括产品设计、研发到量产，主要产品为投射电容技术相关组件及模块，属于高技术门槛及高进入障碍的领域，无论是技术层次还是产能均居世界领先地位，客户群也均为世界级电子大厂，目前在全球投射式电容市占率已达第一名。该公司于 1995 年，开始为美国触控厂 ELO（Elographics）代工制作博弈机台、ATM 及 POS（零售销售系统）后，发觉"触控"是一个 Revolution（革命），为了掌握自有技术，随即投入电容式触控面板的研发及生产制程；并于 2004 年 12 月，以透明玻璃投射式电容技术，获选与苹果公司共同研发 iPhone 智能型手机所使用的触控屏幕。

电容式触控产品具有防尘、防火、防刮、强固耐用及具有高分辨率等优点，但有价格昂贵、容易因静电或湿度造成误动作等缺点。电容式技术主要运用在金融系统（如提款与售票系统）、医疗卫生系统、公共信息系统及电玩娱乐系统等方面。

当使用者与触控面板没有接触时，面板上的所有电极是同电位的，触控面板上没有电流通过；当手指与触控面板接触时，人体内的静电流入地面，而产生微弱电流通过，并输出模拟讯号。由控制器内的检测电极依电流值变化，将模拟讯号转换为计算机可以接受的数字讯号，再经由计算机里的触控驱动程序整合各组件编译，可以算出接触的位置，最后由显示卡输出屏幕讯号，在屏幕上显示出所触碰的位置。

苹果公司的 iPhone 在其 3.5 寸玻璃投射式电容触控屏幕上，布满肉眼看不到，由44000 个感应点，交织成一张密不透风的网子。当使用者的手指轻点，数万个细小感应点，会吸取手中微小电流，借以感应指令，并随使用者的命令，随着手指的直觉移动，操纵手机的所有功能。

每天全球有上亿人的手指头在 TPK 宸鸿的投射式电容触控面板上滑动，每两台苹果的 iPhone 与 iPad 的触控面板，就有一台来自宸鸿。宸鸿的营收就像是搭上了直升机，四年成长 10 倍。2007 年营收 57 亿元，2010 年 596 亿元，2011 年更是突破千亿元的新高。放眼台湾企业史，罕见像宸鸿这样高速成长的企业发展轨迹。

2005 年宸鸿才拥有 355 位员工，2009 年就达到 8000 人规模，2011 年 3 月中旬达到 36000 人，年底冲破 50000 人大关。

宸鸿的投射式电容触控面板模块，在薄薄的玻璃基板上，能把比头发还细的电路印上去，要让消费者看不到上面密布的触控电路，可以任意用手指头缩放屏幕画面，却又能够抵挡住粗鲁的在屏幕上刮来刮去。不是技术与业务出身的宸鸿光电科技董事长江朝瑞，却愿意花10余年时间，烧掉10多亿元，重押研发多点触控的投射式电容技术。

成为苹果的供货商，被全球科技业者视为最严苛的挑战。才6年历史的宸鸿，却能够一举拿下苹果两大拳头产品iPhone与iPad的触控屏幕模块订单。时序回到2007年6月。苹果执行长贾伯斯刚在旧金山，风光对着全球媒体宣布6月29日第一部苹果iPhone上市，但1万公里外的宸鸿厦门厂却是弥漫着高度紧绷的备战氛围。6月1日，全球第一批的iPhone触控面板准备从宸鸿的生产线拉出来，结果只产出200片，当晚，江朝瑞彻夜开会到清晨4点，想办法提升生产的效率，否则无法赶得上苹果的上市时程。次日，江朝瑞成立战情中心，整整一个月，他与所有主管们都住在工厂的宿舍里，24小时无休，每隔一小时轮流巡查生产线的状况，终于帮助贾伯斯完成iPhone上市梦想。改进生产排程的两个礼拜后，面板产量由200片提升了20倍，效率由8%拉升到80%，成功达成苹果公司6月29日的iPhone全球出货日。宸鸿能够让苹果、HTC的最新产品赶在第一时间上市，关键就是在"赶工、抢产能"。

所谓严师出高徒。面对苹果、HTC等31家全球一线消费电子大厂客户，宸鸿被锻炼出一身绝世武功，"在客户要产品上市前，我们早就把产能准备好了"，江朝瑞强调。宸鸿经常是新厂房外部还在装修，内部就开始同步生产。在宸鸿厂区内，随时可以看到外墙都还在粉刷，但室内却是灯火通明，触控面板模块的生产线24小时加班生产，"工厂还没盖好，客户已经先包下产能，都在排队等出货"。宸鸿的另一个绝活，就是一边设计产品，一边买设备，一边进行无尘室认证。

全球的消费者都在排队抢购苹果最新iPhone与iPad，这也对宸鸿造成很大的压力。"iPhone与iPad一上市，瞬间拉货几百万台，台商没有很好的供应链管理系统，马上被拖垮掉"，台商擅长大量制造的经营模式，但宸鸿却精进到"大量客制化"服务。在宸鸿的厂区内，24小时无休地生产，全球31个客户的尖端手机、平板计算机与电子书的触控面板，触控屏幕尺寸从3.5寸到32寸，全产品线都能有条不紊地高速制造。每天上午10点，宸鸿厦门厂的出货仓库，排满了冗长的大车队，10小时内，宸鸿触控面板就会在数百公里外的深圳富士康生产线上组装。精准无误的高效率供应链运作，正是宸鸿最核心的竞争力。

宸鸿的战情室是公司的最重要位置，地板上一道红线与三面墙120多个巨型荧幕，让人以为仿佛进入了美国太空总署的航天飞机发射中心。"这里是宸鸿的中枢神经系统，掌管一年几百亿元生意的货金流、信息流、物流、人流，就连每位员工资料都可以实时调出来，就连未来可能何时缺料都可以推算出来"。宸鸿的信息系统，建构起一个实时透明的管理平台，所有主管都可以知道每一个小时最新的现金、库存、产量等数百种信息，详细到连目前有多少零组件在供货商与运输路程上，都能追踪到底。宸鸿比照人体的中枢神经系统，在所有厂区内布建了18000多条神经传导线，每天处理9000万笔信息，"我们把每一位主管都当成七四七机长，设计出实时信息管理接口，提供他们作为决策的参考"，甚至连小到生产线的副课长都很清楚知道年度预算与目标的每一个小时执行比率。

宸鸿还帮每一片触控面板都打上追踪码，就像是DNA。一旦消费者反映手机的触控屏幕有问题，店家一刷条形码，宸鸿马上可以追踪到这是哪一天、哪一条生产线、哪机台所制造，甚至将运送上游零组件的运输路线都记录下来，方便随时分析出影响效率的问题。宸鸿的信息管理系统，更注重财务体系。原本月结要10天，大举缩短到2天以内，而过去现金转换循环天数，从早期的49天现金，变成-19天，纾解现金营运压力。简单地说，就是这19天内拿别人的钱来赚宸鸿的钱。

由于玻璃投射式电容感应度为100%，而电阻式感应率只有95%，因此，传统电阻式触控面板业者，若想跨入电容式技术，有以下三点需要突破：

1. 资金门槛高

电容式技术投资门槛，是电阻式的10倍。生产电容式触控面板所需的自动化设备与无尘室，为生产电阻式触控面板厂转型生产时所欠缺的设备。

2. 制程时间长

电容式技术的耗费时间，为电阻式技术的7倍。传统电阻式制程，类似印刷机，将电路印上导电玻璃，一天可做好几片。但电容式的生产技术，需要进行光学曝晒与显影制程，因此整个生产流程，需要一定的时间才能完成，从生产线一激活到完成，需要7天时间。

3. 工序更复杂

电容式技术工序为电阻式技术的5倍以上。电阻式制程有15道工序，而电容式需要90道工序，是电阻式的5倍以上，效率一旦下降到85%以下，就等着赔钱。特别是后段贴合制程，电阻式技术是塑料贴上玻璃，属于软贴硬；而电容式技术是硬贴硬，玻璃贴玻璃，只要一点气泡跑入就是报废。

手机市场竞争激烈，平均每部手机的寿命只有10个月，一部触控手机的面板出货高峰在前6个月，随后产品便准备进入下一个时代，宸鸿光电科技公司表示，"每部手机触控面板的规格都不同，这是个讲求客制化的市场"，因此该公司可针对每部手机提供客制化的团队服务。

随着投射式电容将超越电阻式技术，成为手机触控主流，宸鸿激活第三阶段垂直整合策略，买下之前和导电玻璃厂OPTERA合资成立的公司，掌握了前段ITO玻璃制程，又买下后段贴合设备厂，垂直整合能力大幅提升。

资料来源：
1. 曾如莹. 负债小台商变全球触控天王传奇 [J]. 商业周刊，2010（1194）.
2. 宸鸿公司网站 http：//www.tpk-solutions.com.
3. 江逸之. TPK 宸鸿快、赶、抢抓住苹果 [J]. 天下杂志，2011（471）.

问题讨论　试叙述宸鸿如何以速度应对客户的需求。

习题

基础评量

1. 试述何谓日程安排。

2. 生产排程的目的为何？

3. 何谓派工？

4. 试述限制理论改善经营绩效的五大步骤。

5. 限制理论中的限制有哪几种？

6. 为何限制驱导式现场排程与管理技术认为要平衡的是流量而非产能？

7. 为何限制驱导式现场排程与管理技术认为资源的使用率与可用率是不同的？

8. 为何限制驱导式现场排程与管理技术认为非受限产能的使用率不能自行决定，而是由系统的限制来决定？

9. 为何限制驱导式现场排程与管理技术认为受限产能一小时的损失就是整个系统一小时的损失？

10. 为何限制驱导式现场排程与管理技术认为非受限产能一小时的节省只是一种假象？

11. 为何限制驱导式现场排程与管理技术认为受限产能决定了整个系统的有效产出与存货？

12. 为何限制驱导式现场排程与管理技术认为移转批量不会也不应该等于生产批量？

13. 为何限制驱导式现场排程与管理技术认为生产批量应是变动而非固定的？

14. 为何限制驱导式现场排程与管理技术认为生产排程应同时考虑产能与加工顺序；前置时间是排程的结果，无法事先得知？

15. 为何限制驱导式现场排程与管理技术认为局部最佳的总合并不等于整体最佳？

16. 某公司生产两种产品 A 与 B，已知限制机台仅能提供 400 小时的加工工时，且此两种产品的相关资料如下表，试加以排程。

产品	销售价格	材料成本	产品每件所需限制的加工时间	市场需求
A	70	60	3	100
B	60	40	4	50

17. 某公司生产 3 种产品 A、B 与 C，已知限制机台仅能提供 800 小时的加工工时，且此 3 种产品的相关资料如下表，试加以排程。

产品	销售价格	材料成本	产品每件所需限制的加工时间	市场需求
A	70	60	2	200
B	100	50	5	100
C	80	40	4	100

18. 假设某一工厂有 6 种产品，各产品存货和需求率如下表所示，试决定生产优先顺序。

产品别	存货（单位）	需求率（件/日）
A	80	4
B	40	5
C	40	10
D	50	5
E	70	10
F	60	20

19. 假设某一工厂有 5 种产品，各产品存货和需求率如下表所示，试决定生产优先顺序。

产品别	存货（单位）	需求率（件/日）
A	200	40
B	160	32
C	240	20
D	150	50
E	360	60

20. 某公司目前手头上有 6 张订单，若最终制程为限制，现将该 6 张订单依交期以及预计加工时间加以排列，如下图所示，试为该公司排程。

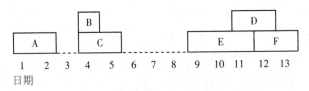

21. 某公司目前手头上有 7 张订单，若最终制程为限制，现将该 7 张订单依交期以及预计加工时间加以排列，如下图所示，试为该公司排程。

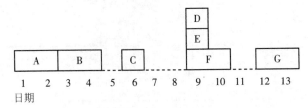

22. 下表中间部分为工作指派的成本资料，试算出成本最低的工作指派。

<table>
<tr><td></td><td></td><td colspan="4">工人</td></tr>
<tr><td></td><td></td><td>甲</td><td>乙</td><td>丙</td><td>丁</td></tr>
<tr><td rowspan="4">工作</td><td>1</td><td>10</td><td>8</td><td>6</td><td>8</td></tr>
<tr><td>2</td><td>9</td><td>12</td><td>6</td><td>20</td></tr>
<tr><td>3</td><td>8</td><td>7</td><td>13</td><td>12</td></tr>
<tr><td>4</td><td>9</td><td>4</td><td>19</td><td>17</td></tr>
</table>

23. 工作中心有6件等待进行的工作。请依下表资料，进行优先级法则①FCFS、②SPT、③EDD与④CR的排序。

工作	工作时间（小时）	到期时间（小时）
A	10	200
B	30	180
C	50	100
D	40	150
E	65	200
F	100	80

24. 加工厂有5件工作，皆须依循先工作中心Ⅰ、后工作中心Ⅱ的步骤进行加工，请以詹森法则排序。已知该5件工作的加工时间如下表所示。

工作	工作进行时间（小时）	
	工作中心Ⅰ	工作中心Ⅱ
A	2	4
B	3	5
C	4	1
D	2	6
E	6	5

25. 加工厂有5件工作，皆须依循先工作中心Ⅱ、后工作中心Ⅰ的步骤进行加工，请以詹森法则排序。已知该5件工作的加工时间如下表所示。

工作	工作进行时间（小时）	
	工作中心Ⅰ	工作中心Ⅱ
A	5	2
B	4	5
C	4	3
D	8	7
E	2	6

26. 请针对下表，以杰克森法则排序。

工作	需经过的工作中心	加工时间（小时）	
		工作中心 I	工作中心 II
甲	I	3	0
乙	I ~ II	4	9
丙	II ~ I	2	4
丁	II	0	7
戊	I ~ II	5	15
己	I ~ II	6	5

27. 请针对下表的资料，以杰克森法则排序。

工作	需经过的工作中心	加工时间（小时）	
		工作中心 I	工作中心 II
甲	I	2	0
乙	I ~ II	3	6
丙	II ~ I	4	5
丁	II	0	7
戊	I ~ II	2	10
己	I ~ II	3	2

深度思考

1. 为什么课本说"只需掌握投料、瓶颈制程与出货三者的节奏，就可达到平衡流量的目的"？

2. 为什么课本说"一切改善虽可从局部着手，但成效评估却应看其是否对系统的有效产出有所帮助"？

第十四章 企业资源规划与供应链管理

学习重点 在学习本章后，你将能够

1. 了解何谓企业流程再造及其七项准则。

2. 了解何谓快速响应、持续补货以及有效消费者响应。

3. 了解何谓协同规划、预测与补货。

4. 了解企业资源规划的演化历程。

5. 说明企业资源规划的特性以及其与制造资源规划之间的差异。

6. 说明企业资源规划的最近发展为何。

7. 说明先进规划与排程的意义。

8. 解释何谓运筹管理与全球运筹管理。

9. 说明长鞭效应与供应链管理的意涵。

速度、成本与弹性是中小企业的专利吗？

"身为中小企业，速度、成本与弹性是我们的优势。"陈经理记得 10 年前刚进公司时，梁总经理意气风发、言犹在耳的一番话。

"超频企业比本公司大十倍，但交期只有我们的一半；成本是我们的 80%；弹性比我们还大，对顾客的需求从不说 NO。"陈经理上个月听到梁总经理对公司现况最新的评语。

"为什么超频做得到，而我们却做不到？"陈经理百思不得其解，"如果大企业在速度、成本与弹性上都可以赢过中小企业，那么中小企业还有明天吗？最近几年看到像鸿海、广达、华硕、台积电等大企业的快速发展与不断并购中小企业，而中小企业的前景却混沌未明？看来再过不久，我就要回家开杂货店了。可是五大超商，尤其是 7-ELEVEN，也是一样地不断压缩传统杂货店的生存空间啊！这其中一定有什么法宝是我所不知道的。"陈经理暗自下定决心要买本好书仔细地研究研究。

本章将对几个看似独立却极具关联性的主题加以介绍。这几个主题的核心议题是企业资源与供应链的最佳化，因此，本章以企业资源规划与供应链为标题。实际上，本章的内容将包含企业流程再造、零售补货方案、企业资源规划、先进规划与排程以及供应链管理五部分。

第一节　企业流程再造

组织在进行变更作业模式或商业模式的同时，常会伴随着推动企业流程再造，故本章先从企业流程再造开始介绍。

自亚当·斯密提出分工理论后，企业组织在过去200年中大都依循功能方式来做设计，如图14-1所示。当组织结构设计完成后，各项作业流程即据以规划并付诸实施。

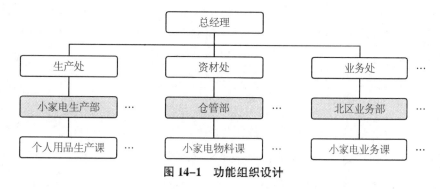

图14-1　功能组织设计

但在企业规模日益庞大，组织结构日益复杂，作业项目与内容日益烦琐的今天，依功能别设计组织，然后再依组织结构设计流程的做法却会产生以下缺点：

1. 因专业分工造成组织层级过多

现代企业的产品种类日益繁复，一般员工已难以应付这些性质迥异的不同产品，依功能别专业分工的组织为此必须设计更多的组织层级，才能将权责分散至员工足以应付的范围，因此极易造成组织层级过多，间接人员、管理干部与冗员充斥。

2. 因沟通不良形成本位主义

依功能别专业分工的组织，对于同一产品或市场的沟通常需通过更高层级的管理者，在层层节制下常易造成组织内的沟通不良以及本位主义。如图14-1中，有关小家电的销售、生产与物料部门若需沟通，依正常行政程序办理则很有可能需跨越多个上级单位。

3. 因组织层级过多与本位主义，组织易失去理想与目标

在组织层级过多与强烈的本位主义下，员工见树不见林、目光短浅、独善其身而不以大局为重，官僚文化与形式主义兴起，组织的理想与目标将会被忽略而难以达成。

4. 因流程冗长而丧失弹性与速度等竞争优势

依功能别专业分工的组织，部门间沟通的流程较长，常使得组织丧失竞争优势。如图 14-1 中，小家电的销售部门若因市场变化而需立即采取应对措施，则生产与资材部门会因流程过于冗长而无法及时响应，造成组织丧失商机或蒙受损失。

麦克哈默（Michael Hammer）有鉴于此，提出企业流程再造（Business Process Reengineering，BPR）的观念。他认为在竞争激烈的现代社会中，多数企业所运用的改善方法（如合理化或自动化等），事实证明已无法彻底地革新企业。许多企业花费金钱在改善或是引进新的信息科技，但是却变成强化旧有错误工作流程的工具，组织成本因而不断增加，但改善的绩效却微乎其微。

麦克哈默对于企业流程再造的定义为"根本的重新思考，彻底地翻新作业流程，以便在现今衡量企业的关键绩效上，如成本、品质、服务和速度等，获得戏剧性的改善"。

有关企业流程再造的同义词甚多，如 Reengineering、Business Process Reengineering 与 Process Innovation 等，中文名称则有改造、企业再造与企业再生工程等。这些名称虽不相同，但其意义则大同小异，都是强调以流程导向式的组织取代传统功能别专业分工的金字塔形式的阶层组织。

麦克哈默提出企业流程再造的七项准则如下：

1. 依结果来规划一项工作而非依功能

组织存在的目的是为了完成任务，故组织结构的设计应以结果为导向，原本依功能别切割，然后交给不同人员处理的工作，应尽量整合成单一工作，由个案处理者或个案处理团队来执行，免除不必要的换手，以获得较快的速度、生产力及客户反应，并可提供顾客清楚的业务接洽窗口。如图 14-1 中的小家电相关业务就可重新加以整合成一个"小家电事业处"来负责所有与小家电有关的工作。

2. 让使用程序所产生结果的人来执行这个程序

执行程序者若无法了解该程序的意义并享受该程序的结果，则该程序的执行成效常会大打折扣；另外，执行程序者与程序结果的使用者之间也因需要沟通协调，常会增加许多不必要的困扰。让使用程序所产生结果的人来执行这个程序，能提升程序效果，且因执行者就是使用者，许多不必要的协调亦能避免。例如，授权员工在一定范围内可以自行采购而不用通过采购部门、顾客可以自己填写单据或供货商可以自行管理存货等，都能获得精简流程的效果。

3. 将信息处理的工作融入产生信息的工作

信息产生后应立即处理，不应有无谓的等待或换手，以避免日后不必要的调阅、查询、确认与重复输入资料等作业，这除了能节省时间外，更有助于避免错误的发生。例如，业务人员在接受顾客传真订单要求出货后，就应立即确认订单的正确性、输入电脑、开立出货通知单转仓管部门安排出货事宜、要求财务部门开立发票寄发顾客等，而不应将以上这些工作拆成数个段落来执行。

4. 将地理上分散的资源视为集中

将人员、设备或是存货等资源分散，虽然能提供使用它们的人更好的服务与响应，但这会造成更多的成本与过长的流程，且也丧失了达成经济规模的机会。信息科技能将地理上分散的资源集中管理，结合了集权与分权管理的优点，组织能以较低的成本与较短的流程提供顾客更好的服务与响应。如 7-ELEVEN 以 POS 建立集中式的数据库，就可以将公司与各店面相连接，除能维持快速补货避免缺货外，也能因大批量采购降低成本。

5. 将平行的作业结合起来，而不只是将结果加以整合

要在并行的作业间实行联结，并且在活动进行中就进行各种必要的立即调整，而不是在个别的活动完成后才进行整合，因为万一整合失败，组织将会面临非常大的成本与时间损失。通过通信网路、分享的数据库与视讯会议等，可以让许多独立的群体并行作业并随时进行各种调整。如宏碁科技近些年来厉行再造，该企业的九人决策小组定期在视讯会议上做出各种决策并付诸实施，创造了惊人的绩效。

6. 将决策点放在工作执行点，并将控制建立在流程上

执行工作的人应同时具备自行决策的能力与权力，而流程本身亦应具有自我控制的机制。当工作者变得较能自我管理与控制，阶级制度以及官僚作风就会消失，金字塔的管理层级就可压缩，而组织结构也会更为扁平。现今的信息科技已能够协助工作者查核其作业的正确性，而专家系统与知识管理系统更可大量供应员工所需的知识，导入这些工具，有利于员工自行决策的理想得以实现。

7. 于资料产生点一次完成资料的撷取

信息的收集与撷取应由信息系统在资料产生时立即完成，以避免时效延误与错误的数据输入，并降低重新登录的成本。例如，自动化生产设备在生产时，若也能够同时进行自动化检测，并将资料立即输入系统中，那么当制程不稳定时就能在第一时间察觉，以避免大量不合格品的出现，并降低数据输入错误率与作业成本。

由以上的原则介绍，读者能够发现信息科技在 BPR 扮演着不可或缺的角色。然而，推动企业流程再造也不应误以为信息科技能为企业解决一切问题。许多推动企业流程再造失败的案例中显示，建立最高管理者的正确心态以及如何妥善处理员工在变革过程中的抗拒，往往才是企业流程再造是否能够成功的关键。

企业流程再造与品质管理中的持续改善常引起混淆，我们以表 14-1 比较此两者之间的差异。由表 14-1 可得知，企业流程再造的变革幅度比持续改善大，但相对地，企业流程再造的风险与投资也较大，成功率也较小。

表 14-1 企业流程再造与持续改善的比较

	企业流程再造	持续改善
变革的层次	根本的	渐增的
起始点	从头开始	现有的流程
参与	由上而下	由下而上
范围	广、跨功能别	窄、单一功能内
风险	高	适中
主要的成功因素	信息科技	统计品质管制
变革的形式	文化上与结构上	文化上

第二节 零售补货方案

处于供应链末端的零售业者对于消费者的需求最为敏感，也最能提供上游厂商有关未来需求较正确的预测，协助上游厂商规划与改善其生产与存货管理；当上游厂商的生产与存货管理更能符合下游配销系统的需求时，零售业者的存货问题就也能同时获得改善。在过去，由于系统整合度与信息透明度不佳，所以从制造商到经销商都必须各自对未来需求作预测，当各个预测产生差异时，从制造商到经销商就都有可能出现存货不足或过剩的现象，其中又以商品种类最为庞大的零售业者的问题最为严重。

面对上述问题，美国服饰业者在 20 世纪 80 年代初期提出了快速响应（Quick Response，QR），继之在 20 世纪 80 年代末期进一步改善为持续补货（Continuous Replenishment，CR）；日用品杂货业者于 20 世纪 90 年代初期提出有效消费者响应（Efficient Consumer Response，ECR）；20 世纪 90 年代末期，北美跨产业商业标准（Voluntary Inter-industry Commerce Standards，VICS）协会参酌 JIT、QR、CR 与 ECR 的精神，提出了协同规划、预测与补货（Collaborative Planning，Forecasting，and Replenishment，CPFR），以为因应。

一、快速响应

快速响应运用 POS 实时监控出货状况，以 EDI 与供货商实时联系，供货商将预先贴好卷标的商品，以每日出货的方式直接配送至销售场所，这种将 JIT 的精神充分落实的做法，使得销售场所的存货因之下降，缺货情形得以改善。

二、持续补货

持续补货运用供货商管理存货（Vendor-managed Inventory，VMI）与联合预测（Joint Forecasting），将 QR 带入了另一个境界。

传统的零售业者在进货后，即接收存货的所有权。而后，为了降低风险，许多零售业者纷纷改采寄售（Consignment）模式，即存货所有权一直属于供货商，零售业者只负责提供销售环境与管理，并在商品销售出去后才定期结算并支付供货商货款。寄售模式能降低零售业者的存货并延后付款，但对供货商则极为不利。VMI 的做法则是在产品使用或销售出去时，立即同时将所有权移转给零售业者，以缩短供货商的收款时间。另外，供货商仍会持续取得顾客的存货信息，而不只是出货状况，并且负责补充顾客的存货，以使供货商得以清楚地掌握顾客的存货变化，及早进行各种规划与补货，使得生产与配销更具效率；顾客则因无须追踪存货水准以及无须执行订购活动而得以降低成本。

当零售业者与供货商都采用同样的销售情报时，对于未来销售状况的联合预测就变得可行。其结果是预测的正确性提高、零售业者与供货商之间的共识更为强化、长期伙伴关系得以建立。

三、有效消费者响应

有效消费者响应则是以 QR 与 CR 为基础，并加入了 ABC 成本会计制度与品项管理（Category Management）。

ABC 成本会计制度比起传统的成本会计制度，能更精确地计算出每项商品的真实成本与获利能力。品项管理能分析消费者的采购组合与采购替代商品。ABC 成本会计制度与品项管理对于零售业者在货架规划、商品陈列与促销方案等活动上的决策，提供了莫大的帮助。

四、协同规划、预测与补货

协同规划、预测与补货是运用各种先进的网络技术，让买卖双方分享信息，共同合作完成从商业规划、市场预测、一直到补货等整个 B2B 的过程，并经由绩效衡量系统的建立，使得该过程得以持续改善。CPFR 的运作模式如图 14-2 所示。

CPFR 的运作可分为四个构面：策略规划、供需管理、订单执行与分析，这四个构面持续循环成为改善的基础。四个构面又涵括八项活动：策略规划构面包含合作协议与商务计划，供需管理构面包含销售预测与订单预测，订单执行构面包含订单产生与订单履行，分析构面包含例外管理与绩效评量。四个构面与八项活动皆须由买卖双方基于满足顾客的需求协力完成。

CPFR 的提出虽晚于 QR、CR 与 ECR，但它却常被视为一种全新的补货方案。它与 QR、CR 及 ECR 最大的不同有以下几点：

1. 更为完整的运作模式

CPFR 包含从最高阶的策略管理往下展开到补货前的供需管理、补货过程中的订单执

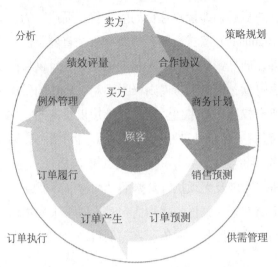

图 14-2 CPFR 运作模式

行以及补货后的各项分析与持续改善，运作模式极为完整，纵向考量下，使得各项计划更为一贯；相比之下，QR、CR 及 ECR 的规划则较为片段。

2. 买卖双方更为全面的合作

CPFR 在四个构面八项活动中，推动买卖双方全面的信息分享与合作，横向考量下使得所有计划更为可行；而买卖双方在 QR、CR 与 ECR 的方案中则仅属局部合作。

3. 信息技术更为先进

CPFR 舍弃了 QR、CR 与 ECR 所采用的 EDI，而以延伸性标记语言（Extended Marked Language，XML）为基础，并更进一步发展出 VICS CPFR XML 标准规格，使得信息传输的可靠性更高，系统开发更为简易，大幅降低了 B2B 电子商务的推动门槛。

OM 透视镜

勇敢说出"买贵退 2 倍差价"的屈臣氏

屈臣氏为亚洲最大的个人药妆用品商店，截至 2006 年 3 月底，在台分店数达 386 间。屈臣氏每店都配置有专业的药师、热心的服务人员，销售商品超过上万种，店内超过 6000 种的黄标商品，都执行"买贵退 2 倍差价"政策，同时提供"十四天二话不说退换货服务"。

有感于微利时代的来临以及市场需求变化快速等诸多压力，屈臣氏于 2005 年起，花了两年的时间推动以 CPFR 为主体的"屈臣氏药妆价值链协同整合计划"，是全球屈臣氏体系中第一个导入 CPFR 计划的分公司，这对药妆业而言，可谓是革命性的示范。

"低价"与"多样化"是台湾屈臣氏一贯采取的促销策略。过去促销商品，大都是事前先由工作人员依其经验预估数量，事后再进行调整，但在实务上却常常出现反应过慢的情形。这种做法常造成热卖商品因供货商补货不及而使得门市缺货。另外，促销组合的变化很多，临时补货成为常态，营运成本负担很重。因此如何紧密协同屈臣氏与供货商的促销计划与预测，降低缺货率与库存成本就成为屈臣氏亟待改善的问题，而 CPFR 提供了屈臣氏最理想的协同解决方案。

屈臣氏推动 CPFR 的准备工作依序为凝聚共识，组织专案团队，和门市、物流中心及供货商协同流程，发展项目工作说明书，制定"协同绩效指标"、"CPFR 未来协同流程设计"及"与供货商协同规则"。

"屈臣氏药妆价值链协同整合计划"分为两个阶段。第一阶段是"发展自有品牌体系价值链"，第二阶段是"建立高动态协同促销策略"。

屈臣氏"发展自有品牌体系价值链"计划，将台湾地区的 6 家 Own Label ODM 供货商、全省 386 家门市和物流中心一起导入 CPFR，希望借此发展自有品牌协同体系价值链。为了贯彻"低价"及"多样化"的重要经营策略，屈臣氏与供货商一起讨论协同促销规划、协同商品品类管理、协同共同促销活动档期/行事历、协同销售预测管理及协同订单预测管理等重要协同管理事项。为使所有协同作业实时化，屈臣氏通过建置"协同规划预测补货作业平台"，每天快速更新供销双方的信息，让供应链的信息透明化，供销双方可实时修订后续的促销计划，以应对多变的市场。此外，屈臣氏与供应商订有关键绩效指标（KPI），供应商必须思考如何提升屈臣氏门市与配销中心商品取得率、降低订单实现前置时间及提升准交率等。为了真正落实协同作业关键绩效指标，除了在内部采购和物流部门人员设定年度考核项目，对外部协同对象也设有罚则和诱因。为达成高服务水准 97%准交率的目标，屈臣氏承诺将准确度高的供货商列入年度优良供货商评等，Own Label ODM 供货商将推荐给全球屈臣氏，协助供货商进入国际市场；此即为结合通路品牌与优质商品开发的价值，创造体系价值链的成功案例。

屈臣氏"建立高动态协同促销策略"计划的目标是要建立实时、高效率、循环式协同促销规划、预测与补货示范模式，并完成下列工作：

1. 提早及快速修正与供应商沟通促销策略与计划，降低供需差异。

2. 大幅提升各种促销预测准确度，降低促销品缺货率。

3. 实时将促销计划整合至补货计划中，减少屈臣氏与供货商的销售损失。

4. 通过有效异常管理机制应对临时促销计划改变。

5. 评估与分析促销成效，作为协同改善计划的决策支持。

资料来源：联合通商网站，http://www.ebizprise.com/.

第三节　企业资源规划

企业资源规划（Enterprise Resources Planning，ERP）是一种以先进的信息技术（Information Technology，IT）为工具，将企业内纵向流程与横向机能的所有资源加以整合，以实现现代管理概念的信息系统平台。

一、ERP 的演化历程

回溯过去，我们可将 ERP 的演化历程概略分为以下四阶段：

1. 第一阶段（1980 年以前）

20 世纪 60 年代以前，信息系统主要用于替代人工操作中有关记录、查询与汇总统计等方面的工作。

60 年代，企业逐渐将信息技术运用在产业营运活动上，单一功能的计算机软件陆续出现，其中尤以存货管理软件、业务销售管理软件与会计软件等最为盛行。

70 年代，以解决相依需求存货问题的物料需求规划出现，信息系统成功地整合了存货管理、生产管制与采购管理系统。

2. 第二阶段（20 世纪 80 年代）

80 年代，在局域网络（Local Area Network）的支持下，以物料需求规划为基础的制造资源规划出现，信息系统能在有限的区域范围内整合生产制造所需的资源，如销售、生产、存货、采购、研发、工程、人力资源与财务等。

3. 第三阶段（20 世纪 90 年代）

90 年代的顾客，对产品与服务的要求更为严苛，除考虑产品与服务的价格、品质与多样性外，更要求供货与服务的速度，此时的作业模式为大量客制化生产。在网际网络（Internet）的快速普及与支持下，以强调弹性、快速反应与整体资源有效运用的 ERP 系统就应运而生。

ERP 可视为结合 MRP Ⅱ、先进信息技术以及现代管理概念，对散布各地的企业资源综合规划与管理的系统，故也有人认为它其实就是 MRP Ⅱ进一步的横向扩充。

4. 第四阶段（2000 年以后）

21 世纪，消费者开始期望能自不同的管道进行采购，电视频道、邮购、网络与手机等都成为重要的通路，生产模式为依顾客需求大量生产的量身定做式生产，资源整合的观念也由企业的内部延伸到企业外部。

21 世纪初期的 ERP，结合了供应链管理、资料仓储（Data Warehousing，DW）、顾客关系管理（Customer Relationship Management，CRM）、电子商务（Electronic Commerce，EC）和销售自动化（Sales Force Automation，SFA）等方面的功能，以应对未来全球竞争与电子商务的变局。称为延伸型企业资源规划（Extended ERP，EERP）或延伸型供应链管理（Extended SCM，ESCM）。

综合以上叙述，我们可以将 ERP 的演化历程整理成表 14-2。

表 14-2　ERP 的演化历程

	20 世纪 70 年代	20 世纪 80 年代	20 世纪 90 年代	21 世纪
市场对象	大众	分众	小众	个人
行销特性	大众市场	区隔市场	利基市场	一对一行销
组织形态	集中式组织	集中式组织	分布式组织	虚拟式组织
需求重点	成本	品质	弹性、速度	协同规划
生产模式	少样多量	多样少量	大量客制化	量身定做
信息系统在管理上扮演的角色	物料规划	制造资源的整合	内部资源的整合与最佳运用	结合内外部顾客与供货商的全球运筹模式
管理系统	MRP	MRP Ⅱ	ERP	EERP
应用范围	部门	工厂	企业	供应链
应用区域	某一定点	某一厂商	遍布全球的据点	遍布全球的供应链
营运周期	以周为单位	以天为单位	实时	实时

二、ERP 系统的特性

一个典型的 ERP 系统具备下列八项特性：

1. 整合性

ERP 系统借由单一企业数据库的建立，统一储存在企业内部各处所产生的各种信息，并应用各种模块程序，整合出有用的信息以作为决策的依据。

2. 实时性

ERP 能借由计算机强大的运算能力进行线上实时交易处理（Online Transaction Processing，OLTP），必要时更能改变相关经营参数以预测不同决策的影响，在极短的时间内提供给决策者参考。

3. 全面性

ERP 将企业各流程、各机能与各部门的活动，从高阶管理者的策略规划到基层人员的每日工作，从项目管理到日常管理，从常态性作业到临时突发性作业，全面性地纳入系统中。

4. 最佳性

ERP 的导入其实就是企业整体协同运作、流程再造、组织重整、人员角色重新定位乃至于组织文化重建的过程。大多数 ERP 系统都能提供特定产业内经由不断研究成功知名企业的运作模式累积而成的最佳典范（Best Practice），供企业参考。

5. 开放性

ERP 系统大多可以在各种不同的硬件与操作系统平台上执行，也可与其他的应用系统、使用者原有的内部应用程序或数据库互相整合，开放性的架构几乎使得 ERP 具备无限延展的能力。

6. 客制化

为快速建置与移转 ERP 软件技术给企业，ERP 系统大多具备可依顾客的产业特性与个别需求加以调整的众多参数，许多的 Add-On 程序以及专属的程序语言，让企业未来可以自行扩充与发展一些自己需要的小程序。

7. 复杂性

ERP 系统由于涵括范围极广，参数常高达数千个，模块也多至百项以上，故系统相当庞大且复杂，即使大型企业也不太可能自行规划、设计或开发 ERP 程序。

8. 灵活性

ERP 系统具备高度的灵活性，当营运模式变更、新增营业项目、增设据点、海外设厂、组织调整或流程修改时，都只要调整相关参数，即可满足新需求而不需要重开发程序。

三、ERP 与 MRP Ⅱ 的主要差异

虽然 ERP 是 MRP Ⅱ 横向的扩充，但两者之间却存在着极大的差异，这些差异主要可归纳为下列六点：

1. 在管理范围方面

MRP Ⅱ 着重在制造资源的管理上；ERP 则是针对整个企业的资源进行管理，如业务接单、采购、存货、项目计划、生产制造、品质管制、出货交运、配送、售后服务、财务、人力资源、研发与配方管理等，故 ERP 所提供的管理范围远比 MRP Ⅱ 来得广。

2. 在管理功能方面

MRP Ⅱ 协助企业整合其制造资源；而 ERP 则除了将整合的范围扩大至整个企业的资源外，它更追求办公室的全面自动化与无纸化，故 ERP 所提供的管理功能远比 MRP Ⅱ 来得深。

3. 在作业方式方面

MRP Ⅱ 针对不同的作业方式，如重复性生产、批量式生产、接单生产或存货生产等，个别进行系统设计，每一种作业方式都需要一套管理系统；ERP 则能支持和管理混合型的生产环境，满足了企业多角化经营的需求，同时使得服务业亦能完全适用 ERP 系统，故 ERP 比 MRP Ⅱ 提供了作业方式更多样性的选择。

4. 在管理时效方面

MRP Ⅱ 是以定期的规划与运算来管制整个生产过程，时效性较差；ERP 系统则强调实时性，具有线上分析处理（Online Analytical Processing，OLAP）的功能，可强化企业的事前控制能力，故 ERP 比 MRP Ⅱ 更能满足企业对于时效的要求。

5. 在跨国经营方面

MRP Ⅱ 仅能在有限区域内操作；ERP 系统则可以支持多国家（地区）、多工厂、多语种与多币制的应用需求，故 ERP 比 MRP Ⅱ 多提供了跨国经营管理的功能。

6. 在信息技术方面

MRP Ⅱ 采用较为传统的信息技术；ERP 系统则采用较为先进的主从式架构（Client/Server）、分布式数据处理技术、关系型资料库、对象导向技术、图形使用者接口、第四代语言与网络通信等技术，支持 Internet/Intranet/Extranet、电子商务与电子资料交换，更能在不同平台上操作，故 ERP 所采用的信息技术比 MRP Ⅱ 更为进步。

四、ERP 的最近发展

ERP 近年来最引人注目的发展有以下七点：

1. 纳入产品数据管理功能

产品数据管理（Product Data Management，PDM）是将产品设计和制造过程中所需要的各种资料和文件档案整合在同一个环境中的软件。随着计算机整合制造和同步工程的日益发展，PDM 目前已愈显重要。CAD 和 ERP 厂商都将发展 PDM 视为当务之急，国际大厂目前都已有产品推出。而纳入 CAD 与 PDM 的 ERP，或是能与现有 CAD 与 PDM 相连接的 ERP，更是现阶段 ERP 厂商努力的方向。

OM 透视镜

建兴以 ERP 加快企业运行速度

建兴从 1996 年以 10 倍速 CD–ROM 进入产业后，目前已是台湾第一、全球第二的光驱大厂。

为了达到快速量产，建兴朝流程标准化以及善用信息技术着手，以发挥最大战力。

每次量产前，建兴的制造科技中心会把所有研发成果，包含所有制造所需的人员、设备、流程与供货商等规范写成工作准则，然后严格要求相关人员照表操课。

建兴采用甲骨文（Oracle）的 ERP 系统，如图 14–3 所示。ERP 上线运转后，建兴的存货周转率由原来的 12 天降至 7 天，估计未来更会降到 5 天以下；从客户下单到设计样品完成由 18 小时缩短至 90 分钟，未来目标则是 15 分钟。另外，过去对于客户下单后又取消，但却已经进入生产的产品，往往只能另外以成本价卖出或报废。如今，快速的信息传递可以立即将产品转换为其他顾客所需要的产品，未来更将运用ERP做趋势分析，将产品在市场上跌价的速度，实时反映到原料成本上，不再会因时间的落差而造成公司损失。

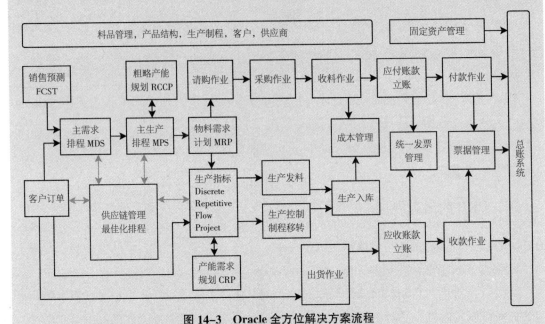

图 14-3　Oracle 全方位解决方案流程

注：Oracle 是全球仅次于 SAP 的 ERP 解决方案提供者，此图为该公司 ERP 的逻辑架构。

资料来源：李欣岳.一刻钟、下单到量产，货品周转快一倍：建兴用 e 化布建两岸光驱王国 [J].数字时代双周刊，2002（9）.

2. 与电子资料交换的整合

虽然过去许多的 MRP Ⅱ 系统中就已经具备了电子资料交换的功能，但近年来在 ERP 系统上的 EDI，其功能又有进一步的扩展。例如，ERP 把原来分散的 EDI 串联，使用者可以在一个环境中，同时与其他非 ERP 使用者沟通。由于 EDI 的格式非常多，软件商必须为用户开发和维护能支持含有数百种不同格式的 EDI，所要求的专业技术水准很高，故 ERP 软件厂商们与 EDI 软件厂商扩大合作。

3. 增加工作流程功能

工作流程（Work Flow）是将电子文件在要求的时间内，按照规定好的路径传递到指定人员处进行签核的解决方案，有时又被称为公文电子化。工作流程管理软件具备比 ERP 更弹性的操作，使用者能在不借助专业软件厂商的协助下，自行完成流程的设定。同时，它所具备的签核管理功能，往往能补足 ERP 系统的不足。故工作流程管理软件能使 ERP

的功能扩展到办公室自动化和业务流程管制的领域。

4. 增加资料探勘的功能

对于企业高层管理者来说，要从规模庞大、数据完整的 ERP 系统中，直接获得进行决策时所需要的信息是很困难的。新一代的 ERP 软件正进行将类神经网络（Neural Network）、模糊理论（Fuzzy Theory）、基因演算（Genetic Algorithm）法与灰预测（Grey Prediction）等资料探勘（Data Mining）技术纳入系统中，以提供高层管理者宏观决策分析的工具。

5. 顾客关系管理的应用

传统的 ERP 系统着眼于企业后台的管理，而缺少直接面对顾客的系统功能。在电子商务的大环境中，顾客可能分散在全球各地，企业不可能对他们的情况都了如指掌，所以必须有一个系统来收集客户信息，并加以分析和运用，顾客关系管理就成了 ERP 系统应具备的功能。

6. 新的模块化软件

新的模块化软件概念与过去的模块概念是不同的，它可以通过浏览器与电子邮件等接口来使用 ERP 系统；也可以将这些软件模块与非 ERP 软件混合使用；可以按需求单独更新某一个模块，而不需为了要增强某一个功能而对系统进行全面升级。由于 ERP 系统功能越来越多，一个软件公司无论多么强大，也无法独自满足一般企业所需要的所有功能，因此在技术上必须要有能力把第三方软件接在自己的核心软件上，如此就能够使自己的软件具有"无限"扩展的能力。

7. 更专业化的软件

设计出专属某行业使用的 ERP 软件，能够降低 ERP 导入的失败率以及导入的时间，并获得较高的顾客满意度。这种垂直市场策略，使得 ERP 走出了制造业，并在许多服务业获得了广泛的运用。

第四节　先进规划与排程

当企业的经营环境愈来愈多变，管理者对 MRP、MRP Ⅱ 与 ERP 的功能要求就愈来愈高。MRP、MRP Ⅱ 与 ERP 在应用上存在着以下几点令现代管理者无法满意的问题：

1. 各模块独立运作，个体最佳未必代表整体最佳

以 ERP 为例，DRP 将配销系统最佳化并获得 MPS 的输入项，以 MPS 为输入可执行 MRP，MRP 的结果再经由 CRP 确认产能是否足够，如果产能足够就进入排程做细部规划，在这种各模块依序展开、独立运作的架构下，虽然各模块都能获得最佳，但整个系统是否

最佳，则大有疑问。

2. 产能无限的假设造成各项规划极无效率

为弥补 MRP、MRP Ⅱ 与 ERP 产能无限的假设，过去的做法是以 RCCP 与 CRP 来确认计划的可行性，若计划不可行，则变更产能或修改 MPS，然后再重跑一次 MRP。当企业面对多变的经营环境时，这种不断尝试错误，以获得解决方案的做法，不仅极无效率，且难以获得最佳解。

3. 当系统愈来愈复杂时，对管理者极为重要的追溯功能需要更为精确

传统 MRP 所提供的追溯功能，主要是从突发状况发生点，依据前置时间倒推或正推来查询其来源与影响。但现代管理者对追溯的期望已不仅于此，他们更希望了解的是，突发状况是会对计划产出、哪一张顾客订单或安全存货造成影响。而 MRP、MRP Ⅱ 与 ERP 却无法提供这样的解答。

4. 无法将订单的差异性纳入规划

在实际的生产规划中，每张订单的数量、单价、获利与顾客重要性等都有不同，处理方式也会有差异。MRP、MRP Ⅱ 与 ERP 不考虑这些订单的差异性，以相同的方式处理，管理者事后再以手动方式调整，这种做法同样没有效率也无法获得最佳解。

先进规划与排程（Advanced Planning and Scheduling，APS）为上述问题提供了答案。APS 是运用各种先进的规划与排程技术，来补强 ERP 的不足的决策支持系统。这些先进的规划与排程数包含数学规划、资料探勘、仿真与限制理论等。

APS 有时虽可独立运作，但大部分是与 ERP 整合。APS 的优点在于其所具备的先进的规划与排程能力，这可弥补 ERP 的不足。但 ERP 在处理作业面的优势却也不容取代，如存货管理、财务会计管理、成本管理、业务与订单管理、研发与工程管理等。

APS 需要大量的运算，内存常驻服务器（Memory Resident Server）的发展使得这些运算能在极短时间内完成。APS 将规划所需的模型与资料放在服务器的常驻内存内，计算过程中不再需要不断地进出硬盘存取资料，大大地减少了计算时间，使得 APS 的大量运算可以在有限时间内完成。

APS 占用了服务器的常驻内存，会使得其他的运算速度变慢，如果 ERP 与 APS 放在一起，ERP 的日常交易处理就会大受影响。因此，一般企业在整合 ERP 与 APS 时，都会先导入 ERP，再以外接方式导入 APS，将规划与排程作业交给 APS，将日常交易处理交给 ERP。这种分工，在实务上有其必要性。

第五节 供应链管理

所谓供应链（Supply Chain）是指一个企业与其上下游的相关业者（如制造商、原料商与运输业者等）所构成的复杂网络。典型的供应链具有以下的特色：

（1）供应链必须包含从上游供货商到最下游的顾客。

（2）供应链成员必须有紧密联结与合作的关系。

（3）供应链成员彼此间必须分享必要的信息。

一个制造商在其上游有供货商，下游有零售商及消费者。对下游的零售商与消费者而言，组织期望的是要能及时掌握其需求变化，从而调节生产，圆满地达成交货任务；对上游的供货商而言，组织期望的是在第一时间将多变的生产计划上传供货商，使供货商及时供料，以避免缺料断线。这些问题都有赖供应链整体效能的发挥，而要达成此一目的，就必须实施供应链管理。

供应链管理（Supply Chain Management）的定义为"以一系列有效率的方法来整合供货商、制造商、仓库和店铺，使得产品适质、适量与适时地配送到正确的地点，以获致顾客满意最大与成本最小的成效"。

供应链管理与运筹管理（Logistics Management）常混为一谈，事实上这两者之间的差异的确很小，许多学者专家甚至不太愿意去区别这两者的不同。但若以较严格的态度来分辨供应链管理与物流管理的不同，我们可以说供应链管理的重心是在整合供货商、制造商、仓库和店铺所形成的供应链，而运筹管理的重心则是在整合产品、服务与信息的流通过程。

全球运筹管理（Global Logistics Management，GLM）则将运筹管理的构想应用于全球舞台上，企图借由全球布局，掌握世界各地的资源与市场，以创造企业最大的竞争优势。

一、长鞭效应

虽然企业期望能以最低基本所需的存货维持服务品质，但要追求最低基本所需的存货水准却并非企业所能自行独立完成，或者供应链上游厂商供货能力的变异与供应链下游顾客需求的变异若过大，都不可能令企业降低存货。这是因为供应链中存在着所谓的长鞭效应（Bullwhip Effect）。

长鞭效应是指供应链最终顾客的需求变异会对上游原物料供货商的需求或存货产生数倍影响的现象，如图 14-4 所示。

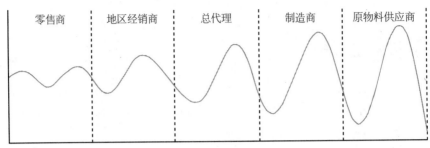

| 零售商 | 地区经销商 | 总代理 | 制造商 | 原物料供应商 |

图 14-4　长鞭效应

造成长鞭效应的主要原因有下列五点：

1. 大批量订购

举例而言，假设一个最简单的供应链包含一个经销商、一个制造商与一个原物料供货商，且原物料供货商的产能大于制造商的产能，制造商的产能大于经销商的需求。若经销商每日销售量为100，且它对制造商采取三天一期的定期订购，则经销商每次的采购量为300。制造商依经销商的订单生产300的量，但由于制造商的产能较大，故可能在一天之内就生产完毕，每三天中就会有两天停线不生产。若制造商对原物料供货商采取九天一期的定期订购，则制造商每次的采购量为900。原物料供货商依制造商的订单生产900的量，但由于原物料供货商的产能更大，故若原物料供货商在一天内就生产完毕，则原物料供货商每九天中会有八天停线不生产。由此例中可看出，由于供应链中的厂商皆采取批次订购，最后就会造成愈上游的厂商订单需求变异愈大，当然存货也就愈难控制。

2. 需求预测的落差

预测与实际间必定存有误差，为确保商机不致流失，一般厂商会建立安全存货，以防止预测误差造成损失。供应链愈往上游，预测误差往往愈大，故愈往上游的供货商安全存货就会愈大，生产或存货变异也愈大。

3. 前置时间的存在

生产与采购都需要前置时间，供应链愈上游，所需的前置时间往往愈长。生产前置时间过长会引导管理者大批量生产，采购前置期过长则会引导管理者大批量采购。无论是大批量生产或大批量采购，最后都会造成存货的大量积压。

4. 价格变动

当厂商预见价格可能变动，就会以调节存货来规避风险，生产与存货变异因而发生。

5. 被夸大的订单

当顾客感觉产品未来需求可能增加到超出供货商的供应能力时，他往往会夸大订单数量，以确保他能取得足够的货品，此可能造成虚增产量；同理，未来需求可能下滑时，顾客也可能夸大市场低迷状况。这些夸大都会形成生产与存货信息的扭曲，造成变异出现。

为克服长鞭效应并兼顾服务品质与存货水准，一般最常采取以下四种对策：

1. 在供应链中将市场信息集中管理

传统供应链中的厂商各自建立自己的市场信息，不但浪费资源、错误率高，而且更严重的是延误了信息传递的时间，无法让上游厂商在最短时间内做出反应。将供应链的市场信息集中管理、共同分享，能降低资源浪费与错误率，加快反应时间，因其存货得以降低且服务品质也能提高，此种管理模式如图 14-5 所示。

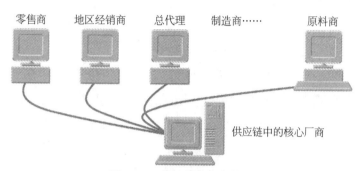

图 14-5 市场信息集中管理

2. 降低顾客需求的变异

折扣、优惠或促销等活动，常会引发顾客提早或延后消费，使得需求变异加大。供应链中的成员在采取任何可能引发顾客需求变异的行动前，应与供应链中的其他成员充分沟通取得共识，以降低冲击。

3. 减少前置时间

供应链中的成员应共同努力降低生产与采购或下单的前置时间，如推动快速换线降低生产时间、推动电子资料交换或网站竞标以降低采购或下单的前置时间等。

4. 建立与顾客及供货商间的伙伴关系

此一课题在前节中已作叙述，故在此不多赘言。

二、电子化供应链管理

供应链的管理问题由来已久，从早期的传统配销系统、传统供应链管理，一直到电子化供应链管理等皆属之，但供应链管理真正受到重视则是近几年才有的事。传统配销系统、传统供应链管理与电子化供应链管理间的差异，如表 14-3 所示。

表 14-3 供应链管理模式的比较

	传统配销系统	传统 SCM	电子化 SCM
存货管理	个别规划	联合降低存货量	目标零存货
成本效益	成本销高	整个通路的成本效益	整个通路成本最低化
合作时间	短期	长期	长期

续表

	传统配销系统	传统 SCM	电子化 SCM
信息分享	目前交易	规划过程及管控结果	由网络取得
通路中的协调	采购与业务人员	交互多重协调	交互多重协调
参与规划	目前交易	持续进行	持续进行
风险分担	个别承担	共同分担	共同分担
作业及存货速度	仓储导向	追求快速反应	达到快速反应

由于电子化供应链管理符合现代企业的需求，因此目前一般所称的 SCM，其实指的就是电子化供应链管理，或也可称为 eSCM。

若要对电子化供应链管理作更明确的叙述，我们可以说 eSCM 是经由供应链中成员长期的合作，共同持续参与各项规划并进行多层次的交互多重协调，在网络上分享相关信息与资源，最后通过物流（实体产品的流动、服务、回收）、资金流（付款方式、结账时限）与信息流（订单传递、配送状态）的整合，以达到快速反应、降低存货、降低成本与提高顾客满意的目标。

第六节 结论

企业资源规划与供应链管理自 20 世纪 90 年代以来，对企业的营运模式与管理方法产生了极大的影响。ERP 与 SCM 目前已不再专属于大型企业，愈来愈多的中小型企业也加入了推动的行列。在信息科技快速发展的今天，ERP 与 SCM 的内涵也正快速扩充中，在可见的未来，企业对企业（Business to Business，B2B）的电子商务模式势必会快速普及并落实到一般企业的营运中。

个案研讨

重整供应链，乐高从-40%到+240%的重生

乐高集团是全球知名的玩具制造商，然而 1998~2004 年的 7 年中，有四年都处于亏损状态。2004 年，乐高创始人的孙子，时任乐高 CEO 的 Kristiansen 决定家族全部退出管理阶层，将 CEO 的位子让给了 34 岁的 Knudstorp。

2004 年，新上任的 CEO Knudstorp 大刀阔斧地进行了改革，从设计、采购、制造和分销等环节，开始了一砖一瓦的再造，使乐高"在正确的时间，以正确的成本，把正确的产品，送到正确的地点"，走出了战略变革的第一步。

为什么在业绩低迷多年之后，乐高才意识到供应链是问题的根源呢？因为公司的

管理者认为这不是公司的核心优势，而创新能力以及高品质才是，所以公司管理者最初的想法是依赖核心优势走出泥潭。乐高成立之初，供应链管理不过是搬搬箱子而已。当沃尔玛和家乐福依靠供应链革命站稳了脚跟，乐高却错失了剧变的良机。20世纪50年代，公司的积木刚刚流行起来的时候，乐高的供应链能够适应控制玩具市场的小型零售商。但进入20世纪90年代后，乐高的竞争者开始重新设计分销系统，以适应对大型零售商店的配送，乐高却把更多的精力放在品牌建设上，那时，乐高积木玩具已经是世界上最广为人知的产品了。90年代末，乐高的大多数地盘已经被别的公司抢占，后者更注重分析和精打细算，把每笔成本降到最低，并为零售巨头提供及时生产。

为了重振昔日辉煌，乐高意识到，必须重新打造其供应链的每一个环节，把创新能力与市场对接，在大型零售商占统治地位的世界里营运和竞争。对于乐高集团来说，这可不是件小事情。

Knudstorp就任后，立即发布了改革的命令。他与Kristiansen、董事会其他成员及领导小组紧密合作，审视了公司运营的各个方面，然后开始重点关注供应链。他们用全面分析方法，分析了产品开发、采购、制造和分销配送的各个环节。领导小组发现，新产品接连不断，但利润却越来越少。过去，塑料积木等产品仅有一种主要颜色，再加上黑和白；现在有100多种颜色。产品系列也更为精细化：一个海盗套件包括8个海盗和10种类型的腿。如此对细节的关注反映出公司追求卓越的文化，但同时也反映出公司对创新成本的漠视。设计者在构思新玩具时，不考虑原材料价格等生产成本。此外，每年都推出新产品本无可厚非，但乐高并没有把这种商业战略与供应链匹配起来。因此，仅仅30种产品就占据了公司80%的销售额，但在超过1500个库存单位（SKU）里，却有2/3都是已经停产的货物。每年倍增的库存积压了大量库存的压力。

乐高集团与超过11000家供货商打交道，这几乎是波音公司制造飞机所需供货商的两倍。随着产品开发人员寻求新材料，供货商数量也随之增加。每个设计师都有自己偏好的供货商并与他们保持独特的联系，公司并没有统一的采购流程。

与采购一样，乐高生产的方式，使其难以获得规模优势。公司拥有一座世界最大的塑料注射成型工厂，各生产小组就像在上百家独立玩具工作坊一样工作。小组随意处理订单并且频繁改动，使得顾客需求、供应能力及库存水准不能紧密、可靠地结合起来，这种缺陷导致整体产能利用率仅为70%。

乐高的200家大型连锁店带来了2/3的收入，其余商店只占有1/3的收入，但乐高却对他们一视同仁！公司为服务小型商店花费了不成比例的时间和精力，这大大提高了成本。而在 2/3 的订单中，装箱不满导致了配送非常昂贵。

为了推动变革，Knudstorp 组建了一个包括高级执行人员和管理人员的小组，双管齐下。领导小组制定战略，来自销售、物流、IT 以及制造部门的代表和设计者则在作业层面上协调变动。

管理层成立了一间"战情室"，整个运营小组每天聚集于此，制定具体的"作战方案"。如应当生产哪些玩具，分清任务的轻重缓急，如何对付困难等问题。小组成员追踪关键活动的进展、及时解决瓶颈问题并平息争端，以这样的方式明确分派任务，杜绝组织内的过于人情化的倾向。"战情室"的墙面上，贴满了各种清单，追踪尚未解决的问题、配送故障及库存水准等。在接下来的一年中，公司随时都会有 30~40 个人推进这些计划。Knudstorp 会经常光临这间"作战指挥室"，一旦他看到上次来访后仍没有得到解决的问题，就会质问经理人员。

规划和协商流程后，领导层开始制定行动方案。他们认为，先将公司的原材料成本合理化，是整个改革中较为容易的环节，并且马上就能省下钱来。彩色树脂一直是公司的大项支出，价格极为不稳定。采购小组分析了原材料的价格，与更少的供货商合作从而稳定价格，削减了一半的树脂成本，将供货商数量减少了 80%。运营小组还帮助设计师提高成本效率。设计者们被敦促使用已有的材料，而不是用新模型和新颜色来设计出新配件。

领导小组还阐明了决策权，从而保证时间进度表对整个组织都有意义。比如说，从今以后，对成型机器做出任何手动变化而不通知产品包装组的做法是不可接受的。清晰描述的权利和责任，使得员工难以回避艰难的决定，或是不考虑对其他部门的影响。因此，公司现在可以绕开很多潜在的生产问题。

领导小组还考虑了制造工厂的分布。乐高从中国采购 10% 的产品，但小组反对将更多的工作转向亚洲。鉴于将生产任务移至捷克 Kladno 的成功经验，公司认为：把工厂设在最接近重要市场的地方可以提高效率。一家位于东欧的工厂只需 3~4 天，就能把产品运送到欧洲的商店。

乐高还需要使分销管道更靠近顾客，从而降低膨胀的分销成本，其物流供货商的数量从 26 个削减到 4 个，鼓励供货商竞争的同时，获得了规模经济，仅这一项举措就节约了 10% 的运输费用。合并缩减物流供货商，仅仅让乐高集团完成了其竞争者多年以前就完成的工作，而重新设计分销系统则使公司有能力超越对手。乐高淘汰了丹麦、德国和法国的 5 个分销中心，在捷克建立了唯一的新分销中心，由 DHL 负责运营"把鸡蛋放在同一个篮子里"听起来似乎是一个挺差劲的策略，但统一的分销更容易追踪库存以及避免存货短缺，也使乐高更接近欧洲最大的人口中心，缩短与市场的平均距离。

有了新的价值链，乐高集团能够更容易地获知顾客偏好，公司的行销小组向其他包装消费品制造商学习，与大型零售商密切合作，进行联合预测、库存管理以及产品定制。占据乐高大部分市场的大型连锁商店获得了乐高的行销支持，公司也继续与小型零售商打交道，但服务条款更为常规化和标准化。通过为早期订单提供折扣，以及满一箱起运的做法，乐高进一步降低了服务的成本。

公司还邀请大客户参与产品开发，不仅取悦了大客户，而且零售商较强的预测能力和补给技术，使公司行销人员比依靠单打独斗更能了解购买者行为。

供应链变革之后，乐高集团恢复了盈利。2004 年以来，集团节省了大约 5000 万欧元。即使面临石油价格上升导致原材料和运输等成本提高的因素，2005 年，乐高的库存周转率提高了 12%，并刷新了 2002 年以来的利润纪录——6100 万欧元。2006年，集团依然保持了这种良好的势头，库存周转率比 2005 年又提高了 11%，利润出乎意料地提高了 240%。

收获不仅仅是在运营层面的。Knudstorp 认为，供应链再造给整个公司都带来了变革。在正确的时间，以正确的成本，把正确的产品，送到正确的地点，只是走出这些战略挑战的第一步。"它让我们再次把重点放在发展业务、创新和发展我们的组织上，使这个组织更具创新性。而当我们赚不到钱的时候，当我们拥有一个落伍了 10~15 年的供应链的时候，这些都是奢侈品。既然乐高集团已经认识到这一点，精简了其产品开发、采购、制造以及分销工作，它便可以把资源应用于自己最擅长的领域：制造出好玩的玩具。"Knudstorp 说。

资料来源：齐立文. 重整供应链 乐高从 -40% 到 +240% 的重生 [J]. 经理人，2007(11).

问题讨论 试重新整理乐高玩具在供应链管理上的新做法。

习题

基础评量

1. 依功能别的方式来设计组织会产生哪些缺点？

2. 企业流程再造的定义为何？

3. 企业流程再造的准则为何？

4. 企业流程再造与持续改善有何不同？

5. 试解释何谓 QR。

6. 试解释何谓 CR。

7. 试解释何谓 ECR。

8. 试解释何谓 CPFR。

9. 试述 ERP 系统的特性。

10. 试述 ERP 与 MRP Ⅱ 的差异。

11. 试述 ERP 纳入产品数据管理功能的重要性。

12. 试述 ERP 厂商整合电子资料交换的做法为何。

13. 何谓工作流程?

14. 试述为何 ERP 需增加资料采矿的功能。

15. 试述为何 ERP 需增加顾客关系管理的功能。

16. 新的 ERP 模块化软件指的是什么意思?

17. 现代管理者对 ERP 不能满意的项目有哪些?

18. 试定义何谓 APS。

19. 试说明 APS 如何与 ERP 整合。

20. 何谓供应链?

21. 试述供应链应具备的特色。

22. 何谓供应链管理?

23. 何谓运筹管理?

24. 何谓长鞭效应?

25. 造成长鞭效应的主要原因为何?

26. 克服长鞭效应的对策为何?

深度思考

1. 请上 http：//www.sap.com/ 了解 ERP 的最新动态。

2. 请上 http：//www.i2.com/ 了解供应链管理的最新动态。

第十五章　项目管理

学习重点 在学习本章后，你将能够

1. 了解何谓项目生命周期。

2. 了解何谓工作分解结构。

3. 学会绘制甘特图。

4. 以单时估计法估算项目时间与要径。

5. 以三时估计法估算在某预定时间内，项目得以完成的概率。

6. 制定项目赶工计划。

7. 了解一般对 PERT 与 CPM 的批评。

0. 学会如何以关键链进行项目管理。

项目管理软件蓬勃发展

从服务业到制造业，从基层管理到高阶管理，项目几乎无所不在，项目管理也几乎是所有管理者必备的管理技能。

现代的项目小至十几个活动，大至数万个活动。规模较小的项目，运用简单的直方图就可轻易管理；但规模较大的项目与研发活动，尤其是跨国合作的项目，则必须仰赖项目管理软件强大的功能协助，项目活动才能顺利完成，因此近年来各类项目管理软件如雨后春笋般地出现。

除能制作各种项目图表并进行分析外，现代的项目管理软件大多为网络版，项目经理与项目参与者只需通过网络就能进行工作指派与进度回报；资源分析功能更可以提早发觉瓶颈所在；也可以嵌入其他软件，借由其他软件的优点强化自身功能。另外，像公布栏与讨论区等知识管理工具亦为基本必备。运用现代化的项目管理软件，使得同步工程能够更轻易地达成。

微软的 Microsoft Office 中，最为人所熟知的是 Microsoft Word、Excel 与 PowerPoint，至于 Microsoft Project 则鲜为人知。事实上，论功能，Microsoft Project 对一般企业的帮助并不亚于前三项，且价格并不昂贵，未受企业全面采用，殊为可惜。

项目管理不仅是项目式生产系统中最重要的课题，它也是一般企业在推行项目活动，如建厂计划、投资计划、新产品研发或是品质改善活动时，不可缺少的管理技巧，因此几乎所有管理者或多或少的都会有主导或是参与项目的经验与机会。若说项目管理是管理者必须学习的课题之一，相信反对的人应该不多。

第一节　项目管理概述

所谓项目（Project），是指在有限资源下，为达成某一目标，所必须完成的一连串相互关联的活动。项目管理（Project Management）意指带领团队以管理项目的学问。

许多组织的成立目的是为了完成一个接一个的项目，如建设公司、营造厂与顾问公司等。但有更多的组织，其成立的目的虽不是为了完成某些项目，但因业务需要，也常会面对项目，如为打开某新市场而成立项目、为开发某新产品而成立项目、为推动品质改善活动而成立项目、为改革而成立项目、为股票上市上柜而成立项目等。项目几乎无所不在，项目管理也就几乎是所有管理者不得不具备的知识。

美国的项目管理协会（Project Management Institute，PMI）与以欧洲国家为主的国际项目管理学会（International Project Management Association，IPMA）是全球最负盛名的项目管理推动组织，该组织举办了各式与项目管理有关的研讨会、训练课程以及人员资格验证，是目前专案管理领域的领导者。

一．项目管理的基本概念

项目管理与一般管理的最主要差异在于下列三点：

（1）项目须在有限时间内完成。

（2）项目拥有明确的目标，项目管理者亦应聚焦于此。

（3）项目管理者能获得较大的授权，较不受限于正常的行政程序。

一般常从时间、成本与目标达成度三个角度来衡量项目的绩效。虽然不同的项目，此三个绩效衡量指标所占的重要性比重亦不相同，但一般而言，项目都以达成目标为第一优先考虑，至于时间与成本，则往往被视为在达成目标之余应努力的方向。

项目管理的成功关键因素，学者专家将其归纳为以下五项：

（1）由上而下的承诺。

（2）优秀的项目经理人。

（3）足够的项目规划时间。

（4）谨慎的项目追踪与管制。

（5）良好的沟通。

二、项目生命周期

项目从概念产生到结束工作，就有如产品般地有其生命周期，我们称其为项目生命周期（Project Life Cycle）。项目生命周期一般包含定义期、规划期、执行期与结案期四阶段，如图15-1所示。

1. 定义期

定义期的主要工作在于制定出项目的范围，如项目目标、项目全貌、项目完成后可接受的规格、项目的可行性分析、项目主要工作内容、项目职责职掌与项目团队等。

2. 规划期

规划期的主要工作在规划项目执行的过程，如日程安排、工作指派、预算分配、资源需求与重要管制点等。

3. 执行期

执行期的主要工作在执行规划完成的各项作业，如研发/生产/安装/行销/采购、品质管制、进度管制、规划变更管制与预算控制等。

4. 结案期

结案期的主要工作在将已完成的项目移交给相关单位或人员，如训练顾客接收项目成果、撰写结案报告、专案成果移交与专案文件移交等。

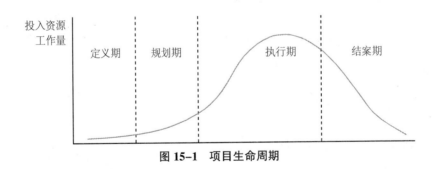

图 15-1　项目生命周期

三、项目管理的关键决策

一个成功的项目常是一连串成功决策的结果，这一连串的决策包含下列六项：

1. 决定要发展的项目

项目起源于决定是否有成立项目的必要以及要发展什么项目，这可以一些事先建立的标准来进行评估。常见的评估标准包含预算规模、资金调度可行性、组织的能力或技术水准、成本效益、政府政策与安全议题等。

2. 选择适当的项目经理人

项目经理人是推动项目的核心人物，选择出适当的项目经理人是确保项目得以顺利达成目标的重要条件。项目经理人至少应具备技术背景、成熟的人际能力、熟悉产品的生产流程及成本概念四项条件，才能将项目带往成功之路。

3. 选择适当的项目团队

项目团队是项目的执行者，故其绩效与能力对项目的成败影响极大。项目成员的挑选应考虑其知识与技能、人际关系、对项目的热诚、是否已参与其他项目以及这些项目是否会对此项目造成干扰等。

4. 规划与设计项目

项目须依据其目标来进行各种规划与设计，这些规划与设计包含项目的范围、项目包括哪些工作内容、项目需要哪些资源以及项目进度时间表等。

5. 管理与管制项目资源

此决策包含人员设备与预算的管理、建立适当的项目绩效评估指标、监控项目过程与异常时采取必要的矫正措施等。

6. 决定项目结束时间

一个成功的项目应在适当时间结束。有些时候虽然项目目标尚未达成，但结束项目可能会比继续进行更好，如项目已无完成的可能或所剩资源能投入更具效益的其他项目等情形，此时就应断然结束项目。

四、工作分解结构

项目展开前需先撰写工作说明书（Statement of Work，SOW），工作说明书是用来描述项目的书面资料，其内容主要为项目的概述、流程、方法、预算、进度［或称为里程碑（Milestone）］以及项目执行绩效的衡量方法等。工作说明书在不同的行业会有不同的称呼，如营建业在工程动工前的施工计划、组织委托顾问公司协助导入 ERP 的项目计划，这些都是工作说明书的一种。工作说明书的存在有其必要性，因为通过撰写的过程，项目负责人能更仔细审视该项目的所有问题，并计划如何处理，以减少项目开始后的阻碍。

一个项目依照其大小可分成数十个至上万个作业（Task）或活动（Activity），而每个作业或活动彼此间会有先后次序的关联。若项目所涵盖的范围相当大，则通常称此项目为计划案（Program），计划案的复杂度是项目中最高的，其所需花费的时间与预算亦较一般项目为大。如航天工业的发展与高速铁路的兴建等，都是计划案的最好实例。

大型项目所包含的作业项目极为庞杂，项目经理人在规划项目时若缺乏系统性的方法，就可能会面临不知从何规划起的窘境。

一般分析大型项目的第一步是进行所谓的工作分解结构（Work Breakdown Structure，

WBS)。所谓的工作分解结构，是将项目以阶层方式逐步拆解成一些应执行作业项目的清单，如图 15-2 所示。

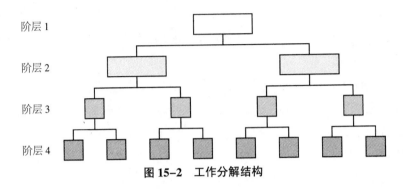

图 15-2　工作分解结构

就图 15-2 而言，阶层 1 代表项目本身，阶层 2 代表构成项目的主要项目，阶层 3 代表每一个项目主要项目的支持性活动，阶层 4 代表将阶层 3 拆解开的应完成工作项目清单。项目的复杂度不同，工作分解结构的阶层数亦不相同。一般而言，项目愈大，工作分解结构的阶层数愈多。

工作分解结构是估计项目所需成本与时间的基础，一个好的工作分解结构应具备以下特色：

（1）各项作业活动能独立进行。

（2）各项作业活动大小适当，以利管理。

（3）各项作业活动能被适当地授权。

（4）各项作业活动进度能被适当的监控及衡量绩效。

（5）能充分提供各项作业活动所需的资源。

第二节　甘特图

甘特图（Gantt Chart）是项目计划与日程安排最常使用的工具之一，它使管理者能以简单的方式，将项目中的作业活动与时间关系建立起来，以利管理者管理项目进度。甘特图一般仅适用于包含 30 个以下作业活动的项目，项目再大，就很难以甘特图有效表达作业间复杂的前后因果关系了，此时采用下一节所述的 PERT/CPM 会是较佳的选择。

甘特图的纵轴一般代表作业项目，横轴代表时间或日期，各作业所对应的预定进度与实际进度分别以不同的线段区别，以便管理者比较分析项目进度。如图 15-3 为某公司推动 ISO9001 的项目进度甘特图。

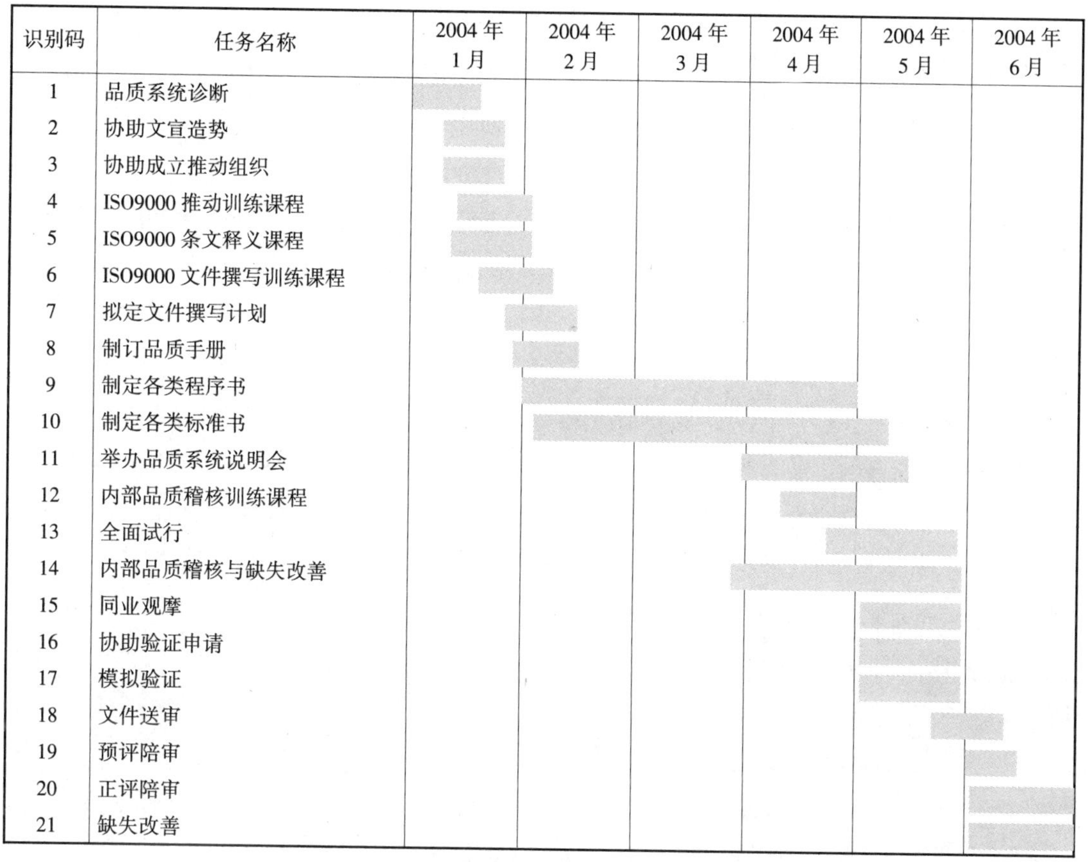
识别码
任务名称
2004 年 1 月
2004 年 2 月
2004 年 3 月
2004 年 4 月
2004 年 5 月
2004 年 6 月
1 品质系统诊断
2 协助文宣造势
3 协助成立推动组织
4 ISO9000 推动训练课程
5 ISO9000 条文释义课程
6 ISO9000 文件撰写训练课程
7 拟定文件撰写计划
8 制订品质手册
9 制定各类程序书
10 制定各类标准书
11 举办品质系统说明会
12 内部品质稽核训练课程
13 全面试行
14 内部品质稽核与缺失改善
15 同业观摩
16 协助验证申请
17 模拟验证
18 文件送审
19 预评陪审
20 正评陪审
21 缺失改善

图 15-3　甘特图

第三节　计划评核术与要径法

计划评核术（Program Evaluation and Review Technique，PERT）是美国海军在研发北极星飞弹时，所发展出的项目管理工具。当初由于该项目极为庞大，有超过 3000 家的供货商参与其中，作业活动也超过 1000 项以上，甘特图已不再适用，故在美国军方的努力下发展出 PERT。由于 PERT 的应用，使得该项目的完成时间比预定减少两年，因此奠定了 PERT 技术被广泛应用的基础。

要径法（Critical Path Method，CPM）是由美国兰德公司与杜邦公司，为了计划与协调工厂的保养项目，所共同发展出来的项目管理方法。

PERT 与 CPM 间最主要的差异如下所述：

（1）PERT 用箭头代表活动，而 CPM 则使用节点代表活动。

（2）PERT 运用三时估计法，而 CPM 则使用单时估计法。

（3）PERT 较偏重于概率性的时间估计，而 CPM 则较偏重于固定的时间估计。

PERT 与 CPM 都是 20 世纪 50 年代发展出来的技巧，且具有许多相似之处，但两者之间本来并无关联。时至今日，PERT 与 CPM 已因使用者的混合使用两种技术的优点，使得两者之间已再难以区别，一般就合称之为 PERT/CPM。

PERT 与 CPM 的特色为网络图，网络图是以箭线与节点描述项目作业之间顺序关系的图形。网络图可用箭号活动法（Activity-on-Arrow，AOA）或节点活动法（Activity-on-Node，AON）两种方式来表达。

1. AOA 表示法

AOA 表示法是以箭线表示作业，以节点表示作业间关系的网络图。例如，A 作业完成后，B 作业才能开始作业，则其 AOA 网络图应如图 15-4(a) 所示；A 作业与 B 作业都完成后，C 作业才开始作业，则其 AOA 网络图应如图 15-4(b) 所示；B 与 C 作业必须在 A 作业完成后才能接续作业，则其 AOA 网络图应如图 15-4(c) 所示；D 作业在 B 作业完成后才能进行，而 C 作业要在 A、B 两个作业都完成后才能进行，此时需导入虚拟作业 E（代表实际不存在，作业时间为 0）才能表示作业间的相互关系，其 AOA 网络图应如图 15-4(d) 所示。

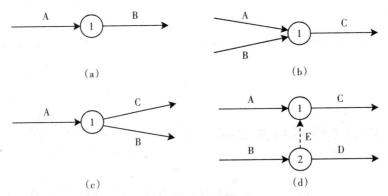

图 15-4　AOA 网络图

2. AON 表示法

AON 表示法是以节点表示作业，以箭线表示作业间关系的网络图。如图 15-4 若以 AON 方式重新绘制，则其结果应如图 15-5 所示。

AOA 表示法与 AON 表示法都有支持者采用，但由于最常被采用的项目管理软件 Microsoft Project 的 PERT/CPM 是以 AON 表示法为主，考虑到读者日后实际应用的连贯性，因此本书之后都以 AON 表示法为说明。

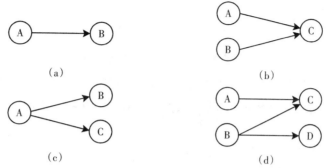

图 15-5 AON 网络图

3. 起始点、结束点与路径

一个完整的网络图一般都包含了一个起始点、一个结束点与许多路径（Path），如图 15-6 所示。起始点与结束点可能是真实的作业，也可能只是为了让网络图在运算过程中较为简易的虚拟作业。路径则是指从起始点到结束点的一连串作业组合。以图 15-6 为例，A 代表起始点，B 代表结束点，路径则有 A-B-C-I、A-D-E-F-I 与 A-D-G-H-I 三条。

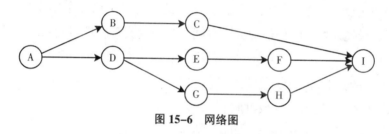

图 15-6 网络图

网络图中的每一项作业都需要时间来完成，因此每一条路径都会有一个完成该路径所需的时间，其中所需时间最长的路径被称为要径或关键路径（Critical Path），要径或关键路径上的作业活动被称为关键作业（Critical Task）或关键活动（Critical Activity）。要径决定了整个项目完成的总时间，关键作业则是专案中最重要的作业项目，因为关键作业的时间若增长，将会使得整个项目的完成时间增加，但非关键作业的时间若增长，却不一定会影响到整个项目的完成时间。

第四节 单时估计法与三时估计法

预估完成项目所需时间的方法有两种，一种是确定性时间估计法（Deterministic Time Estimate），又称为单时估计法（Single-Time Estimate），使用于项目中各作业所需的时间为确定的状况；另一种则是概率性时间估计法（Probabilistic Time Estimate），又称为三时估计法（Three-Time Estimate），使用于项目中各作业所需的时间为不确定的状况。

一、单时估计法

单时估计法各作业时间皆为确定，因此项目时程也可以获得明确之值。如图 15-7 所示，各作业时间列于作业代号后的括号内，要径为 A–D–G–F–I，故关键作业为 A、D、G、F 与 I，项目总时间为关键作业时间的总和，即 5 + 6 + 4 + 8 + 3 = 26。

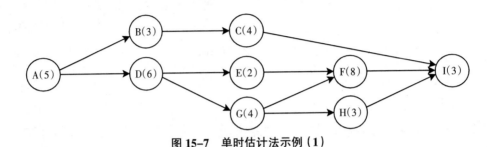

图 15-7　单时估计法示例（1）

（一）最早开始时间、最早完成时间、最晚开始时间与最晚完成时间

为管制项目进度，只了解项目总时间是不够的，计算出每一个作业的最早开始时间、最早完成时间、最晚开始时间与最晚完成时间，才能达到管制项目的目的。这四个时间值的意义如下：

ES = 最早开始时间 = 前行作业都已完成的时间

　　 = max{前行作业的最早完成时间}

EF = 最早完成时间 = 最早开始时间 + 作业时间

LS = 最晚开始时间 = 最晚完成时间 – 作业时间

LF = 最晚完成时间 = 后续作业必须要开始的时间

　　 = min{后续作业的最晚开始时间}

最早开始时间与最早完成时间必须由网络图的起始点向结束点的方向，依作业顺序逐一运算；至于最晚开始时间与最晚完成时间则是由网路图的结束点往起始点的方向，依作业顺序反向运算。以图 15-7 为例，先计算 A 的最早开始时间与最早完成时间：

ES = max{前行作业的最早完成时间} = 0

EF = ES + 作业时间 = 0 + 5 = 5

将 A 的 ES 与 EF 注记于图上而得图 15-8。

再计算 B、D、C、E、G 与 H 的最早开始时间与最早完成时间，如图 15-9 所示。其中 B 的计算如下，依此类推。

ES = max{前行作业的最早完成时间} = 5

EF = ES + 作业时间 = 5 + 3 = 8

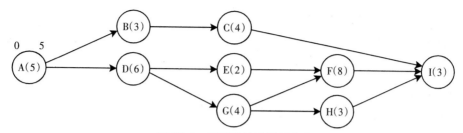

图 15-8 单时估计法示例（2）

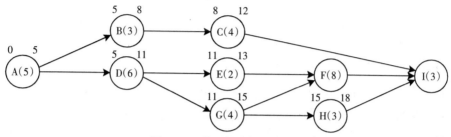

图 15-9 单时估计法示例（3）

作业 F 必须等到作业 E 与 G 都完成后才能开始，故其：

ES = max{13，15} = 15

EF = ES + 作业时间 = 15 + 8 = 23

同理，作业 I 必须等到作业 F 与 H 都完成后才能开始，故其：

ES = max{23，18} = 23

EF = ES + 作业时间 = 23 + 3 = 26

将所有作业的最早开始时间与最早完成时间标示成图 15-10。

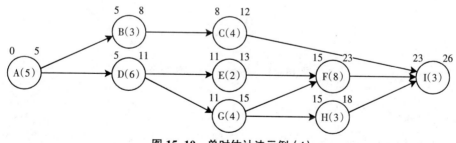

图 15-10 单时估计法示例（4）

接下来，计算各作业的最晚开始时间与最晚完成时间如下：

I：LF = min{后续作业的最晚开始时间} = 26

　　LS = 最晚完成时间 – 作业时间 = 26 – 3 = 23

F：LF = min{后续作业的最晚开始时间} = 23

LS = 最晚完成时间 – 作业时间 = 23 – 8 = 15

H：LF = min{后续作业的最晚开始时间} = 23

  LS = 最晚完成时间 – 作业时间 = 23 – 3 = 20

C：LF = min{后续作业的最晚开始时间} = 23

  LS = 最晚完成时间 – 作业时间 = 23 – 4 = 19

E：LF = min{后续作业的最晚开始时间} = 15

  LS = 最晚完成时间 – 作业时间 = 15 – 2 = 13

G：LF = min{后续作业的最晚开始时间} = min{15，20} = 15

  LS = 最晚完成时间 – 作业时间 = 15 – 4 = 11

B：LF = min{后续作业的最晚开始时间} = 19

  LS = 最晚完成时间 – 作业时间 = 19 – 3 = 16

D：LF = min{后续作业的最晚开始时间} = min{13，11} = 11

  LS = 最晚完成时间 – 作业时间 = 11 – 6 = 5

A：LF = min{后续作业的最晚开始时间} = min{16，5} = 5

  LS = 最晚完成时间 – 作业时间 = 5 – 5 = 0

将所有作业的最晚开始时间与最晚完成时间标示成图 15–11。

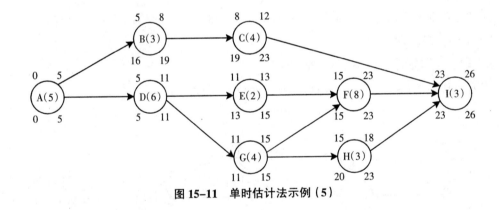

图 15–11　单时估计法示例（5）

（二）宽裕时间

宽裕时间（Slack Time）是指某作业可延迟但仍不至于影响项目完成的时间，也就是：

宽裕时间 = 最晚开始时间 – 最早开始时间

或

宽裕时间 = 最晚完成时间 – 最早完成时间

宽裕时间提供管理者有关资源运用上的重要讯息，当同一时间不同的作业发生抢夺资源现象时，宽裕时间较少者常会优先配置该资源，以避免项目发生延误。

要径上的所有关键作业，其宽裕时间皆为 0；或者我们也可以换一种方式说，宽裕时间为 0 的作业所连成的路径也就是要径。

宽裕时间是可被分享的，当某一前行作业使用到宽裕时间时，其后作业的宽裕时间都会相对减少。

当某一项或当某几项作业延滞到将其宽裕时间用完时，执行到一半的项目的要径即会变更。

范例 15-1

某公司为发展新笔记型计算机而设立项目，该项目的作业项目汇整于表 15-1，试求要径、项目时间与各作业的宽裕时间。

表 15-1　项目活动资料表

活动	符号	前行作业	时间需求（周）
设计图样	A	—	2
建立原型机	B	A	4
评估设备	C	A	7
测试原型	D	B	2
撰写测试报告	E	C、D	5
撰写设备评估报告	F	C、D	7
准备原型机发表	G	E、F	2

解答：

1. 将表 15-1 绘制成网络图，如图 15-12 所示。

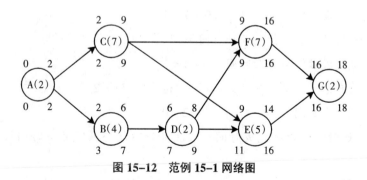

图 15-12　范例 15-1 网络图

2. 由左向右计算最早开始时间与最早完成时间：

A：ES = max{前行作业的最早完成时间} = 0

$$EF = ES + 作业时间 = 0 + 2 = 2$$

B：$ES = \max\{前行作业的最早完成时间\} = 2$

$$EF = ES + 作业时间 = 2 + 4 = 6$$

C：$ES = \max\{前行作业的最早完成时间\} = 2$

$$EF = ES + 作业时间 = 2 + 7 = 9$$

D：$ES = \max\{前行作业的最早完成时间\} = 6$

$$EF = ES + 作业时间 = 6 + 2 = 8$$

E：$ES = \max\{前行作业的最早完成时间\} = \max\{9,\ 8\} = 9$

$$EF = ES + 作业时间 = 9 + 5 = 14$$

F：$ES = \max\{前行作业的最早完成时间\} = \max\{9,\ 8\} = 9$

$$EF = ES + 作业时间 = 9 + 7 = 16$$

G：$ES = \max\{前行作业的最早完成时间\} = \max\{16,\ 14\} = 16$

$$EF = ES + 作业时间 = 16 + 2 = 18$$

3. 由右向左计算最晚开始时间与最晚完成时间：

G：$LF = \min\{后续作业的最晚开始时间\} = 18$

$$LS = 最晚完成时间 - 作业时间 = 18 - 2 = 16$$

F：$LF = \min\{后续作业的最晚开始时间\} = 16$

$$LS = 最晚完成时间 - 作业时间 = 16 - 7 = 9$$

E：$LF = \min\{后续作业的最晚开始时间\} = 16$

$$LS = 最晚完成时间 - 作业时间 = 16 - 5 = 11$$

D：$LF = \min\{后续作业的最晚开始时间\} = \min\{9,\ 11\} = 9$

$$LS = 最晚完成时间 - 作业时间 = 9 - 2 = 7$$

C：$LF = \min\{后续作业的最晚开始时间\} = \min\{9,\ 11\} = 9$

$$LS = 最晚完成时间 - 作业时间 = 9 - 7 = 2$$

B：$LF = \min\{后续作业的最晚开始时间\} = 7$

$$LS = 最晚完成时间 - 作业时间 = 7 - 4 = 3$$

A：$LF = \min\{后续作业的最晚开始时间\} = \min\{2,\ 3\} = 2$

$$LS = 最晚完成时间 - 作业时间 = 2 - 2 = 0$$

4. 将最早开始时间、最早完成时间、最晚开始时间与最晚完成时间填入网络图，如图 15-12 所示。

5. 以表 15-2 计算宽裕时间。

6. 要径为 A-C-F-G，项目时间为 18 周，各作业的宽裕时间如表 15-2 所示。

表 15-2　范例 15-1 的宽裕时间

活动	ES-LS	宽裕时间	是否为要径
A	0-0	0	Y
B	2-3	1	N
C	2-2	0	Y
D	6-7	1	N
E	9-11	2	N
F	9-9	0	Y
G	16-16	0	Y

二、三时估计法

所谓的三时估计法是指以乐观时间、悲观时间以及最可能时间估计个别的作业时间，然后再以此估计项目时间。三个时间的意义如下：

（1）乐观时间。乐观时间（Optimistic Time）是指在一切顺利情形下的作业时间，本书以 a 表示。

（2）最有可能时间。最有可能时间（Most Likely Time）是指在一般情形下的作业时间，本书以 m 表示。

（3）悲观时间。悲观时间（Pessimistic Time）是指在最不顺利情形下的作业时间，本书以 b 表示。

（一）个别作业时间的期望值与变异数

三时估计法中最重要的基本假设为所有作业时间皆呈 β 分配，如图 15-13 所示。

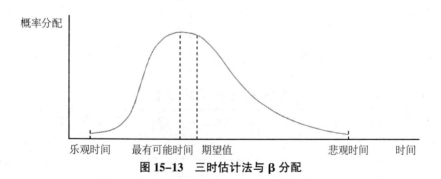

图 15-13　三时估计法与 β 分配

三时估计法下，作业时间的期望值与变异数可由式（15-1）与式（15-2）求得。

$$t_e = \frac{a + 4m + b}{6} \tag{15-1}$$

$$\sigma^2 = \left(\frac{b - a}{6} \right)^2 \tag{15-2}$$

（二）路径时间的期望值与变异数

至于某一路径时间的期望值与变异数，则可由各作业时间的期望值与变异数依式（15-3）与式（15-4）求得。三时估计法的要径就是时间期望值最大的路径。

$$路径时间期望值 = \sum_{\text{路径中的所有作业}} t_e \tag{15-3}$$

$$路径时间变异数 = \sum_{\text{路径中的所有作业}} \sigma^2 \tag{15-4}$$

范例 15-2

试根据图 15-14（节点上的数字分别代表乐观时间、最有可能时间与悲观时间），计算各路径的时间期望值与变异数，并指出要径为何。

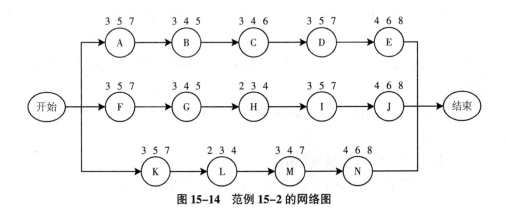

图 15-14 范例 15-2 的网络图

解答：

各路径的时间期望值与变异数如表 15-3 的计算，由表中得知要径为 A-B-C-D-E。

表 15-3 范例 15-2 计算表

路径	作业	时间 a m b	$t_e = \dfrac{a+4m+b}{6}$	$\sigma^2 = \left(\dfrac{b-a}{6}\right)^2$	路径时间期望值	路径时间变异数
A-B-C-D-E	A	3 5 7	5.00	0.44	24.17	1.68
	B	3 4 5	4.00	0.11		
	C	3 4 6	4.17	0.25		
	D	3 5 7	5.00	0.44		
	E	4 6 8	6.00	0.44		
F-G-H-I-J	F	3 5 7	5.00	0.44	23.00	1.54
	G	3 4 5	4.00	0.11		
	H	2 3 4	3.00	0.11		
	I	3 5 7	5.00	0.44		
	J	4 6 8	6.00	0.44		

续表

路径	作业	时间 a m b	$t_e = \dfrac{a+4m+b}{6}$	$\sigma^2 = \left(\dfrac{b-a}{6}\right)^2$	路径时间 期望值	路径时间 变异数
K–L–M–N	K	3 5 7	5.00	0.44	18.33	1.43
	L	2 3 4	3.00	0.11		
	M	3 4 7	4.33	0.44		
	N	4 6 8	6.00	0.44		

在作业时间是 β 分配的假设下，由许多作业所组成的路径，其完成时间近似常态分配，因此要求出某路径在特定时间内完成的概率，就可以式（15–5）将预定时间标准化，然后利用常态累积概率表查图 15–15 中 z 点左边区域的累积概率值，即特定时间内路径完成工作的概率。

$$z = \frac{特定时间 - 路径时间期望值}{路径时间标准差} \tag{15-5}$$

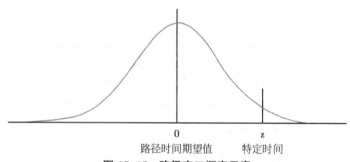

0　路径时间期望值　　z　特定时间

图 15–15　路径完工概率示意

（三）特定时间内项目完成的概率

三时估计法下，项目必须要在所有路径都完成后才算完成，故项目是否完成并非仅由要径决定，项目在特定时间内完成的概率应是所有路径都能在特定时间内完成的概率。

假如下列两个条件成立：①项目中的所有作业时间相互独立；②每一个作业仅出现在一个路径中。则各路径时间即可视为相互独立，项目在特定时间内完成的概率等于所有路径在特定时间内完成的概率的乘积。

对大型项目而言，若仅有少数作业出现在不同路径中，且没有证据能够证明作业时间相依，此时仍可视各路径时间为相互独立，上述以所有路径完成概率的乘积来估计项目完成概率的做法仍然适用。

范例 15–3

根据范例 15–2 的结果，请回答下列问题：

1. A–B–C–D–E、F–G–H–I–J 与 K–L–M–N 三条路径时间可否视为相互独立？为什么？

2. 该项目能于开始后 24 天内完成的概率为多少？

3. 该项目能于开始后 20 天内完成的概率为多少？

4. 该项目不能于开始后 20 天内完成的概率为多少？

解答：

1. 由于：①没有证据能够证明项目中的所有作业时间相依，故所有作业时间可视为相互独立；②每一个作业仅出现在一个路径中。故范例 15–2 的三条路径时间可视为相互独立。

2. 依据范例 15–2 有关路径时间的 σ^2，在 24 天内，项目能够完成概率的计算如表 15–4 所示（常态累积概率请查阅本书附表）。

表 15–4　项目于 24 天内完成概率的计算

路径	期望时间	σ^2	σ	$z = \dfrac{24 - 路径时间期望值}{路径时间标准差}$	24 天内完成的概率
A–B–C–D–E	24.17	1.68	1.30	−0.13	0.4483
F–G–H–I–J	23.00	1.54	1.24	0.81	0.7910
K–L–M–N	18.33	1.43	1.20	4.73	0.9999

故该项目于开始后 24 天内能够完成的概率为 $(0.4483) \times (0.7910) \times (0.9999) = 0.3546$。

3. 依据范例 15–2 有关路径时间的 σ^2，在 20 天内，项目能够完成概率的计算如表 15–5 所示（常态累积概率请查阅本书附表）。

表 15–5　项目于 20 天内完成概率的计算

路径	期望时间	σ^2	σ	$z = \dfrac{20 - 路径时间期望值}{路径时间标准差}$	20 天内完成的概率
A–B–C–D–E	24.17	1.68	1.30	−3.21	0.0007
F–G–H–I–J	23.00	1.54	1.24	−2.42	0.0078
K–L–M–N	18.33	1.43	1.20	1.39	0.9177

故该项目于开始后 20 天内能够完成的概率为 $(0.0007) \times (0.0078) \times (0.9177) = 0.0000050$。

4. 该项目不能于开始后 20 天内完成的概率为 $1 - 0.0000050 = 0.9999950$。

第五节　赶工

项目完工时间有时不能满足实际需求，此时就有必要进行赶工。

赶工可能是基于策略上的考量，如为使新产品及时上市、争取订单或提高市场占有率等，但有时也可能是基于成本的考量，如利用赶工以降低项目总成本等。对于前者，本章不拟探讨，至于后者，则为本节的主要内容。

项目的成本可分为直接成本与间接成本两类，两者合计称为总成本。一般而言，赶工需要投入更多的直接成本，如加班费、绩效奖金或较高的外包费用等，但赶工也能降低间接成本，如人事费用、办公室租金或管理费用等。若赶工能使项目总成本降低，也就是间接成本的降低高于直接成本的提高，那么该赶工措施就属可行，如图 15–16 所示。

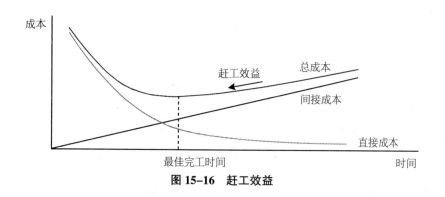

图 15–16　赶工效益

项目中的各作业，哪些最适合优先进行赶工，要视哪一个或哪几个作业在缩短工期后最能降低项目总成本。能够降低项目总成本最大的赶工应优先进行。依此类推，直到项目总成本无法再下降为止，此时因赶工而降低的间接成本等于因赶工而提高的直接成本。

赶工效益的分析过程一般包含以下三个原则：

（1）一次挑选一段时间。

（2）针对要径中赶工成本最低的作业进行赶工。

（3）当要径不止一个时，应考虑缩短哪些作业的工期能使得所有要径的总成本最低。

范例 15–4

某项目的网络图如图 15–17 所示，已知项目的间接成本为 1000 元/天，且可赶工天数与赶工成本如表 15–6 所示。试发展一赶工计划以使项目总成本为最低。

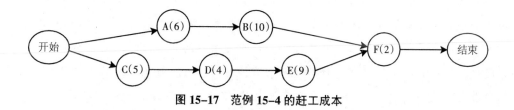

图 15–17　范例 15–4 的赶工成本

表15-6 范例15-4的赶工成本

作业	正常天数	最短天数	每日赶工成本
A	6	6	—
B	10	8	500
C	5	4	300
D	4	1	700
E	9	7	600
F	2	1	800

解答：

1. 列出所有路径及其时间，如表15-7所示。

表15-7 范例15-4的路径及其时间长度

路径	时间长度
A–B–F	18
C–D–E–F	20（要径）

2. 将要径中的各作业依赶工成本由小至大排列，并加入可赶工天数（正常天数 – 最短天数），如表15-8所示。

表15-8 范例15-4的可赶工天数

作业	每日赶工成本	可赶工天数
C	300	1
E	600	2
D	700	3
F	800	1

3. 针对要径中赶工成本最低的作业，一次挑选一天来缩短工期。

（1）先缩短C的工期一天，其每日赶工成本300元，低于每日间接成本1000元，故专案时间可由20天降为19天。

（2）C的工期已无法再缩短。缩短E的工期一天，其每日赶工成本600元，低于每日间接成本1000元，项目时间可由19天再降为18天。

（3）当项目时间为18天，两条路径都成为要径，故应同时考量两条路径的作业。将两条路径中的各作业依赶工成本由小至大排列，并加入可赶工天数，如表15-9所示。

由于要径有两条，故要降低项目时间必须同时缩短两条路径的工期。因F同时位于两条路径中，缩短F的工期将可同时缩短两条路径时间，且其赶工成本只要800元，低于每日间接成本1000元，项目时间可由18天再降为17天，故选择F进行赶工。

表 15-9 范例 15-4 的路径与可赶工天数

路径	作业	每日赶工成本		可赶工天数
A-B-F	A		无法赶工	
	B	500		2
	F	800		1
C-D-E-F	C		无法赶工	
	D	700		1
	E	600		3
	F	800		1

（4）考虑缩短 B 与 E 各一天，其赶工成本为 500 + 600 = 1100 元，高于每日间接成本 1000 元，故已无再降低项目时间的可能。

4. 将以上赶工计划的结果整理如表 15-10 所示。

表 15-10 范例 15-4 的赶工计划

路径时间　缩短工期日数　路径	0	1	2	3
A-B-F	18	18	18	17
C-D-E-F	20	19	18	17
赶工作业		C	E	F
赶工成本		300	600	800
成本节省		700	400	200
总成本节省		700	1100	1300

第六节　对 PERT 与 CPM 的批评

PERT 与 CPM 虽是项目经理人最常采用的项目管理技巧，但多年来却受到许多的批评，如下列几项：

1. 假设每项作业都有明确的开始与结束

项目的开始与结束常是模糊不清的，如粉刷墙壁工作的正常作业程序应先准备器材妥当才能进行清洁与粉刷，但当时间紧迫且有多余人力时，管理者可一边准备器材、一边清洁并同时进行粉刷，各作业的开始时间实际上并不明确；同理，器材只需要在使用前准备妥当就不会延误到清洁与粉刷的工作，故器材准备作业的结束时间实际上也并不明确。

2. 假设项目作业的顺序可被指定及网络化

项目作业的顺序并非都可以事先指定，实际上许多作业的顺序会因当时资源的可用状况而做调整，如学生因准备期中考而安排的读书计划，就会因同学造访而临时变更所读科目的顺序。项目作业也未必都能网络化，如不知名病症的治疗，医生就须视病患对不同诊治的效果决定后续对策，而无法事先将治疗项目网络化。

3. 项目控制的焦点应该是关键路径

项目进行中常见到的一个问题是非关键路径上的活动，因耽搁超过了该活动的宽裕时间，使得该项目的完成时间耽误，因此项目计划控制的焦点应该是关键路径的说法应做修正。另外，项目并非仅管理其完成时间，将项目控制的焦点放在关键路径上，常会忽略了非关键路径上一些会影响到项目品质、成本与顾客满意度的作业。

4. 在作业时间服从 β 分配

假设项目作业时间服从 β 分配虽有其理由，但作业时间的平均值与变异数却无法从理论上推导出，更谈不上以此推导出其他更进一步的结果。

5. 乐观时间、悲观时间与最可能时间的定义模糊不清

乐观时间、悲观时间与最可能时间是一种主观的概念，不仅因人而异，就算是同一个人在不同时间也会有不同的解释，而要求专案成员估计一个时间就已相当困难，更何况估计三个时间。

对 PERT 与 CPM 的批评声浪虽大，但以其为基础的改善在近年来却也开始蓬勃发展，其中尤以关键链与电脑软件为代表。

第七节　关键链

关键链（Critical Chain）是高瑞特（E. M. Goldratt）在 1997 年所提出的将限制理论应用在项目管理上的方法。

一、关键链的理论背景

高瑞特认为，当今项目管理所遭遇到的共同问题大多是①成本超出预算；②时间超出期限；③经常牺牲设计内容。

就以上三个问题而言，时间超出期限往往是其他两项问题的起因。一般项目经理人为避免项目时间超出期限，常会设定较大的安全时间并辅以项目管理手法。然而安全时间却常被浪费掉，项目管理手法也常无法达到预期效果，其原因分析如下。

（一）安全时间的浪费

大部分的项目经理人为确保其绩效，通常都会以其过去最坏的经验作为估计作业时间的依据，因此估计的作业时间常是实际所需时间的两倍以上。安全时间虽然常被高估，但一般却未必能确保项目的如期完成，此主要是因为下列四项原因造成安全时间被浪费掉了：

1. 学生症候群

所谓学生症候群（Student Syndrome）是指工作者一般会在不得不开始时才工作。

2. 帕金森法则

所谓帕金森法则（Parkinson Law）是指工作者会设法填满所有可以利用的时间，即使从另一个角度来看他的工作实际上应该已经完成。在学生症候群与帕金森法则双重作用下，作业就很少能提前完成，甚至大部分作业都会延误。

3. 多重任务指派

许多项目成员都身兼数个项目的工作，管理者常为使资源分配较为平均，或为避免项目成员工作量不足形成资源浪费，故常会同时交付项目成员多重任务，使得项目成员以图 15-18(a) 的方式安排作业时间，这种多重任务的指派方式会使得所有作业的平均完工时间延长，如图 15-18(a) 的平均作业时间为 (70 + 80 + 90)/3 = 80 天，而若以图 15-18(b) 的方式指派工作，则其平均作业时间只需要 (30 + 60 + 90)/3 = 60 天。

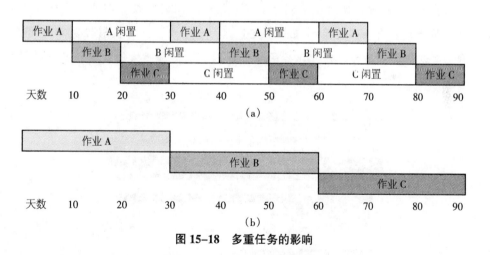

图 15-18　多重任务的影响

4. 作业的依存性

当多项作业汇流时，后续的作业必须等待汇流的作业都完成才能开始，如图 15-19 中 A 与 B 汇流，提早完成的作业对项目并无帮助，但延后完成的作业却会造成项目延误。当项目愈复杂，汇流的情形就愈多，项目延误的概率就会愈大。

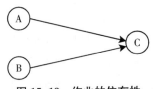

图15-19　作业的依存性

OM 透视镜

保德信保险公司百分之百的专业管理

"在所有的项目上百分之百的专业管理"，这是全美最大的寿险公司，也是全世界最大的金融服务机构——美国保德信保险公司在几年前的方向性指导方针。

保德信公司采用的解决方案是微软 Office 中的 Microsoft Project。采用 Microsoft Project 的理由很多，像在 Microsoft Project 中，包含了许多内建的项目模板，并允许管理人员可以根据其需求而建立并储存项目模板；从 Microsoft Project 中，通过超链接任务至档案、资料夹以及群组计算机或网络上的网页，可立即存取支持文件，也可以内嵌 Microsoft Project 排程于 Microsoft Office 任一软件内；各项目群组在他们自己的 Microsoft Project 更新完后，会自动整合在主要项目计划内，再连接到 Microsoft Excel 电子表格里，并绘制出演示文稿图表；跨组织的群组成员可以在分享的装置中存取 Microsoft Project，利用按钮便可以看到他们的指派任务与时刻表。即使在复杂且涉及多群组的多面项目、有相互关系的任务以及分摊的责任中，也都能够轻易地协同作业；详尽的逐步过程与互动可以建立正确的项目计划，确保每一项任务都可以根据需求而正确地执行。

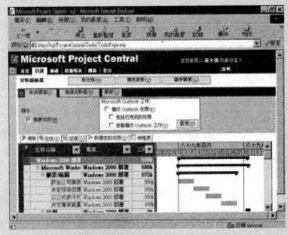

图15-20　Microsoft Project

除此之外，价格并不昂贵；能与其桌上型产品整合应用；以及微软公司长期的稳定性，都是 Microsoft Project 获得保德信采用的因素之一。

资料来源：台湾微软网站，http：//www.microsoft.com/taiwan/products/office/project/.

（二）传统项目管理手法的成效不如预期

传统项目管理手法的成效之所以不如预期，主要是下列三个原因造成：

1. 资源浪费或管理不当的两难

计划中的非关键路径若提早开始，资源会浪费；若延后开始，管理者又会不当。如图 15-11 中的 B 作业，其最早开始时间为第 5 天，最晚开始时间为第 16 天，若在第 5 天就开始工作，则会因过早投入相关资源而积压资金；但若在第 16 天才开始工作，路径 A-B-C-I 会成为另一条要径，管理者就必须将其心力投入在两条要径上，在管理不当情形下，项目管理的难度将更为增加。

2. 里程碑的负面效果

项目经理人为管制项目进度，一般都以里程碑的实际完成百分比作为绩效评估的指标。这种做法鼓励了项目成员尽早激活每条路径，并优先处理较易达成的活动，以补偿较难达成活动的延误，故在短期间表面上看起来项目进度超前，但实际上因为所有活动终将汇流，进度超前的活动仍将等待进度延误的活动，项目进度就会在最后的 10% 花上 30% 以上的时间。

3. 资源争夺

作业需要资源，在资源无限的情形下，以要径作为管制项目的重心的确能发挥功效；但当资源有限时，作业间必会发生争夺资源的现象，此时若仍只考虑管制要径，不仅无法在项目期限前完成工作，甚且会因资源的错误分配而导致项目需要更多的额外时间来完成。如图 15-21 为图 15-7 的甘特图，已知作业 C、F 与 H 共享资源，若只考虑管制要径，则在第 19 天发生资源争夺现象时，F 作业会被优先配置资源，其次为 C 与 H，故项目的实际执行结果会如图 15-22 所示。如果将项目管制的对象由要径改为关键链，就能避免上述的问题。所谓的关键链，是指同时考虑作业相依与资源相依所连接而成的最长路径，如图 15-23 的 A-D-G-F-H-I 即为关键链。

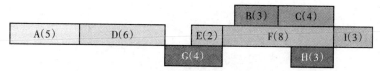

图 15-21　作业 C、F 与 H 发生资源争夺现象

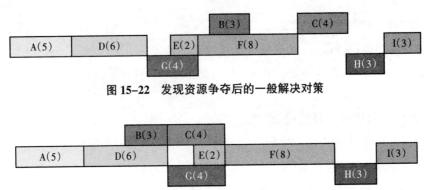

图 15-22　发现资源争夺后的一般解决对策

图 15-23　关键链排程

二、关键链项目管理概述

以关键链进行项目管理的要点如下所述：

1. 建立项目缓冲（Project Buffer）

由于作业时间常是实际所需时间的两倍以上，故将各作业时间的一半移到关键链的末端，不会影响工作时程，但却能避免学生症候群与帕金森法则的出现，保护要径得以在时限内完成。

2. 建立接驳缓冲（Feeding Buffer）

在非关键链汇流入关键链前给予安全时间，能避免作业的依存性影响到关键链并保护关键链。

3. 建立资源缓冲（Resource Buffer）

当关键链上的作业所需的资源发生改变时，为确保该作业所需的资源能如期提供，以保护关键链，就应在该作业前建立资源缓冲。

4. 以关键链安排作业顺序

要径仅能提供项目经理人参考，同时考虑作业相依与资源相依的关键链才是项目经理人的管理重点。

5. 多重任务一次只指派一项作业

管理者应以一次只指派一项作业的方式，来取代过去一次指派多重任务的习惯，以减少作业平均完成时间。

6. 只对关键链评量绩效

由于关键链才是项目经理人的管理重点，故应只对关键链评量绩效，以导正项目成员的观念与行为。

7. 取消里程碑

取消里程碑且不以里程碑来评量项目绩效，同样能避免学生症候群与帕金森法则的出现。

8. 连续提早通知后续作业的开始时间

前行作业在完工前，应预估其完工时间并通知后续作业，且随着时间的推移，通知频率应逐渐增加，以使后续作业提早准备，减少作业时间。

第八节　结论

项目管理是青年学子与管理者最热衷学习的管理技能之一。近年来，台湾学者专家集合共同的力量成立了项目管理学会，致力于推动项目管理的观念、技巧与人员认证活动。可以预期的是，项目管理在未来将会受到学术界与实务界更广泛的重视。

个案研讨

复杂的 101 大楼兴建项目

由日商株式会社熊谷组、华熊营造、荣民工程与大友营造四家联合承揽的"台北国际金融中心"，楼高 101 层，历经 40 个月，耗资 200 亿元新台币，在严峻的预算与工期下，营造项目能否顺利完成，与项目管理软件的选择与使用息息相关。为此，团队采用了微软的 Project 项目管理软件 Microsoft Project，让复杂、庞大的超高建筑工程能在掌控下顺利进行。

日商熊谷组是家百年字号、员工 400 多名的国际工程公司，以国际级的高楼建筑享誉世界，其过去的代表作品如 70 层的"中国银行香港分行"与 62 层的"美国西雅图 AT & T Gateway Tower"。华熊营造是熊谷组于 1974 年在台投资成立的营造公司，其承揽的营建工程都是知名的工程与建筑，如"新光人寿超高层摩天大楼"、"台北国际会议中心 TICC"与"德基水库"等。

大型营造工程所牵涉的层面相当广，不仅参与的人数多，临时需求性的工作也多，在众多的分包商与参与者中，许多人必须能自行规划与绘制项目进度图表，并在要求的时程内将图表完成，然而参与的人员中，每个人对项目管理软件的熟悉度不一，操作上过于复杂与困难的项目软件，将因为规划人员的不熟悉与学习时间，导致图表交付进度的落后。因此，项目团队在经过评估后，发现 Microsoft Project 符合直觉、轻松、几乎不需要任何教育训练就可上手等需求，可以快速地绘制工程所需的项目图表，同时使用接口也与一般办公室常用的 Microsoft Office 相似，在操作过程上有关于程序与资料的连接、辅助输入等功能都相当不错，从未接触过的人大约用一天时间就可以熟悉它。

此外，项目营造工程中有许多的临时性工作，一样有进度与时程的要求，如机电设备的进场即是，对于这种临时性的小项目工作，也同样适合用 Microsoft Project 来规划及管控。

Microsoft Project 除了无学习时间与成本，以及绘制图表快速外，更可说是物美价廉，与其他标榜专业的项目管理软件相比，Microsoft Project 的软件价格仅有前者的1/10，因此可说是低廉、快速、有效的项目软件。

此外，联合承揽也全数使用 Microsoft Project，以进行"工作任务分派"、"进度落后警示"、"成本分析"、"人力、资源调配"等工作，力求项目的时间、成本、人员等调度与使用，都在估算与掌控中。

由于台北国际金融中心的项目庞大，参与人数众多，在工地中随时有180~190多人在参与工程；项目时程快速，每完成一个阶段，撤离与新增的人都会大幅改变，所以经常在组织调整，每一次的变动都必须重新绘制人事组织图才行，而 Microsoft Visio 能应对快速变动的组织图绘制。故四家承揽公司除 Microsoft Project 外，也在项目工程团队中使用 Microsoft Visio 的绘图软件。

除了可应对经常变动的组织图外，Microsoft Visio 也常被用在施工处的平面示意图上，通过 Visio 内建的现成图标，可以快速绘制平面配置图。事实上，组织的重新调整，也意味着座位也需要更动，以往组织图与座位配置图是分别绘制的，如今通过 Visio，只要在人事组织的表格上修改名字与职衔，Visio 即可以自动更新与绘制新的组织图、座位配置图，大大节省绘图的心力，以及重新绘制的修改与维护成本。

资料来源：台湾微软网站，http://www.microsoft.com/taiwan/products/office/project/.

问题讨论 请上网查询更多有关 Microsoft Project 的资讯。

习题

基础评量

1. 何谓项目？

2. 何谓项目管理？

3. 试述项目管理与一般管理的主要差异为何。

4. 项目绩效一般从哪些角度来做衡量？

5. 项目管理的成功关键因素为何？

6. 项目生命周期包含哪四个阶段？

7. 项目管理的关键决策为何？

8. 何谓工作说明书？

9. 何谓工作分解结构？

10. 一个好的工作分解结构应具备什么特色？

11. 试述甘特图的使用限制。

12. 试述计划评核术（PERT）和要径法（CPM）的差异。

13. 何谓网络图？其有几种表达方式？

14. 何谓要径？试述其重要性。

15. 某公司为发展新产品而设立项目，该项目的作业项目汇整于表 15-11，试求其要径、项目时间与各作业的宽裕时间。

表 15-11　项目活动资料

表示符号	前置作业	时间需求（周）
A	—	2
B	A	3
C	B	5
D	B	2
E	C	3
F	D	3
G	E、F	2

16. 某公司为发展新产品而设立项目，该项目的作业项目汇整于表 15-12，试求其要径、专案时间与各作业的宽裕时间。

表 15-12　项目活动资料

表示符号	前置作业	时间需求（周）
A	—	1
B	A	3
C	A、B	4
D	B	3
E	C	2
F	D	3
G	B、E、F	1

17. 试根据图 15-24 计算各路径的时间期望值与变异数，并指出要径为何。

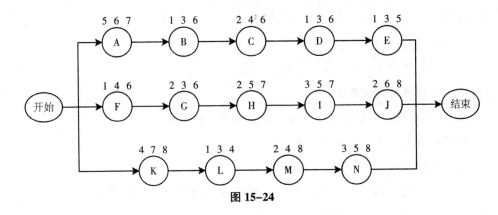

图 15-24

18. 根据题 17 的结果，请回答下列问题：

（1）A-B-C-D-E、F-G-H-I-J 与 K-L-M-N 三条路径时间可否视为相互独立？为什么？

（2）该项目能于开始后 26 天内完成的概率为多少？

（3）该项目不能于开始后 26 天内完成的概率为多少？

19. 试根据图 15-25 计算各路径的时间期望值与变异数，并指出要径为何。

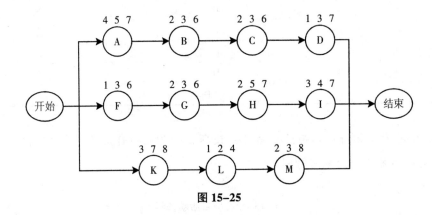

图 15-25

20. 根据题 19 的结果，请回答下列问题：

（1）A-B-C-D、F-G-H-I 与 K-L-M 三条路径时间可否视为相互独立？为什么？

（2）该项目能于开始后 21 天内完成的概率为多少？

（3）该项目不能于开始后 21 天内完成的概率为多少？

21. 某项目的网络图如图 15-26 所示，已知项目的间接成本为 2000 元/天，且可赶工天数与赶工成本如表 15-13 所示。试发展一赶工计划以使项目总成本为最低。

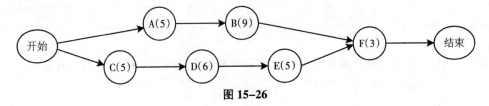

图 15-26

表 15-13

作业	正常天数	最短天数	每日赶工成本
A	5	4	1600
B	9	8	1500
C	5	5	1000
D	6	4	1600
E	5	4	1800
F	3	3	2100

22. 某项目的网络图如图 15-27 所示，已知项目的间接成本为 1000 元/天，且可赶工天数与赶工成本如表 15-14 所示。试发展一赶工计划以使项目总成本为最低。

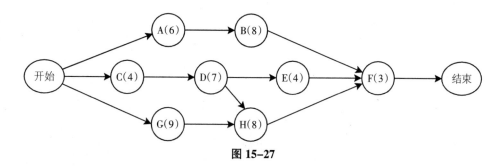

图 15-27

表 15-14

作业	正常天数	最短天数	每日赶工成本
A	6	4	900
B	8	8	800
C	4	4	700
D	7	4	800
E	4	4	700
F	3	2	900
G	9	7	800
H	8	5	700

23. 高瑞特认为当今项目管理所遭遇到的共同问题大多为何？

24. 何谓学生症候群？

25. 何谓帕金森法则？

26. 何谓关键链？

27. 何谓项目缓冲？

28. 何谓接驳缓冲？

29. 何谓资源缓冲？

深度思考

1. 请自行将 PERT/CPM 转绘成甘特图，并说明"计划中的非关键路径若提早开始，资源会浪费；若延后开始，管理者又会管理不当"。

2. 请举例说明："前行作业在完工前，应预估其完工时间并通知后续作业，且随着时间的推移，通知频率应逐渐增加，以使后续作业提早准备，减少作业时间"。

参考文献

［1］Goldratt, E. M. and J. Cox, The Goal: A Process of Ongoing Improvement, North River Press, NY, 2004.

［2］Heizer, J. and B. Render, Operations Management, 10th edn, Prentice Hall, NY, 2010.

［3］Jacobs, F. R. and R. Chase, Operations and Supply Chain Management, 13th edn, Mcgraw-Hill/Irwin, NY, 2010.

［4］Krajewski, L. J., L. P. Ritzman and M. K. Malhotra, Operations Management, 9th edn, Prentice Hall, NY, 2010.

［5］Meredith, J. R. and S. M. Shafer, Operations Management for MBAs, 4th edn, Wiley, NY, 2009.

［6］Russell, R. S. and B. W. Taylor, Operations Management: Creating Value Along the Supply Chain, 6th edn, Wiley, NY, 2010.

［7］Schroeder, R., S. Goldstein and M. J. Rungtusanatham, Operations Management: Contemporary Concepts and Cases, 5th edn, Mcgraw-Hill/Irwin, NY, 2010.

［8］Slack, N., S. C. and R. Johnston, Operations Management with MyOMLab, 6th edn, Prentice Hall, NY, 2010.

［9］Stevenson, W., J., Operations Management, 11th edn, Mcgraw-Hill/Irwin, NY, 2011.

［10］李友铮. 作业管理——创造竞争优势. 前程文化事业，第三版，2007.

［11］李友铮，贺力行. 品质管理——整合性思维. 前程文化事业，第二版，2008.

附　表

标准常态分配的累积概率值

z	0.00	0.01	0.02	0.03	0.04	0.05	0.06	0.07	0.08	0.09
−3.5	0.0002	0.0002	0.0002	0.0002	0.0002	0.0002	0.0002	0.0002	0.0002	0.0002
−3.4	0.0003	0.0003	0.0003	0.0003	0.0003	0.0003	0.0003	0.0003	0.0003	0.0002
−3.3	0.0005	0.0005	0.0005	0.0004	0.0004	0.0004	0.0004	0.0004	0.0004	0.0003
−3.2	0.0007	0.0007	0.0006	0.0006	0.0006	0.0006	0.0006	0.0005	0.0005	0.0005
−3.1	0.0010	0.0009	0.0009	0.0009	0.0008	0.0008	0.0008	0.0008	0.0007	0.0007
−3.0	0.0013	0.0013	0.0013	0.0012	0.0012	0.0011	0.0011	0.0011	0.0010	0.0010
−2.9	0.0019	0.0018	0.0018	0.0017	0.0016	0.0016	0.0015	0.0015	0.0014	0.0014
−2.8	0.0026	0.0025	0.0024	0.0023	0.0023	0.0022	0.0021	0.0021	0.0020	0.0019
−2.7	0.0035	0.0034	0.0033	0.0032	0.0031	0.0030	0.0029	0.0028	0.0027	0.0026
−2.6	0.0047	0.0045	0.0044	0.0043	0.0041	0.0040	0.0039	0.0038	0.0037	0.0036
−2.5	0.0062	0.0060	0.0059	0.0057	0.0055	0.0054	0.0052	0.0051	0.0049	0.0048
−2.4	0.0082	0.0080	0.0078	0.0075	0.0073	0.0071	0.0069	0.0068	0.0066	0.0064
−2.3	0.0107	0.0104	0.0102	0.0099	0.0096	0.0094	0.0091	0.0089	0.0087	0.0084
−2.2	0.0139	0.0136	0.0132	0.0129	0.0125	0.0122	0.0119	0.0116	0.0113	0.0110
−2.1	0.0179	0.0174	0.0170	0.0166	0.0162	0.0158	0.0154	0.0150	0.0146	0.0143
−2.0	0.0228	0.0222	0.0217	0.0212	0.0207	0.0202	0.0197	0.0192	0.0188	0.0183
−1.9	0.0287	0.0281	0.0274	0.0268	0.0262	0.0256	0.0250	0.0244	0.0239	0.0233
−1.8	0.0359	0.0351	0.0344	0.0336	0.0329	0.0322	0.0314	0.0307	0.0301	0.0294

标准常态分配的累积概率值（续）

z	0.00	0.01	0.02	0.03	0.04	0.05	0.06	0.07	0.08	0.09
−1.7	0.0446	0.0436	0.0427	0.0418	0.0409	0.0401	0.0392	0.0384	0.0375	0.0367
−1.6	0.0548	0.0537	0.0526	0.0516	0.0505	0.0495	0.0485	0.0475	0.0465	0.0455
−1.5	0.0668	0.0655	0.0643	0.0630	0.0618	0.0606	0.0594	0.0582	0.0571	0.0559
−1.4	0.0808	0.0793	0.0778	0.0764	0.0749	0.0735	0.0721	0.0708	0.0694	0.0681
−1.3	0.0968	0.0951	0.0934	0.0918	0.0901	0.0885	0.0869	0.0853	0.0838	0.0823
−1.2	0.1151	0.1131	0.1112	0.1093	0.1075	0.1056	0.1038	0.1020	0.1003	0.0985
−1.1	0.1357	0.1335	0.1314	0.1292	0.1271	0.1251	0.1230	0.1210	0.1190	0.1170
−1.0	0.1587	0.1562	0.1539	0.1515	0.1492	0.1469	0.1446	0.1423	0.1401	0.1379
−0.9	0.1841	0.1814	0.1788	0.1762	0.1736	0.1711	0.1685	0.1660	0.1635	0.1611
−0.8	0.2119	0.2090	0.2061	0.2033	0.2005	0.1977	0.1949	0.1922	0.1894	0.1867
−0.7	0.2420	0.2389	0.2358	0.2327	0.2296	0.2266	0.2236	0.2206	0.2177	0.2148
−0.6	0.2743	0.2709	0.2676	0.2643	0.2611	0.2578	0.2546	0.2514	0.2483	0.2451
−0.5	0.3085	0.3050	0.3015	0.2981	0.2946	0.2912	0.2877	0.2843	0.2810	0.2776
−0.4	0.3446	0.3409	0.3372	0.3336	0.3300	0.3264	0.3228	0.3192	0.3156	0.3121
−0.3	0.3821	0.3783	0.3745	0.3707	0.3669	0.3632	0.3594	0.3557	0.3520	0.3483
−0.2	0.4207	0.4168	0.4129	0.4090	0.4052	0.4013	0.3974	0.3936	0.3897	0.3859
−0.1	0.4602	0.4562	0.4522	0.4483	0.4443	0.4404	0.4364	0.4325	0.4286	0.4247
−0.0	0.5000	0.4960	0.4920	0.4880	0.4840	0.4801	0.4761	0.4721	0.4681	0.4641

标准常态分配的累积概率值（续）

z	0.00	0.01	0.02	0.03	0.04	0.05	0.06	0.07	0.08	0.09
0.0	0.5000	0.5040	0.5080	0.5120	0.5160	0.5199	0.5239	0.5279	0.5319	0.5359
0.1	0.5398	0.5438	0.5478	0.5517	0.5557	0.5596	0.5636	0.5675	0.5714	0.5753
0.2	0.5793	0.5832	0.5871	0.5910	0.5948	0.5987	0.6026	0.6064	0.6103	0.6141
0.3	0.6179	0.6217	0.6255	0.6293	0.6331	0.6368	0.6406	0.6443	0.6480	0.6517
0.4	0.6554	0.6591	0.6628	0.6664	0.6700	0.6736	0.6772	0.6808	0.6844	0.6879
0.5	0.6915	0.6950	0.6985	0.7019	0.7054	0.7088	0.7123	0.7157	0.7190	0.7224
0.6	0.7257	0.7291	0.7324	0.7357	0.7389	0.7422	0.7454	0.7486	0.7517	0.7549
0.7	0.7580	0.7611	0.7642	0.7673	0.7704	0.7734	0.7764	0.7794	0.7823	0.7852
0.8	0.7881	0.7910	0.7939	0.7967	0.7995	0.8023	0.8051	0.8078	0.8106	0.8133
0.9	0.8159	0.8186	0.8212	0.8238	0.8264	0.8289	0.8315	0.8340	0.8365	0.8389
1.0	0.8413	0.8438	0.8461	0.8485	0.8508	0.8531	0.8554	0.8577	0.8599	0.8621
1.1	0.8643	0.8665	0.8686	0.8708	0.8729	0.8749	0.8770	0.8790	0.8810	0.8830
1.2	0.8849	0.8869	0.8888	0.8907	0.8925	0.8944	0.8962	0.8980	0.8997	0.9015
1.3	0.9032	0.9049	0.9066	0.9082	0.9099	0.9115	0.9131	0.9147	0.9162	0.9177
1.4	0.9192	0.9207	0.9222	0.9236	0.9251	0.9265	0.9279	0.9292	0.9306	0.9319
1.5	0.9332	0.9345	0.9357	0.9370	0.9382	0.9394	0.9406	0.9418	0.9429	0.9441
1.6	0.9452	0.9463	0.9474	0.9484	0.9495	0.9505	0.9515	0.9525	0.9535	0.9545
1.7	0.9554	0.9564	0.9573	0.9582	0.9591	0.9599	0.9608	0.9616	0.9625	0.9633

标准常态分配的累积概率值（续）

z	0.00	0.01	0.02	0.03	0.04	0.05	0.06	0.07	0.08	0.09
1.8	0.9641	0.9649	0.9656	0.9664	0.9671	0.9678	0.9686	0.9693	0.9699	0.9706
1.9	0.9713	0.9719	0.9726	0.9732	0.9738	0.9744	0.9750	0.9756	0.9761	0.9767
2.0	0.9772	0.9778	0.9783	0.9788	0.9793	0.9798	0.9803	0.9808	0.9812	0.9817
2.1	0.9821	0.9826	0.9830	0.9834	0.9838	0.9842	0.9846	0.9850	0.9854	0.9857
2.2	0.9861	0.9864	0.9868	0.9871	0.9875	0.9878	0.9881	0.9884	0.9887	0.9890
2.3	0.9893	0.9896	0.9898	0.9901	0.9904	0.9906	0.9909	0.9911	0.9913	0.9916
2.4	0.9918	0.9920	0.9922	0.9925	0.9927	0.9929	0.9931	0.9932	0.9934	0.9936
2.5	0.9938	0.9940	0.9941	0.9943	0.9945	0.9946	0.9948	0.9949	0.9951	0.9952
2.6	0.9953	0.9955	0.9956	0.9957	0.9959	0.9960	0.9961	0.9962	0.9963	0.9964
2.7	0.9965	0.9966	0.9967	0.9968	0.9969	0.9970	0.9971	0.9972	0.9973	0.9974
2.8	0.9974	0.9975	0.9976	0.9977	0.9977	0.9978	0.9979	0.9979	0.9980	0.9981
2.9	0.9981	0.9982	0.9982	0.9983	0.9984	0.9984	0.9985	0.9985	0.9986	0.9986
3.0	0.9987	0.9987	0.9987	0.9988	0.9988	0.9989	0.9989	0.9989	0.9990	0.9990
3.1	0.9990	0.9991	0.9991	0.9991	0.9992	0.9992	0.9992	0.9992	0.9993	0.9993
3.2	0.9993	0.9993	0.9994	0.9994	0.9994	0.9994	0.9994	0.9995	0.9995	0.9995
3.3	0.9995	0.9995	0.9995	0.9996	0.9996	0.9996	0.9996	0.9996	0.9996	0.9997
3.4	0.9997	0.9997	0.9997	0.9997	0.9997	0.9997	0.9997	0.9997	0.9997	0.9998
3.5	0.9998	0.9998	0.9998	0.9998	0.9998	0.9998	0.9998	0.9998	0.9998	0.9998

管制界限因子表

分组标题：平均数管制图 | 标准差管制图 | 全距管制图 | 中位数管制图 | 个别值管制图 | 最大值与最小值管制图

样本数 n	A	A_2	A_3	C_4	B_3	B_4	B_5	B_6	d_2	d_3	D_1	D_2	D_3	D_4	m_3A_2	m_3	m_3A	E_2	A_9
2	2.121	1.880	2.659	0.7979	0	3.267	0	2.606	1.128	0.8525	0	3.686	0	3.267	1.880	1.000	2.121	2.660	2.695
3	1.732	1.023	1.954	0.8862	0	2.568	0	2.276	1.693	0.8884	0	4.358	0	2.574	1.187	1.160	2.009	1.772	1.826
4	1.500	0.729	1.628	0.9213	0	2.266	0	2.088	2.059	0.8798	0	4.698	0	2.282	0.796	1.092	1.638	1.457	1.522
5	1.342	0.577	1.427	0.9400	0	2.089	0	1.964	2.326	0.8641	0	4.918	0	2.114	0.691	1.198	1.608	1.290	1.363
6	1.225	0.483	1.287	0.9515	0.030	1.970	0.029	1.874	2.534	0.8480	0	5.078	0	2.004	0.548	1.135	1.390	1.184	1.263
7	1.134	0.419	1.182	0.9594	0.118	1.882	0.113	1.806	2.704	0.8332	0.204	5.204	0.076	1.924	0.509	1.214	1.377	1.109	1.194
8	1.061	0.373	1.099	0.9650	0.185	1.815	0.179	1.751	2.847	0.8198	0.388	5.306	0.136	1.864	0.433	1.160	1.231	1.054	1.143
9	1.000	0.337	1.032	0.9693	0.239	1.761	0.232	1.707	2.970	0.8078	0.547	5.393	0.184	1.816	0.412	1.223	1.223	1.010	1.104
10	0.949	0.308	0.975	0.9727	0.284	1.716	0.276	1.669	3.078	0.7971	0.687	5.469	0.223	1.777	0.362	1.176	1.116	0.975	1.072
11	0.905	0.285	0.927	0.9754	0.321	1.679	0.313	1.637	3.173	0.7873	0.811	5.535	0.256	1.744				0.946	
12	0.866	0.266	0.886	0.9776	0.354	1.646	0.346	1.610	3.258	0.7785	0.922	5.594	0.283	1.717				0.921	
13	0.832	0.249	0.850	0.9794	0.382	1.618	0.374	1.585	3.336	0.7704	1.025	5.647	0.307	1.693				0.899	
14	0.802	0.235	0.817	0.9810	0.406	1.594	0.399	1.563	3.407	0.7630	1.118	5.696	0.328	1.672				0.881	
15	0.775	0.223	0.789	0.9823	0.428	1.572	0.421	1.544	3.472	0.7562	1.203	5.741	0.347	1.653				0.864	
16	0.750	0.212	0.763	0.9835	0.448	1.552	0.440	1.526	3.532	0.7499	1.282	5.782	0.363	1.637				0.849	
17	0.728	0.203	0.739	0.9845	0.466	1.534	0.458	1.511	3.588	0.7441	1.356	5.820	0.378	1.622				0.836	
18	0.707	0.194	0.718	0.9854	0.482	1.518	0.475	1.496	3.640	0.7386	1.424	5.856	0.391	1.608				0.824	
19	0.688	0.187	0.698	0.9862	0.497	1.503	0.490	1.483	3.689	0.7335	1.487	5.891	0.403	1.597				0.813	
20	0.671	0.180	0.680	0.9869	0.510	1.490	0.504	1.470	3.735	0.7287	1.549	5.921	0.415	1.585				0.803	
21	0.655	0.173	0.663	0.9876	0.523	1.477	0.516	1.459	3.778	0.7242	1.605	5.951	0.425	1.575				0.794	
22	0.640	0.167	0.647	0.9882	0.534	1.466	0.528	1.448	3.819	0.7199	1.659	5.979	0.434	1.566				0.785	
23	0.626	0.162	0.633	0.9887	0.545	1.455	0.539	1.438	3.858	0.7159	1.710	6.006	0.443	1.557				0.778	
24	0.612	0.157	0.619	0.9892	0.555	1.445	0.549	1.429	3.895	0.7121	1.759	6.031	0.451	1.548				0.770	
25	0.600	0.153	0.606	0.9896	0.565	1.435	0.559	1.420	3.931	0.7084	1.806	6.056	0.459	1.541				0.763	

当 $n \geq 25$ 时：

$$A = \frac{3}{\sqrt{n}}, \quad A_2 = \frac{3}{d_2\sqrt{n}}, \quad A_3 = \frac{3}{c_4\sqrt{n}}, \quad E_2 = \frac{3}{d_2}$$

$$B_3 = 1 - \frac{3}{c_4}\sqrt{1-c_4^2}, \quad B_4 = 1 + \frac{3}{c_4}\sqrt{1-c_4^2}$$

$$B_5 = c_4 - 3\sqrt{1-c_4^2}, \quad B_6 = c_4 + 3\sqrt{1-c_4^2}$$

$$c_4 = \frac{\Gamma\left(\frac{n}{2}\right)}{\Gamma\left(\frac{n-1}{2}\right)} \times \sqrt{\frac{2}{n-1}} = \frac{[(n-2)/2]!}{[(n-3)/2]!} \times \sqrt{\frac{2}{n-1}} \approx \frac{4(n-1)}{4n-3}$$

$$D_3 = 1 - \frac{3d_3}{d_2}, \quad D_4 = 1 + \frac{3d_3}{d_2}$$

$$D_1 = d_2 - 3d_3, \quad D_2 = d_2 + 3d_3$$

索 引

本书中文简体版由前程文化事业有限公司授权经济管理出版社独家出版发行。未经书面许可，不得以任何方式复制或抄袭本书内容。

北京市版权局著作权合同登记：图字：01–2014–0546 号

图书在版编目（CIP）数据

作业管理/李友铮著. —北京：经济管理出版社，2014.5
ISBN 978–7–5096–3107–2

Ⅰ. ①作…　Ⅱ. ①李…　Ⅲ. ①作业管理　Ⅳ. ①C931.2

中国版本图书馆 CIP 数据核字（2014）第 089776 号

组稿编辑：陈　力
责任编辑：杨国强
责任印制：黄章平
责任校对：赵天宇

出版发行：经济管理出版社
　　　　　（北京市海淀区北蜂窝 8 号中雅大厦 A 座 11 层　100038）
网　　址：www. E–mp. com. cn
电　　话：（010）51915602
印　　刷：三河市延风印装有限公司
经　　销：新华书店
开　　本：787mm×1092mm/16
印　　张：33
字　　数：680 千字
版　　次：2015 年 8 月第 1 版　2015 年 8 月第 1 次印刷
书　　号：ISBN 978–7–5096–3107–2
定　　价：98.00 元

·版权所有　翻印必究·

凡购本社图书，如有印装错误，由本社读者服务部负责调换。
联系地址：北京阜外月坛北小街 2 号
电话：（010）68022974　　邮编：100836